"十五"国家重点图书

21世纪44个季度持续跟踪观察

21世纪 中国经济轨迹

——分季度经济形势分析报告（2012）

21 SHIJI

ZHONGGUO JINGJI GUIJI

主　编◎李晓西

副主编◎张生玲　赵军利　何　奎

人民出版社

序　言

　　作为《经济形势分析与预测（季度）》课题的负责人，我和课题组全体成员，从进入新世纪之初，就跟踪分析我国宏观经济的季度形势，历时 11 年共计 44 个季度。前 10 年的 40 个季度报告已形成四本书，由人民出版社出版。由于篇幅较长，从 2011 年起，拟一年集辑一本出版。因此，呈现在读者面前的这本《21 世纪中国经济轨迹——分季度经济形势分析报告（2012）》，是本课题第五本正式出版的成果，也是第一本年度的汇编报告。

　　2011 年是"十二五"的开局之年，面对复杂多变的国际形势和国内经济运行出现的新情况、新问题，我国政府坚持实施积极的财政政策和稳健的货币政策，加强和改善宏观调控，国民经济总体保持平稳较快增长，开局良好。本辑报告客观记录和再现了这段经济史，为国内外宏观经济学习与研究保存并提供了有价值的史料与评论。

　　本研究报告是集体智慧的结晶。作者主要来自高校、政府机构及宏观经济管理部门。报告具有信息量大、统计数据翔实以及政策效果分析突出等特点。现每季报告的篇幅约 10 万字左右。本辑报告所有的季度分析报告，框架与指标均保持稳定，以便有兴趣者做长期分析时使用。报告力求成为政府有关机构、研究者与高校师生进行经济分析有用的参考工具。报告主要内容是：国民经济运行情况、经济增长趋势分析与预测、贸易形势分析、财政政策分析、货币金融形势分析、资本市场分析、房地产市场分析、宏观管理与政策要点、世界经济形势分析等部分。区域经济运行分析报告作为补充报告，是由国家统计局中国景气监测中心完成的。

　　本课题先后得到政府部门、研究机构和企事业单位支持。2011年我们主要与中国石油天然气集团公司咨询中心和西南财经大学深度合作，两家单位提供的经费支持，保证了本课题的正常运转，在此深表感谢。

　　感谢人民出版社一直以来的鼎力支持。人民出版社的领导和编辑为此书都倾注了满腔热忱。报告篇幅较长，编校工作繁重，出版社经济综合编辑室的张文勇主任、特约编辑何奎副编审和郭倩编辑付出了辛勤劳动，对他们的支持和劳动表示深深的感谢！

　　最后，我们要特别感谢广大读者对我们的支持。社会各界的认同和支持，使我们把这项重要工作坚持了10年之久。我们愿意与广大读者一起继续关注中国宏观经济的发展，继续用心去观察、分析和研究经济运行中的趋势，为宏观经济的政策制定、为广大投资者理性决策以及为经济学研究继续做好服务。

2012 年 2 月 22 日

contents

◆ 我国经济形势分析与预测（2011年三季度）

◆ 我国经济形势分析与预测（2011年四季度）

2011 年一季度

我国经济形势
分析与预测

2011

第一部分　国民经济运行情况

今年以来，面对复杂多变的国际形势和国内经济运行出现的新情况、新问题，党中央、国务院坚持实施积极的财政政策和稳健的货币政策，加强和改善宏观调控，国民经济总体保持平稳较快增长，开局良好。但物价上涨的压力有所增大，需求管理的政策效果尚不明显，结构调整困难较大，稳定消费仍需各方努力，加上外部政治经济环境动荡，下一阶段中国经济面临的发展环境仍较为复杂。

一、一季度国民经济运行情况

初步测算，一季度国内生产总值 96311 亿元，按可比价格计算，同比增长 9.7%。分产业看，第一产业增加值 5980 亿元，增长 3.5%；第二产业增加值 46788 亿元，增长 11.1%；第三产业增加值 43543 亿元，增长 9.1%。从环比看，一季度国内生产总值增长 2.1%。从最近几个季度看，延续了去年下半年以来平稳较快增长的态势。2010 年一至四季度，GDP 增速分别为 11.9%、10.3%、9.6% 和 9.8%，2011 年一季度 GDP 的增速是 9.7%，连续三个季度 GDP 增速在 9.5% ~ 10% 之间。

表 1-1　国内生产总值增长情况

单位：%

	2011 年一季度	
	绝对量	同比增长
国内生产总值(亿元)	96311	9.7
第一产业	5980	3.5
第二产业	46788	11.1
第三产业	43543	9.1

1. 粮食播种面积略有增加，畜牧业生产稳定增长

据全国7万多农户种植意向调查显示，2011年全国粮食播种面积将达到11028万公顷，比上年增加40万公顷，其中夏粮面积2749万公顷，增加5万公顷。目前，全国冬小麦一、二类苗比例占86%，比上年同期提高3.1个百分点。一季度，猪牛羊禽肉产量2142万吨，同比增长1.8%。其中，猪肉产量1451万吨，增长1.7%。

2. 工业生产平稳增长，企业效益继续增加

一季度，全国规模以上工业增加值同比增长14.4%。从季度趋势看，2010年三季度它是13.5%，四季度是13.3%，基本上是在14%左右平稳运行。分类型看，国有及国有控股企业增长11.4%，集体企业增长10.2%，股份制企业增长15.9%，外商及港澳台投资企业增长11.9%。分轻重工业看，重工业增长14.9%，轻工业增长13.1%。分行业看，39个大类行业均实现增长。其中，化学原料及化学制品制造业增长15.1%，非金属矿物制品业增长18.6%，通用设备制造业增长21.8%，交通运输设备制造业增长14.1%，电气机械及器材制造业增长17.7%，通信设备、计算机及其他电子设备制造业增长15.3%。分地区看，东部地区增长12.9%，中部地区增长17.1%，西部地区增长16.6%。

表1-2 主要行业工业增加值（规模以上）增长情况

单位：%

主要行业	2011年一季度
	同比增长
纺织业	7.4
化学原料及化学制品制造业	15.1
非金属矿物制品业	18.6
通用设备制造业	21.8
交通运输设备制造业	14.1
电气机械及器材制造业	17.7
通信设备、计算机及其他电子设备制造业	15.3
电力、热力的生产和供应业	10.8
黑色金属冶炼及压延加工业	8.8

工业产销衔接状况良好，一季度规模以上工业企业产销率达到97.7%，比上年同期提高0.1个百分点。3月份，规模以上工业增加值同

比增长 14.8%，环比增长 1.19%。1~2 月份，全国规模以上工业企业实现利润 6455 亿元，同比增长 34.3%。在 39 个工业大类行业中，38 个行业利润同比增长，1 个行业亏损下降。主要行业利润增长情况是：石油和天然气开采业利润同比增长 18.7%，石油加工、炼焦及核燃料加工业增长 20.8%，黑色金属矿采选业增长 1.1 倍，化学原料及化学制品制造业增长 75.7%，化学纤维制造业增长 1.3 倍，黑色金属冶炼及压延加工业增长 26.1%，有色金属冶炼及压延加工业增长 16.7%，交通运输设备制造业增长 19.3%，通信设备、计算机及其他电子设备制造业增长 33.4%，电力、热力的生产和供应业增长 13%。2 月末，规模以上工业企业应收账款 57418 亿元，同比增长 23.1%。产成品资金 22648 亿元，同比增长 22%。

3. 固定资产投资保持较快增长，房地产投资增速较快

一季度，固定资产投资（不含农户）39465 亿元，同比增长 25.0%。其中，国有及国有控股投资 13829 亿元，增长 17.0%。分产业看，第一产业投资增长 10.8%，第二产业投资增长 24.8%，第三产业投资增长 25.6%。分地区看，东部地区投资增长 21.6%，中部地区增长 31.3%，西部地区增长 26.5%。从环比看，3 月份固定资产投资（不含农户）增长 1.73%。

表 1-3 主要行业固定资产投资（不含农户）增长情况

单位：亿元；%

主 要 行 业	2011 年一季度	
	绝对量	同比增长
通信设备、计算机及其他电子设备制造业	855	62.0
电气机械及器材制造业	1203	54.1
铁路运输业	911	46.0
交通运输设备制造业	1215	37.2
非金属矿采选业	137	33.3
通用设备制造业	1069	28.5
非金属矿物制品业	1288	18.3
有色金属冶炼及压延加工业	449	17.2
有色金属矿采选业	122	16.5
黑色金属冶炼及压延加工业	541	10.6
电力、热力的生产与供应业	1451	6.4
石油和天然气开采业	295	5.6
黑色金属矿采选业	117	2.9

一季度，全国房地产开发投资 8846 亿元，同比增长 34.1%。其中，住宅投资 6253 亿元，增长 37.4%。全国商品房销售面积 17643 万平方米，增长 14.9%；其中，住宅销售面积增长 14.3%。一季度，房地产开发企业本年资金来源 19268 亿元，同比增长 18.6%。3 月份，全国房地产开发景气指数为 102.98。

4. 市场销售略有回落，汽车、家具等住行类商品销售有所降温

一季度，社会消费品零售总额 42922 亿元，同比增长 16.3%，比去年四季回落 2.5 个百分点，比去年同期回落 1.6 个百分点。其中，限额以上企业（单位）商品零售额 19040 亿元，增长 22.5%。按经营单位所在地分，城镇消费品零售额 37248 亿元，增长 16.4%；乡村消费品零售额 5674 亿元，增长 15.8%。按消费形态分，餐饮收入 4783 亿元，增长 15.3%；商品零售 38139 亿元，增长 16.5%。在商品零售中，限额以上企业（单位）商品零售额 17587 亿元，增长 23.0%。其中，家具类增长 24.5%，增速比上年同期回落 13.1 个百分点；汽车类增长 14.2%，回落 25.6 个百分点；家用电器和音像器材类增长 20.5%，回落 9.1 个百分点；石油及制品类增长 37.6%，回落 2.7 个百分点。3 月份，社会消费品零售总额同比增长 17.4%，环比增长 1.34%。

表 1-4　主要商品零售（限额以上）增长情况

单位：亿元；%

主要商品	2011 年一季度	
	绝对量	同比增长
粮油食品、饮料烟酒	2575	23.1
服装鞋帽、针纺织品	2014	22.3
化妆品	272	17.8
金银珠宝	496	51.8
日用品	648	22.7
家用电器和音像器材	1193	20.5
中西药品	828	21.0
文化办公用品	314	20.2
家　具	228	24.5
通讯器材	240	22.8
石油及制品	3108	37.6
汽　车	4496	14.2
建筑及装潢材料	238	25.5

5. 进出口继续较快增长，进口额创历史新高

一季度，全国进出口总额为8003.1亿美元，同比增长29.5%。其中，出口3996.4亿美元，增长26.5%，实际增长15.5%（价格上涨拉动11个百分点）；进口4006.6亿美元，创季度规模历史新高，名义增长32.6%，实际增长16.1%（价格上涨拉动16.5个百分点）。贸易逆差10.2亿美元（上年同期为顺差139.2亿美元），为近6年来首次出现季度逆差。对欧美出口份额下降，与部分新兴市场贸易快速增长。

从贸易方式看，加工贸易出口比重下降，一般贸易对进口增量贡献较大。一季度，加工贸易出口1845.1亿美元，增长21.6%，占整体出口比重46.2%，同比下降1.8个百分点；进口1074亿美元，增长20.9%。一般贸易出口1859.7亿美元，增长31.7%，占整体出口比重高于加工贸易0.3个百分点；进口2319.5亿美元，增长37.4%，高于整体增幅4.8个百分点，对进口增量贡献64.1%，拉动进口增长20.9个百分点。一般贸易逆差明显增加，为459.9亿美元，增长66.5%。分国别或地区看，一季度，我对欧盟、美国出口分别增长17.2%和21.4%，占整体出口比重为19.2%和16.5%，分别下降1.5和0.7个百分点。对日本出口增长28.1%，高于整体增幅1.6个百分点；自日本进口增长26.4%，低于整体增幅6.2个百分点。与部分新兴市场如南非、巴西的双边贸易增长较快，贸易额分别增长107.1%和57.7%。资源品进口量增价涨。分产品看，一季度，原油、铁矿砂、成品油进口数量分别增长11.9%、14.4%和27.7%，价格分别增长24.3%、59.5%和18.7%。这三种商品合计拉动进口增长9.1个百分点，其中价格上涨拉动5.9个百分点。轻纺产品出口增势好于机电产品。服装、纺织、鞋类、家具、箱包、玩具合计出口719.9亿美元，增长23.8%。机电产品出口2320.3亿美元，增长22.8%，低于整体增幅3.7个百分点，其中自动数据处理设备、集成电路、彩电和摩托车出口分别增长5.8%、12.5%、14%和16.6%，均低于整体出口增幅。

1~3月，全国新批设立外商投资企业5937家，同比增长8.8%；实际使用外资金额303.4亿美元，同比增长29.4%。其中，农林牧渔业实际使用外资金额4.28亿美元，同比增长13.78%；制造业实际使用外资金额137.4亿美元，同比增长23.6%；服务业实际使用外资金额143.9亿美元，同比增长36.4%。

6. 居民消费价格继续上涨，工业生产者价格上涨较快

一季度，居民消费价格同比上涨5.0%。其中，城市上涨4.9%，农村

上涨5.5%。分类别看，食品上涨11.0%，烟酒及用品上涨2.0%，衣着上涨0.3%，家庭设备用品及维修服务上涨1.6%，医疗保健和个人用品上涨3.1%，交通和通信下降0.1%，娱乐教育文化用品及服务上涨0.6%，居住上涨6.5%。从月度看，1~3月份居民消费价格同比涨幅分别为4.9%、4.9%、5.4%，环比分别上涨1.0%、1.2%和下降0.2%。3月份同比涨幅为近31个月新高。

一季度，工业生产者出厂价格同比上涨7.1%，工业生产者购进价格同比上涨10.2%。从月度看，1~3月份，工业生产者出厂价格同比涨幅分别为6.6%、7.2%和7.3%，环比分别上涨0.9%、0.8%和0.6%。分行业看，重要生产资料产品价格全面上涨。一季度，生产资料出厂价格上涨8.0%。其中，采掘工业价格上涨14.9%，原料工业价格上涨10.4%，加工工业价格上涨6.3%。生活资料出厂价格上涨4.1%。其中，食品类价格上涨7.9%。分行业看，黑色金属冶炼及压延加工业同比上涨16.2%，有色金属冶炼及压延加工业上涨14.8%，化学纤维制造业上涨19.8%，纺织业同比上涨17.9%，黑色金属矿采选业同比上涨23.1%，石油的天然气开采业上涨18.2%。

部分城市住宅价格出现松动迹象。与2月相比，70个大中城市中，环比价格下降的有12个城市，持平的有8个城市，环比价格下降和持平的城市个数增加了6个。环比涨幅比2月份缩小的城市有29个。二手房市场与上月相比，70个大中城市中，环比价格下降的有16个城市，持平的有10个城市，环比价格下降和持平的城市个数增加了6个。环比价格涨幅超过1.0%的城市有3个，比2月份减少了2个。

7. 货币供应增速回落，新增贷款继续趋缓，市场利率下降

3月末，广义货币（M2）余额75.8万亿元，同比增长16.6%，比上年末回落3.1个百分点；狭义货币（M1）余额26.6万亿元，增长15.0%，回落6.2个百分点；流通中货币（M0）余额4.5万亿元，增长14.8%，回落1.9个百分点。金融机构人民币各项贷款余额49.5万亿元，比年初增加2.2万亿元，同比少增3524亿元；各项存款余额75.3万亿元，比年初增加4.0万亿元，同比多增545亿元。市场利率明显回落。

一季度，银行间市场人民币交易累计成交40.09万亿元，日均成交6681亿元，日均同比多成交1155亿元，同比增长20.9%。3月份银行间市场同业拆借月加权平均利率为1.93%，比上年12月份回落0.99个百分点，比前2个月分别回落1.77、0.80个百分点；质押式债券回购月加权平

均利率为 1.98%，比上年 12 月份回落 1.14 个百分点，比前 2 个月分别回落 2.31、1.04 个百分点。

8. 财政收入快速增长，民生类支出大幅增加

一季度，全国财政收入 26125.74 亿元，比去年同期增加 6498.67 亿元，增长 33.1%。其中，中央本级收入 13058.65 亿元，同比增长 31.5%；地方本级收入 13067.09 亿元，同比增长 34.7%。财政收入中的税收收入 23438.85 亿元，同比增长 32.4%；非税收入 2686.89 亿元，同比增长 39.6%。国内增值税 6265 亿元，同比增加 1180 亿元，增长 23.2%。营业税 3732 亿元，同比增加 778 亿元，增长 26.3%。企业所得税 3434 亿元，同比增加 943 亿元，增长 37.9%。进口货物增值税、消费税 3684 亿元，同比增加 1208 亿元，增长 48.8%；非税收入 2687 亿元，同比增加 762 亿元，增长 39.6%。

全国财政支出 18053.57 亿元，比去年同期增加 3723.61 亿元，增长 26%。其中，中央本级支出 3130.13 亿元，同比增长 11.1%；地方财政支出 14923.44 亿元，同比增长 29.6%。社会保障和就业支出 2832 亿元，增长 44.5%；教育支出 2593 亿元，增长 19.8%；一般公共服务支出 2061 亿元，增长 21.5%；农林水事务支出 1540 亿元，增长 37.1%；城乡社区事务支出 1290 亿元，增长 38.9%；医疗卫生支出 769 亿元，增长 55.6%；科学技术支出 489 亿元，增长 35.7%；住房保障支出 267 亿元，增长 25.1%。

9. 就业继续增加，居民收入稳定增长，农村居民收入增速快于城镇居民

一是城镇单位就业人数新增 463 万人。二是农民工外出打工人数增加 530 万人。这两个指标说明当前的就业在继续增加。三是城镇居民家庭人均总收入 6472 元。其中，城镇居民人均可支配收入 5963 元，同比增长 12.3%，扣除价格因素，实际增长 7.1%。在城镇居民家庭人均总收入中，工资性收入增长 10.2%，转移性收入增长 8.5%，经营净收入增长 32.6%，财产性收入增长 23.6%。四是农村居民人均现金收入 2187 元，增长 20.6%，扣除价格因素，实际增长 14.3%。其中，工资性收入增长 18.9%，家庭经营收入增长 21.4%，财产性收入增长 13.3%，转移性收入增长 27.9%。

二、当前经济运行中的突出矛盾和问题

当前经济运行总体平稳，但还存在一些需要特别关注和认真应对的问题。

1. 价格涨幅有所扩大，上涨的压力依然很大

居民消费价格自 2010 年 7 月至 2011 年 2 月已经连续 8 个月环比为正，三个季度环比上涨。1~3 月份，工业生产者价格也连续环比上涨，涨幅分别为 0.9%、0.8% 和 0.6%。同时，许多推动价格上涨的因素还呈现加剧趋势，价格上涨的压力依然很大。一是通胀的货币因素调控难度大，流动性充裕的状况一时仍难以扭转。尽管去年以来央行连续 7 次调升存款准备金率，3 次提高利率，但由于外汇储备连创历史新高，3 月末国家外汇储备余额依旧达 30447 亿美元，同比增长 24.4%。巨额外汇储备导致货币被动超发，不仅严重削弱货币政策的自主性和有效性，也大大增加了央行的冲销成本。2011 年一季度，外汇占款达 23.7 万亿元。一季度本外币贷款增加 2.39 万亿元，其中人民币贷款增加 2.24 万亿元。二是国际大宗商品价格震荡走高，输入型通胀的压力持续加大。美国两轮量化宽松政策导致全球流动性泛滥，虽然暂未明显推升美国本身的通胀率，但导致美元指数大幅下跌。自 2010 年 6 月 7 日以来，美元指数已从 88.70 下跌至今年 4 月 7 日的 75.62，跌幅为 14.8%。根据国际清算银行（BIS）的统计，2010 年 6 月至 2100 年 2 月，美元实际有效汇率下降 8.6%。美元大幅贬值，推升国际大宗商品价格持续攀升。据 IMF 初级商品价格数据，3 月份，工业原料指数、农业原料指数、金属指数、能源指数分别比 2010 年 12 月上涨 8.2%、16.3%、4.6%、18.4% 和 20.7%。由于原材料等上游产品价格的持续上涨，以及我国近一段时间以来进口原材料大幅增长，国际价格对国内的输入将迟早会向消费领域传导。三是国内工业品出厂价格和原材料、燃料、动力购进价格上涨，成本推动的压力也在加大。一季度工业品出厂价格和原材料、燃料、动力购进价格持续上涨。1~3 月份，工业生产者出厂价格同比涨幅分别为 6.6%、7.2% 和 7.3%，连续 3 个月环比上涨，涨幅分别为 0.9%、0.8% 和 0.6%。一季度，工业生产者出厂价格同比上涨 7.1%，购进价格同比涨幅达到了 10.2%。分行业看，重要生产资料产品价格全面上涨。尽管总体上看供给仍大于需求，但很多商品品种仍存在短缺，其价格上涨的预期十分强烈。长期看，劳动力、土地成本以及重要资源的稀缺性都在上升，节能减排和环境保护的压力持续加大，推进价格改革的迫切性更趋强烈。这些也形成了对价格上涨的压力。

2. 高耗能行业增长仍然过快，当前节能减排形势有反复苗头

一季度，全社会用电量同比增长 12.72%，3 月份同比增长 13.41%。六大高耗能行业增加值增长 12.2%，比去年四季度、今年 1~2 月分别加

快 2.6 个和 0.5 个百分点，低于全部规模以上工业增速 2.2 个百分点。其中，非金属矿物制品业、石油加工炼焦及核燃料加工业分别增长 18.6% 和 11%，比去年四季度分别加快 0.5 个和 2.4 个百分点，比 1~2 月分别加快 0.8 个和 0.1 个百分点。黑色、有色金属冶炼及压延加工业分别增长 8.8% 和 10.2%，比去年四季度分别加快 3.6 个和 2.0 个百分点，比 1~2 月分别加快 0.2 个和 1 个百分点。电力热力的生产和供应业增长 10.8%，比去年四季度加快 4.2 个百分点，比 1~2 月加快 1.1 个百分点。化学原料及化学制品制造业增长 15.1%，比去年四季度加快 3.5 个百分点。尽管结构调整力度加大，但我国依靠重工业、高耗能产业拉动经济增长的惯性仍在，当前节能减排形势有反复苗头，对此决不可忽视。

表 1-5　主要行业工业增加值（规模以上）增长情况

六大高耗能行业	2011 年一季度 同比增长（%）	比 2010 年 四季度增速	比 2010 年 一季度增速
黑色金属冶炼及压延加工业	8.8	+3.6	+0.2
有色金属冶炼及压延加工业	10.2	+2.0	+1.0
非金属矿物制品业	18.6	0.5	+0.8
化学原料及化学制品制造业	15.1	+3.5	-0.2
电力、热力的生产和供应业	10.8	+4.2	+1.1
石油加工炼焦及核燃料加工业	11.0	+2.4	+0.1

　　3. 刺激消费的政策效应递减明显，消费环境恶化等多种因素导致消费增长回落

　　1~3 月，社会消费品零售总额同比增长 16.3%，比去年四季度回落 2.5 个百分点，比去年同期回落 1.6；剔除价格因素实际增长 11.6%，比去年同期回落 3.8 个百分点。一是汽车对消费的拉动作用明显减弱，是造成零售总额回落的主要原因。一季度，限额以上企业（单位）汽车类零售额比上年同期增长 14.2%，回落 25.6 个百分点。另据中国汽车协会统计，今年一季度，我国汽车累计产销 489.6 万辆和 498.4 万辆，同比增长 7.5% 和 8.1%，增幅较上年同期回落 69.5 个百分点和 63.7 个百分点，呈现出高位回落态势。二是与住房相关的部分大宗商品销售也出现回落。一季度，建筑装潢材料类增速回落 1.3 个百分点，家具类增长回落 13.1 个百分点。三是通胀压力加大，影响部分中低消费群体的正常消费。各种影响

消费信心的负面事件大量增加，如"瘦肉精"、"价格欺诈"、"染色馒头"等，也导致居民消费意愿和消费信心不高，消费者正常的消费需求不能有效释放。总之，消费出现高位回落，既有主动调控的因素，也有政策回归正常的影响，同时也有其他一些不正常的因素，需要引起高度重视。关键是要着力培育消费市场和增强消费能力，解决好消费品市场结构调整和收入分配结构调整，解决好消费市场环境问题，加强对中低收入者的补贴，从而使消费需求真正成为我国扩大内需和拉动经济持续增长的主动力。

4. 国际形势依然错综复杂，中国经济发展的外部环境仍难乐观

从国际看，主要经济体经济虽然出现恢复性增长，但失业率仍然处于高位。美国3月失业率为8.8%，欧元区2月为9.9%。一些国家财政赤字高企，一些国家主权债务危机隐患仍然没有消除。主要货币汇率波动加剧，国际市场粮食、石油等大宗商品价格不断上涨。通胀压力正在从新兴经济体扩大到发达经济体，几乎所有新兴经济体国家的物价都处在一种通胀的状态。巴西3月份的CPI为6.3%，俄罗斯2月份的CPI为9.5%，印度2月份的CPI为8.8%。欧元区消费者价格调和指数（harmonized index of consumer prices，简称HICP）连创新高，3月达2.7%，美国也为2.7%。世界经济还没有走上正常增长的轨道，目前又出现了两个变数：一是西亚、北非等局部政局动荡，推动世界能源价格持续攀升，对世界经济增长和通胀形成双重冲击。二是日本地震、海啸和核辐射灾害，短期内将严重影响日本经济，并不可避免要波及到我国经济，也对世界经济复苏进程形成不良影响。

对此，我们一定要保持清醒头脑，增强忧患意识，充分估计面临形势的复杂性和严峻性，冷静观察，沉着应对，未雨绸缪，做好应对各种困难和风险的准备，坚持处理好保持经济平稳较快发展、调整经济结构和管理通胀预期的关系，进一步巩固经济发展的好势头，确保实现今年经济社会发展目标，为"十二五"开好局起好步。

第二部分　经济增长趋势分析与预测

2011年一季度，我国GDP同比增速达到9.7%，虽然较去年10.3%的

全年 GDP 增速有所回落，但仍处于较高水平。本部分将结合当前国内外宏观经济运行状况及相关历史数据资料，对 2011 年二季度我国宏观经济增长趋势及其特点进行分析判断。

一、国内外经济环境

当前，我国面临的国内外经济环境总体趋好，但也呈现错综复杂的形势。从国际环境来看，欧美等发达国家经济逐步走向复苏，新兴市场国家经济实现显著增长。但欧洲主权债务危机、日本地震及核电站危机、中东和北非政治局势动荡，给国际经济环境带来了较大的不确定性。从国内经济环境来看，今年是"十二五"规划的开局之年，规划项目的落实、新政策的实施将为经济注入新动力，但目前紧缩的货币政策的变化需要密切关注。

（一）全球经济复苏取得明显进展

2011 年上半年，世界经济总体有望持续保持复苏态势。美国经济复苏取得一定进展，4 月美国消费者信心指数上升至 69.6，高于早前市场预期。美国消费信贷自 2008 年 7 月以来的首次复苏，银行逐步放宽信贷的标准，贷款意愿和贷款需求都开始上升。一季度美国制造业 PMI 月均 61.1%，为 1983 年以来最高水平。个人消费支出和私人投资中的设备软件投资持续增长，显示了国内消费与投资需求走强。而一直疲软的美国劳动力市场同样出现好转，失业率进一步下降至 8.8% 以内。持续改善的经济指标值预示着美国稳步复苏的态势。欧元区复苏态势稳健。一季度欧元区制造业 PMI 月均 57.9%，达到 2004 年以来最高水平。消费者信心及经济景气指数好转；失业率下降。这些指标都预示欧元区整体经济的上行趋势。其中，德国、法国、荷兰等欧元区核心国家制造业复苏势头强劲。欧美经济的复苏将会进一步增加我国出口和直接投资。

但是，全球经济增长也面临诸多不确定性。比如，欧元区仍然存在经济下行隐患，各成员国经济形势存在明显的不平衡。一是受中东供给冲击的国际大宗商品的价格上行加大了欧洲的通胀压力。3 月欧元区 CPI 上升至 2.7%，为 2008 年 10 月以来的最高水平，且高于欧央行制定的 2.0% 的通胀目标。二是欧洲主权债务危机成为经济复苏的威胁和拖累，为欧洲的平稳复苏投下了巨大的阴影，加息的可能性将进一步恶化局势。其中，葡萄牙在 3 月底成为继爱尔兰和希腊之后第三个申请救助的欧元区国家，西班牙主权债务评级也面临恶化的风险。另外，日本"3.11"大地震及随之而来的核电站危机将在短期内严重影响日本经济。国际研究机构纷纷下调预期日本经济增长率，3月日本消费者信心指数比2月下跌2.6点。核危机对全球的影响将是多方面的，尤其是各国能源及环境政策都将不可避免地受到直接影响。例如，中国所有的核电新项目都已经受到影响并停止开工建设，随之带来的将是一系列相关的经济波动。

（二）国内经济环境总体向好

作为"十二五"的开局之年，今年将启动一系列新规划，如战略性新兴产业振兴计划、区域发展规划、民生工程、收入分配调整与新的消费刺激政策等，将增强宏观经济增长效果。但通货膨胀压力不断加大，已成为今年宏观调控的最重要目标。而货币政策收紧将降会低经济增长预期。

第一，投资有望保持高速增长。3月份"两会"刚刚通过了新一轮"十二五"规划纲要。面对新规划的开局之年，社会各界发展经济的积极性较高，高铁、保障房以及水利等农业基础设施建设力度的加大，都会拉动投资需求。此外，经济结构调整和产业升级将带动制造业投资，经济转型也将带动民间投资。随着国家"新非公36条"政策不断落实，民间投资领域逐步拓宽，民营经济发展良好。促进民间投资的国家政策将为民间资本投资提供更为广阔的空间。最后，房地产开发作为固定资产投资最重要的组成部分，也会拉动投资增加，尤其是二、三线城市的房地投资以及今年1000万套的保障性住房的陆续开工，必将产生巨大的投资需求。

第二，消费需求更加旺盛，消费品市场继续保持繁荣。预计二季度的居民消费水平会较一季度有所回升。一是居民收入大幅增长，将刺激消费水平提高。一季度，城镇居民人均可支配实际增长7.1%，其中，工资性收入增长10.2%。农村居民人均现金收入实际增长达到14.3%。伴随着最低工资水平进一步上调，农村居民收入水平不断提高，消费需求将快速增长。二是就业形势的好转，劳动力求供比维持较高水准，是消费增加的有力保障。一季度，我国劳动力市场的供求状况与2010年第四季度持平，处于接近供求两旺的稳定状态。三是消费结构将进一步升级。我国人均GDP已经突破4000美元大关。从国际经验看，此阶段消费结构升级加快。四是节假日消费及热点消费促进内需不断增加。二季度的清明、五一、端午以及后续的各种节假日都保证了旺盛的消费需求。旅游、网购等热点消费也崛起成为拉动需求的主力军。

第三，进出口趋于平衡，贸易顺差收窄。一是欧美经济增长超预期，日本灾后重建增加进口等，将拉动我国的出口增长。另一方面，我国产业结构升级将带动出口结构升级，技术含量高的资本品出口增长将会加快。

二是我国良好的经济走势是内需充足的保证，人民币升值也会对贸易结构调整产生影响。预计今年进口将保持稳步上升并高于出口增速，贸易顺差将进一步收窄。

二、经济景气指数显示经济增长基本平稳

经济景气指数及经济增长预期的变化反映了经济增长的基本趋势，是经济周期变化的晴雨表。2011 年一季度，企业景气指数稳中略降，消费者信心指数持续回落，显示了在货币政策收紧的情况下，市场对于经济前景的判断略显悲观。但是，由于制造业采购经理指数实现回升，经济增速不会出现大幅下滑，仍然会保持平稳增长。

（一）企业景气指数稳中略降

企业景气指数可以综合反映宏观经济发展状况、企业生产经营景气状况以及未来发展变化趋势。一季度，企业景气指数为 133.8，比上季度回落 4.2 点。另外，一季度企业家信心指数为 137.4，与上季度持平。企业家信心指数与企业景气指数稳中略降，显示出在货币政策略有收紧的情况下，企业家对于未来经济有放缓的预期。分行业来看，批发和零售业的企业景气高位提升，位于各行业之首；社会服务业企业景气指数为 135.6，比上季度提高 3.6 点；交通运输仓储和邮政业、住宿和餐饮业企业景气指数，与上季度基本持平；工业企业景气指数为 130.9，比上季度回落 4.4点。同时，值得注意的是，受国家一系列楼市调控政策的影响，一季度房地产企业家信心指数和建筑业企业景气指数均出现大幅回落。

（二）消费者信心指数继续回落

国家统计局中国经济景气监测中心与尼尔森公司联合开展的中国消费者信心调查显示，2 月消费者信心指数的回落至 99.6。这是继去年六月份以来连续 8 个月出现回落势头。消费者意愿出现明显下降，主要原因在于随着当前通胀预期的上升，大家对食品价格快速上涨的担忧。尽管消费者即期消费意愿明显下降，但大多数消费者对于今年收入和就业的预期保持乐观。接近七成的中国消费者认为 2011 年内就业形势将会"好"或"非常好"，比当前就业形势的满意度高出 16 个百分点。有超过六成国内消费者预期，今年个人收入状况将处于"好"或"非常好"的状态。

（三）制造业采购经理指数回升

制造业采购经理指数（PMI）是一个综合指数。按照国际上通用的做法，由 5 个主要扩散指数加权而成。通常 PMI 指数在 50% 以上，反映经济

总体扩张;PMI指数低于50%,反映经济衰退。2011年3月,中国制造业采购经理指数(PMI)为53.4%,高于上月1.2个百分点。自2009年3月以来,该指数已连续25个月位于临界点——50%以上的扩张区间。

具体来看,3月生产指数为55.7%,比上月提升1.9个百分点,连续26月位于临界点以上。这表明企业快速恢复生产,制造业生产量继续呈增长态势,增速有所加快。新订单指数为55.2%,比上月提高0.9个百分点。该指数自2009年2月以来,连续26个月位于临界点以上,表明制造业新订单量继续保持平稳上升势头,制造业经济处于平稳适度增长区间。主要原材料库存指数为51.6%,比上月提升2.1个百分点,重回临界点以上。这表明"春节"后企业加快生产,采购活动日益活跃。本月制造业主要原材料库存总体水平环比上升。从业人员指数为51.8%,比上月提高2.9个百分点,高于临界点,为4个月以来的最高点。这些数据综合表明制造业经济总体保持增长态势,增速加快。

三、2011年二季度我国经济预测结果

(一) 部分机构对我国经济增长的预测

为充分掌握各方对今年二季度经济增长预期,我们收集10家国内外相关机构对今年宏观经济形势的分析。10家机构中,有部分机构调整了早期预测水平,使得2011年最新GDP预测值为9.4%左右,相对于此前9.5%的平均预期有所回落(见表1-6)。

表1-6　部分机构对2011年我国经济增长预测

单位:%

序号	预测机构	最新预测结果	序号	预测机构	最新预测结果
1	世界银行	9	7	中国社科院	9.9
2	国际货币基金组织	9.6	8	中国人民大学	9
3	亚洲开发银行	9.6	9	中国科学院	9.8
4	摩根大通	9.4	10	中金公司	9.5
5	德意志银行	9.1	均　　值		9.4
6	国家信息中心	9.5			

资料来源:参见本部分参考文献1~10。

从上表可以看出,不同研究机构对今年我国宏观经济形势持不同预

期，但差异并不是很大。所有机构预测都在 9% 以上，区间值为 9% ～ 9.9% 。其中，世界银行将中国今年 GDP 增速由早前的 8.7% 上调至 9%，但认为货币政策仍有提升空间，中国可进一步采用货币紧缩政策，经济增长放缓将成为中国今后两年的基调。德意志银行和中国人民大学也对中国今年宏观经济走势持相似的悲观态度，认为通胀压力的不断增加和投资、出口增速的放缓都将降低今年中国经济增长速度。而在下调中国 2011 年 GDP 增速的机构中，摩根大通认为，中国经济将于今年初踏上温和增长之路，预期上半年经济有所减速，但下半年经济将保持稳健的增长趋势。其他研究机构如 IMF、亚洲开发银行、中国社科院等也都对中国经济持积极预期，认为中国经济将继续保持高增长，居全球主要经济体增速之首，将对区域经济发展乃至全球经济恢复发挥重要作用，但同时仍需注意保持经济活力和管理通胀。

（二）本课题预测结果

本课题组建立两种模型进行预测[①]，一种是完全基于时间序列的 ARIMA 模型法（自回归移动协整模型），另一种是基于高频宏观经济数据的动态因子模型（DFM 模型）。现运用上述两种方法对 2011 年经济增长速度趋势进行预测。

1. ARIMA 模型预测结果

根据模型预测的需求，选取 1999 年一季度至 2011 年一季度数据，使用 ARIMA 模型对 2011 年二季度经济增长进行预测。预测结果表明：2011 年二季度经济增长率为 9.7%，其他各主要指标预测结果见表 1 – 7。

表 1 – 7　2011 年二季度主要指标增长率预测表

单位：%

主要指标	2011 年二季度	主要指标	2011 年二季度
GDP	9.7	社会消费品零售额	16.8
第一产业	3.7	全社会固定资产投资额	24
第二产业	11	进　口	20
第三产业	9.3	出　口	16

从表 2 预测结果可以看出，今年二季度经济增长率与一季度（9.7%）

---

① 本部分数据来源于北京师范大学经济与资源管理研究院宏观形势分析数据库。

保持一致，经济增长稳定。从三次产业增长速度来看，产业结构趋向优化升级，预计第一、二、三产业预测增长速度分别为 3.7%，11% 和 9.3%，显示第一、三产业增长速度有所上升，第二产业略有下降。从支出法构成来看，预计二季度全社会消费品零售额增速达到 16.8%，增长速度依然较快，并高出一季度实际增速 0.5 个百分点；全社会固定资产投资增速出现小幅回落，预测在 24% 左右；进出口增速有所放缓，但出口结构更加平衡。预计二季度进口增长 20%，出口增长 16%，低于一季度 32.6% 和 26.5% 的水平。

2. 动态因子模型预测结果

亚洲金融危机以来，动态因子模型逐步发展。目前已有许多国家的央行和金融机构均使用动态因子模型模型进行预测（如 IMF、OECD、亚行等）。动态因子模型可以处理大型、高频数据库数据，并解决因子之间共线性的问题，在短期内能够较为准确地反映经济变量的变化规律。本模型选择 2000 年 11 月 ~2011 年 3 月的 10 余年的月度和季度数据，分别对现价GDP、GDP 缩减指数建立动态因子模型，从而得到对不变价的 GDP 季度累计增长率的估算结果。模型结果显示 2011 年二季度 GDP 累计增长率将达到 9.5%，具体各季度的预测值数据如下：

表 1-8　2011 年季度 GDP 增长率预测表

单位：%

时　　间	1 季度	2 季度	3 季度	4 季度
季度 GDP 增长率预测	9.7（实际值）	9.5	9.8	10

综合上述两个模型的预测结果，预计 2011 年二季度中国经济增长率区间为 9.5%~9.7%，均值为 9.6% 左右。而由于今年上半年通胀压力较大，货币政策更为紧缩，加之去年季度 GDP 走势大致前高后低，因此，判断今年四个季度 GDP 有望保持整体走势前低后高的趋势，预计四个季度 GDP 增速将分别为 9.7%（实际值）、9.6%、9.8%、10%，我国国民经济在未来一段时间仍将保持较高增速。

3. 预测结果的可靠性分析

本课题组一直跟踪宏观经济形势并进行预测，历年的预测数据与实际结果具有较强的一致性。这说明预测模型具有一定的可靠性。然而，由于来自国内外不确定因素仍旧较多，导致预测模型的结果存在偏差，主要体现为以下四个方面：

第一，通胀压力不断增加。3月居民消费价格同比上涨5.4%，超过去年11月5.1%的水平，达到本轮CPI走势的新高点。这主要因为以下原因：首先，2009年和2010年信贷扩张，导致我国广义货币供应量不断增加。其次，国际大宗商品如石油、黄金、农产品等价格不断走高，使我国面临不断增加的输入性通货膨胀压力。最后，受干旱等极端天气以及劳动力、原材料等的成本增加，国家惠农政策等影响，国内农产品价格上涨将带动整体物价继续上行。通胀走势是决定居民预期、政策走势的关键因素。如若未来通胀形势不能得到有效控制，无疑会导致新一轮的货币收紧，成为宏观经济最大的不确定因素。

第二，货币政策收紧程度具有不确定性。4月17日，央行再次上调金融机构存款准备金率0.5个百分点。这也是今年以来第四次、去年以来第十次上调存款准备金率。至此，大型金融机构的存款准备金率达到20.5%，中小金融机构达到18.5%。历史上只有1980年的存款准备金率超过当前水平。存款准备金率的不断攀升，将使得货币乘数变小，并直接影响商业银行体系创造信用、扩大信用的规模。金融支持减少的前提下，部分实体经济运行存在融资困难，特别是一些中小企业日子比较难过，反过来对经济增长构成负面影响。

第三，县域投融资平台存在潜在风险。金融危机以后，中央政府的4万亿投资和信贷刺激了地方政府投资冲动，地方政府依托投融资平台大规模举债，债务率急剧升高。考虑到今后两年地方政府的后续贷款，预计到2011年末地方融资平台负债可能达到10万亿元左右。显然信贷收紧，将直接降低地方政府能获得的后续贷款量。资金链的中断意味着投资建设项目的停滞，会给宏观经济带来很大的风险和隐患。

第四，房地产信贷风险加大。目前银行体系拥有6万亿左右的个人住房贷款，其中将近半数是在2009年和2010年发放的。而这两年恰恰是房价快速上涨的时期，特别是2009年发放房贷的准入标准和首付比率要求都明显放松，意味着潜在的信贷风险有所上升。另外，虽然房地产贷款占我国银行信贷的比例只有25%左右，但考虑到我国商业银行贷款对抵押物的依赖度较高，而抵押物主要是房地产，所以实际上我国银行业对房地产的依赖度远高于报表上的数据。当前，中国银监会正考虑启动新一轮的房地产贷款压力测试，做好房地产信贷风险防控工作。因此，未来房地产市场走势与房地产调控政策能否持续，对宏观经济运行具有较大影响。

参考文献

1. 《世界银行：将中国 2011 年 GDP 增长预期自 8.5％上调至 8.7％》，2010 年 11 月 3 日，http://www. fx168. com/fx168html/20101103/20101103120297080. htm

2. 《世界银行预测 2011 中国 GDP 增速 9％》，2010 年 3 月 22 日，http://stock. jrj. com. cn/2011/03/2211219526679. shtml

3. 《国际货币基金组织：今年中国 GDP 将增 10％》，2010 年 1 月 27 日，http://news. 163. com/10/0127/09/5U1A88U00001124J. html

4. 《IMF 预计 2011 年中国 GDP 增长 9.6％》，2011 年 4 月 13 日，http://news. hexun. com/2011 - 04 - 13/128717068. html

5. 《亚行上调今年中国 GDP 至 10.1％ 预警资本流入风险》，2010 年 12 月 8 日，http：//www. cnstock. com

6. 《亚行：2011 年中国 GDP 增长 9.6％ CPI 同比上涨 4.6％》，2011 年 4 月 6 日，http://www. caijing. com. cn/2011 - 04 - 06/110684651. html

7. 《摩根大通下调中国经济增长预期至 9.4％》，2011 年 3 月 17 日，http://www. gtja. com/gtjafzjg/shjsl/researchview. jsp？docId = 6957524&type = 3

8. 《德银：2011 年中国 GDP 增长降至 8.7％ CPI 会在 6 月达 5.5％》，2011 年 1 月 9 日，http://www. ebscn. com/businessinfoContent. html？msgId = 3658435

9. 《国家信息中心：预计 2011 年 GDP 将增长约 9.5％》，2010 年 11 月 1 日，http://www. metalsinfo. com/job/display. php？pid = 3&cid = 58&news_ id = 432468

10. 《中国经济周刊社科院预测我国 2010 年 GDP 增速接近 10％》，2011 年 1 月 3 日，http://news. qq. com/a/20110104/000044. htm

11. 《人大研究所：2011 年股市先探底再拉升 GDP 达 9％》，2011 年 1 月 9 日，http://stock. 591hx. com/article/2011 - 01 -09/0000244337s. shtml

12. 《中科院预测 2011 年中国经济增速约为 9.8％》，2011 年 01 月 22 日，http://news. qq. com/a/20110122/001063. htm

13. 《中金：上调 GDP 预测紧缩压力加大》，2011 年 1 月 17 日，http://news. hexun. com/2011 - 01 - 17/126844513. htm

第三部分　贸易形势分析

2011 年一季度，我国国内商品市场销售实现稳定增长，居民消费价格继续上涨，工业品出厂价格上涨较快。对外贸易持续较快增长，并向基本平衡的方向发展。

一、国内贸易

2011 年一季度，国内商品市场需求继续保持稳定增长速度，汽车、家具等住行类商品销售有所降温，居民消费价格继续上涨。一季度，社会消费品零售总额 42922 亿元，比上年同期增长 16.3%，居民消费价格同比上涨 5.0%。

（一）国内市场运行的基本情况

1. 消费品市场销售稳定增长

一季度，社会消费品零售总额 42922 亿元，同比增长 16.3%；比去年四季度回落 2.5 个百分点，比去年同期回落 1.6；剔除价格因素实际增长 11.6%，比去年同期回落 3.8 个百分点。其中，限额以上企业（单位）商品零售额 19040 亿元，增长 22.5%。按经营单位所在地分，城镇消费品零售额 37248 亿元，增长 16.4%；乡村消费品零售额 5674 亿元，增长 15.8%。按消费形态分，餐饮收入 4783 亿元，增长 15.3%；商品零售 38139 亿元，增长 16.5%。在商品零售中，限额以上企业（单位）商品零售额 17587 亿元，增长 23.0%。其中，家具类增长 24.5%，增速比上年同期回落 13.1 个百分点；汽车类增长 14.2%，回落 25.6 个百分点；家用电器和音像器材类增长 20.5%，回落 9.1 个百分点；石油及制品类增长 37.6%，回落 2.7 个百分点。3 月份，社会消费品零售总额同比增长 17.4%，环比增长 1.34%。

表 1-9　社会消费品零售总额

单位：亿元；%

	总　　额		城　　市		县及县以下	
	绝对值	同比增长	绝对值	同比增长	绝对值	同比增长
1 月	15249	19.9	13256	20.0	1993	19.6
2 月	13769	11.6	11917	11.7	1852	11.2
3 月	13588	17.4	11801	17.5	1787	16.7

资料来源：国家统计局。

2. 居民消费价格继续上涨

一季度，居民消费价格同比上涨 5.0%。其中，城市上涨 4.9%，农村上涨 5.5%。分类别看，食品上涨 11.0%，烟酒及用品上涨 2.0%，衣着上涨 0.3%，家庭设备用品及维修服务上涨 1.6%，医疗保健和个人用品上涨 3.1%，交通和通信下降 0.1%，娱乐教育文化用品及服务上涨 0.6%，居住上涨 6.5%。3 月份居民消费价格同比上涨 5.4%，环比下降 0.2%。

表 1 - 10　居民消费价格指数

	当月(上年同月 = 100)			累计(上年同期 = 100)		
	全　国	城　市	农　村	全　国	城　市	农　村
1 月	104.9	104.8	105.2	104.9	104.8	105.2
2 月	104.9	104.8	105.5	104.9	104.7	105.3
3 月	105.4	105.2	105.9	105.0	104.9	105.5

资料来源：国家统计局。

3. 工业生产者价格上涨较快

一季度，工业生产者出厂价格同比上涨 7.1%，3 月份上涨 7.3%，环比上涨 0.6%。一季度，工业生产者购进价格同比上涨 10.2%，3 月份上涨 10.5%，环比上涨 1.0%。3 月份，全国 70 个大中城市新建商品住宅环比价格下降的有 12 个城市，持平的有 8 个城市；同比价格下降的城市有 2 个，同比涨幅回落的有 46 个城市。二手住宅环比价格下降的有 16 个城市，持平的有 10 个城市；同比价格下降的有 5 个城市，涨幅回落的有 45 个城市。

（二）需要注意的问题

1. 消费价格指数高企

受食品价格和输入性通胀的影响，在去年底居民消费价格指数 CPI 突破 5% 之后，今年 2 月同比涨幅再次达到 4.9% 的高度。3 月份，CPI 上涨 5.4%，一个主要因素是 3 月份 CPI 的翘尾影响比较大。当月的影响是 3.2 个百分点，占 CPI 同比涨幅的 60%。新涨价因素的影响只有 2.2 个百分点，比上个月回落了 0.2 个百分点。居民消费价格指数的持续走高，激发了许多行业的涨价预期。从 3 月份起，方便面、食用油、白酒等行业开始调高销售价格。部分企业跟风涨价、搭车涨价，导致在 3 月下旬与 4 月上旬一度出现日用品抢购局面。

2. 主要食用农产品价格小幅回落

在一系列稳定物价措施的作用以及季节因素影响下，蔬菜、鸡蛋价格从 2 月中旬开始回落，猪肉、食用油价格在 4 月初出现下降势头。据商务部监测，4 月 11 日至 17 日，36 个大中城市 18 种主要蔬菜批发价格平均为

3.58 元/公斤，较前一周下降 9.8%，降幅比前一周加大 5.2 个百分点。与前一周比，18 种主要蔬菜价格均下降，其中青椒、油菜、辣椒价格分别下降 22.8%、19.4% 和 18.8%，生菜、茄子、黄瓜、豆角、芹菜价格降幅也都超过 10%。随着气温回升，蔬菜上市量持续增加，预计价格呈现加速下降趋势。

3. 生产资料价格小幅走高

据商务部监测，4 月 4 日至 10 日，主要生产资料中，橡胶、能源、农资、矿产品、有色金属、化工产品、钢材、建材、轻工原料价格均出现上涨。受泰国主产区洪灾、原油价格走高影响，橡胶价格明显走高，橡胶价格上涨 2.3%。能源价格上涨 2.2%，其中成品油、原油、煤炭价格分别上涨 4.8%、4.1% 和 0.6%。矿产品价格上涨 1.4%，其中铜矿、铁矿石、锌矿分别上涨 2.2%、1.4% 和 1.1%。有色金属价格上涨 0.7%。化工产品价格上涨 0.6%。钢材价格上涨 0.6%。春季气温回升，建筑钢材等品种消费量增加，部分钢厂上调钢材出厂价，价格连续第二周小幅回升。建材价格上涨 0.4%。其中木材、水泥分别上涨 0.9% 和 0.2%。

4. 国际市场大宗商品价格上涨

去年下半年以来，国际市场原油、铁矿石、粮食等大宗商品价格上涨明显。今年一季度，原油价格已经突破 110 美元/桶，棉花价格涨至历史新高，粮食及许多金属矿产品价格都上涨 10% 以上。根据目前国际市场粮食、大豆、棉花供求情况，考虑尚不稳定的地缘政治关系，预计今后一段时期，原油、棉花、玉米等仍有继续上涨的压力，并将继续成为影响国内物价上涨的一个非常重要的因素，值得密切关注。

（三）国内商品市场走势分析

2011 年一季度，我国商品市场运行继续向好的势头发展。商务部监测的 3000 家重点零售企业销售额累计同比增长 18.4%，比上年同期加快 1 个百分点。从消费来看，尽管社会消费品零售总额增速有所回落，但仍比近几年同期平均水平要高，而且这种回落主要是由汽车及与住房相关的商品增速回落所引起的。由于我们国家正处于城市化加速时期，居民的消费结构也处在升级阶段，商品市场消费的增长潜力、空间和动力也都比较大。从一季度物价情况看，居民消费价格指数 CPI 和工业生产者出厂价格指数 PPI 都有所上涨，稳定物价面临着货币流动性较为充裕、国际市场大宗商品价格大幅上涨、土地和劳动力成本上升等压力。国务院在一季度把保持物价总水平的基本稳定作为宏观调控的首要任务，从控制货币、发展生产、保障供应、搞活流通、加强监管等方面入手，出台了一系列物价调控措施，效果已初步显现。只要切实贯彻落实好国务院出台的物价管理与市场保供等政策措施，加强市场的有效监控与调控，打击假冒伪劣产品，保障食品安全与市场的有效供应，全年物价维持稳定是有可能实现的，商品市场有望继续保持良好运行态势。

二、国际贸易

2011年一季度我国外贸运行基本稳定。由于全球突发事件增多，大宗商品持续走高，通胀风险加大，全年外贸工作着力点是保持对外贸易稳定增长和优化进出口结构。

（一）外贸进出口运行基本情况

1. 进出口增长较快，6年来首现季度贸易逆差

据海关统计，1~3月，我国进出口总值8003亿美元，比去年同期增长29.5%。其中，出口3996.4亿美元，增长26.5%；进口4006.6亿美元，增长32.6%。受国内经济保持较快增长、国际市场大宗商品价格大幅上涨以及春节长假等因素影响，一季度我国累计出现10.2亿美元的贸易逆差，而上年一季度为顺差139.1亿美元。

表1-11　2011年一季度外贸进出口情况

单位：亿美元；%

	进出口	同比	出口	同比	进口	同比	顺差
1月	2950.1	43.9	1507.3	37.7	1442.7	51.0	64.6
2月	2007.8	10.6	967.4	2.4	1040.4	19.4	-73.1
3月	3042.6	31.4	1522.0	35.8	1520.6	27.3	-1.4
一季度	8003.0	29.5	3996.4	26.5	4006.6	32.6	-10.2

* 表格数据均来自海关统计或根据海关统计计算。

资料来源：海关统计。

2. 一般贸易进出口增速高于平均水平，加工贸易顺差继续扩大

一季度，一般贸易进口增长较快。具体来看，一般贸易进出口总值为4179.2亿美元，增长34.8%。其中，出口1859.7亿美元，增长31.7%；进口2319.5亿美元，增长37.4%，高出同期全国进口增速4.8个百分点。一般贸易项下出现贸易逆差459.8亿美元，扩大66.5%。一季度，我国加

工贸易进出口 2919.1 亿美元，增长 21.4%。其中，出口 1845.1 亿美元，增长 21.7%；进口 1074 亿美元，增长 20.9%。加工贸易项下贸易顺差 771.1 亿美元，扩大 22.8%。边境贸易增长 46.5%，进出口基本平衡。

表 1－12　2011 年一季度分贸易方式进出口情况

单位：亿美元；%

	总　值		一般贸易		加工贸易		边境贸易	
	金　额	增幅	金　额	增幅	金　额	增　幅	金　额	增　幅
进出口	8003.0	29.5	4179.2	34.8	2919.1	21.4	69.5	46.5
出　口	3996.4	26.5	1859.7	31.7	1845.1	21.7	35.1	23.3
进　口	4006.6	32.6	2319.5	37.4	1074	20.9	34.4	81.3
差　额	8003.0	29.5	－459.8	66.5	771.1	22.8	0.7	

3. 机电产品和高新技术产品增速略低于全国平均水平，顺差有所扩大

一季度，我国机电产品出口 2320.3 亿美元，增长 22.8%，低于同期我国总体出口增速 3.7 个百分点；进口金额 1729.2 亿美元，增长 25.6%，低于全国进口增幅 7 个百分点。机电产品顺差 591.1 亿美元，增长 15.4%。高新技术产品出口金额 1186.3 亿美元，增长 19.8%，低于总体出口增幅 6.7 个百分点；进口金额 1041.8 亿美元，增长 21.8%，低于全国进口增幅 10.8 个百分点。高新技术产品顺差 144.5 亿美元，增长 7.5%。

表 1－13　2011 年一季度机电产品和高新技术产品进出口情况

单位：亿美元；%

	总　值		机电产品		高新技术	
	金　额	增　幅	金　额	增　幅	金　额	增　幅
进出口	8003.0	29.5	4049.5	24.0	2228.1	20.7
出　口	3996.4	26.5	2320.3	22.8	1186.3	19.8
进　口	4006.6	32.6	1729.2	25.6	1041.8	21.8
差　额	8003.0	29.5	591.1	15.4	144.5	7.5

4. 轻纺商品出口稳定增长，主要大宗商品进口量价齐升

一季度，传统商品出口平稳增长，其中服装出口 284.6 亿美元，增长

18.4%；纺织品 201.7 亿美元，增长 32.7%；鞋类 88.3 亿美元，增长 21.6%；家具 84.3 亿美元，增长 19.3%。

表 1-14　2011 年一季度主要劳动密集型出口商品统计

单位：亿美元；%

商　品	箱　包	鞋　类	玩　具	家　具	纺织品	服　装
出口金额	42.7	88.3	18.3	84.3	201.7	284.6
同　比	40.9	21.6	16.3	19.3	32.7	18.4

在进口商品中，主要大宗商品进口量保持增长，进口均价普遍出现明显回升。据海关统计，铁矿砂进口 1.8 亿吨，增加 14.4%，进口均价为每吨 156.5 美元，上涨 59.5%；大豆 1096 万吨，减少 0.7%，进口均价为每吨 573.9 美元，上涨 25.7%。此外，机电产品进口 1729.2 亿美元，增长 25.6%；其中汽车 23.6 万辆，增加 31.8%。

表 1-15　2011 年一季度商品进口商品统计

单位：亿美元；万吨

商品名称	累计进口			同比增减±%		
	数　量	金　额	单价（平均）	数　量	金　额	单　价
原　油	6341	436.9	—	11.9	39.1	24.3
铁矿砂	17717	277.5	156.5	14.4	82.5	59.5
大　豆	1096	62.9	573.9	-0.7	24.8	25.7
成品油	1103	77.9	—	27.7	51.7	18.8
钢　材	418	54.5	—	1.7	17.5	15.5

5. 民营企业进出口增势强劲，外商投资企业进出口占主导

一季度，民营企业为主体的其他企业进出口额 2119.3 亿美元，增长 41%。其中，出口 1245.3 亿美元，增长 35.4%；进口 874.0 亿美元，增长 49.9%。国有企业进出口、出口和进口总额为 1729.5 亿美元、575.8 亿美元和 1153.8 亿美元，分别增长 27.8%、16.4% 和 34.5%。外商投资企业进出口、出口和进口总额为 4154.2 亿美元、2175.4 亿美元和 1978.8 亿美元，分别增长 24.9%、24.6% 和 25.2%。

表 1 - 16   2011 年一季度分企业性质进出口情况

单位：亿美元

企业性质	2011 年一季度				占总值的比例%		
	进出口	出　口	进　口	差　额	进出口	出　口	进　口
总　　值	8003.1	3996.4	4006.6	-10.2			
增幅%	29.5	26.5	32.6				
国有企业	1729.5	575.8	1153.8	-578.0	21.6	14.4	28.8
增幅%	27.8	16.4	34.5				
外商投资企业	4154.2	2175.4	1978.8	196.5	51.9	54.4	49.4
增幅%	24.9	24.6	25.2				
其它企业	2119.3	1245.3	874.0	371.3	26.5	31.2	21.8
增幅%	41.0	35.4	49.9				

6. 与发达国家贸易增速放缓，与部分新兴市场国家贸易增速强劲

一季度，我与欧、美、日贸易增速均低于全国进出口平均增速。其中，中欧双边贸易总值 1237.0 亿美元，增长 22.0%。中美双边贸易总值为 976.5 亿美元，增长 25.0%。中日双边贸易总值为 807.8 亿美元，增长 27.1%。我国与澳大利亚、俄罗斯等新兴市场双边贸易快速增长，增速分别达到 39.9%、57.7%。

表 1 - 17   2011 年一季度分国别（地区）进出口情况

单位：亿美元；%

国家（地区）	金　　额				同比增减 ±			
	进出口	出　口	进　口	差　额	进出口	出　口	进　口	差　额
总　　值	8003.1	3996.4	4006.6	-10.2	29.5	26.5	32.6	-107.3
欧　　盟	1237.0	765.9	471.1	294.8	22.0	17.2	30.6	0.7
美　　国	976.5	661.0	315.5	345.5	25.0	21.4	33.3	12.2
日　　本	807.8	328.9	478.9	-150.0	27.1	28.1	26.4	22.8
东　　盟	793.4	363.7	429.6	-65.9	26.1	24.5	27.4	48.1
香　　港	614.2	576.2	38.0	538.1	40.7	40.6	41.9	40.5
韩　　国	563.7	193.0	370.7	-177.7	24.5	32.5	20.7	10.1
台　　湾	376.2	80.7	295.5	-214.7	19.7	34.4	16.2	10.6
澳大利亚	247.5	71.5	176.0	-104.5	39.9	28.0	45.3	66.7
印　　度	176.3	105.4	70.9	34.5	24.6	26.4	21.9	36.5
俄罗斯联邦	161.1	60.7	100.5	-39.8	57.7	38.7	71.9	179.4

（二）未来一段时期外贸发展面临的主要问题

从目前情况看，随着世界经济持续复苏，外部市场总体上趋于好转，企业订单有所增加。但是，进出口形势依然复杂，影响出口增长的不确定因素还很多，特别是原材料价格、劳动力工资持续大幅上涨，将不同程度挤占外贸企业利润，中小企业面临的成本压力更大。

1. 发达经济体公共债务风险增大，欧洲主权债务危机仍在扩散

根据 IMF 统计，2010 年全球主要发达经济体政府总债务占 GDP 比重将达 109.6%，财政赤字占 GDP 的 9.29%，远远超过债务占 GDP 的 60%、财政赤字占 GDP3% 的国际警戒线标准。IMF 预测，到 2015 年主要发达国家的政府债务占 GDP 比重将高达 122%。同时，尽管欧盟春季峰会通过了应对债务危机的全面方案，但欧洲主权债务危机尚未有效缓解。葡萄牙已经向欧盟申请救助，欧元区开始加息，可能加剧欧洲主权债务危机，西班牙等国主权债务风险上升。

2. 大宗商品价格持续走高，全球通胀风险加大

今年以来，大宗商品价格持续走高。截至 4 月 21 日，原油期货价格突破 110 美元/桶，伦敦铜期货价格达到 9600 美元/吨。当前，全球通胀已从发展中国家向发达国家蔓延。2 月份，印度、俄罗斯、巴西、韩国、印尼、越南消费价格同比分别上涨 8.3%、9.5%、6%、4.5%、6.8% 和 12.3%，美国、英国同比分别上涨 2.1% 和 4.4%。欧元区 3 月份消费价格达到 2.6%，连续四个月超过 2% 的调控目标。在此形势下，新兴经济体已经并将进一步采取紧缩政策，欧元区已经开始加息，美国可能提前退出刺激政策。如果通胀形势继续加剧，势必影响世界经济复苏进程。

3. 地缘政治及突发事件增加了世界经济复苏的不确定性

当前，西亚北非政局动荡，可能进一步推高国际油价。日本大地震不仅影响其自身经济走势，也将对世界经济复苏产生较大影响。由于全球供应链受到严重冲击，汽车、电子信息产品等相关企业正常生产经营受到较大影响。核泄露事故仍未得到有效控制，后续影响很难预料。

4. 国内企业经营成本上升，企业消化成本压力加大

当前，企业要素成本进入集中上升期，企业正处在消化成本的艰难期。一是受国际大宗商品价格持续走高的带动，一季度国内生产资料价格持续上涨。流通环节生产资料同比上涨 11.2%，其中成品油价格上涨 17.8%，钢材上涨 17.6%，有色金属上涨 10.3%，化工产品上涨 8.8%。工业生产者购进价格同比上涨 10.2%。二是劳动力工资继续提高。在去年

30 个省（区、市）上调最低工资标准的基础上，今年以来又有 12 个省（区、市）继续上调，幅度在 20% ~ 25% 之间。招工难和用工成本不断增加成为当前困扰企业经营的一个突出问题。三是企业融资成本有所上升。今年以来，央行已经两次加息，四次上调存款准备金率。一些企业反映流动资金紧张，融资成本有所增加。此外，人民币升值压力较大，也在一定程度上影响到企业对外接单。

（三）2011 年外贸政策取向

2011 年，外贸工作着力点是保持对外贸易稳定增长和优化进出口结构。

1. 保持外贸政策基本稳定

继续用好出口信用保险、出口退税、出口信贷等行之有效的政策，充分发挥"引进来"和"走出去"对扩大出口的带动作用，特别注重改善中小外贸企业的融资条件，为对外贸易稳定发展营造良好环境。

2. 积极扩大进口

完善进口促进政策，进一步简化进口管理措施，支持扩大进口，促进贸易平衡。适应国内结构调整和产业升级需要，扩大先进技术设备和关键零部件进口，推动企业技术改造。进一步拓宽粮棉等大宗商品进口渠道，便于企业及时根据国内外市场变化组织进口，缓解国内供应压力。举办进口商品展览会，提升广交会等大型展会的进口促进功能。针对重点商品建立政府、行业组织和企业进口协调机制，加强宏观调控和指导。

3. 加快转变外贸发展方式

坚持科技兴贸、以质取胜和市场多元化，积极推动加工贸易转型升级，鼓励企业发展研发设计、自主品牌和境外营销渠道，发挥参与国际竞争和合作的新优势，全面提升对外贸易的质量和效益。

第四部分　财政政策分析

2011 年一季度，我国财政政策执行情况良好，经济保持平稳较快发展态势。但财政调控仍然面临一些突出问题，下一步国家将继续实施积极财政政策，保持经济平稳较快发展和社会和谐稳定。

一、财政政策执行情况

一季度，我国财政收入和支出增长较快，收支运行良好，反映了经济平稳较快增长的态势。

（一）财政收入较快增长

1~3月累计，全国财政收入26125.7亿元，比上年同期增加6498.7亿元，增长33.1%。分税种看，主体税种收入实现较快增长。国内增值税同比增长23.2%，国内消费税增长21.5%，营业税增长26.3%，企业所得税增长37.9%，个人所得税增长37.0%，进口货物增值税、消费税增长48.8%，关税增长47.5%，车辆购置税增长21.4%。另外，出口退税同比增长31.9%，相应减少财政收入。分级次看，中央和地方财政都实现较快增长。中央本级收入13058.7亿元，增长30.5%；地方本级收入13067.1亿元，增长34.7%。分税收和非税收入看，税收收入保持较快增长。税收收入23438.9亿元，增长32.4%；非税收入2686.9亿元，增长39.6%。财政收入增长较快的主要原因有：经济较快增长，价格涨幅较高，部分上年末收入在今年年初集中入库，进口环节税收等相关税种增幅较高，部分地区按有关规定今年将原预算外资金纳入预算管理。财政收入超经济高速增长，对控制通货膨胀起到了紧缩的效果。

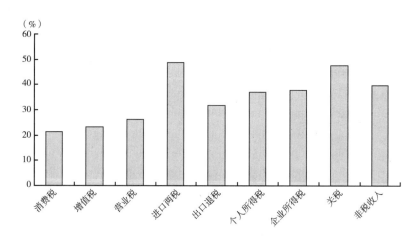

图1-1　一季度财政收入主要项目增长情况

（二）实施结构性减税政策

结构性减税政策包括：继续对部分小型微利企业实施所得税优惠政策，支持中小企业发展。落实好各项税费减免政策，促进产业结构升级和服务业发展。开展海南离岛旅客免税购物政策试点。对600多种资源性、基础原材料和关键零部件实施较低的年度进口暂定税率，继续对煤炭、原油、有色金属等"两高一资"产品征收出口关税，促进经济结构调整和节能减排。自2011年1月28日起，调整个人住房转让营业税政策，对个人将购买不足5年的住房对外销售的全额征收营业税，促进抑制投机性住房交易、稳定房价。在上海、重庆进行个人住房房产税改革试点。进一步清理规范行政事业性收费和政府性基金，从1月1日起在全国统一取消和停止20项社会团体收费项目，停止征收山西省电源基地建设基金、水资源补偿费和福建省铁路建设附加费。从2月1日起在全国统一取消31项涉企行政事业性收费。取消向水电企业收取的水能资源使用权出让金、水能资源开发利用权有偿出让金、水电资源开发补偿费等名目的费用。

（三）努力扩大内需

一是保持适度的政府投资规模。2011年中央财政安排基建投资3826亿元，一季度下达预算25%，主要用于支持保障性安居工程、以水利为重点的农业基础设施、教育卫生基础设施建设，节能减排和生态环保，自主创新和战略性新兴产业发展等方面，有序启动"十二五"规划重大项目建设。二是进一步增加对农民的补贴。今年中央财政预算安排农资综合补贴、粮食直补、良种补贴、农机具购置补贴比上年增加180.1亿元，大部分已经下拨。对冬小麦抗旱浇水和返青拔节弱苗施肥给予补贴，补助标准均为每亩10元。加大对扶贫开发的支持力度。三是加大社会保障投入。对全国城乡低保对象、农村五保户等8600多万困难群众发放一次性生活补贴104亿元。提高城乡低保和优抚对象生活补助标准，提高企业退休人员基本养老金水平10%。支持将新型农村社会养老保险制度试点覆盖地区范围由上年的24%提高到60%。中央财政预算安排1210亿元补助，支持今年开工建设各类保障性住房、棚户区改造住房1000万套，改造农村危房150万户。四是完善家电下乡和以旧换新政策。一季度，家电下乡产品销售3626万件，销售金额857.8亿元；家电以旧换新销售新家电1096万件，销售金额418亿元，回收旧家电1124万件。

（四）保障和改善民生

调整财政支出结构，严格控制一般性支出，重点加大对"三农"、教育、就业、住房、医疗卫生、社会保障等民生领域投入力度。一季度，全国财政支出18053.6亿元，比上年同期增加3723.6亿元，增长26.0%。其中，中央本级支出3130.1亿元，同比增长11.1%；地方财政支出14923.4亿元，增长29.6%。教育、医疗卫生、社会保障、就业、保障性住房、文化等与人民群众生活直接相关的民生支出均保持了较高增幅。其中，农林水事务支出增长37.1%；社会保障和就业支出增长44.5%；医疗卫生支出增长55.6%；科学技术支出增长35.7%；城乡社区事务支出增长38.9%；教育支出增长19.8%，住房保障支出增长25.1%。这些财政支出支持了"三农"发展，支持了扩大就业，支持了教育优先发展，支持了医疗卫生体制改革，支持了保障性安居工程建设，支持了科技创新和节能减排。财政支出增幅较高，表明积极财政政策继续落实，既有力保障了各项重点支出的需要，也有效地促进了经济社会平稳较快发展。

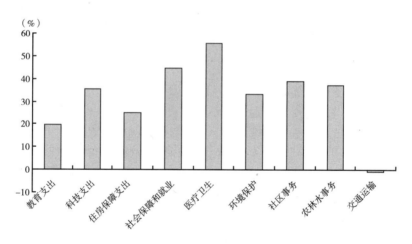

图1-2　一季度财政支出主要项目增长情况

二、当前财政调控面临的突出问题

虽然当前国民经济运行总体平稳，发展的有利条件较多，但也面临不少突出的矛盾和问题。世界经济还没有走上正常增长的轨道，目前又出现一些新的变数。国内主要是物价上涨比较快，通货膨胀预期增强，房地产市场成交量萎缩、多数城市房价还在上涨。这些都给宏观调控仍面临较大压力。

（一）国际环境依然复杂严峻

一季度世界经济继续保持复苏态势，但不稳定和不确定因素仍然较多。一是全球遭受通货膨胀威胁。目前原油价格创出2年半以来新高，黄金期货价格创历史新高，世界粮食价格接近2008年粮食危机时的高点。新兴市场国家通胀继续攀升，3月份巴西批发物价指数上涨13.8%，越南CPI上涨13.9%，韩国CPI上涨4.7%。发达国家通胀压力显现，2月份美国CPI同比上涨2.1%，英国上涨4.4%，3月份欧元区上涨2.6%，为此欧洲央行已率先加息。二是欧洲主权债务危机并未得到根本解决。葡萄牙已向欧盟申请救助，预计需要900亿欧元。西班牙也可能面临融资困难，从而步葡萄牙后尘。欧洲央行加息也将加剧部分欧洲国家的主权债务风险。三是日本地震、海啸及核泄露的影响将进一步显现。由于部分企业生产中断，电力供应不足，以及核辐射对消费和出口的影响，日本经济可能因地震冲击出现衰退，进而影响全球经济增长，增加全球经济复苏的不确定性。同时，核泄露将对全球能源市场及能源政策产生深远影响。四是中东和北非政治危机也面临变数。该地区是全球最重要的原油产区，扼守苏伊士运河等国际航运通道，政治局势动荡引发市场对新一轮石油危机的担忧。如果动荡局势蔓延到沙特、阿尔及利亚等其他产油国，将进一步对全球能源供应和价格走势产生重大不利影响，从而冲击世界经济复苏。

（二）价格形势比较严峻

虽然国家针对物价上涨情况，出台了包括控制流动性、发展生产、搞活流通、加强监管以及给低收入者提供补贴等多种措施来调控物价，但当前我国通货膨胀压力仍然较大。这次物价上涨是多种因素引起的，既具有周期性，又具有结构性，还反映了深层次的价格形成机制问题。一是从周期性因素看，全球流动性过剩以及大宗商品价格上涨带来的输入型通胀压力还在增加。国内货币信贷存量较大，流动性依然宽裕，物价上涨的货币条件还未改变。农业生产存在季节性周期，房地产价格上涨预期依然较强。二是从结构性因素看，我国农村剩余劳动力减少，加上农产品比价关系调整，农产品价格存在上升趋势。城镇化加快推进，带来耕地面积减少，也使粮食生产面临长期考验。三是从体制因素看，一些重要产品和服务价格形成机制仍不完善，垄断行业以及部分基础性商品价格管制使部分商品和服务价格易涨难跌，在助长物价上涨预期的同时，增加经济滞胀的风险，预计通胀压力将持续较长一段时间。

（三） 资产泡沫问题仍不容忽视

当前房地产价格仍然居高不下，资产泡沫风险继续累积。虽然中央连续出台严厉的房地产调控措施，但成效不够明显。在住房交易面积下降的同时，房地产价格继续保持上涨态势。3月份，全国70个大中城市中，同比价格下降的城市只有2个，44个城市新建商品住宅价格同比涨幅超过5%。近期各地提出的房地产调控目标与GDP挂钩的方案不够合理，估计对抑制房价上涨效果有限。尽管目前一线城市的房地产市场出现一些积极变化，但很大程度上是由于不同区位等结构性因素造成的，促使房价上涨的有关因素和体制机制问题并未根本改变。部分资金转向二三线城市，导致这些城市房地产价格上涨。由于房价过快上涨，伴随着住房抵押贷款和房地产开发商贷款的快速增长，目前为房地产开发商和住房按揭提供的贷款占银行贷款总额的比例超过20%，为历史最高水平，从而带来较大的金融风险。因此，抑制资产泡沫、促进房地产市场健康发展的任务依然较重。

（四） 宏观经济不平衡仍较突出

虽然一季度我国贸易收支出现10.2亿美元的逆差，但主要是受春节因素、出口增幅下降和国际大宗商品价格上涨使进口额增加等因素影响的结果，并不具有可持续性。正如去年3月份出现贸易逆差后很快恢复持续顺差一样，预计国际收支仍是顺差，外汇储备继续增加，将造成我国贸易条件不利，贸易和汇率摩擦增加。内部失衡表现为投资率持续上升，投资和消费比例明显偏离正常状态，造成产能过剩、最终需求不足、收入差距拉大等经济和社会问题。今年一季度，固定资产投资增速比上年第四季度加快3个百分点，但社会消费品零售总额则放慢2.5个百分点，消费需求增长相对较慢和地方投资冲动较大的问题值得关注。最近许多省份公布的"十二五"规划中，都提出经济总量翻番目标，折合GDP年均增幅在15%左右。一些省份将"大项目带动大投资"作为实现该目标的战略举措。根据以往五年规划首年一般出现投资热潮的经验，如果今年对地方政府的投资冲动不加适当控制，可能引发经济过热，并影响管理通胀预期的效果。

三、下一步经济展望及政策建议

今年是"十二五"规划开局的第一年，各方面发展的积极性高涨，经济保持较快增长的有利条件较多。总体上看，今年经济增长将呈"前高后低"态势，各季度GDP同比增速将呈稳中下行态势，环比增速在第三季度触底第四季度反弹，全年经济增长9.7%左右。物价将呈"前高中稳后低"

走势，CPI 涨幅将在年中达到峰值，然后有所下降，但总体仍将在高位徘徊，预计全年 CPI 上涨 4.6% 左右。财政收入增长将呈"前快后慢"趋势，但由于 GDP 和物价等主要经济指标预计高于计划值，财政收入也将比预算有较大超收。下一步要继续坚持实施积极财政政策和紧缩货币政策的基本取向，适时调整完善相关措施，努力增强针对性、灵活性和有效性，提高宏观调控的科学性和预见性，保持经济平稳较快发展和社会和谐稳定。

（一）多管齐下，管理好通货膨胀预期

一是密切关注日本地震与核泄漏、中东及北非局势发展和演变态势，深入分析其对全球经济和我国经济的影响，及时研究制定相关应对预案，防范国际油价和大宗商品价格上涨对我国造成的输入型通胀风险。二是大力支持粮食等基本生活必需品生产，加强粮食流通环节管理，规范粮食收储，维护市场秩序，保障粮食安全，稳定通胀预期。三是灵活利用货币政策工具，适当收紧货币信贷和提高利率，切实把好流动性"总闸门"，不断优化信贷结构，把社会资金更多投向实体经济特别是"三农"和中小企业。四是适度控制政府公共投资的节奏和进度，向社会传递信号，缓解投资需求对物价的推动，同时积极优化投资结构，引导社会资金投向薄弱环节建设。五是坚决落实并完善房地产调控政策措施，对房地产保有征收房产税，对房地产交易征收土地增值税和资本利得税。加快保障性住房建设，遏制住房价格过快上涨，防止资产价格剧烈波动。六是清理规范高速公路收费，支持农超对接，切实降低流通环节费用。七是落实对低收入者的补助政策，保障其基本生活不受影响。

（二）着力保障和改善民生，积极扩大消费需求

进一步优化财政支出结构，加大对"三农"、教育、医疗卫生、社会保障和就业、保障性住房、节能环保和欠发达地区的支持力度。进一步推进国民收入分配制度改革，增加对城镇低收入居民和农民的补贴，提高低收入群体的收入水平。认真执行劳动合同法，切实维护劳动者合法权益，合理提高最低工资标准。研究推进农村土地流转，稳妥推进宅基地流转、置换方式创新，让农户合理分享土地升值收益。督促并鼓励企业分红，增加居民财产性收入。完善国有资本经营预算和国有资源收费制度，稳步推进房产税征收试点，加大对高收入群体存量财产的税收调节力度。深入推进国有经济战略性调整和垄断行业改革，让居民从中受益。完善家电下乡和以旧换新政策。加强城乡商贸流通、文化体育、旅游、宽带网络等基础设施建设。大力促进文化消费、旅游消费和养老消费，积极发展新型服务业态。

（三）综合考虑进口和出口，促进国际收支平衡

坚持促进国际收支基本平衡的取向，对外开放要由出口和吸引外资为主转向进口和出口并重、吸收外资和对外投资并重。坚持开拓国内和国际两个市场，"引进来"与"走出去"相结合，拓宽对外开放广度和深度。优化进出口商品结构，推动转变外贸发展方式。增加自主知识产权和高附加值产品的出口，鼓励先进技术设备、重要能源和原材料、关键零部件进口，采取措施促进从最不发达国家和主要顺差来源国增加进口，逐步改善贸易不平衡的状况。支持加快实施"走出去"战略，提高利用外资质量。加强国际收支监测预警和跨境资金流动监测，有效防止热钱流入流出对我国经济的冲击。

加大对科技创新的支持力度，增强科技创新能力，重点支持基础研究、前沿技术研究、社会公益研究和重大共性关键技术研究开发，推动国家（重点）实验室及科研机构、大学科研能力建设，促进科技成果转化，支持战略性新兴产业有序发展，积极推动企业兼并重组和技术改造等。积极推进节能减排和生态建设，进一步加大节能产品惠民工程实施力度，完善节能环保产品政府采购政策，促进发展新能源、生物质能源和可再生能源，继续推广并完善排污权有偿使用和交易试点，支持重点领域低碳技术研究推广和低碳经济发展等。积极稳妥推进城镇化，引导农村富余劳动力到城镇务工经商，支持地方开展户籍、土地、公共服务等相关改革试点，有序推动进城农民工转化为城镇居民。支持深入推动西部大开发，推动西藏、新疆实现跨越式发展，继续落实好东北振兴、中部崛起和东部率先发展的各项财税政策，增加对地方均衡性转移支付规模，提高财力薄弱地区落实各项民生政策的保障能力等，促进区域良性互动、协调发展。完善支持中小企业和服务业发展的财税政策，推动技术创新、结构调整和扩大就业。

（四）深化关键领域改革，推动经济发展方式转变

推进科技体制改革，加大对科技创新的支持力度，增强科技创新能力，促进科技成果转化，支持战略性新兴产业有序发展。深化财税体制改革，包括在一些生产性服务领域推行增值税改革试点，相应调减营业税。研究扩大消费税征收范围，扩大资源税改革试点范围，促进节约资源。提高个人所得税、工薪所得费用扣除标准，合理调整税率结构。完善国有资本经营收益上缴和使用管理制度。健全财力与事权相匹配的财政体制。加快价格改革步伐，完善天然气、成品油价格形成机制和各类电价定价机制。逐步提高非农用水价格，积极推动开展排放权有偿使用和交易试点。

积极支持推进农村综合改革以及投资体制、金融体制和国有企业改革，促进形成有利于加快经济发展方式转变的体制机制。

第五部分　货币金融形势分析

2011年一季度我国金融运行状况平稳，各项货币政策执行顺利，并增强了政策的灵活性和稳定性。下阶段继续实施稳健的货币政策，主要的货币政策工具将继续发挥重要作用。

一、一季度金融运行情况

（一）M1增速连续三个月低于M2增速

3月末，广义货币供应量（M2）余额为75.81万亿元，同比增长16.6%，增幅比上年末低3.1个百分点，比上月末高0.9个百分点；狭义货币供应量（M1）余额为26.63万亿元，同比增长15.0%，增幅比上年末低6.2个百分点，比上月末高0.5个百分点；货币流通量（M0）余额为4.48万亿元，同比增长14.8%。一季度净投放现金257亿元，同比少投575亿元，其中当月净回笼现金2425亿元，同比少回笼1359亿元。M2增速较上年同期回落，一是因为去年同期基数较高；二是因为贷款同比少增较多，前三个月贷款同比少增3524亿元，派生存款减少；三是因为不计入货币供应量的财政性存款多增较多。

值得注意的是，2011年开始央行调整了单位和个人存款的统计口径，M1、M2在总量和结构特征上都发生了重要变化。从一季度三个月的增量看，在信贷紧缩的背景之下，银行资金来源对银行理财产品、券商理财产品、基金、保险保单、股票保证金存款等同业存款的倚赖度大幅增加。此类存款的波动是导致前三个月M2增量数据剧烈波动的主要原因。特别是3月，M2新增量2.2万亿元，"银行信贷＋外汇占款"仅为1.09万亿元。同时，同业存款大多与"影子银行"体系的发展密切相关，这也是央行监测社会融资总量的意义所在。

（二）基础货币增速明显上升

3月末，中央银行基础货币余额为19.26万亿元，余额同比增长29.0%，比上月末和上年末分别高3.1和0.3个百分点。M2乘数为3.94，分别比上月和上年末高0.09和0.02个百分点。

（三）短期贷款增多

3月末，金融机构本外币各项贷款①余额为52.61万亿元，同比增长17.6%。一季度本外币贷款增加2.39万亿元，同比少增4008亿元。金融机构人民币各项贷款余额49.47万亿元，同比增长17.9%，比上月末提高0.2个百分点，比上年末低2.0个百分点。一季度人民币贷款增加2.24万亿元，同比少增3524亿元。其中，3月当月人民币贷款增加6794亿元，同比多增1727亿元。3月末，金融机构外币贷款余额为4775亿美元，同比增长17.2%，分别比上月和上年末低0.6和2.3个百分点。一季度外币贷款增加270亿美元，同比少增18亿美元，3月当月增加87亿美元，同比少增10亿美元。

从期限结构看，短期贷款多增。一季度境内短期贷款增加1.01万亿元，同比多增2311亿元；境内中长期贷款增加1.46万亿元，同比少增9699亿元；境内票据融资净减少2622亿元，同比减少3621亿元。

（四）3月新增人民币存款出现大幅提升

3月末，金融机构本外币各项存款余额为76.84万亿元，同比增长18.7%。一季度本外币存款增加4.04万亿元，同比多增776亿元。其中，3月末金融机构人民币存款余额75.28万亿元，同比增长19.0%，比上月末上升1.4个百分点，比上年末回落1.2个百分点。一季度人民币存款增加3.98万亿元，同比多增545亿元。3月份当月增加2.68万亿元，同比多增1.12万亿元。3月新增人民币存款出现大幅的提升，较2月增加近2.68万亿，部分解释了M2余额的大幅增长。新增存款大幅高于新增外汇占款和贷款之和的原因可能在于银行出现了阶段性的大量表外资产回流。

从结构看，一季度储蓄存款增加2.54万亿元，同比多增4760亿元。企业存款增加3844亿元，同比少增9164亿元。财政性存款增加3460亿元，同比多增986亿元，主要由于地方财政存款增加3000亿元，同比多增177亿元。

3月末，金融机构外币存款余额2369亿美元，同比增长9.4%，比上月末

---

① 本月人民币和本外币贷款余额已扣除3月份核销历史政策性财务挂账924亿元，新增额为可比口径。

高 4.9 个百分点，比上年末低 0.1 个百分点。一季度外币存款增加 112 亿美元，同比多增 60 亿美元；3 月当月增加 83 亿美元，同比多增 105 亿美元。

（五）市场利率明显回落

一季度银行间市场人民币交易累计成交 40.09 万亿元，日均成交 6681 亿元，日均同比多成交 1155 亿元，同比增长 20.9%。3 月份银行间市场同业拆借月加权平均利率为 1.93%，比上年 12 月份回落 0.99 个百分点；质押式债券回购月加权平均利率为 1.98%，比上年 12 月份回落 1.14 个百分点。

（六）人民币兑美元汇率升值幅度加大，外汇储备快速增加

2010 年 6 月 19 日至 2011 年 4 月 11 日，人民币兑美元累计升值 4.39%，而 2011 年 2 月我国与多国货币按贸易权重计算的名义有效汇率比 2010 年 6 月贬值了 3.58%。在这种背景下，市场对人民币升值预期强烈，认为人民币还有较大升值空间。自 2009 年 3 月末以来，香港无本金交割远期外汇（NDF）美元兑人民币一年期合约均为贴水，显示市场预期人民币将继续升值。2011 年 3 月末，香港市场美元兑人民币一年期 NDF 交易数据显示，市场预期人民币汇率将在一年后升值至 6.42 元/美元。2011 年 3 月份人民币有效汇率为 112.42，低于上期的 113.22。3 月末，人民币汇率为 1 美元兑 6.5564 元人民币。

2011 年一季度新增外汇储备 1973 亿美元，连续三个季度超过 1900 亿美元；外汇储备余额 3 月底达到 30445 亿美元，比去年 3 月底增长 24.4%。

二、一季度主要货币政策措施

（一）四次提高存款准备金率

上调存款准备金率具有锁定市场资金及控制银行信贷增速两重功效，可以持续控制流动性，是央行使用频率最高的调控手段。自 2010 年 10 月以来，央行已使用了 8 次，尤其是 2011 年 4 月 21 日起再次上调存款类金融机构人民币存款准备金率 0.5 个百分点，使得大型国有银行的存款准备金率上升至 20.5%。此次上调原因在于：其一，3 月的新增外汇占款达到 4079 亿，外汇储备和外汇占款口径计算的热钱均呈现高速流入。其二，3、4 月均是年内公开市场到期资金较多的年份。3 月的到期资金量为 6870 亿，4 月的到期资金量为 9100 亿。其三，3 月新增存款跳跃式提升。仅从外汇占款和到期资金这两个角度来看，2 月到期资金为 4150 亿，新增外汇占款 2145 亿；3 月到期资金 6870，新增外汇占款 4079，合计注入商业银行体系的增量货币比 2 月高出近 4000 亿。因此央行在 3 月 25 日上调了一次存款准备金率。4月仅到期资金这一项就达到9100亿，再次上调存款准备金率是必然选择。

（二）两次提高利率

自4月6日起，央行将金融机构一年期存贷款基准利率分别上调0.25个百分点，其他各档次存贷款基准利率相应调整。此次加息是续2010年10月和12月后的第四次加息，是2011年第二次加息。此次加息活期存款加0.10%，存款的其余各档次加0.25%。贷款则是：在一年以内加0.25%；一年至三年加0.30%；三年以上加0.20%。此前12月和2月的加息也呈现出不完全对称的特征，这说明央行的利率政策更灵活，对现实情况更具针对性。

（三）适当允许人民币升值

一季度人民币总体呈单边升值趋势，中间价屡创去年重启汇改以来的新低。为舒缓输入性通货膨胀，央行开始通过灵活调整人民币汇率来稍作对冲，至4月15日人民币兑美元盘中汇价再度刷新汇改新高。人民币升值可在一定程度上缓解输入性通胀压力，但另一方面加大出口企业的负担，在经济结构转型尚未完成时过快升值将带来较大的负面效果。同时，人民币升值预期过于强烈和明确也会引发热钱大规模跨境流动，增加金融市场的波动性。

三、需要关注的几个因素

（一）社会融资结构呈现多元化趋势

央行的统计数据显示，今年一季度社会融资规模增加4.19万亿元，同比少增3225亿元。其中，人民币贷款增加2.24万亿元，同比少增3524亿元；外币贷款折合人民币增加1474亿元，同比少增457亿元；委托贷款增加3204亿元，同比多增1684亿元；信托贷款增加91亿元，同比少增2047亿元；银行承兑汇票增加7611亿元，同比少增1471亿元；企业债券净融资4551亿元，同比多增1874亿元；非金融企业股票融资1558亿元，同比多增309亿元。

从总量上看，2011年一季度社会融资总量4.19万亿。尽管在银行信贷控制和信贷贷款表外转表内的要求下，这两类融资规模有所下降，但是委托贷款和企业债券融资呈现近50%的同比增长。这意味着今年的银行信贷趋紧的情况下，社会融资总量规模仍然保持合理增长，并在一定程度上缓解信贷总量约束与实体经济资金需要之间的矛盾。从结构上看，2011年一季度人民币贷款占社会融资总量规模的53.5%，较上年同期下降4.1个百分点，而委托贷款和企业债券融资占比各提高 5 个百分点。这意味着社会融资结构的多元化趋势正在加速形成。

虽然社会融资总量与宏观经济的相关性更强，但由于其可控性较差，目前仍难以作为货币政策的中间指标，而只能成为一个监测性指标。从相关性上看，社会融资总量与 GDP、消费、投资、工业和 CPI 的相关系数均明显大于银行信贷，但是由于社会融资总量本身包括企业债券、非金融企业股票、保险公司赔偿、保险公司投资性房地产等，而央行对此难以控制，故不宜将其作为货币政策的中间指标。

（二）新增外汇占款居高不下

3 月底，外汇占款余额达到 23.7 万亿元，同比增长 18.2%，处于 2009 年以来较高的水平。一季度在出现贸易逆差的情况下，新增外汇占款仍达到 11241 亿元。究其原因，一方面，随着全球经济逐步复苏，特别是新兴经济体增长前景看好，外需稳步增长。与此同时，全球直接投资复苏趋势明显，中国劳动力成本低廉、经济环境稳定等优势成为吸引外资流入的基本因素。另一方面，主要发达经济体将在未来一段时间内维持宽松货币政策，中国经济复苏已巩固，宏观经济增长的内生性动力增强，加上息差、人民币升值预期等因素，不排除少量热钱通过贸易投资等渠道流入。一季度新增外汇占款 11241 亿元，相当于新增贷款 22550 亿元的 50%，加剧了流动性过剩，推高了通胀预期。我们认为，上述条件在较长时期内都会继续存在，因而热钱净流入的压力依然较大，新增外汇占款也将居高不下，进而给央行回收资金带来长期压力。

（三）短期贷款多增，中长期贷款少增

2011 年一季度累计新增人民币贷款 22550 亿，比去年一季度少增 3458 亿。其中，短期贷款及票据融资新增 7464 亿，比去年同期多增 2300 亿。居民户短期贷款 2833 亿，比去年同期多增 100 亿左右，企业短期贷款比去年同期多增 2200 亿。中长期贷款新增 14554 亿，比去年同期少增 9700 亿。整体来看，新增信贷呈现短期贷款多增，而长期贷款减增的局面。这一情况与去年年初长期贷款大幅多增的局面呈现明显的反差。

究其原因，从微观层面来讲，短期贷款提升暗示了总需求的回落。一方面，企业在经济周期中存在"顺周期"的特征，即在看到订单增加，需求旺盛，产品价格提升之时，相应的反应是扩产、提库存和提价；而当需求萎缩之时无力做出及时调整，造成由存货积压带来的短期资金周转困境，导致短期贷款需求的提升。另一方面，我们认为银行对通胀的感知通常来自于货币、金融市场，而企业对通胀的感知通常来自于更加敏感的下游需求。这导致银行相较于企业产生更为滞后的通胀预期，导致央行要求的贷款名义利率水平高于实体经济在周期中所能承受的程度，也导致企业最终倾向于选择短期限的融资方式降低融资成本。

由上可以看出微观层面的两个信息：一是伴随紧缩的深入，总需求萎缩正在兑现。二是企业运营的资金压力已经浮现。对应在企业层面应该出现的迹象是，主动性的去库存和减产。这些迹象在钢铁和重装设备等行业已经出现。

四、当前金融形势和金融政策展望

4月13日，国务院常务会议讨论国内经济存在的两大问题，一是物价，二是房价。更重要的是，此次会议对货币政策工具的表态有明显调整，提出运用公开市场操作、RRR、利率、汇率等工具，把社会融资规模控制在合理范围，消除通胀的货币因素，同时满足实体经济需求。这个基调突出了数量型工具，同时将汇率列为抵制通胀的手段。结合上述分析，我们认为：第一，一季度的"三率齐动"式严厉紧缩政策接近尾声，并逐渐进入温和紧缩阶段及政策紧缩效果的观察期，紧缩的频率和节奏、力度较之一季度会有所减弱。第二，此次持续紧缩过程中，利率政策跟进迅速，民间融资利率攀升更为明显，会有力支持抑制通胀的政策目标。但这也会冲击部分中小企业和高新企业发展。本月PMI指数中积压订单指数、产成品库存指数升幅均超过4个百分点，各项指标显示紧缩政策效果正在显现，总需求呈回落趋势。通胀失控可能性进一步减弱，在二季度末夏粮收获后物价会逐步回落，届时会为紧缩政策再次微调留出空间。第三，人民币汇率升值幅度可能加大，在未来抑制通胀中发挥较为重要作用。第四，银行信贷未来依然严格控制，同时债券和股票等直接融资将会得到较快发展。

2011年二季度，主要的货币政策工具将发挥重要作用，具体如下。

一是公开市场操作方面的政策。在央票和正回购操作量同时加码的作用下，3月份央行公开市场操作以2710亿元的规模，实现了去年9月以来的首次月度资金净回笼。数据显示，二季度公开市场到期资金量已达16680亿元，超过了一季度的16500亿元。此外，鉴于央行对28天期正回购的倚重，二季度的最终到期量还会有大幅增加，未来央行公开市场对冲压力不容小觑，公开市场操作将成为央行二季度回笼流动性的主要手段。

二是存款准备金政策方面的政策。二季度内，5、6月的央票到期资金量仍然维持在相对较高的水平，存款准备金仍然存在继续被上调的可能。

上调的驱动力取决于外汇占款。如果 5、6 两月的外汇占款均维持在 4000 亿左右的水平，那么至少 1 次上调存款准备金率的概率将非常大。

三是利率方面的政策。加息则是政府慎之又慎的调控措施，与上调存款准备金及公开市场操作相比，加息的影响范围更大。加息可以降低负利率水平，平息因通货膨胀而引发的社会不安定因素，并有效收紧流动性。但同时，加息增加了企业的利息负担，尤其在目前 PPI 增速明显高于 CPI 增速背景下企业利润率明显降低时，加息将对企业的扩大再投资意愿形成较大的压力，从而影响到经济增长速度。此外，加息将加强人民币升值预期，引发国际资本的持续流入，扰乱国内金融市场，而人民币对美元升值则又将引发中国外汇储备的贬值，伤及中国的实际利益。因此，每一次加息举措都是政府在全盘考虑各方因素之后权衡轻重进行的决策。从目前的情况看，尽管欧洲央行加息，但美联储年内加息的可能性很小。事实上，央行对中外利差扩大而加剧资本流入的担忧仍是当前加息的主要制约因素，再加上下半年物价涨幅将回落企稳，当前经济形势也远非"过热"，预计年内存贷款基准利率可能还有 1 次 0.25 个百分点的上调，下一次加息的敏感时期是年中前后物价涨幅较高时期。

四是人民币汇率方面的政策。目前人民币短期走势受美元走势影响，但全年总体升值可能性很高，市场普遍预计全年升值 5% 左右。人民币汇率将稳步升值，不断增加人民币汇率弹性，促进经济结构转型。人民币对美元汇率将继续保持稳健升值态势，并将逐步增加双向浮动的频率。人民币汇率调整既要考虑有利于经济结构调整，也要考虑出口的稳定增长。此外，人民币汇率调整还要做到进退有度，经济情况不断变化，如美元大幅度升值，人民币升值的压力就会减轻。美元贬值，人民币升值的压力就会加大。人民币汇率并不是高度市场化的汇率，汇率调整要循序渐进，要有利于市场稳定。

第六部分　资本市场分析

2011 年一季度可谓"多事之秋"。在国内外众多复杂因素共同作用下，国内股票市场小幅震荡走高，上证综指从上年末的 2808.08 点震荡盘升至本季度末的 2928.11 点，上涨了 4.27%。沪深两市日均成交量较上年略有放大，但较 2010 年四季度仍有较大幅度下降，降幅为 30% 左右。国内债券市场宽幅震荡，以中债固定利率国债指数为例，从上年末的 113.379 点跌至 2 月中旬的 112.112 点，跌幅达 1.12%。而后震荡走高到 113.486 点，涨幅达 2.14%，本季度仅涨 0.1%，成交量明显缩小。

一、股票市场分析

（一）一季度股票市场运行

本季度影响股票市场运行的因素纷繁复杂，既有国际因素，又有国内因素；既有经济因素，又有非经济因素。

1. 国际经济复苏明朗、国内经济良好开局，为股市走好奠定重要基础

伴随美欧日量化宽松政策的深入实施以及美欧房地产市场逐步触底，世界主要经济体经济复苏态势日趋明朗。从 GDP 增速看，2010 年美国、加拿大、德国和日本经济增速基本恢复到危机前的水平，欧元区以及英国等欧洲国家受希腊、爱尔兰等债务危机影响，复苏速度略慢，但仍保持复苏势头（如图 1-3 所示）。从采购经理人指数等先行指标看，2011 年一季度，美国、加拿大、英国和日本 PMI 增长强劲，普遍超过危机前 2007 年初的水平，经济增长前景乐观（如图 1-4 所示），为我国经济走好创造了良好外部环境。从国内经济运行来看，尽管受国内外多方面因素影响，我国通胀压力持续加大，物价指数不断走高；但一季度 GDP 增速为 9.7%，仍处于较高运行区间，实现了良好开局，为股市稳步向上奠定了较好基础。

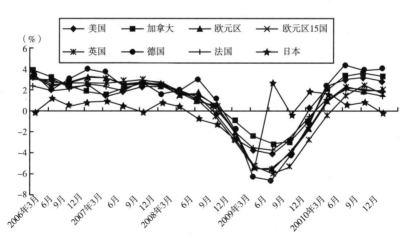

图 1-3　2006~2010 年世界主要经济体季度 GDP 同比增速变化图

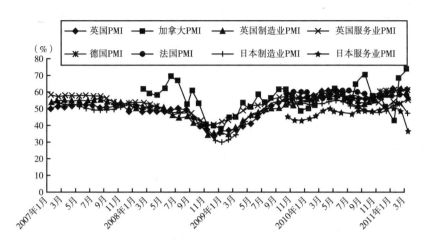

图 1 - 4　2007 ~ 2010 年世界主要经济体季度 PMI 变化图

2. 国际局部政局动荡、日本地震等外部不稳定因素增多，加剧股市震荡幅度和频率

进入 2011 年，国际局势动荡，年初源于突尼斯的"茉莉花革命"升级，导致 1 月中旬其统治者本·阿里下台，1 月 19 日埃及、西非局部骚乱，2 月 11 日埃及总统穆巴拉克辞职。2 月 16 日利比亚发生"茉莉花革命"，爆发严重武装冲突，北约进行军事干涉。这些因素引致这些产油国政局不稳，直接影响到全球原油供给预期，继续推高已达历史高位的油价。此外，3 月 11 日日本爆发了有史以来最高级别的地震，且引发了影响较大、持续时间可能较长的核辐射，对全球经济金融运行带来了多方面影响，进而加剧包括中国在内的金融市场震荡。受局部地缘政治不稳影响，1 月 19 日欧美股市大幅下挫 1% 以上，1 月 13 ~ 1 月 20 日间上证综指累计下跌 5.3%。受日本地震影响，欧洲、美国和中国股市普遍连续 3 天走低，跌幅达 3% ~ 4%，日本股市更是大幅下挫，3 天下降了 15.6%。

3. 资金面紧中有松，有利于股市保持活跃

今年前 4 个月央行持续加大紧缩力度，每个月都上调 0.5 个百分点的存款准备金率，大型存款类金融机构存款准备金率已升至 20.5% 的历史高点。2 月初和 4 月初各加息 1 次，1 年期存款基准利率升至 3.25%，为 2002 年以来的较高水平。受此影响，金融市场资金逐步趋紧，M2 同比增速稳中趋降，从上年末的 19.72% 降至本季度末的 16.6%；存贷差占存款比重从上年末的 33% 提升至本季度末的 34%。尽管如此，股票市场资金仍

然比较宽松，促使股市持续向好。这主要体现在以下几个方面：一是短期货币市场利率震荡下滑，1 个月和 3 个月上海银行间同业拆借利率震荡下行，在本季度末为 3.59% 和 4.17%，分别较上年末下降了 258BP 和 45BP，较 1 月末的季度高点降低了 454BP 和 158BP（如图 1 - 5 所示）。二是债券发行利率提高幅度低于同期基准利率。本季度 3 年期固定利率国开债和 5 年期固定利率进出口债发行利率仅分别提高了 12BP 和 6BP，而同期限的基准利率却分别上升了 35BP 和 45BP。三是公开市场操作净投放资金增加。今年一季度是 2010 年以来净投放货币规模最高的时期，达 5240 亿元，较 2010 年季度投放规模最大的四季度高出 25%（如图 1 - 6 所示）。

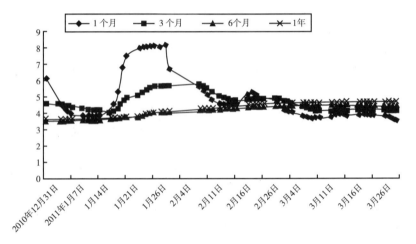

图 1 - 5　2011 年一季度 1 个月、3 个月、6 个月和 1 年 SHIBOR 利率变化图

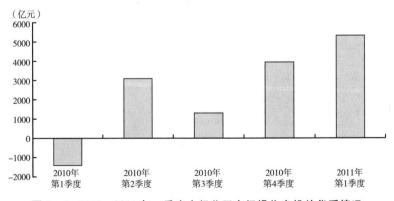

图 1 - 6　2010 ~ 2011 年一季度央行公开市场操作净投放货币情况

四是市场扩容力度趋弱。本季度股票市场募集资金规模为2370亿元，环比下降38%，同比下降1.5%。五是场外资金入场踊跃。本季度在新设股票型基金发行271亿元情况下，股票型基金和偏股型基金仓位分别保持在84.81%和80.54%的历史较高水平，QFII也持续加仓。A股账户新增开户数快速放大，从1月和2月的78.7万户和96.7万户，快速升至3月的196.5万户，入场资金规模加速提升。

4. 市场风险意识增强，高估值板块持续回调

本季度股市运行不同于以往的突出特点是涨升"健康有序"，结构性调整行情与结构性涨升行情并行。伴随股指上升和2010年年报业绩与2011年1季报业绩的逐步公布，估值高、投机重的板块和股票抛压加重，估值低、投机少的板块和股票受到市场青睐。从板块指数看，2008～2010年间，在市场下跌时，中小板跌幅是最小的；在市场上涨时，中小板涨幅是最大的。2011年一季度则正好相反，创业板跌幅最大，达11.4%；中小板跌幅次之，为5.1%，上证综指和沪深300都呈现上扬态势，分别涨升4%和3%（如图1-7所示）。从风格指数看，与往年高市盈率和小盘股表现十分活跃不同的是，2011年一季度低市盈率股和大盘股表现分别好于高市盈率股和中小盘股。低市盈率板块涨升4%，超过中市盈率和高市盈率板块涨幅9个百分点和6个百分点。大盘指数上涨0.4%，而同期中盘指数下跌2%（如图1-8和图1-9所示）。之所以出现这种情况，主要有两方面原因：一方面是投资者日趋成熟和理性。另一方面是高估值板块2010年业绩增长低于预期。已公布业绩的476家中小板和创业板上市公司中，业绩同比增长超过100%的占比低于12%，同比增长在0～50%之间的占

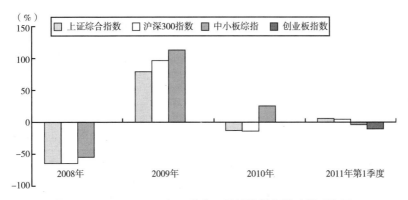

图1-7　2008～2011年一季度不同板块股指涨跌幅对比图

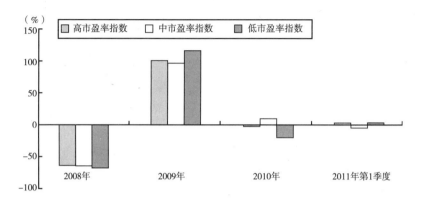

图 1 - 8　2008～2011 年一季度高市盈率、中市盈率和低市盈率指数涨跌幅对比图

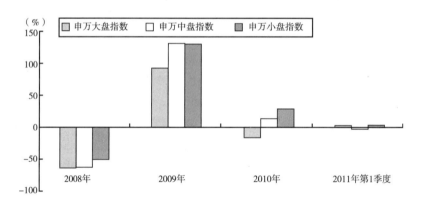

图 1 - 9　2008～2011 年一季度大盘、中盘和小盘指数涨跌幅对比图

比最高，达 56% 以上。当前的股价无法支持这一低增长水平，解禁股减持压力和二级市场抛压快速放大，跌幅较大。

5. 上市公司业绩稳步增长，为股市上行增添动力

截至 3 月 31 日，A 股市场共有 1252 家公司公布了 2010 年年度业绩报告，占全部上市公司的 85% 左右。总体看，共计实现营业收入 135470 亿元，较 2009 年增长 37%；实现净利润 13647 亿元，较 2009 年增长 41%；特别是金融、采掘、化工这几个净利润总额占比较大的行业，增速普遍在 30% 左右。沪深 300 板块净利润增速达 38%，高于中小板和创业板 35% 的增速，给股市上行增添了重要动力。此外，2 月下旬，中国证监会发布五

个并购重组法律适用意见，内容包括：上市公司严重财务困难认定，要约豁免申请条款选用，二级市场收购的完成时点，拟购买资产存在资金占用问题，上市公司在十二个月内连续购买、出售同一或相关资产的有关比较计算等。这些意见进一步规范和引导借壳上市、并购融资和并购重组，对提高上市公司整体质量、提升相关板块活跃程度具有重要作用。

（二）下季度股票市场预测

下一阶段，股市将在我国宏观经济、金融运行、通胀演变、外汇占款加速流入以及赚钱效应日益放大等因素作用下，继续震荡走高，但幅度有限。

1. 我国宏观经济稳健运行，为股市向好创造有利条件

随着美欧经济复苏日趋明朗，我国外需增长的确定性日益提高。尽管如此，日本地震与利比亚局势不稳带来的外需不确定性依然存在，但所带来的影响有限。虽然日本爆发了有史以来最大的地震，但由于此次震中在日本东部，该地区 GDP 规模占比为 7% 左右，对日本经济影响较小、周期较短。有关经验数据表明，随着灾后重建推进，震后 3 个季度左右，其GDP 有望回归正常增速。虽然核辐射扩散仍在继续，但其负面影响正逐步减弱。虽然利比亚武装冲突愈演愈烈，但更多仍是局部性的，且其在全球石油供应量中的占比较低。我国从利比亚进口石油量仅占全部进口量的3% ，所受影响较为有限。重要的是，2010 年我国经济基本摆脱金融危机影响，回归正常增长轨道，一季度 GDP 增速为 9.7% 。2011 年我国经济周期仍处于长周期的下降期，2011 年也是我国"十二五"开局之年，投资、消费仍会保持在较高水平，保障房建设集中推进将有效抵消房地产市场调控带来的负面影响。今年一季度 PMI 持续回升，3 月份 PMI 特别是新订单指数和新出口订单指数已达危机前正常区间。未来一段时期，我国经济仍会平稳运行，即使经济增速有所降低，降幅也十分有限，继续对股市形成有力支撑。

2. 我国通胀压力前高后低，有效减少股市运行不确定性

今年前 3 个月，我国 CPI 和 PPI 当月同比分别从 4.9% 和 6.64% 升至5.4% 和 7.3% 。前者处于 2008 年年中经济过热以来的较高水平，后者创这一时期的最高水平。此外，美欧日量化宽松政策持续实施，热钱不断涌入，我国继续采取量化紧缩政策予以对冲。因此，通胀压力不容忽视。但未来一段时期，我国出现严重通胀的可能性较小，全年物价水平可能呈现"前高后低"温和通胀态势。这是因为：一是全球经济缓慢复苏，国际大

宗商品基本涨升至危机前水平，部分超过危机前水平。如铜、黄金现货等价格不仅创历史最高水平，而且分别较危机前 2008 年年中的历史高点高出 20% 和 60%，再度大幅涨升空间有限。伴随全球经济好转，美欧等国家量化宽松政策将逐步退出，国际大宗商品涨升的最重要"推手"金融属性日渐消退，输入性通胀压力大幅走高概率较低（如图 1 - 10 所示）。二是我国经济增长稳中趋降，粮食连年丰收，粮食储备充足，农副产品供给基本稳定，物价大幅上涨的内在动力不足。三是 2010 年年初以来，已经 4 次加息、10 次提高存款准备金率。一年期存款利率从 2.25% 增至 3.25%，大型金融机构存款准备金年率从 15.5% 提高至 20.5% 的历史高位。差别存款准备金率政策的灵活实施，对回收市场流动性成效显著，使得因流动性过剩推高通胀水平的压力持续减轻。四是随着房地产限购等力度更大，控制更严的调控政策出台与实施，中短期内房地产价格下行压力不断加大。同时，房地产行业供应链很长，房地产市场降温对中下游产业价格也有一定抑制作用。

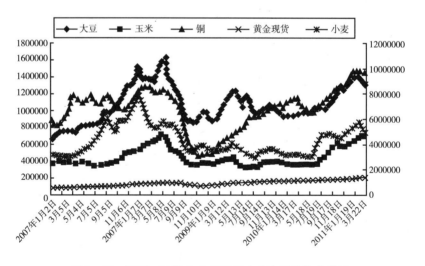

图 1 - 10　2007 ~ 2011 年 3 月国际大宗商品价格走势图

3. 流动性宽松局面仍将持续，促使股票市场交投活跃

未来一段时期，我国股市资金仍将保持较为充裕的局面，有利于股票市场继续活跃。这主要是由以下四方面因素决定的：一是人民币升值背景下的"被动宽松"局面短期仍难改观。今年一季度，人民币继续升值 1%，

我国外汇储备在基数很大的情况下，增长速度进一步加快。3 月末外汇储备同比增速升至 24.42%，处于 2009 年以来的较高水平，总量已突破 3 万亿美元，居全球第一。同时，3 月末我国外汇占款余额为 23.7 万亿元，3 月当月新增外汇占款 4079 亿元，较大幅度高于 2010 年月均 2720 亿元的水平，仅次于 2010 年 10 月和今年 1 月的逾 5000 亿元水平。此外，热钱流入速度加快，今年一季度流入的热钱占货币新增量的 9% 左右，超过 2010 年 2 个百分点左右。人民币"被动宽松"局面仍将延续。二是房地产调控力度可能进一步加大。经过近一年的调控，我国房地产市场价格特别是大城市房价仍居高不下，促使政府开始将房地产调控要求从"经济任务"转向"政治任务"。今后五年我国将新建 3600 万套保障房，有效增加供给，导致未来较长一段时期房地产市场不会走出"低谷"，促使部分楼市资金"转战"股市。三是机构投资者增量资金有望继续增加。一方面，随着股市走好，基金发行规模不断提高，私募基金和 QDII 加大股票资产配置比例，社保资金和保险资金入市比例稳中有升。另一方面，人保部和中国银监会、证监会、保监会联合发布了新修订的《企业年金基金管理办法》将于今年 5 月 1 日正式实施。该办法虽未对权益类资产及股票基金、混合基金等 30% 的上限投资比例进行调整，但取消了股票投资比例上限为 20% 的限制，表明其后股票投资比例上限可放宽至 30%。四是新股发行市盈率走低，主板、中小板和创业板首发市盈率分别从上年末的 70 倍、78 倍和 80 倍降至今年一季度末的 58 倍、46 倍和 61 倍，在下一阶段可能继续走低，有助于一级市场吸引更多资金。

4. 市场结构性机会较大，有利于股市稳步上行

截至今年一季度末，总体市盈率方面，上证所和深证所 A 股市盈率分别为 22.77 倍和 29.67 倍，均处于历史较低水平。市盈率分布方面，30 倍以内市盈率股票占全部上市公司比重为 30% 左右，40 倍以内的为超过 60%，仍存在一定的结构性机会。行业市盈率方面，流通市值占比较高的行业市盈率普遍较低，流通市值占比 50% 左右的行业市盈率为 21 倍以下，有利于股市结构性行情进一步向纵深发展（如表 1 - 18 所示）。尽管如此，今年一季度，伴随股指逐步走高，一方面沪深两市日均成交量有所降低，不利于股市进一步上扬；另一方面，大小非减持规模有所放大，减持股票数量从 1 月的 2.74 亿股快速放大到 3 月的 6.72 亿股，净减持金额从 1 月的 66.5 亿元增至 3 月的 93.8 亿元。若下一阶段股指大幅攀升，减持规模必将快速增加，直接抑制股指过度上扬。

表1-18 主要行业流通市值占比和市盈率

单位：%；倍

行业名称	A股流通市值占比	A股市盈率
制 造 业	35.71	36.95
金融、保险业	21.36	10.79
采 掘 业	19.16	16.74
交通运输、仓储业	4.29	16.31
房地产业	4.11	21.25
小 计	84.63	

5. 外部市场环境日趋稳定，赚钱效应和赚钱驱动将成为短期市场运行的主导因素

分析表明，下一阶段，在国际经济发展态势不断明朗、我国经济增速较为稳定、通胀压力趋于缓解、上市公司2010年年报和2011年一季报公布完毕的情况下，股市运行的外部环境渐趋稳定，主导股市运行的因素将转向赚钱效应和赚钱驱动。一方面，今年以来部分股票涨幅很大，20%左右的股票涨幅超过20%，个别股票升幅超过150%，对场外资金吸引力提高。未来一段时期，如果市场赚钱效应能继续扩大，有望助推行情进一步上行。另一方面，机构盈利紧迫性要求日益增大。2009年下半年以来的近2年时间，股指基本在2500～3000点间窄幅震荡，机构难以大幅度、大面积获利，盈利的内在驱动力不断增强，有望推动股市进一步走好。

二、债券市场分析

（一）一季度债券市场运行

2011年一季度债券市场呈现较为清晰的两阶段走势，第一阶段是年初到2月中旬的单边下跌走势，跌幅达1.12%；第二阶段是2月中旬到本季度末的单边上涨走势，涨幅达2.14%。原因主要有以下方面。

1. 货币政策持续收紧，促使债市下行

在2010年10月和12月连续两二次加息的情况下，今年2月初和4月初再度加息。在2010年6次提高存款准备金率的基础上，今年1～4月连续四次上调存款准备金率，使大型金融机构存款准备金率迅速攀升到20.5%的历史最高水平，市场紧缩预期不断加大，促使前两个月债市单边下跌。

2. 债市资金充裕，推动债市跌后回弹

今年以来，债券市场呈现供需两旺的发展态势，推动3月份出现了"超

跌反弹"行情。从债券市场供给看，融资规模扩大。2010 年一季度以国债、金融债、企业债、公司债和可转债为主体的债券市场发行额达 1.07 万亿，同比增长 78%，环比增长 9%。从债券市场需求看，在市场利率逐步走高和债券融资压力加大的情况下，债券市场需求仍有效扩大，一级市场发行中标倍数提升，从去年四季度主要分布在 1.5 倍以下提高到本季度的 1.5 倍~2 倍。因此，本季度债券市场资金较为充裕（如图 1 – 11 所示）。其二，前两个月紧缩政策集中出台、债市跌幅较深，未来进一步紧缩预期有所减弱。其三，日本和利比亚等外部环境动荡加剧，部分避险资金加速流入债市。

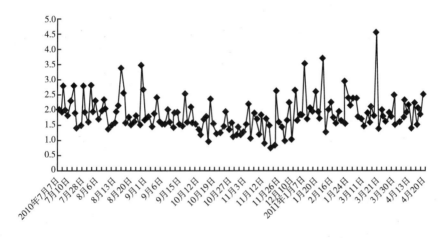

图 1 – 11　2010 年 7 月~2011 年 4 月债券发行中标倍数变动图

3. 短端需求快速增加，长端需求稳定，收益率曲线快速陡峭化

本季度紧缩性货币调控政策连续出台。为规避投资风险，债市投资者调整投资期限结构，加大了短期债投资力度，适度降低了长期债投资比重，出现了加息背景下的短端债券收益率下降的走势。与此同时，随着信贷规模控制日趋严格，部分沉淀的信贷资金需要通过投资长期债提升其投资收益率，保险资金特别是寿险资金对长期债存在较大的需求刚性。因此，长期债需求稳定。在加息背景下，长期债收益率小幅上升。这些"追短弃长"的市场策略，推动收益率曲线一反去年逐步扁平化走势，呈现陡峭化形态。

（二）下季度债券市场预测

下一阶段，债市将在通胀压力减缓、加息预期减弱、市场资金充裕以及大型机构投资者配置需求加大等因素作用下，高位窄幅震荡的可能性较大。

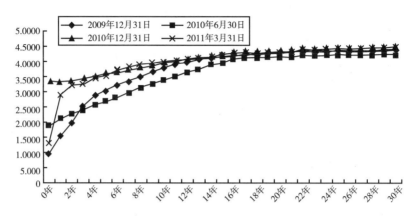

图1-12　2009年~2011年3月固定利率国债收益率曲线变化图

1. 通胀压力缓解，促使债市高位运行

分析表明，未来一段时期，我国经济增速稳中趋降，通胀压力日趋缓解，加息压力有所降低。同时，考虑到加息会扩大我国与欧美等国利差水平，提高热钱流入规模，增加本币升值压力。因此，未来一段时期，我国仍会重在采用数量型货币紧缩政策，存款准备金率和公开市场操作仍是货币政策调控的首选，有利于债市高位运行。

2. 市场资金充裕，有利于债市平稳运行

未来一段时期，随着利率保持稳定，利率水平适中，银行信贷收紧，信贷成本提高，债券市场融资仍是较好选择，债券供给可能稳中有升。同时，市场资金仍会较为充裕，特别是银行信贷受控后，债市成为其重要的资金运用出口，且在加息预期减弱情况下入市力度可能进一步提升。保险机构发展迅速，保险资金刚性配置需求会进一步放大，加上房地产市场低迷流出的低风险需求资金也会涌入债市。因此，总体看，债市供需较为平衡，有利于债市高位稳定运行。

3. 浮息债避险功能仍存，固息债和信用产品交易机会增多

虽然加息预期减弱，但仍不排除通胀异常时再次动用加息手段。因此，浮息债仍具有一定的投资优势。固息债也会因为加息预期减弱，出现更多的交易机会。信用类产品的信用利差依然维持在历史高位，相对于市场资金利率仍存在较为明显的利差优势。即使未来再度上调存款准备金率，其对信用类产品的影响也较为有限，但中期票据和城投债等仍具有较好的交易性机会。

4. 债券市场建设步伐加快，市场吸引力持续加大

我国"十二五"规划指出，要提高直接融资占比，大力发展债券市场。这一政策的逐步实施，必然促进债券市场步入新的更快发展时期，促使债券市场规模、品种结构、期限结构、交易对手和国际化程度都会得到实质性提升，使得债券市场整体交易机会和吸引力将持续加大。

第七部分 房地产市场分析

2011 年一季度是我国房地产市场走向变动的关键时期。继全国主要城市制定"限购令"之后，央行持续将存款准备金率上调至历史最高水平。同时，中央对地方政府落实调控政策的责任监督力度加大。这一系列调控组合拳，进一步抑制了房地产市场的资金回流和投资增速，使一季度房地产市场呈现出"量降价稳"的过渡期态势。

一、一季度房地产市场运行

受国家宏观调控政策的影响，2011 年一季度我国房地产市场运行基本平稳，整体呈现以下特点。

（一）房地产投资增速持续回落，住宅投资增长明显

2011 年一季度，我国房地产投资规模继续保持增长态势。但从同比增幅来看，无论累计投资额增幅，还是月度投资额增幅均出现了明显回落。另一方面，住宅投资额表现出明显增加的趋势，说明市场刚性需求还在引导房地产投资方向。

表 1 - 19　2011 年一季度我国房地产开发企业完成投资情况

单位：亿元；%

时　　间	投资额	同比增幅	时　　间	投资额	同比增幅
2011 年 1～2 月	4250	35.2	2011 年 1～2 月	4250	35.2
2011 年 1～3 月	8846	34.1	2011 年 3 月	4596	33.2

资料来源：根据国家统计局公布数据整理。

具体来看，2011年1~2月份，全国房地产开发投资4250亿元，同比增长35.2%。一季度全国房地产开发投资8846亿元，同比增长34.1%。从月度投资情况来看，2011年3月份完成投资4596亿元，同比增长33.2%，比1~2月份增加346亿元。从同比增幅来看，累计投资同比增幅1~3月份比1~2月份低1.1个百分点，3月份投资同比增幅比1~2月份下降了2个百分点。

在房地产投资总额同比增幅回落的同时，住宅投资额和同比增幅却出现了明显回升趋势。

表1-20　2010年以来我国住宅投资完成情况

单位：亿元；%

商品住宅	投资额	同比增长	时间	投资额	同比增长
2010年1~2月	2233	32.8	2010年1~2月	2233	32.8
2010年1~3月	4552	33.0	3月	2318	33.2
2010年1~4月	6854	34.0	4月	2303	36.1
2010年1~5月	9643	35.7	5月	2789	40.1
2010年1~6月	13692	34.4	6月	4049	31.3
2010年1~7月	16709	34.5	7月	3017	34.8
2010年1~8月	19876	33.9	8月	3167	30.8
2010年1~9月	23512	33.8	9月	3636	33.0
2010年1~10月	26683	33.8	10月	3171	33.7
2010年1~11月	30022	34.2	11月	3339	38.2
2010年1~12月	34038	32.9	12月	4016	23.6
2011年1~2月	3014	34.9	2011年1~2月	3014	34.9
2011年1~3月	6253	37.4	2011年3月	3239	39.7

资料来源：根据国家统计局公布数据整理。

从上表统计数据来看，2011年1~2月份全国房地产开发完成住宅投资3014亿元，同比增长34.9%；一季度完成住宅投资6253亿元，同比增长37.4%。其中，3月份完成投资3239亿元，同比增长39.7%。从投资额变化来看，2011年3月份全国房地产开发完成住宅投资额比1~2月份增加225亿元，低于2010年的6月份、9月份、11月份、12月份住宅投资额，明显高于2010年其他八个月份的住宅投资额。从住宅投资额累计同比增幅来看，1~2月份、1~3月份累计投资同比增幅比上年同期分别高

出 2.1 和 4.4 个百分点，1~3 月份累计投资同比增幅比 1~2 月份提高 2.5
个百分点。其中 1~2 月份累计同比增幅与 2010 年各月累计同比增幅相比，
仅比 2010 年 1~5 月份累计同比增幅低 0.8 个百分点，1~3 月份累计同比
增幅是 2010 年以来的最高水平。从住宅月度投资增幅变化情况来看，1~2
月份投资额同比增幅比 2010 年 4 月份、5 月份、11 月份的同比增幅，分别
低 1.2、5.2 和 3.3 个百分点。2011 年 3 月份投资增幅比 1~2 月份增加
4.8 个百分点，比 2010 年月度投资额同比增幅最高值低 0.4 个百分点。

以上数据显示，2011 年一季度我国房地产投资总额保持了良好的增长
态势，但是同比增幅回落趋势逐渐显现。住宅投资额增加明显，同比增幅
大幅提升，表现出了了强劲的增长态势。

（二）房屋新开工、施工面积逐渐减少，房屋、住宅竣工面积显著回升

2011 年一季度全国房地产开发企业房屋施工面积、新开工面积、房屋
竣工面积、住宅竣工面积与去年同期相比同比大幅增加。但是，从 2011 年
各月累计变化情况来看，房屋施工面积、新开工面积累计增幅呈现下降趋
势，房屋竣工面积、住宅竣工面积在量上明显高于去年同期，同比增幅也
呈现出显著上升态势。

从上表数据可以看出，2011 年 1~2 月全国房地产开发企业房屋施工
面积 29.15 亿平方米，同比增幅为 39.0%，是 2010 年以来房屋竣工面积
累计同比增幅的最高水平。1~3 月份房屋施工面积 32.74 亿平方米，累计
同比增长 35.2%，增幅比去年同期下降 0.3%，比 2011 年 1~2 月份同比
增幅下降 3.8 个百分点，累计同比增幅表现出明显的下降趋势。1~2 月份
全国房地产新开工面积 1.91 亿平方米，累计同比增长 27.9%；1~3 月份
新开工面积 3.98 亿平方米，累计同比增长 23.4%，比 1~2 月份累计增幅
下降 4.5%。从 2010 年以来新开工面积变化情况来看，2011 年各月累计同
比增幅延续了 2010 年下半年以来的逐步下降趋势。

表 1-21　2010 年以来我国房屋施工、新开工、竣工累计面积

单位：亿平方米；%

时　　间	施工面积	同比增长	新开工面积	同比增长	房屋竣工面积	同比增长	住宅竣工面积	同比增长
2010 年 1~2 月	20.97	29.3	1.49	37.5	0.61	8.2	0.48	5.8
2010 年 1~3 月	24.22	35.5	3.23	60.8	1.11	12.0	0.89	9.8
2010 年 1~4 月	26.46	31.7	4.57	64.1	1.5	13.5	1.2	10.8

续表

时　　间	施工面积	同比增长	新开工面积	同比增长	房屋竣工面积	同比增长	住宅竣工面积	同比增长
2010 年 1～5 月	28.51	30.5	6.15	72.4	1.92	18.1	1.53	14.8
2010 年 1～6 月	30.84	28.7	8.05	67.9	2.44	18.2	1.96	15.5
2010 年 1～7 月	32.43	29.4	9.22	67.7	2.86	12.6	2.31	10.5
2010 年 1～8 月	33.92	29.1	10.48	66.1	3.23	10.7	2.62	8.8
2010 年 1～9 月	35.54	28.1	11.94	63.1	3.69	10.4	2.99	8.1
2010 年 1～10 月	36.98	28.3	13.18	61.9	4.2	11.4	3.4	9.0
2010 年 1～11 月	38.43	28.6	14.51	48.7	4.85	9.6	3.93	7.1
2010 年 1～12 月	40.55	26.6	16.38	40.7	7.6	4.5	6.12	2.7
2011 年 1～2 月	29.15	39.0	1.91	27.9	0.7	13.9	0.54	12.1
2011 年 1～3 月	32.74	35.2	3.98	23.4	1.28	15.4	1.02	14.8

资料来源：根据国家统计局公布数据整理。

从房屋施工和新开工面积总体变化来看，在量上比去年同期增加明显。施工面积累计同比增长 1～2 月份达到 2010 年以来最高水平以后，出现了迅速回落的迹象。新开工面积累计同比增幅延续了 2010 年下半年以来持续回落的发展态势。

从房屋竣工面积来看，2011 年 1～2 月份、1～3 月份竣工面积分别为 0.7、1.28 亿平方米，分别高出 2010 年同期 0.09、0.17 亿平方米。1～2 月份累计同比增长 13.9%，比 2010 年同期同比增幅高 5.7%，仅比 2010 年 1～5 月份、1～6 月份累计同比增幅分别低 4.2%、4.3%。1～3 月份累计同比增长 15.4%，比 2011 年 1～2 月份高 1.5%，比 2010 年同期同比增幅高 3.4%，只比 2010 年 1～5 月份、1～6 月份累计同比增幅分别低 2.7%、2.8%。2011 年房屋竣工面积各月累计同比增幅仅比 2010 年 1～5 月份、1～6 月份低，且 2011 年累计同比增幅呈现上升趋势。

从住宅竣工面积来看，2011 年 1～2 月份、1～3 月份住宅竣工面积分别为 0.54、1.02 亿平方米，分别占同期房屋竣工面积的 77.1%、79.7%，竣工面积分别高出 2010 年同期 0.06、0.13 亿平方米。1～2 月份累计同比增长 12.1%，比 2010 年同期同比增幅高 6.3%，仅比 2010 年 1～5 月份、1～6 月份累计同比增幅分别低 2.7%、3.4%。1～3 月份累计同比增长 14.8%，比 2011 年 1～2 月份高 2.7%，比 2010 年同期同比增幅高 5.0%，与 2010 年 1 ～ 5 月份累计增幅持平，只比 2010 年 1 ～ 6 月份累计同比增幅低 0.7%。

数据显示，房屋竣工和住宅竣工面积在量上与 2010 年相比有了明显增加，累计同比增幅明显高于上年同期，仅略低于 2010 年最高水平，且 2011 年以来房屋竣工和住宅竣工面积累计同比增幅呈现出明显的逐步提高趋势。

（三）商品房销售量增幅上升，但销售额增幅普遍下降

2011 年一季度我国商品房和住宅销售面积较上年同期稳步增长，同比增幅逐步提高。商品房和住宅销售额总量逐步提升，但同比增幅下降态势明显。

表 1－22　2011 年一季度我国商品房和住宅销售面积

单位：万平方米；%

时　间	商品房销售面积	同比增长	住　宅	同比增长
1～2 月	8143	13.8	7282	13.2
1～3 月	17643	14.9	15849	14.3

资料来源：根据国家统计局公布数据整理。

从表 1－22 和表 1－23 可以看出，2011 年 1～2 月份、1～3 月份我国商品房销售面积分别为 8143 万平方米、17643 万平方米，累计同比增长分别为 13.8%、14.9%；销售面积比 2010 年同期分别增加 988 万平方米、2282 万平方米；累计同比增幅分别比 2010 年同期低 24.2%、20.9%。住宅销售面积 2011 年 1～2 月份、1～3 月份分别为 7282 万平方米、15849 万平方米，分别占同期商品房销售面积的 89.4%、89.8%，同比增幅分别达到了 13.2%、14.3%。2011 年 1～3 月份商品房销售面积和住宅销售面积的累计同比增幅均比 1～2 月份提高了 1.1%。

表 1－23　2010 年一季度我国商品房和住宅销售面积和销售额

单位：万平方米；亿元

时　间	销售面积	同比增幅	销售额	同比增幅
1～2 月	7155	38.2	4116	70.2
1～3 月	15361	35.8	7977	57.7

资料来源：根据国家统计局公布数据整理。

从销售额的变化情况来看，2011 年 1~2 月份、1~3 月份我国商品房销售额分别为 5242 亿元、10152 亿元，比 2010 年同期分别增加 1126 亿元、2175 亿元；累计同比增幅分别为 27.4%、27.3%，比 2010 年同期分别下降 42.8%、30.4%。住宅销售面积 2011 年 1~2 月份、1~3 月份分别为 4471 亿元、8607 亿元，分别占同期商品房销售额的 85.3%、84.8%，同比增幅分别达到了 26.2%、25.9%。2011 年 1~3 月份商品房销售额和住宅销售额的累计同比增幅均比 1~2 月份分别降低了 0.1%、0.3%。

表 1-24　2011 年一季度我国商品房和住宅销售额变化情况

单位：亿元；%

时　间	销售额	同比增长	住　宅	同比增长
1~2 月	5242	27.4	4471	26.2
1~3 月	10152	27.3	8607	25.9

资料来源：根据国家统计局公布数据整理。

综合 2011 年一季度我国商品房和住宅销售面积、销售额的变化情况，虽然在总量上均实现了不同程度的增加。但是从各月累计增幅变化情况来看，2011 年一季度商品房和住宅销售面积累计增幅呈现上升态势，销售额表现出逐步下降的态势。这说明商品房销售面积与价格之间的上涨幅度出现明显差异，预示了价格过快的涨势有所收敛。

（四）国房景气指数稳中有升，房市出现"量降价稳"局面

2011 年一季度我国国房景气指数表现出上升态势，但北京、深圳等重点城市房价出现松动，显现出下降的迹象。这说明政府的房地产调控措施初见成效。

如图 1-13 所示，2010 年 3 月份至 2010 年底，我国国房景气指数整体稳步下降。进入 2011 年，国房景气指数开始回升。其中，2011 年 2 月国房景气指数为 102.9，比 2010 年 12 月提高 1.11；3 月国房景气指数为 102.98，比 2011 年 2 月又提高了 0.08。

从城市住房成交量变化情况来看，根据搜房网数据监控中心监测统计，我国 53 个大中城市中，3 月商品房总成交量同比下跌 17.8%，其中住宅总成交量同比下跌 30%。约 70% 的城市 3 月商品房成交量同比低于 2010 年同期，最高降幅为南宁，同比下降 48.5%。南宁、杭州、成都、厦门等 9 城市 3 月成交量同比下降三成以上。75% 城市住宅成交量同比下跌，北

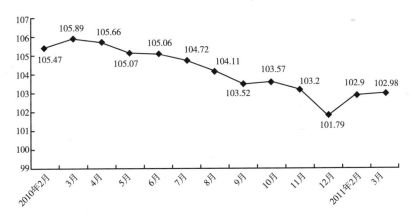

图 1 - 13　2010 年以来全国房地产开发景气指数变化情况

资料来源：根据国家统计局公布数据整理。

上广深四个一线城市住宅成交量均有不同程度下跌，其中北京、上海均下跌四成以上，上海 3 月成交 6695 套，北京 3 月成交 5915 套。

另外，根据中国房地产指数系统对我国城市房地产市场的监控，在 3 月份监测的 30 个大中城市中，七成城市的楼市成交量环比上涨。青岛、兰州等 12 个城市涨幅超过 50%，包头、大连等五个城市涨幅超过 100%。在成交量下跌的城市中，海口跌幅最大，为 88.03%，成都次之。重点城市中，成都、天津、杭州和南京成交面积环比下跌，成都与天津跌幅均超 40%。此外，所监测的重点城市同比全线下滑，总体下滑 40.5%。同时，据北京市房地产交易管理网的最新统计，今年一季度北京一手住宅成交与去年四季度相比下跌了近 40%，是近三年来来一季度成交的最低值。北京链家地产监测显示，3 月份北京期房住宅成交量接近 5000 套，同比下降了 44%。

在全国性房地产交易量普降的背景下，交易价格仍旧出现了上升态势，但房价增幅开始进入相对平稳期。数据显示，2011 年 1～3 月份，我国 70 个大中城市新建商品住宅价格环比下降的城市个数由 3 个增加到 12 个，环比持平的由 2 月份的 6 个增加到了 8 个。同比涨幅回落的城市也增加到 46 个，同比涨幅 5% 以内的城市个数增加到了 26 个。从整体数据变化来看，虽然房价没有出现实质性下降，但是增长势头已经明显减弱，房地产价格增幅已经得到初步掌控。

表1-25　2011年一季度我国70个大中城市新建商品住宅价格变动情况

变 化	与上月相比价格变化城市个数			与去年同期相比价格变化城市个数		
	环比下降	环比持平	环比涨幅缩小	同比下降	同比涨幅回落	同比涨幅5%以内
1月	3	—	—	2	—	—
2月	8	6	44	1	30	24
3月	12	8	29	2	46	26

注："—"表示相关数据缺失。
资料来源：根据国家统计局公布数据整理。

上述情况说明，在目前的严厉的调控形势下，我国房地产市场还没有真正开始进入到快速的"降温期"。虽然多数城市的住房成交量出现了不同程度的下降，但是大多数城市的房价并没有出现实质性下跌，总体上依然保持了平稳的发展态势。

二、影响我国房地产市场的因素分析

2011年一季度，受央行密集出台加息政策、新国八条、各地重申限购令、信贷政策调整等因素影响，我国房地产市场进入了新一轮政策调控期，影响房地产市场的因素也逐渐具备多元型、综合性特点。

（一）"限购"政策：有效抑制投机需求

一季度，从一线城市逐步扩大到全国二线城市的房地产限购政策，是政府近几年来在房地产市场中所实施的最重要的严厉调控措施之一。调控经过了"中央发起、地方跟进、责任到人、监督保障"等过程。2011年1月26日，国务院常务会议要求，各直辖市、计划单列市、省会城市和房价过高、上涨过快的城市，在一定时期内要从严制定和执行住房限购措施。截止到2011年3月底，全国直辖市、计划单列市、省会城市等主要城市中，重庆虽没有明确出台限购政策，但是已经开始实施房产税试点，并对外来人员实行了限购。省会城市中呼和浩特、拉萨没有公布实施住房限购政策，其余主要城市均已公布各自的限购措施。温州、三亚、舟山、苏州、永康、无锡、佛山等房价过高或房价上涨过快的城市也已经出台了具体的限购措施。

2010年4月30日北京出台"国十条"实施细则，明确提出：从2011年5月1日起，北京家庭只能新购一套商品住房。2010年9月29日，国家有关部委又下发通知，推出五条措施（简称"国五条"）进一步推进房地产调控，要求地方立即制定实施细则；已印发实施细则的地区，要根据国家有关部委出台的最新政策措施进行调整和完善，并严格实行问责制。随后，各地楼市调控细则纷纷落地，在众多措施中比较突出的就是"限购"从此全国主要城市"限购"政策的实施正式拉开序幕。

应该说，全国主要城市限购政策的实施，直指房地产市场的住宅需求，其"限购"政策的实施稳定了房地产市场的供求关系，有效地抑制了投机性需求，房价过快增长得以控制。但限购在一定程度上影响了房地产开发商的投资积极性，引致一季度累计投资增速下滑。所以，"限购令"可谓是一个"双刃"政策，影响了开发商的投资积极性，却推动了住宅投资的快速增加，有助于增加市场房源，减少供需差。

（二）信贷政策与货币政策：双效合一调控市场供需

2011 年一季度，在各地纷纷出台"限购令"的同时，国家对房贷政策进行了新的调整。"限购令"主要是限制家庭购房数量，并对非本城市居民购房做了严格规定。抑制投机性购房的差别化的购房信贷政策，严格限制了购房过度需求。"国八条"对投资投机性购房、高房价的指向十分明确，既是一系列调控政策延续，又是进一步的"加码"。典型的政策是：强化差别化住房信贷政策，"对贷款购买第二套住房的家庭，首付款比例不低于 60%，贷款利率不低于基准利率的 1.1 倍"。另外，2011 年以来，截至 4 月 10 日，中国人民银行已经两次提高存贷款基准利率，调整后一年期整存整取定期存款利息达到 3.25%，活期存款利率达到 0.50%，一年期贷款利息达到 6.31%。"限购令"的实施，信贷政策的不断调整增加了购房者的资金压力，在限制投机性需求的同时，也影响了部分正常购房需求。截止到 2011 年 4 月 17 日，央行本年度第 4 次上调存款准备金率，也是自 2010 年以来第 10 次提高存款准备金率。上调后，大中型金融机构存款准备金率将达 20.5% 的历史高位，直接冻结资金 3764 亿元。连续上调存款准备金率将有效收缩商业银行的流动性，但同时也给房地产开发商的资金流转带来一定压力。

综上，房地产开发商在货币政策的影响下，已经开始加紧住宅建设投资，加快销售现有房屋，积极回笼资金。在限购令和房贷政策的双重影响下，市场购房需求已经明显减少。这也就是通过增加了市场供应，同时减少了市场需求，有效地调节了房地产市场供需状况。

（三）利率调控：限制了房地产市场的资金流量

2011 年一季度，利率变化成为影响我国房地产市场发展变化的重要因素。截止 2011 年 4 月 10 日，中国人民银行已经两次上调利率，第一次是 2011 年 2 月 8 日，决定自 2011 年 2 月 9 日起上调金融机构人民币存贷款基准利率。金融机构一年期存贷款基准利率分别上调 0.25 个百分点，其他各档次存贷款基准利率相应调整。第二次是 2011 年 4 月 5 日，决定自 2011 年 4 月 6 日起上调金融机构人民币存贷款基准利率。金融机构一年期存贷款基准利率分别上调 0.25 个百分点，其他各档次存贷款基准利率及个人住房公积金贷款利率相应调整。这也是 2010 年以来第四次加息。经过 2011 年两次调整后，现行一年期存款利率达到 3.25%，一年期贷款利率达到 6.31%。利率的调整一方面增加开发商的贷款成本，同时也限制了部分购房贷款群体需求。

表 1 - 26   2011 年一季度我国房地产开发商资金来源情况

单位：亿元；%

时　间	资金来源总额	国内贷款	利用外资	企业自筹	其他资金	其他资金中定金及预收款	其他资金中个人按揭
1～2 月	12173	2679	86	4184	5223	3154	1280
增长率	16.3	7.7	61.5	21.4	16.6	28.9	11.3
1～3 月	19268	3837	144	7126	8161	4825	2076
增长率	18.6	4.4	45.2	27.2	18.7	28.7	-5.3

资料来源：根据国家统计局公布数据整理。

如表 1 - 26 所示，根据国家统计局数据，2011 年一季度，我国国内贷款占房地产开发企业本年资金来源的比例已经从上年同期的 22.6% 下调到了 2011 年一季度的 19.9%。其中，1～2 月国内贷款占房地产开发企业本年资金来源的 22.01%，1～3 月为 19.9%，国内贷款累计同比增幅 1～3 月比 1～2 月，明显下降 3.3%，开发商资金中国内贷款的利用表现出明显的下降趋势。

存贷款利率的不断提升增加了房地产商和购房者的贷款成本，而存款准备金率的收紧抑制了商业银行的放贷能力，开发商和购房者从银行贷款也越来越难。从数据变化来看，房地产开发商资金来源中的个人按揭贷款，明显下滑，同比累计增幅从 1～2 月份的 11.3% 骤然下降到一季度末的 -5.3%。这也是 2010 年一季度以来个人按揭贷款同比累计增幅首次出现负增长。同时，信托资金的募集明显增加了开发商利用资金的难度和成本，资金的压力迫使开发商逐渐加快项目销售追求销售回款，降低压力。贷款利率的提高也限制了大批的购房需求，严重影响了一季度房地产市场的成交量。

三、房地产投资及市场展望

从 2011 年一季度我国房地产市场和国家调控政策的变化情况来看，现阶段房地产市场中开发企业资金压力会逐步加大，保障性住房的支持、监管力度会进一步加强，市场供需矛盾将略有缓解。随着调控政策效果的逐步显现，房价或将出现松动迹象。

（一）开发企业资金压力会逐步加大

目前，我国商业银行存款准备金率处在历史最高水平，一定程度上限制了资金的流动性，减弱了商业银行的放贷能力。同时，利率的提升增加了开发商贷款成本。与 2010 年房地产开发商拥有充裕的现金流相比，2011 年一季度开始，房地产开发商的资金链条已经开始收紧。

未来一段时间，不仅投向房地产开发的贷款规模将会大幅减少，而且贷款的利率可能会再度提高。无论是从银行监管要求还是商业银行自身控制信贷风险的需要来看，当前背景下继续扩大商业性房地产信贷投入的可能性已不复存在。特别是在信贷规模总体受限的背景下，商业银行"以价补量"的经营决策将抬高房地产开发企业的银行融资成本，而房地产开发企业的自筹资金也将面临多重约束。值得注意的是，2010 年房屋新开工面积较多，全国房屋新开工面积同比增长 40.7%，较上年同期提高 28.2 个百分点。若按住房开发建设一至一年半的建设周期论，则 2010 年新开工房屋将在 2011 年下半年后形成市场上的实物供应。同时，房地产开发企业资金来源中的定金和预收款已经受到严格监管。按照商品房预售资金管理办法，定金和预收款作为预售款的一部分将受到严格的专户监管，房地产开发企业不能挪用于滚动开发。由于在高房价和严厉的二套房信贷政策下，全款购房的比例已经大幅增加，资金来源中的个人按揭贷款增速已经出现了大幅下降。此外，部分城市已出现银行暂停购房贷款或是暂停部分购房贷款的现象，央行持续收紧流动性，可能导致这种现象逐渐增加和蔓延，购房者获得贷款的难度也将继续加大。

同时，在当前房地产市场严厉调控政策的影响下，接下来多数房地产开发商将面临较大的资金压力，2011年一季度我国房价并没有出现实质性下降。但是房地产企业自筹资金比例和累计同比增幅不断上涨，这说明开发商资金紧张。未来的调控政策会持续收紧，如果不及时调整经营策略，2011年下半年开发商的资金链将受到严重威胁。

（二）保障性住房和监管力度进一步加强，市场供需矛盾将逐步缓解

2011年一季度针对保障性住房建设，政府采取了多项保障措施，全方位地确保2011年1000万套保障房建设任务的顺利完成。相比2010年的580万套各类保障房的建设任务，2011年保障房建设量增加了72%。国务院有关部门要求，在签订目标责任书以后，各地要早谋划、早动手，尽快将任务落实到具体项目，并尽快落实资金和土地。2011年计划建设的项目，要尽早开工，最迟在11月底前要全部开工建设。同时在保证工程质量的前提下，要加快进度，确保2011年基本建成500万套以上。

一是管理政策方面，2011年1月份的"国八条"明确提出，加大保障性安居工程建设力度。而且，各地要通过新建、改建、购买、长期租赁等方式，多渠道筹集保障性住房房源，逐步扩大住房保障制度覆盖面。加强保障性住房管理，健全准入退出机制，切实做到公开、公平、公正。有条件的地区，可以把建制镇纳入住房保障工作范围，努力增加公共租赁住房供应。

二是土地供应保障方面，中央政府明确要求各地要增加土地有效供应，落实保障性住房、棚户区改造住房和中小套型普通商品住房用地不低于住房建设用地供应总量的70%的要求。在新增建设用地年度计划中，单列保障性住房用地，做到应保尽保。

三是政策落实监督方面，2011年2月24日，国家保障性安居工程协调小组与各省级政府签订了今年工程建设目标责任书，将1000万套保障房建设任务分解到各地。国务院副总理李克强在全国保障性安居工程工作会议上强调，2011年要求建设1000万套保障性住房是硬任务，各地要抓紧安排开工，尽早建成投入使用。

四是资金保障方面，财政部门将采取措施确保2011年全国范围内保障性住房1000万套，统筹安排保障性安居工程资金。同时中央政府会大幅增加并极早下达中央和地方财政资金，减免相关税费，合理确定公租房租金水平，引导银行贷款和社会投资，多渠道筹集建设资金，保证资金不留缺口。

此前我国保障房供应滞后，再加上居民住房方式单一，造成所有人都通过购买商品房解决住房问题，因此房价持续攀高。现在，政府大力度加大保障房建设，另外将提供公租房，住房品种、居住方式都将有更大的选择余地。购房挤商品房"独木桥"现象将会得到根本转变，从而使得市场对商品房的需求逐渐减少，供需趋于理性，价格也会稳定在一定水准上。随着大量保障性住房的开工建设和落成使用，2011年将有大量保障性住房进入住房供应市场。这有利于遏制房价的过快上涨，促使房地产市场的理性回归。同时这也会从根本上改变我国房地产市场的供给结构，让纯粹的商品房时代逐步进入商品住房和保障房并存的住房双轨制时代。

（三）房价或将出现明显松动

回顾2003年以来我国房价运行的轨迹，只有在2008年上半年房价出现回调。其中一个重要的背景是，当时在适度从紧货币政策下房地产开发商资金链条绷紧。2008年，全国房地产开发企业本年资金来源同比仅增长1.8%。面对严峻的资金压力，房地产开发商不得不主动下调房价以回笼资金。

2010年以来，针对房地产市场的严厉调控措施一直持续，但是房地产价格始终没有出现明显的回落，关键因素是房地产开发商资金充裕。进入2011年一季度，在严厉实施房屋"限购"的情况下，政府综合运用了利率、存款准备金率、购房付款比例等经济手对房地产市场进行了新一轮的调整。2011年3月份，根据"国八条"中明确的"各城市政府必须制订2011年新建住房价格控制目标"的要求，全国各大城市陆续公布了2011年房价控制目标。据各地住房城乡建设部门上报汇总，截至3月31日，全国657（包括287个设区城市、370个县级市）个城市中，已有608个城市公布年度新建住房价格控制目标，占92.5%。

综合以上情况，可以清晰地看到政府对房地产市场调控的强硬态度：房价必须下降，房价不降，政府的调控就一直进行。在各项政策的综合作用下，目前房地产市场需求得到控制，保障性住房建设工作正在加紧推进。受利率、限购等政策影响，房地产开发商的资金来源已经严重受限。随着"新国八条"和地方限购政策威力的逐步显现，开发商资金链趋紧，2010年新房开工量大增，未来几个月新盘将集中上市。面对银行对房地产的收缩程度持续提高，信贷资金渠道受阻，外部融资难使得开发商只有依靠自身资金。一些城市的开发商可能会暗中变相促销或直接优惠降价来收集资金，房价或将步入下降通道。

四、未来房地产政策取向

2011年一季度，我国房地产市场成交量下降明显，但是房价依然上涨。在延续现有调控政策的前提下，未来政府部门很可能会出台更为严厉的限购政策，并扩大实施范围。同时，中央政府将进一步监督地方政府落实责任，加强市场监管力度，通过再次提高贷款利息调控市场可能性也非常大。

（一）限购政策或会更严，实施范围也会扩大

2010年下半年以来，"限购"政策在部分一、二线城市开始实施。目前，开发商出于资金压力，部分一线城市房价似乎出现"松动"迹象，但多数城市房价涨劲仍足。一方面，目前房价已普遍居于较高的价位，小涨幅也能有大涨价的效果；另一方面，市场上流动资金仍较为充裕，投资者实力比较强，提高首付、限制房贷的调控做法实际效果比较有限。下一阶段正是考验地方限购政策成效的关键时期。在已经执行限购的城市中，大部分城市仍允许居民再新购一套住房。而且三口之家的小孩若已经满18周岁，则该家庭成年小孩也可拥有两套住房。这样一个家庭实际上可拥有4套住房，显然政策紧中有松，限购效果有限。此外，近期一批城市公布了2011年度的房价控制目标，各地制定目标只有增长的上限，没有下限，没有提及任何涉及房价下降的调控指标。这极可能加剧市场上关于房价持续上涨的预期。

随着2010年调控政策的影响，一大批资金充裕的一线房地产企业逐步把房地产开发的"主战场"转移到了二、三线城市，导致了二、三线城市房地产开发和投资快速升温。目前，一线城市房价基本稳定，一些开发商已经开始在部分一线城市降价售房，而二、三线城市房价高涨难抑，并呈现向一线城市房价迅速看齐"一线化"的势头。这种"一线化"现象暴露出部分二、三线城市房地产存在过度投资的隐患。

为了防止全国二、三线城市出现过度投资，强化一线城市政策执行效果，国家有可能会在原"限购"规定的基础上，提高购房标准，实施更为严厉的限购措施，强制性约束一个家庭购买一套以上房屋的行为，同时有可能进一步扩大限购实施范围，在限制购房需求的同时，积极控制剩余资本在城市流窜，从根本上消除剩余资本对市场的影响。通过严厉和大范围的限购措施，为政府调控房地产市场争取更多机会的同时，也促使房地产开发商增加市场供应，平抑市场供需，为房价下降创造市场条件。

（二）地方政府落实责任，加强市场监管力度

截至到 2011 年 3 月 31 日，全国 92.5% 的城市已经公布了 2011 年的房价调控目标，但关于调控目标的讨论仍然不绝于耳。此次调控，中央政府要让地方政府承担更多的调控责任，从根本上把房价控制住。在 2011 年的政府工作报告中，温总理也强调对于物价和房价调整加强地方政府的责任。然而，各级地方政府提出的涨幅 10% 左右的房价调控目标，显然不能让多数老百姓满意。住房和城乡建设部及时发出通知，要求各地听取社会意见酌情调整已经公布的目标。2011 年 4 月初国务院将派出 8 个督查组到各地督查房地产调控落实的情况和调控成效，督查结果将对社会公布。

此外，中央政府认为城市住房问题已经影响到了全局，并下决心在控制通货膨胀的同时解决好房价问题。2011 年 3 月 22 日，国家发展改革委发布《商品房销售明码标价规定》，明文规定从 2011 年 5 月 1 日起商品房销售实行一套一标价，并明确公示代收代办收费和物业服务收费，商品房经营者不得在标价之外加收任何未标明的费用。商品房销售价格明码标价对外后，可以自行降价，打折销售，但涨价必须重新申报备案。同时，国家发改委要求，各级价格主管部门抓好《商品房销售明码标价规定》的贯彻落实工作，大力加强商品房销售领域的价格行政执法，加强市场检查，对不执行明码标价规定、明码标价不规范，或利用标价进行商品房销售价格欺诈等价格违法行为的，要依法严肃查处，切实维护消费者的合法权益。对情节严重的典型案例要予以曝光，以儆效尤。中国人民银行也表示，将加强对商业银行执行差别化住房信贷政策情况的监督检查，对违规行为严肃处理。

以上措施明确表明，未来一段时间中央政府在加强对地方政府落实责任进行督查的同时，对市场的监管也会逐步扩大、加强，对各项政策的落实情况也会进行直接或深入调查，从而稳定我国经济发展大局，尽快解决全民关注的房价问题。

（三）贷款利息上调可能性大，房价短期内难回落

2011 年一季度，居民消费价格同比上涨 5.0%。其中 3 月份居民消费价格同比上涨 5.4%。这是自 2008 年 8 月以来中国 CPI 的最高水平，创下了 32 个月以来新高。这也暗示通胀形势不容乐观，紧缩政策短期内难以结束。从 CPI 的变化情况来看，目前我国的 CPI 处于偏高的状况，而且也高出政府工作报告希望 2011 年把 CPI 控制在 4% 上下的目标。因此，未来一段时间，我国经济宏观调控的核心还是要采取各种方法来克服 CPI 偏高的问题。政策中的一部分是要消除通货膨胀走高，实行稳健的货币政策，也

就是说接下来一段时间货币政策会适当收紧。在2011年的政府工作报告中，温家宝总理明确提出，对于房价，要三管齐下。第一，要控制货币的流动性，消除房价、物价上涨的货币基础；第二，运用财政、税收和金融手段来调节市场需求；第三，加强地方政府的责任，无论是物价和房价，地方都要切实负起责任来。

2011年2月21日中共中央政治局召开会议明确指出，2011年是"十二五"时期开局之年，我国发展面临的形势仍然极其复杂。要保持宏观经济政策的连续性、稳定性，提高针对性、灵活性、有效性，继续实施积极的财政政策和稳健的货币政策，处理好保持经济平稳较快发展、调整经济结构、管理通胀预期的关系，防止经济出现大的波动。住房和城乡建设部有关负责人也曾表态，调控政策仍有储备，一旦房价再次出现异动，房地产调控力度还将进一步加码。

从我国目前的宏观经济形势和房地产市场变化情况来看，接下来调价格、抑通胀、消除过多资本的流动性是政府调控的重点工作，未来一段时间还会提高存贷款利率，因为利率是能够消除货币流动性的较好方法，同时对抑制通货膨胀和调控房价都能起到一定的积极作用。此外，通胀压力巨大，央行上调存款准备金率将有利于灵活调节流动性，有效管理通胀预期、消除通胀形成的货币因素。由于中国的间接融资主导型融资体系，银行资金来源高度依赖于存款，预计未来准备金率上调仍有一定空间。

短期来看，由于通胀预期持续恶化，全球大宗商品涨价以及流动性等因素，中国的通胀仍有进一步走高的动力。中长期来看，通胀仍将因为工资以及要素价格的上涨，而保持在较高位置上。在通胀压力不减，房价持续走高的情况下，预计央行将在二季度至少再加息一次。

第八部分　宏观管理与政策要点

2011年3月份召开的全国人代会，通过了《"十二五"规划纲要》和《政府工作报告》，对今年的经济工作做了系统部署，并进一步明确了"十二五"经济发展目标、任务和措施。《政府工作报告》提出，今年要保持宏观经济政策的连续性、稳定性，提高针对性、灵活性、有效性，处理好保持经济平稳较快发展、调整经济结构、管理通胀预期的关系，更加注重稳定物价总水平，防止经济出现大的波动。4月13日，国务院总理温家宝主持召开国务院常务会议，分析一季度经济形势，再次强调要处理好经济增长、控制物价和调整结构的关系。可以看出，今年宏观政策的基调是"防通胀，稳增长，调结构，惠民生"，政策要点可以归结为以下几个方面：

一、以调结构和惠民生为重点，继续实施积极的财政政策

2011年财政赤字规模比去年有所下降，在政策的着力点上，将更加注重促进经济结构调整优化，更加突出保障和改善民生，更加重视稳定物价总水平，同时积极防范财政风险。一是提高城乡居民收入，扩大居民消费需求。提高城乡低收入群体的基本收入，增强其消费能力。完善各项强农惠农政策，努力扩大就业，支持建立健全职工工资正常增长机制，提高企业退休人员基本养老金和城乡居民最低生活保障标准，落实义务教育学校、公共卫生和基层医疗卫生事业单位绩效工资等政策。完善家电下乡和以旧换新等政策措施，积极引导消费需求。大力支持粮油、蔬菜、棉花等基本生活必需品生产，促进市场供求平衡和物价基本稳定，保障低收入群体的基本生活。二是着力优化投资结构，加强经济社会发展的薄弱环节。中央公共财政基建投资主要用于支持保障性安居工程、以水利为重点的农业基础设施、教育卫生基础设施建设，节能减排和生态环保，大力促进少数民族地区、边远地区经济社会发展，支持自主创新和战略性新兴产业发展等方面。三是调整完善税收政策，促进企业发展和引导居民消费。在一些生产性服务业领域推行增值税改革试点，完善消费税制度，分步实施个人所得税制度改革，推进资源税改革。继续对部分小型微利企业实施所得税优惠政策，支持中小企业发展。实施有利于节能减排、环境保护和增加就业的税收优惠政策。四是进一步优化财政支出结构，保障和改善民生。增加"三农"、欠发达地区、社会事业、结构调整、科技创新等重点支出，着力加强农业农村基础设施建设，推动教育事业科学发展，大力支持医药卫生体制改革，加大保障性安居工程投入力度，支持加快建立覆盖城乡居民的社会保障体系，推动公共文化事业发展，让群众得到更多看得见、摸得着的实惠。五是大力支持经济结构调整和区域协调发展，推动经济发展方式转变。进一步加大财政科技投入，推动自主创新，促进产业结构优化升级。大力支持节能减排，加快建立生态环境补偿机制，推动资源节约和环境保护。落实相关财税政策，促进区域协调发展。

二、以有效管理流动性为重点，实施稳健的货币政策

今年以来，国家已经4次提高存款准备金率，2次提高存贷款基准利率，但成果需要巩固和加强，输入性通胀压力和通胀预期仍然较强。因此，货币当局将综合运用多种货币政策工具，有效管理流动性，保持合理的社会融资规模和货币总量，促进信贷结构优化。同时，应充分估计货币政策的滞后效应，提高政策的前瞻性，避免政策叠加对下一阶段实体经济产生过大的负面影响。一是保持货币信贷适度增长。2011年度贷款总量目标会低于2010年，央行将综合使用央行票据、存款准备金率、窗口指导、差别准备金动态调整等手段引导金融机构根据宏观调控要求和实体经济部门的信贷需求，安排好各季度、月度贷款投放的进度和节奏。二是继续调整优化信贷结构。加大对经济社会薄弱环节、就业、节能环保、西部大开发、战略性新兴产业、产业转移、扶贫、灾后重建的支持；有效缓解小企业融资难问题；保证在建重点项目贷款需要；严格控制对高耗能、高排放行业和产能过剩行业的贷款。三是进一步完善人民币汇率形成机制。继续按照已公布的外汇市场汇率浮动区间，对人民币汇率浮动进行动态管理和调节，保持人民币汇率在合理均衡水平上的基本稳定，人民币可能继续小幅升值，不太可能一次性大幅升值。不断扩大人民币在跨境贸易和投资中的使用，稳步推进跨境贸易人民币结算试点工作，支持企业"走出去"。进一步规范和完善跨境资本流动管理，加强对违规和异常资金的监测和管理。四是采取更灵活的利率政策。统筹考虑经济增长质量和价格上涨幅度，适时调整利率。若价格上涨较快，新涨价因素比较突出，央行仍有可能继续小幅加息。

三、短期应急措施与建立长效机制相结合，抑制消费价格过快上涨

稳定物价总水平是今年宏观调控的首要任务，也是最为紧迫的任务。一是有效管理市场流动性，控制物价过快上涨的货币条件。同时，把握好天然气、自来水等政府管理价格的调整时机、节奏和力度，防止各类涨价因素同步叠加。二是大力发展生产，保障主要农产品、基本生活必需品、重要生产资料的生产和供应。落实"米袋子"省长负责制和"菜篮子"市长负责制。落实扶持农业生产的各项措施，保持农业稳定发展。三是加强农产品流通体系建设，降低流通成本。积极开展"农超对接"，畅通鲜活农产品运输"绿色通道"，促进产供销良性循环，避免对生产和供应形成

抑制。完善重要商品储备制度和主要农产品临时收储制度，把握好国家储备吞吐调控时机，搞好进出口调节，增强市场调控能力。四是加强价格监管，维护市场秩序。强化价格执法，严肃查处恶意炒作、串通涨价、哄抬价格等不法行为。加强涉农、涉企、教育等领域收费监督检查。建立健全考核问责机制，进一步落实和完善房地产市场调控政策，坚决遏制部分城市房价过快上涨势头，保持居住价格的基本稳定。五是完善补贴制度，建立健全社会救助和保障标准与物价上涨挂钩的联动机制，不让物价上涨影响低收入群众的正常生活。

四、以发展战略性新兴产业为重点，着力推进产业结构调整

今年必须认真做好一些打基础、利长远的大事。一是继续大力改造提升制造业。加大企业技术改造力度，重点增强新产品开发能力和品牌创建能力，提高能源资源综合利用水平、技术工艺系统集成水平，提高产品质量、技术含量和附加值。推动重点行业企业跨地区兼并重组。完善落后产能退出机制和配套政策。二是加快培育发展战略性新兴产业。积极发展新一代信息技术产业，建设高性能宽带信息网，加快实现"三网融合"，促进物联网示范应用。大力推动节能环保、新能源、生物、高端装备制造、新材料、新能源汽车等产业发展。要抓紧制定标准，完善政策，加强创新能力建设，发挥科技型中小企业作用，促进战略性新兴产业健康发展，加快形成生产能力和核心竞争力。三是大力发展服务业。加快发展生产性服务业，积极发展生活性服务业。大力发展和提升软件产业。着力营造有利于服务业发展的市场环境，加快完善促进服务业发展的政策体系。尽快实现鼓励类服务业用电、用水、用气、用热与工业基本同价。四是加强节能环保和生态建设，积极应对气候变化。坚决抑制高耗能高污染行业过快增长，提高能耗和排放标准等准入门槛，加大差别电价、惩罚性电价政策实施力度。强化节能减排目标责任。加快实施节能减排重点工程。建立完善温室气体排放和节能减排统计监测制度。加快城镇污水管网、垃圾处理设施的规划和建设，推广污水处理回用。加快重点流域水污染治理、大气污染治理、重点地区重金属污染治理和农村环境综合整治，控制农村面源污染。

五、以稳定房价为重点，坚定不移地搞好房地产市场调控

随着房地产调控政策的深入推进，市场出现了一些降温迹象。但当前

市场仍处于相持阶段，普通商品住房价格与调控目标和群众期待相比仍有较大差距，特别是有的城市房价过高、上涨过快的局面没有根本改变，有的地方落实中央调控政策的措施也不够有力，总的调控效果还有待巩固和加强。一是进一步扩大保障性住房建设规模。2010 年将开工建设保障性住房、棚户区改造住房共 1000 万套，改造农村危房 150 万户。重点发展公共租赁住房。抓紧建立保障性住房使用、运营、退出等管理制度，提高透明度，加强社会监督，保证符合条件的家庭受益。二是进一步落实和完善房地产市场调控政策，坚决遏制部分城市房价过快上涨势头。制定并向社会公布年度住房建设计划，在新增建设用地计划中，单列保障性住房用地，做到应保尽保。努力增加普通商品住房的供应，加快普通商品住房的土地投放，督促开发商严格按照国家规定，保证住房建设进度，如期推出全部房源并明码标价上市销售，对违反规定的要严肃查处。规范发展住房租赁市场。严格落实差别化住房信贷、税收政策，调整完善房地产相关税收政策，加强税收征管，有效遏制投机投资性购房。加强房地产市场监测和市场行为监管，严厉查处各类违法违规行为。三是建立健全考核问责机制。稳定房价和住房保障工作实行省级人民政府负总责，市县人民政府负直接责任。对稳定房价、推进保障性住房建设工作不力，从而影响社会发展和稳定的地方，会追究责任。

六、以资源要素价格改革和财税体制改革为重点，切实推进改革

深化改革是转变经济发展方式的迫切要求。在"十二五"开局之年，必须以更大的决心和勇气推进重点领域和关键环节的改革，处理好政府和市场、经济增长和社会发展、深化改革和保持稳定、应对当前挑战和完善体制机制之间的关系，更加重视改革顶层设计和总体规划。一是加快推进转变经济发展方式的改革，促进科学发展。健全国有资本有进有退、合理流动机制，加快推进国有大型企业公司制股份制改革。落实鼓励引导民间投资的政策措施，制定公开透明的市场准入标准和支持政策，出台中小企业服务体系建设指导意见。深化资源性产品价格和环保收费改革，稳步推进电价改革，完善成品油、天然气价格形成机制。深化财税金融体制改革，健全财力与事权相匹配的财税体制和县级基本财力保障机制，扩大资源税改革实施范围，在部分生产性服务业领域推行增值税改革试点。调整完善房地产相关税收政策。推进利率市场化改革，加快培育农村新型金融机构。深化涉外经济体制改革，建立健全境外投资风险防控机制。二是深

化社会领域改革，保障和改善民生。深化收入分配和社会保障制度改革，研究制定收入分配改革方案，稳步推行工资集体协商制度。推进城镇居民养老保险试点和事业单位养老保险制度改革试点，扩大新农保试点范围，加快推进住房保障体系建设。推进国家基本公共服务体系建设，改革基本公共服务提供方式。积极稳妥推进户籍管理制度改革。推进科技、教育、医药卫生体制改革。三是深化行政体制改革，加强廉政建设。深化行政审批制度改革，加强行政问责制度建设。分类推进事业单位改革。大力推进财政预算公开。制定出台机关运行经费管理、公务接待和会议、公务用车制度等改革方案。开展省直接管理县（市）试点。四是深化农村改革，完善体制机制。完善农村土地承包关系长久不变的政策和实施办法，建立耕地保护补偿机制。改革农村征地制度。推进国有农场、林场管理体制改革。完善水资源管理体制，积极推进水价改革。

七、以稳定外需和加快"走出去"为重点，进一步提高对外开放水平

政策着力点将放在保持对外贸易稳定增长和优化进出口结构上来。一是保持外贸政策的基本稳定，继续用好出口信用保险、出口退税、出口信贷等行之有效的政策，充分发挥"引进来"和"走出去"对扩大出口的带动作用，特别注重改善中小外贸企业的融资条件，为对外贸易稳定发展营造良好环境。二是切实转变外贸发展方式。在大力优化结构和提高效益的基础上，保持对外贸易稳定增长。积极扩大自主品牌产品出口。大力发展服务贸易和服务外包，不断提高服务贸易的比重。坚持进口和出口并重，扩大先进技术设备、关键零部件和能源原材料进口，促进从最不发达国家和主要顺差来源国增加进口，逐步改善贸易不平衡状况，妥善处理贸易摩擦。三是加快实施"走出去"战略。完善相关支持政策，简化审批手续，为符合条件的企业和个人到境外投资提供便利。鼓励企业积极有序开展跨国经营。加强对外投资的宏观指导，健全投资促进和保护机制，防范投资风险。四是继续优化引资结构。坚持积极有效利用外资的方针，注重引进先进技术和人才、智力资源，鼓励跨国公司在华设立研发中心，切实提高利用外资的总体水平和综合效益。国家将抓紧修订外商投资产业目录，鼓励外资投向高新技术、节能环保、现代服务业等领域和中西部地区。

附录一　世界经济形势

2011 年，世界经济继续复苏，且复苏的范围持续扩大，自主性不断增强，但各经济体的经济增速仍然存在显著分化，特别是近期中东北非局势紧张和日本地震导致全球经济不确定性增加，未来全球经济下行风险依然存在。受石油等大宗商品价格持续上涨的影响，全球通货膨胀压力逐步凸显。

一、主要国家和地区经济运行情况

（一）美国经济运行情况

2011 年一季度，美国经济持续复苏，制造业持续增长，就业形势有所好转，但通货膨胀压力急剧增加。美联储在 1 月份公布的经济褐皮书中指出，美国经济状况继续以温和增长趋势发展，12 个地方联储中有 6 个表现出"温和适度"的经济增长，4 个表现出正在"改善"，旧金山经济"进一步坚挺"，而明尼阿波利斯地区"继续温和复苏"。

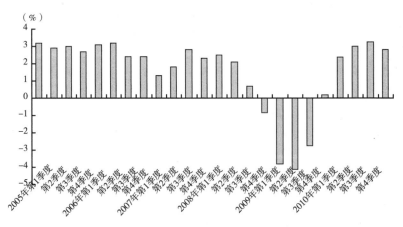

图 1-14　美国实际 GDP 季度增长率变化情况

2011 年一季度，美国实体经济增长呈现如下特征。

1. 工业生产继续增长，制造业活动持续扩张

1、2 月份，工业生产指数分别为 95.6 和 95.5，环比分别增长 0.3% 和下降 0.1%。2 月份，美国工业生产同比增长 5.6%，环比增长 0.1%。美国工业总设备开工率为 76.9%，略高于 1 月份的 76.4%。工厂订单环比下降 0.1%，不包括飞机在内的非国防资本品订单下降 0.7%，耐用品订单下降 0.6%，非耐用品订单上升 0.3%。3 月份，美国工业生产环比上升 0.8%；工业总设备开工率为 77.4%。美国供应管理学会（ISM）发布的制造业指数由 1 月份的 60.8 上升至 3 月份的 61.2，连续 20 个月实现扩张。其中，3 月份的制造业新订单指数为 63.3，环比下降 4.7 个百分点；生产指数为 69.0，环比增长 2.7 个百分点；价格指数为 85.0，环比增长 3.0 个百分点；就业指数为 63.0，环比下降 1.5 个百分点；库存指数为 47.4，环比下降 1.4 个百分点。

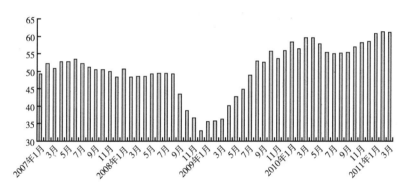

图 1-15　美国 ISM 制造业指数变化情况

2. 消费者支出增速加快，但消费者信心指数下降

2 月份，美国个人消费支出环比增长 0.7%，较 1 月份提高 0.4 个百分点，为 2010 年 10 月份以来的最大增幅；零售业销售额环比增速由 1 月份的 0.7% 加快至 1%，为四个月内最高值。基于对美国 5000 户家庭的调查数据显示，3 月份美国消费者信心指数降至 63.4，2 月份为 72.0。该指数在 90 以上表明经济处于健康增长状态。自 2007 底美国经济陷入衰退以来，该指数始终未回升到 90 以上。

3. 商品和服务贸易逆差急速扩大

1 月份，美国进口总额为 2141 亿美元，增长 5.2%；出口总额为 1677 亿美元，增长 2.7%；贸易逆差达到 470 亿美元，增长 15.1%，创 7 个月以来新高。2 月份，美国进口总额为 2109 亿美元，比 1 月份下降 36 亿美

元；出口总额为 1651 亿美元，比 1 月份下降 24 亿美元；贸易逆差降至 458 亿美元，环比下降 2.6%。

4. 通货膨胀压力急剧增加

1 月份，美国消费者价格指数（CPI）环比上升 0.3%，核心 CPI 环比上升 0.1%。2 月份，在能源和食品价格持续上涨的推动下，美国消费者价格指数创下 2009 年 6 月份以来的最大升幅，经季节性因素调整后的 CPI 环比上升 0.5%，同比上升 2.1%；不包括能源和食品价格的核心 CPI 表现较为温和，环比上升 0.2%，同比上升 1.1%。分类别看，2 月份能源价格指数上升 3.4%；食品价格上涨了 0.6%，创 2008 年 9 月份以来最大涨幅。3 月份，美国消费价格指数上升 0.5%，其中能源价格上涨 3.5%，汽油价格上涨 5.6%，食品价格上涨 0.8%。

5. 失业率持续下降，就业形势所有改善

3 月份，美国非农业部门失业率为 8.8%，较 2 月份下降 0.1 个百分点，为连续第四个月下降，显示出美国就业市场有改善迹象。3 月份，美国新增就业岗位 21.6 万个，为连续第二个月较强劲增长，其中医疗、餐饮、制造业等行业就业岗位普遍增加。私营部门新增 23 万个就业岗位，而政府部门则裁员 1.4 万个。

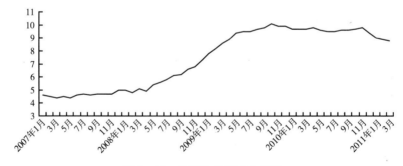

图 1-16　美国失业率变化情况

6. 房价持续下降，房地产市场低迷

受首次购房税收优惠政策到期、住房止赎案居高不下等因素影响，美国房价自 2010 年下半年开始持续下行。1 月份，美国房价经季节性调整后同比下降 3.9%，环比下降 0.3%。由标准普尔发布的 Case-Shiller 房价指数显示，1 月份美国 20 个大中城市房价环比下跌 1.0%，同比下降 3.1%。在 20 个大中城市中，仅有首都华盛顿地区房价同比上涨 3.6%，圣迭戈地区的房价同比微增0.1%，其余18个城市及其周边地区的房价皆出现下降，其中11个城市房价再创2006~2007年以来的新低。2月份，美国新房销售中间价为每套20.21万美元，比1月份下跌14%，为2003年12月以来的最低水平。2月份，美国新房销量经季节调整按年率计算为25万套，环比下降16.9%，降幅比1月份的12.6%有所扩大，显示美国房地产市场仍在艰难调整。

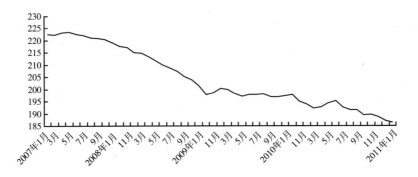

图1-17　美国住房价格指数

（二）欧元区经济运行情况

2011年一季度，欧元区经济保持良好复苏态势，但经济信心指数下降。3月份，体现欧元区17国生产者和消费者对经济前景乐观程度的经济敏感指数下降到107.3点，较2月份下降0.6点。分部门看，除工业部门信心基本保持不变外，建筑业、服务业、消费者信心均有所下降，而零售业的信心降幅最大。

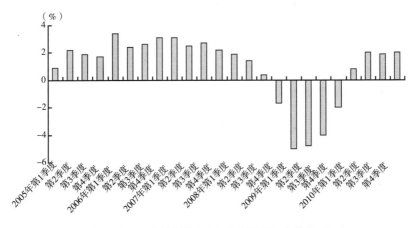

图1-18　欧盟实际GDP季度增长率变化情况

2011 年一季度，欧元区经济增长呈现如下特征。

1. 工业生产保持较快增长势头

1 月份，欧元区工业生产指数环比增长 0.26%。分国别看，1 月份德国工业生产环比增长 0.37%，法国增长 1.06%，意大利下降 1.46%，西班牙增长 1.13%。1 月份，欧元区和欧盟工业新增订单分别环比增长 0.1% 和 0.2%，同比分别增长 20.9% 和 18.6%；剔除船舶、铁路及航空设备等大型工业订单，欧元区和欧盟工业订单分别环比增长 1.6% 和 1.9%，同比分别增长 22.4% 和 21.1%。

2. 消费支出持续低迷

2 月份，受能源价格大幅上涨的影响，欧元区零售贸易总额环比下滑 0.1%，而 1 月份为增长 0.2%。分国别看，2 月份德国零售贸易总额同比增长 0.49%，环比下滑 0.3%；法国同比增长 4.6%，环比下滑 1.1%；西班牙增长 0.24%，环比下滑 0.3%。

3. 贸易逆差有所增加

1 月份，欧元区出口总额为 1246 亿欧元，同比增长 27%；进口总额为 1403 亿欧元，同比增长 30%；贸易逆差达 156 亿欧元，与 2010 年 12 月份的 5 亿欧元相比大幅上升。2 月份，欧元区出口总额为 1357 亿欧元，环比增长 1.6%；进口总额为 1371 亿欧元，环比增长 1.0%；贸易逆差 15 亿欧元。

4. 物价水平快速攀升

1、2 月份，欧盟消费者调和物价指数（HICP）环比分别增长 -0.4% 和 0.4%，同比分别增长 2.2% 和 2.4%。3 月份，欧元区按年率计算的通货膨胀率攀升至 2.7%，创两年多来的新高，连续第四个月超过欧洲央行

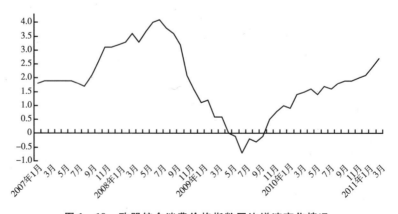

图 1—19　欧盟综合消费价格指数同比增速变化情况

为维持物价稳定设定的 2% 的警戒线。分国别看，2 月份德国物价指数同比上升 1.4%，西班牙上升 2.5%，法国上升 1.8，意大利上升 1.8%，罗马尼亚上升 6.5%，希腊上升 5.0%。

5. 失业率高位徘徊

2 月份，欧元区失业率为 9.9%，与 1 月份的 10% 相比略有下降。欧盟 27 国失业率也从 1 月份的 9.6% 微降至 9.5%。2 月末，欧盟 27 国失业人口总数约为 2305 万，其中欧元区为 1574 万。分国别看，2 月份欧盟 27 国中 13 个成员国失业率下降，12 个上升，两个维持不变。其中荷兰失业率最低，为 4.3%；西班牙失业率最高，达 20.5%；德国失业率为 6.3%，法国失业率为 9.6%。

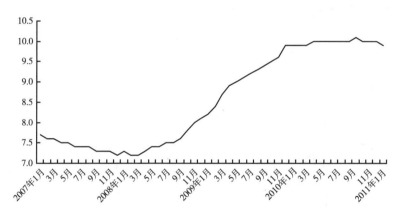

图 1－20　欧盟失业率变化情况

（三）日本经济运行情况

2011 年一季度，日本经济保持持续复苏态势，工业产出持续增长，就业形势有所好转，但地震对日本经济复苏产生巨大影响。一季度，日本企业信心略微改善，但地震及核危机对未来经济信心产生重大冲击。一季度，大型制造业景气判断指数为 6，高于 2010 年四季度的 5；非制造业景气指数为 3，高于 2010 年四季度的 1。

2011 年一季度，日本经济增长呈现如下特征。

1. 工业产出持续增长

2 月份，日本工业生产指数经季节性调整后上升 0.4%，低于 1 月份 2.4% 的增幅；经季节调整后工矿业生产指数为 96.4，环比上升 0.4%，为

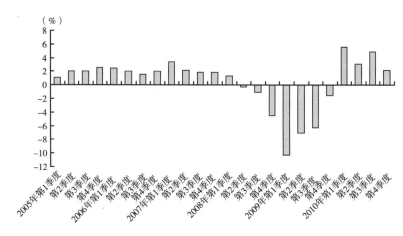

图 1-21　近期日本实际 GDP 季度增长率变化情况

连续第 4 个月环比上升；工矿业出货指数为 98.0，上升 1.7%；库存指数为 101.8，上升 1.5%。

2. 消费者信心指数走低

1 月份，消费者信心指数从 12 月份的 40.1 上升至 41.1，7 个月来首次出现环比上升。2 月份，日本所有家庭支出下降 0.2%，为连续第 5 个月走低，而 1 月份为增长 1.0%。3 月份，日本消费者信心指数为 38.6，为 2009 年 6 月以来的最低水平。

3. 贸易形势有所好转

2 月份，日本出口额为 5.5886 万亿日元，同比增长 9%，连续第 15 个月增长；进口额为 4.9345 万亿日元，同比增长 9.9%，连续第 14 个月增长；实现贸易收支顺差 6541 亿日元，同比增长 2.5%。2 月份，日本出现贸易顺差的主要原因是日本面向亚洲地区的出口额同比增长 12.3%，对中国的出口额达到 1.1638 万亿日元，同比增幅高达 29.1%。

4. 通货紧缩形势依然严峻

1 月份，日本核心消费者物价指数下降 0.2%，降幅创 2009 年 4 月来的最低水平。2 月份，日本包括生鲜食品在内的综合物价指数为 99.3，与上年同期持平；除生鲜食品外的物价指数为 98.9，同比下降 0.3%，连续第 24 个月同比下滑。从商品类别来看，受到资源价格持续高涨的影响，2 月份日本汽油价格同比增长 7.2%，煤油价格同比增长则高达 17.1%。

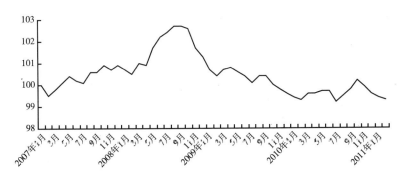

图 1 - 22　日本 GPI 指数变化情况（2005 = 100）

5. 就业形势有所改善

1 月份，日本经季节调整后的失业率为 4.9%，其中男性失业率为
5.3%，女性失业率为 4.2%；日本失业人口为 309 万人，同比减少 14 万
人，连续 8 个月减少。2 月份，日本经季节调后失业率降至 4.6%，反映就
业供需状况的有效求人倍率为 0.62，创 2009 年 1 月以来的新高。

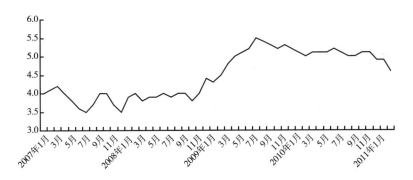

图 1 - 23　日本失业率变化情况

（四）主要新兴市场经济运行情况

1. 俄罗斯经济保持较快增长势头

2011 年 1~2 月，俄罗斯国内生产总值按年率计算增长了 4.4%。一季
度，俄罗斯工业生产同比增长 5.9%，采矿业生产同比增长 3.3%。1~2
月，俄罗斯出口总额为 699 亿美元，同比增长 20%；进口总额为 377 亿美
元，同比增长 40.1%；实现贸易顺差 322 亿美元。

2. 韩国经济保持良好增长势头

2010 年，韩国实际经济增长率为 6.2%，人均国民总收入重新突破 2 万美元大关。2011 年一季度，韩国实现出口 1318.11 亿美元，同比增加 30.4%；进口 1234.06 亿美元，增加 25.7%；贸易顺差为 84.05 亿美元。3 月份，韩国消费者信心指数（CSI）仅为 98，环比下降 7 点，这是韩国消费者信心指数自 2009 年 4 月份以来首次跌破 100。

3. 新加坡经济强劲增长

2011 年一季度，新加坡经济同比增长 8.5%。1 月份，新加坡工业产出经季节调整后环比下降 4.4%。2 月份，新加坡出口增长 7.8%，而 1 月份为增长 20.7%。因运输、房产和食品价格提升，2 月份新加坡 CPI 同比增长 5.0%。

4. 印度经济保持增长势头

2011 年 2 月份，受资本货物同比下滑和制造业增速放缓的影响，印度工业生产指数为 342.9，同比增加 3.6%，低于 1 月份 3.9% 的增速。3 月份，印度制造业采购经理人指数为 57.9，与 2 月份持平，显示制造业保持良好增长形势；新订单指数从 2 月份的 62.4 提高到 64.2，是 2008 年 8 月以来增长最快的一个月。

5. 越南经济增长势头良好

2011 年一季度，越南国内生产总值增长 5.43%。2 月份，越南出口额为 52.5 亿美元，同比增长 41.3%。3 月份，消费物价指数同比上涨 13.89%，环比上涨 2.17%。

6. 巴西经济保持良好增长态势

由于出口增加和国内市场需求旺盛，2 月份巴西工业生产同比增长 6.9%，其中汽车工业增长 24.1%，机器设备工业增长 9.5%，食品工业增长 6.2%，其他交通设备生产增长 23.7%，冶金工业增长 10.4%。1~2 月，巴西工业生产同比增长 4.5%。

二、主要发达经济体货币政策

2011 年一季度，主要发达经济体的货币政策走向出现分化，美国、日本继续维持了宽松的货币政策，但欧洲已开始采取紧缩性货币政策。与此同时，多数新兴经济体货币政策继续紧缩，特别是韩国、泰国、巴西、印度和中国已多次加息。

（一）美联储继续实施第二轮量化宽松货币政策

2011 年一季度，美联储公开市场委员会（FOMC）分别于 1 月 27 日和 3 月 16 日两次召开会议，均决定维持联邦基金利率于 0% ~ 0.25% 的水平不变，同时宣布维持 6000 亿美元的较长期国债购买规模不变。尽管一季度美国通货膨胀压力显著增加，但在 3 月 15 日会议上几乎所有的美联储官员认为没有必要逐渐减少国债购买规模。此外，联储理事还在此次会议上预计，商品价格上涨是暂时性的，长期内通胀预期仍将保持稳定。鉴于美国经济复苏势头基础仍不牢固，尽管目前通胀压力在持续增加，预计美联储仍将继续保持目前的利率水平，并完成第二轮量化宽松货币政策。

（二）欧洲央行开始实施紧缩性货币政策

2011 年一季度，欧洲央行分别于 1 月 13 日、2 月 3 日和 3 月 3 日三次召开货币政策会议，会议均决定维持主要再融资利率于 1% 的水平不变，同时维持隔夜贷款利率和隔夜存款利率分别于 1.75% 和 0.25% 不变。值得强调的是，在 3 月 3 日货币政策会议上，欧洲央行行长特里谢表示，能源价格上涨加剧了短期通胀的上行压力，通胀预期必须严格受到控制。随后，欧洲央行 4 月 7 日宣布将欧元区主导利率由 1% 提高 0.25 个百分点至 1.25%。这是欧洲央行自 2008 年 7 月以来首次加息，同时也是对在 2009 年 5 月降至历史最低点并维持至今的 1% 的主导利率首次向上调整。欧洲央行认为目前欧元区经济呈现复苏势头，但国际大宗商品价格持续攀升，欧元区通胀压力日益凸显。欧元区 17 国今年 3 月份通货膨胀率高达 2.7%，大大超过欧洲央行将通胀率控制在 2% 以内的目标。因此，欧洲央行决定紧缩银根，提高现行主导利率。

（三）受地震影响日本银行加大量化宽松货币政策力度

2011 年前两个月，由于外部经济复苏的形势有所改善，日本银行预期日本经济将重返温和复苏之路，因而日本银行维持隔夜无担保利率于 0% ~ 0.1% 的水平不变。"3·11"地震使得投资者心理遭到重创，金融市场急剧动荡。3 月 14 日，日本银行提前召开政策会议，决定维持隔夜无担保利率不变，但将资产购买计划金额扩大 5 万亿日元至 40 万亿日元。随后，日本银行连续采取公开市场操作，向金融系统注入大量资金，金融系统逐步趋于稳定。4 月 7 日，日本银行宣布维持基准利率和现有资产收购规模不变，但将提供 1 万亿日元的灾后支援贷款，用于帮助震后重建。鉴于地震使得日本经济下行风险增大，预计日本银行将进一步扩大宽松货币政策力度。

三、全球经济增长前景

2011年一季度，全球经济保持了良好的增长态势，但各经济体经济复苏步调存在显著差异，且全球通货膨胀压力在不断增加。国际货币基金组织在4月份发表的《世界经济展望》中认为，今明两年世界经济将延续发达经济体增长较慢、发展中经济体增长较快的"南高北低"双速复苏局面，新兴经济体将继续成为引领全球经济发展的引擎。国际货币基金组织预计2011年世界经济将增长4.4%，2012年将增长4.5%。其中，发达经济体今明两年经济增速将分别达到2.4%和2.6%；新兴经济体今明两年经济增速均将达到6.5%。另外，亚洲开发银行4月初发表的年度经济报告中表示，亚洲发展中经济体在全球经济衰退时就已显示出弹性，目前正在通过中国和印度巩固其经济复苏和迅猛增长的态势，继续拉动区域和全球经济增长。亚行预测2011年亚洲区域中不包括日本在内的主要经济体生产总值将增长7.8%，2012年增长7.7%。

从美国的情况来看，2011年美国经济复苏势头将进一步巩固，但可能面临通货膨胀困扰。美国联邦储备委员会在最新发布的美国全国经济形势调查报告中认为，美国经济复苏势头进一步加强，多数地区储备银行认为不同行业都普遍出现了复苏迹象，工业生产和消费继续回暖，就业市场有所改善。值得关注的是，随着量化宽松货币政策规模的扩大，美国的财政状况将会加速恶化。另外，在食品和能源价格持续走高的情况下，美国的通胀预期上行压力也不容忽视。

从欧元区的情况来看，2011年欧元区经济将继续温和复苏，但通货膨胀压力或将增大。欧洲央行行长特里谢近日表示，欧洲央行不会允许欧元区出现第二轮通胀效应。目前，欧元区经济继续保持了良好的复苏态势，尽管存在通胀率等经济指标偏离调控目标的迹象，但第二轮通胀效应尚未出现。

从日本的情况来看，受地震影响日本2011年经济将出现下滑，且不排除再次陷入衰退可能。世界银行4月份发布报告认为，大地震和海啸将使日本2011年国内生产总值减少0.5个百分点，地震和海啸对日本经济的影响主要集中在上半年，随着重建工作展开，经济增速会在未来几个季度回升，预计重建需要五年左右时间。

附录二　附图与附表

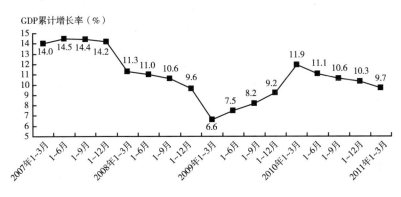

附图1－1　GDP 累计增长率

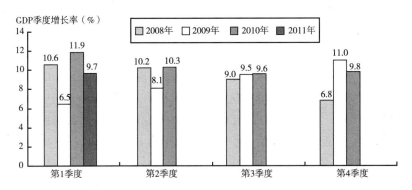

附图1－2　GDP 季度增长率（季度）

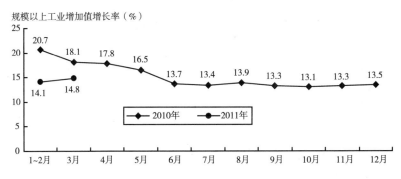

附图1－3　规模以上工业增加值增长率

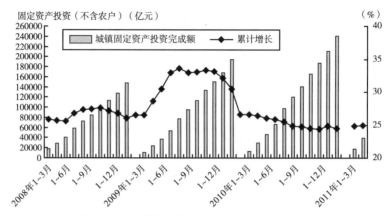

附图 1-4　城镇固定资产投资累计及其增长率

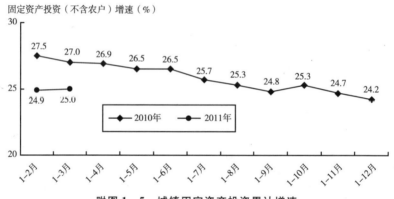

附图 1-5　城镇固定资产投资累计增速

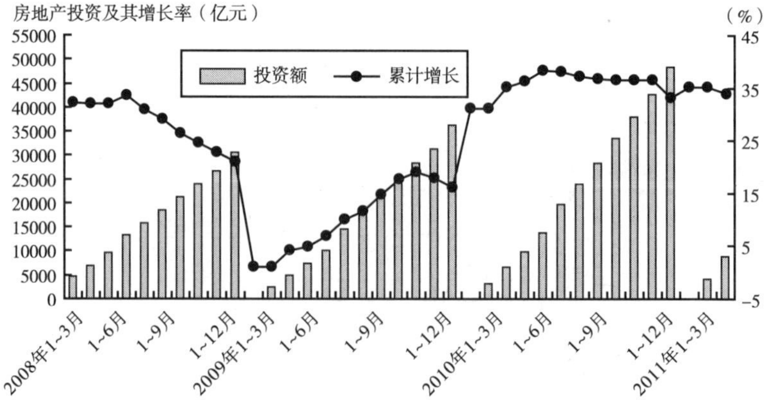

房地产投资及其增长率（亿元）

附图 1-6　房地产投资累计及其增长率

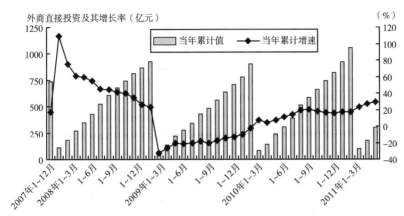

附图 1-7　外商直接投资累计及其增长率（当年）

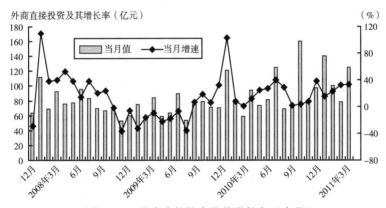

附图 1-8　外商直接投资及其增长率（当月）

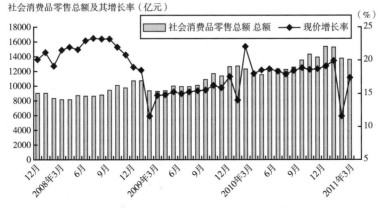

附图 1-9　社会消费品零售总额及其增长率

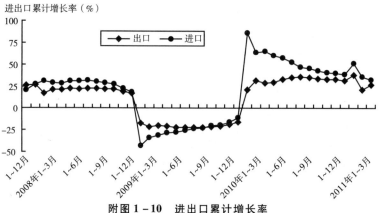

附图 1 - 10　进出口累计增长率

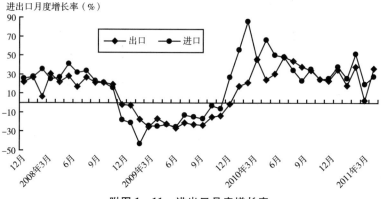

附图 1 - 11　进出口月度增长率

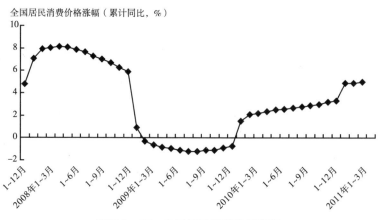

附图 1 - 12　全国居民消费价格涨幅

居民消费价格涨幅（月同比，%）

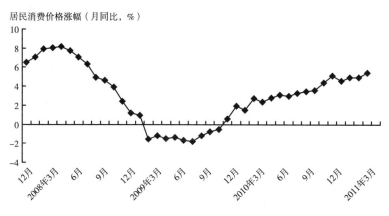

附图 1－13　全国居民消费价格涨幅（当月）

居民消费价格涨幅（月环比，%）

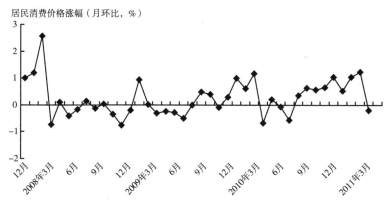

附图 1－14　居民消费价格月度环比涨幅

工业品价格涨幅（月同比，%）

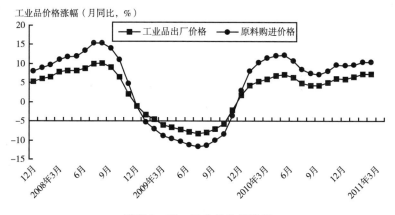

附图 1－15　工业品价格涨幅

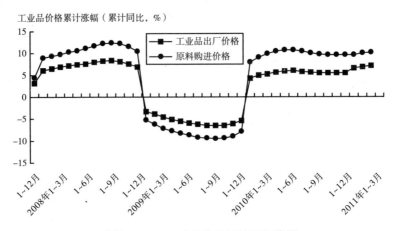

附图1-16 工业品价格累计同比涨幅

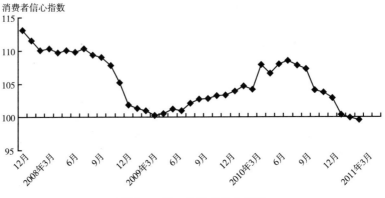

附图1-17 消费者信心指数

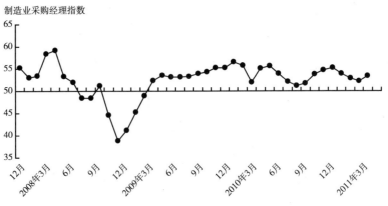

附图1-18 制造业采购经理指数（PMI）

2011 年一季度主要宏观经济指标增长情况

单位：%

		2009	2010	2011			
				1~3 月	1 月	2 月	3 月
经济增长	国内生产总值	9.2	10.3	9.7	na.	na.	na.
	第一产业	4.2	4.3	3.5	na.	na.	na.
	第二产业	9.9	12.2	11.1	na.	na.	na.
	第三产业	9.6	9.5	9.1	na.	na.	na.
工业	工业增加值	11	15.7	14.4	na.	14.1	14.8
	国有及国有控股企业	6.9	13.7	11.4	na.	10.6	12.9
	集体企业	10.2	9.4	10.2	na.	10.5	8.9
	股份制企业	13.3	16.8	15.9	na.	15.6	16.5
	外商及港澳台企业	6.2	14.5	11.9	na.	12.2	11.6
	发电量	6.3	13.2	13.4	na.	11.7	14.8
价格	消费价格（CPI）	1.9	3.3	5.0	4.9	4.9	5.4
	工业品出厂价格	1.7	5.5	7.1	6.6	7.2	7.3
投资	固定资产投资 *	30.5	24.5	25.0	na.	24.9	25.0
	其中：制造业	26.8	27	29.2	na.	29.9	29.2
	房地产开发投资	16.1	33.2	34.1	na.	35.2	34.1
零售	社会商品零售总额	155	18.4	16.3	19.9	15.8	17.4
	其中：城市	15.5	18.8	16.4	20.0	15.9	17.5
外贸	进出口总额	−13.9	34.7	29.5	43.9	10.6	31.4
	出 口	−16	31.3	26.5	37.7	2.4	35.8
	进 口	−11.2	38.7	32.6	51.1	19.5	27.3
	贸易差额	1956.9	1824.8	−10.2	64.2	−73.3	1.4
外资	FDI	−2.6	17.4	29.4	23.36	32.23	32.9
金融	M2	27.68	19.72	16.63	17.20	15.70	16.63
	M1	32.35	21.19	15.01	13.55	14.50	15.01
	M0	11.77	16.69	14.78	42.49	10.30	14.78
	金融机构贷款	32.99	19.7	17.60	18.30	17.40	17.60
	金融机构存款	27.67	19.8	18.70	16.90	17.20	18.70
	拆借平均利率	n.a	n.a	n.a	3.70	2.73	1.93
	回购平均利率	n.a	n.a	n.a	4.29	3.02	1.98

注：1. 固定资产投资为固定资产投资（不含农户）的累计数；2 月工业增速为 1~2 月累计数，金融当月值为月末数，存贷款为金融机构本外币项余额。2. 从 2011 年 1 月起，提高工业、固定资产投资统计起点标准，其中纳入规模以上工业统计范围的工业企业起点标准从年主营业务收入 500 万元提高到 2000 万元；固定资产投资项目统计的起点标准，从计划总投资额 50 万元提高到 500 万元。3. 从 2011 年起，城镇固定资产投资指标改为"固定资产投资（不含农户）"，等于原口径的城镇固定资产投资加上农村企事业组织项目投资。

补充报告 我国区域经济形势分析

2011是"十二五"规划的开局之年，也是国际金融危机后进一步巩固经济发展成果的关键之年。一季度，四大区经济继续保持平稳增长态势；消费市场平稳；固定资产投资较快增长，但进出口增长缓慢，外贸形势不乐观。总体来看，区域经济运行中的不确定因素还有很多，经济增长的内在动力仍需加强。

一、2011年一季度我国区域经济运行

今年一季度以来，四大区经济开局运行平稳，投资保持较快增长，外贸增长步伐放缓，工业生产基本稳定，工业经济运行质量有所提高，区域经济运行基本符合预期。

（一）经济增长稳健，西部保持较快发展势头

一季度，四大区地区生产总值（GDP）增速依次为：西部增长13.7%、中部增长12.9%、东北增长12.6%和东部增长11.0%。与去年同期相比，各区域增速均有不同程度的放缓，其中，东部地区降幅最大，同比回落了3.7个百分点（详见表1-27）。从增长趋势来看，西部地区继续保持较快增长，增速分别高于中部、东北和东部地区0.8、1.1和2.7个百分点。自去年中央明确在区域发展中优先支持西部大开发战略以来，西部不断巩固在四大区中增长速度排头兵的地位，区域经济实力得到进一步提升。

从三次产业来看，各区域第二产业增速普遍回落，中西部地区第三产业增长保持稳定，甚至有所加快。一季度，东部、中部、西部和东北地区第二产业分别增长12.6%、16.6%、17.4%和14.5%，同比分别减缓5.6、5.9、5.8和5.4个百分点；第三产业分别增长9.9%、9.9%、10.9%和11.0%。与上年同期相比，东部和东北地区增速分别减缓2.1和0.6个百分点，中部地区则加快0.4个百分点，西部地区增速与去年同期持平。虽然第三产业增速仍普遍低于GDP增速，但其波动较小，有利于保持经济平稳较快增长。

从区域经济比重来看，与上年同期相比，中西部地区经济实力明显增强。一季度，东部、中部、西部和东北地区GDP占四大区合计比重分别为

53.6%，20.0%、18.4%和8.1%。东部地区所占比重同比下降了0.6个百分点，中部和西部则各上升0.3个百分点，东北地区比重与上年同期持平。这体现了我国贯彻执行区域经济协调发展战略，调整区域经济布局的阶段性成果。

表1－27　2011年1季度全国及各地区经济增长

单位：亿元；%

地　区	地区生产总值		同比增长速度	同比变动百分点
	2011.1	2010.1	2011.1	2011.1
全　　国	**96311.0**	**80577.0**	**9.7**	**－2.2**
东部地区	**53808.2**	**45622.4**	**11.0**	**－3.7**
北　京	3509.0	3117.0	8.6	－6.3
天　津	2256.5	1842.4	16.5	－1.6
河　北	4396.1	3665.2	11.2	－2.1
上　海	4327.6	3810.6	8.5	－6.5
江　苏	9902.1	8203.5	11.6	－3.8
浙　江	6311.2	5363.3	10.4	－4.6
福　建	2930.7	2339.7	14.5	－0.8
山　东	9049.6	7672.2	11.0	－4.2
广　东	10549.7	9128.8	10.5	－2.0
海　南	575.5	479.7	10.0	－15.1
中部地区	**20059.2**	**16508.3**	**12.9**	**－2.6**
山　西	2200.9	1807.7	12.8	－6.6
安　徽	2843.2	2303.3	13.8	－1.1
江　西	2160.7	1754.7	13.0	－1.4
河　南	5615.4	4752.0	10.8	－4.9
湖　北	3592.4	2934.4	14.4	－1.5
湖　南	3646.6	2956.2	13.9	0.3
西部地区	**18432.7**	**15190.6**	**13.7**	**－2.7**
内　蒙　古	2391.7	1981.7	13.7	－3.8
广　西	2247.9	1845.8	12.1	－1.7
重　庆	2061.1	1698.9	16.3	－3.0
四　川	4257.6	3451.8	15.0	－2.7
贵　州	849.8	700.9	14.8	2.6
云　南	1739.1	1490.1	12.5	－2.5
西　藏	115.4	86.7	19.8	10.9
陕　西	2343.4	1936.9	13.6	－4.6
甘　肃	883.1	731.7	10.8	－5.1
青　海	288.1	239.6	12.3	－1.2
宁　夏	335.0	282.0	9.7	－9.3
新　疆	920.5	744.5	11.5	0.1
东北地区	**8134.2**	**6858.5**	**12.6**	**－2.8**
辽　宁	4246.2	3554.9	12.8	－2.5
吉　林	1708.0	1443.6	12.7	－6.2
黑龙江	2180.0	1860.0	12.0	－0.8

注：地区生产总值按现价计算，增长速度按不变价计算。

数据来源：国家统计局中国经济景气监测中心、《中国经济景气月报》。

1. 西部地区增速继续领先

一季度，西部地区实现地区生产总值 18432.7 亿元，增长 13.7%，增速同比虽减缓 2.7 个百分点，但仍是四大区中增速最快的区域。分省来看，各省份均实现了经济的较快增长，但区域内部两极化趋势仍很明显。其中，西藏以 19.8% 的增速居全国首位，同比加快了 10.9 个百分点，提升幅度最大；重庆、四川和贵州分别以 16.3%、15.0% 和 14.8% 的增速居全国第 3、4、5 位；而甘肃和宁夏则分别以 10.8% 和 9.7% 的增速居全国第 24 和 29 位，同比分别回落了 5.1 和 9.3 个百分点。

2. 中部地区增速降幅最小

一季度，中部地区 GDP 累计达到 20059.2 亿元，增长 12.9%，同比减缓了 2.6 个百分点，在四大区中降幅最小。分省来看，湖南一季度增长 13.9%，同比加快了 0.3 个百分点，增幅居全国第 3 位。湖北以 14.4% 的增速居中部之首和全国第 7 位。受去年一季度基数偏高的影响，山西增长 12.8%，同比减缓了 6.6 个百分点，降幅较大。降幅居中部第二位的是河南，同比回落了 4.9 个百分点。

3. 东北地区保持较快增长

东北地区延续了自去年年初以来经济平稳增长的态势，一季度共实现地区生产总值（GDP）8134.2 亿元，增长 12.6%，高于东部地区。与上年同期相比，增速减缓了 2.8 个百分点。分省来看，东北三省经济发展较为均衡。其中，辽宁、吉林和黑龙江分别增长 12.8%、12.7% 和 12.0%。受"八大经济区"和"十大工程"建设的积极影响，黑龙江增速同比回落幅度最小，回落了 0.8 个百分点，辽宁和吉林同比则分别回落了 2.5 和 6.2 个百分点。

4. 东部地区平稳增长

一季度，东部地区继续保持平稳发展态势，共实现地区生产总值 53808.2 亿元，增长 11.0%，同比回落了 3.7 个百分点，回落幅度最大。与其他区域相比，东部地区仍是增速最低的，分别比中部、西部和东北地区低 1.9、2.7 和 1.6 个百分点。分省市看，东部各省市经济保持平稳较快增长。其中，天津和福建分别以 16.5% 和 14.5% 的增速居全国第 2 和第 6 位，其他东部省份的增速介于 8.5% ~ 11.2% 之间，位居第 22 名之后。与去年一季度相比，东部各省份增速均有不同程度的回落，其中海南降幅最大，同比下降了 15.1 个百分点。

（二）固定资产投资较快增长，房地产市场有所降温

1. 固定资产投资较快增长，区域结构有所优化

一季度，全国累计完成城镇固定资产投资（不含农户）[1] 总额为 39464.9 亿元，增长 25.0%。四大区投资增速的位次依次为中部、东北、西部和东部地区。其中，中部地区完成投资 8691.2 亿元，增长 31.5%，安徽增长最快，为 34.3%。东北地区完成投资总额 1647.8 亿元，增长 29.3%，除黑龙江外，辽宁和吉林增长均超过了 30.0%。西部共完成投资 8323.0 亿元，增长 26.5%，西部各省份增长差异较大，西藏、贵州、宁夏、甘肃和青海增长均超过 40.0%，而内蒙古、重庆、云南和新疆增速较低。东部地区共完成投资 20082.6 亿元，增长 21.1%，增速低于其他地区。东部地区的海南和福建增长最快，分别达到 34.0% 和 32.9%，但部分省市投资增长缓慢，广东和北京仅增长 13.6% 和 11.9%，上海同比下降 7.4%，是全国唯一一个投资下滑的省份（详见表 1-28）。

表 1-28　2011 年一季度全国及各地区城镇固定资产投资（不含农户）完成额

单位：亿元；%

地　区	固定资产投资(不含农户)完成额		同比增长速度
	2011.1	2011.1	2011.1
全　国	**39464.9**	**31571.9**	**25.0**
东部地区	**20082.6**	**16582.2**	**21.1**
北　京	762.3	681.2	11.9
天　津	1054.7	817.6	29.0
河　北	1774.7	1400.7	26.7
上　海	904.8	977.1	-7.4
江　苏	5469.6	4443.2	23.1
浙　江	2368.2	1870.6	26.6
福　建	1553.8	1169.1	32.9
山　东	3471.8	2864.5	21.2
广　东	2434.2	2142.8	13.6
海　南	288.6	215.4	34.0

[1]　注：自 2011 年起，国家统计局对月度固定资产投资统计制度进行了完善，即将月度投资统计的范围从城镇扩大到农村企事业组织，并将这一统计范围定义为"固定资产投资（不含农户）"。投资项目统计起点标准由原来的 50 万元调整为 500 万元。"固定资产投资（不含农户）"等于原口径的城镇固定资产投资加上农村企事业组织项目投资。

续表

地　区	固定资产投资(不含农户)完成额		同比增长速度
	2011.1	2011.1	2011.1
中部地区	**8691.2**	**6607.2**	**31.5**
山　西	451.7	361.1	25.1
安　徽	2077.2	1546.7	34.3
江　西	1090.7	817.6	33.4
河　南	1966.7	1537.7	27.9
湖　北	1753.2	1316.2	33.2
湖　南	1351.7	1027.9	31.5
西部地区	**8323.0**	**6580.8**	**26.5**
内　蒙　古	438.0	363.5	20.5
广　西	1118.7	847.5	32.0
重　庆	1073.3	894.4	20.0
四　川	2653.5	2134.7	24.3
贵　州	525.4	352.9	48.9
云　南	917.4	761.3	20.5
西　藏	20.2	12.8	57.9
陕　西	950.4	741.3	28.2
甘　肃	267.3	188.8	41.6
青　海	73.4	52.2	40.6
宁　夏	100.6	71.2	41.3
新　疆	185.0	160.3	15.4
东北地区	**1647.8**	**1274.2**	**29.3**
辽　宁	1290.3	990.3	30.3
吉　林	210.7	160.4	31.4
黑　龙　江	146.8	123.5	18.8

资料来源：国家统计局中国经济景气监测中心、《中国经济景气月报》。

　　从固定资产投资构成来看，除中部地区外，其他三个区域的建筑安装工程投资增速快于设备工器具购置投资增速。一季度，东部、中部、西部和东北地区设备工器具购置投资分别增长18.5%、34.9%、21.6%和15.4%，建筑安装工程投资分别增长25.1%、31.7%、35.8%和37.8%。中部地区设备投资的快速增长，对中部工业技术改造和产业结构升级将发挥积极作用。

从投资的区域构成来看，东部地区比重进一步下降，其他地区比重不同程度的上升。一季度，东部、中部、西部和东北地区固定资产投资占地区合计比重分别为 51.8%、22.4%、21.5% 和 4.3%。与上年同期相比，东部比重下降 1.5 个百分点，中部、西部和东北地区分别上升 1.1、0.3 和 0.1 个百分点。投资进一步向东部以外的区域延伸，有助于缩小区域发展差距。

2. 房地产投资保持快速增长，销售市场有所降温

一季度，东部、中部、西部和东北地区房地产投资完成额分别增长 31.3%、39.4%、39.0% 和 29.4%，继续保持较快增速。与上年同期相比，中部加快了 11.2 个百分点，东部、西部和东北地区则分别减缓了 4.2、1.1 和 9.7 个百分点，房地产投资高速增长的势头有所缓解。其中，贵州、新疆和河北增速分别为 99.3%、79.4% 和 59.4%，居全国前三位。

商品房销售市场趋冷与房地产投资的快速增长形成鲜明对照。与上年同期相比，东部、中部、西部和东北地区商品房销售面积分别回落了 24.1、10.3、24.4 和 20.0 个百分点，商品房销售额分别回落了 37.7、10.4、20.4 和 24.4 个百分点。东部地区的北京、上海和海南等地以及其他房地产热点地区均出现销售面积和销售额双双下降的局面。

（三）消费市场增速回落，物价波动仍有较大影响

一季度，除甘肃和辽宁以外，各省（市、区）社会消费品零售总额增速普遍出现回落。其中，天津增长 17.9%，海南、重庆和宁夏均增长 17.8%，增长速度较快。从回落幅度看，东部经济发达省市回落幅度较大。上海、北京和浙江分别回落了 3.7、3.3 和 2.7 个百分点，降幅列全国前三位（详见表 1 - 29）。一方面，消费需求的下降与政策直接相关，为应对危机而实施的一系列需求刺激政策使得大量消费需求被透支。随着危机影响的逐步减小，政策支撑作用明显减弱。同时，部分地区的商品房、汽车限购政策也对消费需求产生了影响。另一方面，近期物价的持续上涨对消费品市场造成了不小的冲击。一季度，东部、中部、西部和东北地区居民消费价格指数分别上涨 4.9、5.2、5.8 和 4.8 个百分点，扣除价格因素后，各地的消费品零售总额实际增速回落幅度均超过名义增速的回落幅度。

表 1-29 2011 年一季度全国及各地区社会消费品零售情况

单位：%

地　区	同比增长速度		实际增长速度	同比变动百分点
	2011.1	2010.1	2011.1	2011.1
全　国	**16.3**	**17.9**	**11.6**	**-1.6**
东部地区				
北　京	11.9	15.2	9.4	-3.3
天　津	17.9	18.7	14.3	-0.8
河　北	16.4	17.3	12.2	-0.9
上　海	12.9	16.6	9.4	-3.7
江　苏	16.9	18.2	12.6	-1.3
浙　江	16.1	18.8	11.0	-2.7
福　建	17.1	19.0	12.9	-1.9
山　东	16.5	18.4	12.7	-1.9
广　东	15.4	17.0	10.7	-1.6
海　南	17.8	18.9	11.1	-1.1
中部地区				
山　西	17.0	18.1	12.5	-1.1
安　徽	17.2	18.7	12.5	-1.5
江　西	16.5	18.8	12.0	-2.3
河　南	17.2	18.3	11.2	-1.1
湖　北	17.0	18.1	11.4	-1.1
湖　南	17.0	18.4	11.0	-1.4
西部地区				
内　蒙　古	16.8	18.7	12.0	-1.9
广　西	17.0	18.6	10.6	-1.6
重　庆	17.8	18.4	13.4	-0.6
四　川	17.0	18.2	10.9	-1.2
贵　州	17.0	18.9	11.2	-1.9
云　南	17.0	18.8	13.3	-1.8
西　藏	16.5	18.0	12.8	-1.5
陕　西	17.0	17.8	12.4	-0.8
甘　肃	17.0	16.0	10.4	1.0
青　海	15.0	16.5	6.7	-1.5
宁　夏	17.8	18.4	11.1	-0.6
新　疆	15.7	17.0	10.7	-1.3
东北地区				
辽　宁	17.0	17.0	12.0	0.0
吉　林	16.5	17.9	12.2	-1.4
黑　龙　江	16.5	18.6	12.6	-2.1

资料来源：国家统计局中国经济景气监测中心、《中国经济景气月报》。

（四）进出口增长缓慢，外贸形势不容乐观

一季度，东部、中部、西部和东北分别实现进出口总额 6987.8、320.4、357.7 和 337.0 亿美元，分别增长 28.9%、43.7%、36.4% 和 24.6%。受国际经济形势的影响，与去年一季度进出口强劲回升的势头相比，今年一季度除中部地区增速同比加快了 2.5 个百分点外，其他三个区域同比增速均有大幅回落（详见表 1-30）。

表 1-30 2011 年一季度全国及各地区进出口总额

单位：亿美元；%

地　区	进出口总额		同比增长速度	同比变动百分点
	2011.1	2010.1	2011.1	2011.1
全　国	**8002.8**	**6178.5**	**29.5**	**-14.6**
东部地区	**6987.8**	**5422.9**	**28.9**	**-14.8**
北　京	910.4	684.7	32.9	-36.4
天　津	222.8	179.2	24.4	-10.2
河　北	123.1	83.3	47.3	13.7
上　海	986.3	790.0	24.8	-18.3
江　苏	1212.2	991.0	22.3	-29.7
浙　江	664.6	527.1	26.1	-15.0
福　建	289.7	228.6	26.7	-18.6
山　东	538.1	395.9	35.4	-10.1
广　东	2012.2	1532.0	31.3	-1.4
海　南	28.4	11.1	154.6	177.8
中部地区	**320.4**	**222.9**	**43.7**	**2.5**
山　西	35.7	24.8	43.8	-15.3
安　徽	64.7	48.3	34.4	-15.1
江　西	54.9	34.8	56.5	9.0
河　南	53.6	34.9	53.3	33.6
湖　北	70.1	52.8	32.8	-10.1
湖　南	41.3	27.4	51.0	20.9
西部地区	**357.7**	**262.3**	**36.4**	**-14.6**
内蒙古	26.9	17.5	53.1	6.0
广　西	46.5	38.2	21.5	-37.9
重　庆	40.6	23.6	72.4	20.2
四　川	88.8	76.4	17.0	-47.4

续表

地 区	进出口总额		同比增长速度	同比变动百分点
	2011.1	2010.1	2011.1	2011.1
贵　州	9.2	6.0	54.2	60.8
云　南	34.6	24.0	43.7	− 36.9
西　藏	1.7	1.8	− 4.4	− 146.3
陕　西	33.7	25.4	32.9	− 10.7
甘　肃	23.9	16.7	40.0	− 72.3
青　海	1.9	1.6	14.0	− 44.3
宁　夏	5.1	4.0	28.9	− 50.8
新　疆	44.8	27.2	65.0	64.6
东北地区	**337.0**	**270.4**	**24.6**	**− 25.5**
辽　宁	217.2	187.4	15.6	− 39.3
吉　林	52.9	37.0	42.9	− 26.6
黑龙江	66.9	46.0	45.4	22.5

注：各地区按经营单位所在地分货物进出口总额。

资料来源：国家统计局中国经济景气监测中心、《中国经济景气月报》。

1. 出口平稳增长，增速小幅回落

一季度，东部、中部、西部和东北地区出口总额分别为3484.0、168.3、182.3 和 161.8 亿美元，增长 25.6%，45.1%、29.8% 和 22.5%。与去年同期相比，除中部地区同比加快了 11.7 个百分点外，其他三个区域的增速均有不同程度回落。占全国出口总额 87.2% 的东部地区增速同比回落了 2.3 个百分点，降幅低于西部地区和东北地区。从区域内部看，除广东和山东外，东部主要出口大户如浙江、江苏、福建，出口增速全部回落，北京仅增长 1.3%。其他地区外贸形势也不容乐观。

2. 进口总额大幅增加，增速明显回落

一季度，东部、中部、西部和东北地区分别实现进口总额3503.7、152.0、175.4 和 175.2 亿美元，分别增长 32.2%、42.3%、43.9% 和 26.6%，增速同比分别回落了 32.5、8.7、27.1 和 43.9 个百分点，降幅明显。

从贸易差额来看，一季度，除中部地区顺差比上年同期小幅扩大 7.1

亿美元外，其他区域对外贸易顺差额比上年同期均有所减少。西部地区实现顺差 6.8 亿美元，比去年同期减少了 11.7 亿元；东部和东北地区则分别出现逆差 19.7 和 13.4 亿美元。逆差的主要来源地是北京，高达 657.1 亿美元，而顺差的主要来源地是广东、浙江和江苏，分别为 288.9、228.4 和 151.4 亿美元。顺差的减少以及逆差的出现，一方面，由于大宗商品进口价格的上涨推动了进口总值的增加；另一方面，人民币升值使得很多出口企业仍面临接单难、报价难等问题，出口受到了影响。同时，欧洲主权债务危机、国际市场汇率以及大宗原材料价格走势等不确定因素很多，都对外贸的平稳发展造成了不利影响。

（五）工业生产保持稳定，财政收入较快增长

一季度，四大区工业生产保持稳定，东部、中部、西部和东北地区规模以上工业增加值分别增长 14.4%、19.2%、17.7% 和 15.4%。分区域看，东部地区的海南、福建和天津增长较快，分别增长 25.8%、21.6% 和 21.0%，其他省份除河北外，增速普遍低于全国平均水平。中部六省增速差异不大，除山西和河南分别增长 16.8% 以外，其他各省增速在 20.0% 左右。西部各省份工业增长差异明显，西藏、四川和重庆分别增长 40.1%、22.0% 和 21.0%，增速较快；而宁夏、甘肃和新疆增速都低于全国平均水平。东北三省的吉林和辽宁分别增长 16.9% 和 15.4%，而黑龙江则低于全国平均增速。从企业效益来看，一季度，东部、中部、西部和东北地区规模以上工业企业分别实现利润 6109.1、1945.8、1815.1 和 789.2 亿元，同比分别增长 29.5%、44.5%、36.2% 和 16.1%，盈利能力继续提高。在经济结构调整主题下，工业企业效益增加，有利于夯实调整的基础，培育新的产业增长引擎。但同时，东部、中部、西部和东北地区亏损企业亏损额也有所扩大，同比分别增加了 21.6%、30.8%、40.0% 和 32.5%。

工业企业效益的改善，促使各地财政收入大幅提高。一季度，四大区财政收入增速由高到低依次为东北的 41.9%、西部的 37.2%、中部的 36.2% 和东部的 32.6%，分别比去年同期加快 8.4、5.0、8.6 和 2.2 个百分点。东北和中西部地区地方财政收入增长显著，有利于增强地区经济自我发展能力。其中，湖北、吉林和重庆分别以 53.2%、52.1% 和 49.2% 的增速位列全国前三位。东部地区的河北增长最快，达 44.6%。由于去年基数较大，今年一季度海南财政收入仅增长 21.9%，增速居各省份末位，回落幅度高达 66.1 个百分点（详见表 1 - 31）。

表 1-31 2011 年一季度全国及各地区地方财政收入

单位：亿元；%

地 区	财政收入		同比增长速度	同比变动百分点
	2011.1	2010.1	2011.1	2011.1
全 国	**26125.7**	**19627.1**	**33.1**	**-0.9**
东部地区	**7516.7**	**5669.5**	**32.6**	**2.2**
北 京	824.0	602.9	36.7	-2.9
天 津	316.9	222.2	42.6	10.1
河 北	494.1	341.7	44.6	19.1
上 海	1034.6	754.4	37.1	7.2
江 苏	1294.2	987.9	31.0	-1.6
浙 江	946.4	721.1	31.2	2.4
福 建	358.3	269.4	33.0	8.5
山 东	888.7	655.6	35.5	12.1
广 东	1269.3	1040.2	22.0	-7.6
海 南	90.4	74.1	21.9	-66.1
中部地区	**2026.3**	**1487.4**	**36.2**	**8.6**
山 西	319.9	250.2	27.9	12.3
安 徽	356.3	262.2	35.9	-3.2
江 西	264.7	177.9	48.8	23.9
河 南	406.0	323.9	25.4	-6.5
湖 北	351.8	229.6	53.2	29.7
湖 南	327.7	243.6	34.5	3.9
西部地区	**2415.6**	**1761.0**	**37.2**	**5.0**
内 蒙 古	320.2	256.3	24.9	-3.1
广 西	227.0	168.1	35.0	7.9
重 庆	300.9	201.7	49.2	-5.9
四 川	532.5	380.2	40.1	9.6
贵 州	171.6	121.2	41.5	7.3
云 南	241.6	189.7	27.4	0.4
西 藏	10.2	6.9	47.7	27.0
陕 西	267.2	189.8	40.8	10.6
甘 肃	96.7	71.9	34.4	7.0
青 海	35.4	28.3	25.2	-8.1
宁 夏	58.0	41.9	38.2	-11.4
新 疆	154.5	105.0	47.1	17.8
东北地区	**1108.5**	**781.0**	**41.9**	**8.4**
辽 宁	629.1	449.0	40.1	4.7
吉 林	216.5	142.4	52.1	10.1
黑 龙 江	262.9	189.6	38.6	14.6

注：全国数据为中央财政收入和地方财政收入的合计，并非地方财政收入合计。

资料来源：国家统计局中国经济景气监测中心、《中国经济景气月报》。

二、相关政策建议

今年一季度区域经济运行基本平稳，但国内外的不确定因素还有很多。针对经济中的突出问题，建议未来政策重点关注以下方面内容。

（一）优化工业结构和布局，着力巩固工业经济发展基础

从数据上看，四大区工业生产增速自 2010 年以来呈现持续回落态势，一季度，东部、中部、西部和东北地区规模以上工业增加值同比增速普遍下滑。从企业效益上看，亏损企业亏损额呈上升趋势。因此，工业经济运行的基础仍需巩固。其一，要优化工业产业结构，千方百计加大对技术改造和节能减排工作的支持力度，同时在有条件的地区积极规划和培育战略性新兴产业。其二，优化工业规模结构，加强信贷政策与产业政策的协调配合，解决中小企业融资难的问题。其三，优化工业区域布局，发挥东部地区产业优势，推动东部劳动密集型企业技术升级，鼓励东部制造产业向其他地区转移，以产业为链条，加快区域市场融合进度，有序统筹区域经济协调发展。

（二）关注物价运行情况，努力做好民生保障工作

一季度，各地区物价水平持续上扬，其中，西部、中部、东部和东北地区居民消费价格指数分别提高了 5.8%，5.2%、4.9% 和 4.8%。中西部欠发达地区通胀压力尤其大，青海和宁夏都超过 7%，其他省市中除内蒙古、云南和西藏外，也都超过 5%。东部部分发达省市，如海南、江苏、浙江和北京也都超过 5%。消费物价的不断上涨，影响了居民生活，压制了政策调整的灵活空间。在国际粮价、油价持续走高以及人工成本上升等多重因素影响下，价格未来走势不容乐观。因此，一方面，要加强对区域市场价格运行情况的监测。密切关注市场供需变化及价格走势，防止出现囤积居奇、哄抬物价现象的发生。物价部门要加强价格监管，打击和防范价格垄断、乱涨价等行为。另一方面，要做好产销衔接，保证市场供应，加强全国范围商品流通渠道的管理和信息交流工作，有效调节供给，平抑物价过快上涨。对关系民生的商品和服务要慎重涨价，做好调控，以确保民生。

（三）积极扩大居民消费，增强消费需求后劲

社会消费品零售总额增速大幅攀升的背后是物价上涨的贡献，剔除价格因素后，各省份社会消费品零售总额增速均有不同程度的回落。随着金融危机影响的逐渐消退，政策对刺激需求的支撑作用明显下降；同时物价

的持续上涨使得需求提升的空间受到了挤压。在这种情况下，各地区要依据区域特点和发展状况，研究居民消费、物价、收入和预期的关系，继续有针对性地推出扩大居民消费的举措，保持政策的连续性，提高政策措施的有效性。同时，要努力降低大中城市房地产市场调控的不利影响，灵活引导受限城市居民消费热点转移和结构升级，努力转变消费模式，建立消费需求的长效机制。此外，要积极推进城乡社保一体化和异地社保转移工作，保障社会公平，挖掘中小城市和农村地区的消费潜力。

（四）稳定和扩展外需，降低出口低迷的不利影响

一季度，各地区出口增长普遍低迷，东部和中部地区出现贸易逆差，外需对经济增长的拉动作用大大减弱。东部地区作为我国主要外贸基地，出口增长低于预期，而未来东部地区外贸形势在多重因素叠加下仍不乐观。在一定时期内，世界经济不稳定将继续拖累外贸增长。同时，人民币汇率单边升值预期强烈，增加了出口产品成本，影响出口产品竞争力。针对各区域的外贸发展形势，未来三个季度要将稳定和扩展外需作为促进对外贸易发展的主要目标。其一，要继续深入贯彻落实各项稳定和扩展外需的政策，保持政策的连续性和稳定性。其二，在保持传统出口产品优势的基础上，要加大对企业发展新产品出口的支持力度，改善出口产品结构。其三，要进一步优化出口环境，完善出口信用保险和贸易融资体系。其四，要继续优化进出口结构，实现对外贸易的健康均衡发展。

2011 年二季度

我国经济形势
分析与预测

第一部分　国民经济运行情况

2011 年以来，尽管受到动荡复杂的国际环境影响，我国经济仍继续朝着宏观调控的预期方向发展。国民经济总体保持平稳较快增长，但国内市场物价涨幅有所扩大，节能减排和结构调整困难较大，企业特别是部分中小企业的经营环境趋紧。由于欧元区主权债务危机愈演愈烈，局部地区政治经济环境日益动荡，世界经济复苏前景充满了不确定性，下一阶我国经济面临的发展环境仍极为复杂。

一、上半年国民经济运行情况

初步测算，上半年国内生产总值 204459 亿元，按可比价格计算，同比增长 9.6%；其中，一季度增长 9.7%，二季度增长 9.5%。分产业看，第一产业增加值 15700 亿元，增长 3.2%；第二产业增加值 102178 亿元，增长 11.0%；第三产业增加值 86581 亿元，增长 9.2%（如表 2-1 所示）。从环比看，一季度国内生产总值增长 2.1%，二季度国内生产总值增长 2.2%，延续了去年下半年以来平稳较快增长的态势。从同比看，GDP 增速从去年三季度的 9.6%、四季度的 9.8% 调整为今年一季度的 9.7%，二季度的 9.5%。连续四个季度经济增速基本稳定在 9.5%~10% 之间。

表 2-1　上半年国内生产总值增长情况

	2011 年 1~6 月	
	绝对量	同比增长（%）
国内生产总值（亿元）	204459	9.6
第一产业	15700	3.2

续表

	2011 年 1 ~ 6 月	
	绝对量	同比增长（%）
第二产业	102178	11
第三产业	86581	9.2

1. 农业生产总体稳定，夏粮生产获得丰收

全国夏粮产量 12627 万吨，比上年增产 312 万吨，增长 2.5%。夏粮总产量仅次于 1997 年的历史最高年份。上半年，猪牛羊禽肉产量 3722 万吨，同比增长 0.2%，其中猪肉产量 2443 万吨，下降 0.5%。

2. 工业生产平稳增长，企业效益继续增加

上半年，全国规模以上工业增加值同比增长 14.3%。其中，一季度增长 14.4%，二季度增长 14.0%。从季度趋势看，2010 年三季度是 13.5%，四季度是 13.3%，基本上是在 14% 左右平稳运行。分登记注册类型看，国有及国有控股企业同比增长 10.7%，集体企业增长 9.6%，股份制企业增长 16.1%，外商及港澳台投资企业增长 11.1%。分轻重工业看，重工业同比增长 14.7%，轻工业增长 13.1%。分行业看，39 个大类行业均实现增长。其中，通用设备制造业增长 20.2%，非金属矿物制品业增长 19.1%，电气机械及器材制造业增长 16.3%，化学原料及化学制品制造业增长 15.1%，通信设备、计算机及其他电子设备制造业增长 14.5%，交通运输设备制造业增长 11.8%，电力、热力的生产和供应业增长 11.2%，黑色金属冶炼及压延加工业增长 9.4%，纺织业增长 7.1%（如表 2 - 2 所示）。分地区看，东部地区增长 12.4%，中部地区增长 17.8%，西部地区增长 17.3%。上半年，规模以上工业企业产销率达到 97.8%，比上年同期提高 0.1 个百分点。

表 2 - 2　上半年主要行业工业增加值（规模以上）增长情况

单位：%

主 要 行 业	2011 年 1 ~ 6 月
	同比增长
通用设备制造业	20.2
非金属矿物制品业	19.1
电气机械及器材制造业	16.3
化学原料及化学制品制造业	15.1

主 要 行 业	2011 年 1～6 月
	同比增长（%）
通信设备、计算机及其他电子设备制造业	14.5
交通运输设备制造业	11.8
电力、热力的生产和供应业	11.2
黑色金属冶炼及压延加工业	9.4
纺织业	7.1

1～5 月份，全国规模以上工业企业实现利润 19203 亿元，同比增长 27.9%。分类型看，国有及国有控股企业实现利润 6334 亿元，同比增长 19.6%；集体企业实现利润 298 亿元，同比增长 29.8%；股份制企业实现利润 10872 亿元，同比增长 33.1%；外商及港澳台商投资企业实现利润 5177 亿元，同比增长 15.4%；私营企业实现利润 4973 亿元，同比增长 45.2%。分行业看，在 39 个大类行业中，37 个行业利润同比增长，2 个行业同比下降。主要行业利润增长情况为：石油和天然气开采业利润同比增长 37%，黑色金属矿采选业增长 55.9%，化学原料及化学制品制造业增长 57.4%，化学纤维制造业增长 56.9%，有色金属冶炼及压延加工业增长 35.3%，交通运输设备制造业增长 11.8%，通信设备、计算机及其他电子设备制造业增长 2.5%，电力、热力的生产和供应业增长 7.8%，石油加工、炼焦及核燃料加工业下降 51%，黑色金属冶炼及压延加工业下降 1.1%。规模以上工业企业实现主营业务收入 311004 亿元，同比增长 29.4%；产成品资金 25077 亿元，同比增长 22.6%。

3. 固定资产投资保持较快增长，房地产投资增速较快

上半年，固定资产投资（不含农户）124567 亿元，同比增长 25.6%。分季度看，一季度增长 25.0%，二季度增长 26.0%。分类型看，国有及国有控股投资 43050 亿元，增长 14.6%。分产业看，第一产业投资同比增长 20.6%，第二产业投资增长 27.1%，第三产业投资增长 24.7%。其中，电气机械及器材制造业增长 55%，通信设备、计算机及其他电子设备制造业增长 48%，交通运输设备制造业增长 34.8%，通用设备制造业增长 32.5%，有色金属冶炼及压延加工业增长 30.7%，非金属矿物制品业增长 26.9%，非金属矿采选业增长 25.1%，黑色金属矿采选业增长 18.6%，有色金属矿采选业增长 15.8%，黑色金属冶炼及压延加工业增长 14.8%，铁

路运输业增长 6.9%，电力、热力的生产与供应业增长 2.6%，石油和天然气开采业增长 1.3%。分地区看，东部地区投资增长 22.6%，中部地区增长 31.0%，西部地区增长 29.2%。

表 2-3　主要行业固定资产投资（不含农户）增长情况

单位：亿元；%

主要行业	2011 年 1~6 月	
	绝对量	同比增长
电气机械及器材制造业	3487	55.0
通信设备、计算机及其他电子设备制造业	2285	48.0
交通运输设备制造业	3613	34.8
通用设备制造业	3289	32.5
有色金属冶炼及压延加工业	1613	30.7
非金属矿物制品业	4421	26.9
非金属矿采选业	501	25.1
黑色金属矿采选业	513	18.6
有色金属矿采选业	472	15.8
黑色金属冶炼及压延加工业	1663	14.8
铁路运输业	2322	6.9
电力、热力的生产与供应业	4587	2.6
石油和天然气开采业	935	1.3

上半年，全国房地产开发投资 26250 亿元，同比增长 32.9%。其中，住宅投资 18641 亿元，增长 36.1%。全国商品房销售面积 44419 万平方米，同比增长 12.9%。其中，住宅销售面积增长 12.1%。上半年，房地产开发企业本年资金来源 40991 亿元，同比增长 21.6%。6 月份，全国房地产开发景气指数为 101.75，比 3 月份的 102.98 下降了 1.2%。

4. 市场销售稳定增长，汽车、房地产相关商品销售放缓

上半年，社会消费品零售总额 85833 亿元，同比增长 16.8%。分季度看，一季度增长 16.3%，二季度增长 17.2%。上半年，限额以上企业（单位）消费品零售额 39034 亿元，增长 23.7%。按经营单位所在地分，城镇消费品零售额 74450 亿元，同比增长 16.9%；乡村消费品零售额 11383 亿元，增长 16.2%。按消费形态分，餐饮收入 9579 亿元，同比增长 16.2%；商品零售 76254 亿元，增长 16.9%。在商品零售中，限额以上企业（单

位）商品零售额 36108 亿元，同比增长 24.2%。其中，汽车类增长 15.0%，增速比上年同期回落 22.1 个百分点；家具类增长 30.0%，回落 8.5 个百分点；家用电器和音像器材类增长 21.5%，回落 7.3 个百分点。6 月份，社会消费品零售总额同比增长 17.7%，环比增长 1.38%。

表 2 - 4　主要商品零售（限额以上）增长情况

单位：亿元；%

主　要　商　品	2011 年 1～6 月	
	绝对量	同比增长
商品零售	76254	16.9
其中:限额以上企业商品零售	36108	24.2
其中:粮油食品、饮料烟酒	4878	24.7
服装鞋帽、针纺织品	3727	23.9
化妆品	530	20.0
金银珠宝	921	49.6
日用品	1289	24.5
家用电器和音像器材	2533	21.5
中西药品	1722	19.6
文化办公用品	672	21.8
家　具	501	30.0
通讯器材	485	27.0
石油及制品	6780	39.2
汽　车	9538	15.0
建筑及装潢材料	560	28.3

　　5. 进出口继续较快增长，出口额创历史新高

　　上半年，进出口总值 17036.7 亿美元，比去年同期（下同）增长 25.8%。其中，出口 8743 亿美元，增长 24%；进口 8293.7 亿美元，增长 27.6%；累计顺差 449.3 亿美元，同比减少 104 亿美元，收窄 18.2%。分季度看，出口一季度增长 26.5%，二季度增长 22.0%；进口一季度增长 32.6%，二季度增长 23.2%。分贸易方式看，一般贸易进出口 8952.9 亿美元，增长 31.7%。其中，出口 4186.5 亿美元，增长 30.4%；进口 4766.4 亿美元，增长 33%，高出同期全国进口增速 5.4 个百分点。一般贸易项下出现贸易逆差 579.9 亿美元，扩大 55.4%。同期，我国加工贸易进

出口 6166.4 亿美元，增长 16.9%。其中，出口 3904.5 亿美元，增长 17.5%；进口 2261.9 亿美元，增长 15.9%。加工贸易项下贸易顺差 1642.6 亿美元，扩大 19.8%。分国别或地区看，上半年，我与欧盟双边贸易总值 2658.9 亿美元，增长 21.3%，占同期我国进出口总值的 15.6%；中美双边贸易总值为 2064.4 亿美元，增长 20.1%，占同期我国进出口总值的 12.1%。其中，我对欧盟和美国分别出口 1644.8 亿美元和 1455.1 亿美元，增速均为 16.9%，明显低于 24% 的同期我国出口总体增速。上半年我与东盟双边贸易总值为 1711.2 亿美元，增长 25.4%，占同期我国进出口总值的 10%；中日双边贸易总值 1623.5 亿美元，增长 19%，占同期我国进出口总值的 9.5%。上半年我对日本贸易逆差 260.3 亿美元，较去年同期收窄 0.8%。分产品看，在出口商品中，今年上半年，我国机电产品出口 4981.6 亿美元，增长 19.5%。其中电器及电子产品出口 2047.7 亿美元，增长 21.4%；机械设备出口 1632.4 亿美元，增长 15.1%。同期，传统大宗商品出口平稳增长，其中服装出口 658.2 亿美元，增长 23.7%；纺织品出口 459 亿美元，增长 28.8%；鞋类出口 190.1 亿美元，增长 21.7%。在进口商品中，今年上半年，我国进口铁矿砂 3.3 亿吨，增长 8.1%，进口均价为每吨 160.9 美元，上涨 42.5%。同期，进口煤 7049 万吨，下降 11.8%，进口均价为每吨 109.6 美元，上涨 11.9%；进口大豆 2371 万吨，下降 8.1%，进口均价为每吨 576.7 美元，上涨 30.4%。此外，进口机电产品 3596.3 亿美元，增长 18.9%；其中进口汽车 47.1 万辆，增长 21.7%。

6. 居民消费价格涨幅进一步扩大，食品价格上涨较快

上半年，全国居民消费价格同比上涨 5.4%。从月度看，1~6 月份居民消费价格同比涨幅分别为 4.9%、4.9%、5.0%、5.3%、5.5%、6.4%，升至 36 个月以来新高。环比分别为上涨 1.0%、1.2%、下降 0.2%、上涨 0.1%、0.1% 和 0.3%，累计比去年末上涨 2.1%。分地域看，城市上涨 5.2%，农村上涨 5.9%。分类别看，食品上涨 11.8%，非食品类上涨 2.7%。其中，烟酒及用品上涨 2.3%，衣着上涨 1.0%，家庭设备用品及维修服务上涨 2.0%，医疗保健和个人用品上涨 3.2%，交通和通信下降 0.3%，娱乐教育文化用品及服务上涨 0.6%，居住上涨 6.3%。

表2-5　居民消费价格上涨情况

单位：%

主要分类	2011 年 1 ~ 6 月 同比涨幅	主要分类	2011 年 1 ~ 6 月 同比涨幅
居民消费价格	5.4	家庭设备用品及维修服务	2.0
分类别		医疗保健及个人用品	3.2
食　品	11.8	交通和通信	0.3
烟酒及用品	2.3	娱乐教育文化用品及服务	0.6
衣　着	1.0	居　住	6.3

上半年，工业生产者出厂价格同比上涨7.0%，工业生产者购进价格同比上涨10.3%。从月度看，1~6月份，工业生产者出厂价格同比涨幅分别为6.6%、7.2%、7.3%、6.8%、6.8%、7.0%，环比分别上涨1.2%、1.2%、1.0%、0.98%、0.47%和0.17%。分行业看，重要生产资料产品价格全面上涨。上半年，生产资料出厂价格上涨7.8%。其中，采掘工业价格上涨16.0%，原料工业价格上涨10.3%，加工工业价格上涨5.9%。生活资料出厂价格上涨4.4%。其中，食品类价格上涨7.8%。工业生产者购进价格同比上涨10.3%。分行业看，纺织原料类同比上涨16.4%，有色金属材料同比上涨14.3%，黑色金属材料同比上涨12.2%，化工原料同比上涨11.9%，燃料动力同比上涨10.5%。

7. 货币供应增速平稳，新增贷款继续趋缓，市场利率明显上升

6月末，广义货币（M2）余额78.08万亿元，同比增长15.9%，比上月末高0.8个百分点，比上年末低3.8个百分点；狭义货币（M1）余额27.47万亿元，同比增长13.1%，比上月末高0.4个百分点，比上年末低8.1个百分点；流通中货币（M0）余额4.45万亿元，同比增长14.4%。上半年净回笼现金110亿元。6月末，本外币贷款余额54.65万亿元，同比增长16.8%。人民币贷款余额51.40万亿元，同比增长16.9%，分别比上月末和上年末低0.2和3.0个百分点。上半年人民币贷款增加4.17万亿元，同比少增4497亿元。本外币存款余额80.30万亿元，同比增长17.5%。人民币存款余额78.64万亿元，同比增长17.6%，比上月末高0.5个百分点，比上年末低2.6个百分点。上半年人民币存款增加7.34万亿元，同比少增1846亿元。

上半年银行间市场人民币交易累计成交91.76万亿元，日均成交7521

亿元，日均同比多成交 1456 亿元，同比增长 24.0%。4~6 月，银行间市场同业拆借月加权平均利率分别为 2.16%、2.93% 和 4.56%，分别比上年 12 月份低 0.76、高 0.01 和 1.64 个百分点；质押式债券回购月加权平均利率分别为 2.22%、3.03% 和 4.94%，分别比上年 12 月份低 0.9、0.09 和高 1.82 个百分点。

8. 财政收入快速增长，保障住房及医疗卫生等民生类支出大幅增加

上半年累计，全国财政收入 56875.82 亿元，比去年同期增加 13526.03 亿元，增长 31.2%。其中，中央本级收入 28918.62 亿元，同比增长 27%；地方本级收入 27957.2 亿元，同比增长 35.9%。财政收入中的税收收入 50028.43 亿元，同比增长 29.6%；非税收入 6847.39 亿元，同比增长 44.5%。其中，国内增值税 12431.3 亿元，同比增加 2044 亿元，增长 19.7%。国内消费税 3760.75 亿元，同比增加 633 亿元，增长 20.2%；营业税 7150.8 亿元，同比增加 1404 亿元，增长 24.4%。企业所得税 11175.36 亿元，同比增加 3095 亿元，增长 38.3%。增幅较高；个人所得税 3554.78 亿元，同比增加 929 亿元，增长 35.4%；进口货物增值税、消费税 7168.63 亿元，同比增加 1939 亿元，增长 37.1%；关税 1350.29 亿元，同比增加 328 亿元，增长 32.1%；城市维护建设税 1427.9 亿元，同比增加 475 亿元，增长 49.9%；非税收入 6847.39 亿元，同比增加 2109 亿元，增长 44.5%。

上半年累计，全国财政支出 44435.14 亿元，比去年同期增加 10623.78 亿元，增长 31.4%。其中，中央本级支出 8123.96 亿元，同比增长 18.1%；地方财政支出 36311.18 亿元，同比增长 34.8%。其中，住房保障支出 1188.75 亿元，增长 76.6%；医疗卫生支出 2454.54 亿元，增长 61.4%；城乡社区事务支出 3294.05 亿元，增长 43%；社会保障和就业支出 5760.1 亿元，增长 40.5%；农林水事务支出 3728.85 亿元，增长 38.8%；教育支出 6127.94 亿元，增长 27.8%；一般公共服务支出 4577.64 亿元，增长 23.8%；公共安全支出 2657.47 亿元，增长 25.5%；交通运输支出 2561.17 亿元，增长 32.6%；科学技术支出 1565.1 亿元，增长 10.5%；资源勘探电力信息等事务支出 1485.54 亿元，增长 28.2%。

9. 就业状况持续改善，居民收入稳定增长，农村居民收入增速快于城镇居民

就业稳定增加。上半年城镇单位就业人员比上年同期增加 500 多万，二季度外出农民工的人数在一季度的基础上继续增加 400 多万。城乡居民

收入稳定增长，农村居民收入增长较快。上半年，城镇居民家庭人均总收入12076元。其中，城镇居民人均可支配收入11041元，同比增长13.2%，扣除价格因素，实际增长7.6%。在城镇居民家庭人均总收入中，工资性收入同比名义增长11.5%，转移性收入增长9.9%，经营净收入增长31.2%，财产性收入增长20.4%。农村居民人均现金收入3706元，同比增长20.4%，扣除价格因素，实际增长13.7%。其中，工资性收入同比名义增长20.1%，家庭经营收入增长21.0%，财产性收入增长7.5%，转移性收入增长23.2%。

二、当前经济运行中的突出矛盾和问题

当前经济运行总体平稳，但在国际形势复杂多变，国内宏观调控两难问题增加的情况下，一些新的情况和问题也逐步显现，需要特别关注，认真应对。

1. 价格涨幅进一步扩大

居民消费价格6月同比涨幅达到6.4%，为36个月以来新高。从月度看，自2010年7月至2011年2月已经连续8个月环比为正，3月环比略有下降，降幅仅0.2%；但4至6月环比继续上涨，涨幅为0.1%、0.1%和0.3%，明显涨多跌少。从推动价格上升的原因看，防止价格进一步上涨的压力依然很大。

一是通胀的货币因素调控难度依然很大。尽管去年以来央行连续8次调升存款准备金率，5次提高利率，但外汇储备连创历史新高。6月末，国家外汇储备余额为31975亿美元，同比增长30.3%。巨额外储导致货币被动超发，不仅严重削弱货币政策的自主性和有效性，也大大增加了央行的冲销成本。到2011年6月末，外汇占款达24.7万亿元。外汇占款与M_0比值升到历史高位（如图2-1所示）。二是全球货币政策仍十分宽松。美国、日本年内仍将维持现有历史最低政策利率水平不变。美国还存在着再次实施QE3的可能。多数发展中国家进一步收紧货币政策的空间已明显缩小。三是从全球市场看，主要金属价格指数、能源价格指数、粮食价格6月份出现回调，但前期上涨幅度较大，能否进一步回落仍存在着很大的不确定性。如黄金价格在欧债危机的影响下又重新升至历史高位。三是国内工业品出厂价格和原材料燃料动力购进价格上涨，劳动力、土地、房屋价格也还在上升，一些价格改革还需要进一步推进等，也形成了对价格上涨的推力。

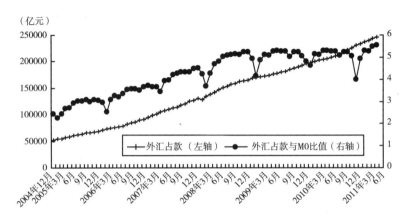

图2-1　外汇占款及其与M0比值的变动情况

2. 企业生产经营环境趋紧，原材料价格持续上涨

工业生产者购进价格上涨已经连续11月环比上涨，与上年末相比已累计上涨5%。与上年同期相比，上半年工业生产者购进价格上涨10.3%。其中，纺织原料类同比上涨16.4%，有色金属材料同比上涨14.3%，黑色金属材料上涨12.2%，化工原料上涨11.9%，燃料动力10.5%，建筑原料类上涨8.9%。劳动力成本和利息成本也在多种因素推动下出现持续较快上升，导致企业经营成本明显上升，应收帐款增多。1～5月份，规模以上工业企业主营业务成本占主营业务收入的比重为84.7%，比一季度提高0.3个百分点。5月份，规模以上工业企业主营业务收入利润率为6.2%；企业应收账款64564亿元，同比增长22.3%。受人民币升值加快、汇率波动加剧、市场原材料价格不稳等多种因素影响，企业生产面临的困难逐步增多（如图2-2所示）。

3. 国际形势依然错综复杂，不确定性加大

首先，欧债危机持续发展及发达国家主权债务风险扩大。一些国家财政赤字高企，国家主权债务危机隐患不但仍然没有消除，反而债务危机愈演愈烈和蔓延。欧债危机持续发展。PIGS四国债务危机仍在发酵，特别是意大利的债务危机对全球市场的影响很大。美国国债发行量已达14.3万亿美元的法定上限，国际两大评级机构穆迪和标普已经向美国亮出红牌警告。日本的公共债务相当于GDP的200%左右，很多发达国家公共债务余额占GDP比重持续上升。主要货币汇率波动加剧。美元总体仍保持持续贬值的趋势。其次，国际市场粮食、石油等大宗商品价格在不断上涨之后出

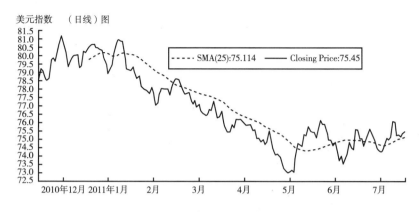

美元指数 （日线）图

SMA(25):75.114 —— Closing Price:75.45

图2-2 2011年以来美元指数走势

现大幅波动。再次，全球通货膨胀上升。其中，美欧日等发达经济体CPI同比涨幅攀升。5月份，美国CPI同比上涨3.6%，涨幅比1月份扩大2个百分点。6月份，欧元区HICP同比上涨2.7%，涨幅比1月份扩大0.4个百分点。5月份，日本CPI同比上涨0.3%，而1月份为零增长。5月份，加拿大、英国CPI同比分别上涨3.7%、4.5%。其他发展中经济体CPI同比也大多上升。6月份，巴西INPC同比上涨6.8%，为2009年以来的最高涨幅；俄罗斯CPI同比上涨9.4%。印度5月份CPI同比上涨8.7%，涨幅虽比1月份有所缩小，但仍处于较高水平。最后，主要经济体失业率仍居高难下。6月份，美国失业率为9.2%，比上月上升了0.1个百分点，连续3个月上升。5月份，欧元区失业率为9.9%，与上月持平；日本失业率为4.5%，比上月小幅回落0.2个百分点。英国、加拿大的失业率分别为7.7%和7.4%，均比上月持平。这对全球经济特别是对中国经济下一阶段的平稳发展将产生负面影响。

第二部分 经济增长趋势分析与预测

2011年上半年，我国国民经济保持了平稳较快发展，GDP同比增长9.6%。虽然部分指标出现一些回调，但经济仍在高位运行。根据上半年的经济运行状况，同时基于对历史资料的分析，现对2011年下半年的经济增长进行趋势分析与预测。

一、下半年宏观经济环境

（一）国际经济环境

全球经济继续保持复苏势头，增长弱于预期，复苏的力度仍不均衡，发达经济体的财政赤字和政府债务形势仍不容乐观，多数新兴和发展中经济体继续保持强劲增长，通胀形势依然严峻。

一是美国经济有望回暖。上半年，由于受能源和食品类价格上涨影响，居民消费意愿受到抑制，美国经济增长有所放缓。随着油价、天气、地震等短期因素的负面影响逐渐减退的情况下，下半年美国经济有望回到温和复苏的轨道上。6月份，美国CPI环比下降0.2%，为2011年首次下降。核心CPI环比上涨0.3%，升幅与上月持平。相对温和的通胀和较低的核心通胀率表明，美国加息的压力不大，美联储将会一直维持较为宽松的货币政策。这有助于防止经济下滑。工业产值环比5月份上升0.2%，产能利用率由5月份的76.65%上升到76.7%，工业生产形势逐渐转好。虽然失业率连续三个月攀升，由5月份的9.1%上升至9.2%，达到今年来的最高水平，但出现了一些转好的迹象。据世界大型企业联合会发布的数据显示，6月份美国就业趋势指数环比上升了0.5个基点，就业压力将会有所缓解。

二是欧盟经济继续缓慢增长。6月份，国际货币基金组织进一步将德国和法国经济增长分别上调至3.2%和2.1%，比四月份增加0.7个和0.5个百分点。在德国和法国投资增长和经济增长的带动下，欧盟经济增长仍将好于预期，但同时也会出现不平衡增长的态势。与德国和法国经济增长不同，深陷债务危机的希腊在经历了三年的经济衰退之后，一季度经济终于实现了环比0.8%的增长，但同比仍下降4.8%。受欧元区主权债务危机影响，欧元区乃至全球金融局势出现紧张局面，欧元区第三大和第四大经济体的意大利和西班牙受到波及，经济增长将放缓。在债务危机的风险仍未完全消除的情况下，不排除发生负面连锁反应的可能性，欧盟经济面临的不确定性在增加，经济下行风险依然存在。

三是日本经济复苏步伐放缓。受前所未有的地震、海啸灾害与核泄漏事故等影响，日本企业生产、消费者心理等诸多层面遭遇冲击。这对日本经济的影响有长期化趋势，可能使今年经济继续保持正增长的希望破灭。

日本政府将会继续采取宽松的财政政策和货币政策，灾后重建也将促使政府和私人部门加大投资。工矿业生产指数和国内需求将持续得到改善，进而拉动经济走出谷底。但预计地震本身及其引起的连锁影响还远未被消化殆尽，短期内日本经济恢复至温和复苏可能性不大。

四是新兴经济体持续持快速增长。目前，新兴经济体呈现出新的经济增长特征，内需开始成为重要的增长引擎，经济增长速度和势头非常强劲。6 月份，IMF 将新兴和发展中经济体 2011 年经济增长调至 6.6%，比四月份的预测提高 0.1 个百分点。在经济保持快速增长的同时，随着外需增长恢复，国际粮食、大宗商品和能源价格飙升，新兴经济体面临内需推动型和外部输入型通胀的双重压力，严峻的通胀形势压力仍将持续。主要新兴经济体纷纷采取紧缩政策应对通胀压力，但政策紧缩没有对经济增长速度造成明显影响，新兴经济体的增长态势不会发生改变，仍将成为全球经济增长的重要动力。

综合来看，全球经济持续复苏进一步拓宽，复苏的基础有所增强。美国经济复苏可能加快，如果欧洲主权债务危机得到有效控制且不蔓延至实体经济，在德国和法国为代表的核心国家能够带领欧盟继续保持缓慢增长，新兴经济体仍然保持较快的增长势头。据 IMF 预测，2011 年全球经济预期增长 4.3%[①]。受三大经济体经济稳定增长的影响，下半年我国的出口环境会相应好转，外需会有所恢复。美国第二轮量化宽松货币政策结束后，推出第三轮量化宽松政策的可能不大，美元升值预期加强。受欧洲主权债务危机影响，欧元处于弱势地位，这也有利于提升美元走势。受美元升值预期影响，预计下半年人民币兑美元升值幅度会有所放缓，兑欧元或其他货币会相应加快，名义有效汇率基本保持稳定。在通胀有望逐步回落的情况下，实际有效汇率将不会对出口产生明显抑制，出口将逐步好转。

（二）国内经济环境

下半年，宏观调控政策仍将保持稳定性和连续性，增强灵活性和针对性，在实施积极财政政策的同时，利率、存款准备金率以及汇率等稳健的货币政策联动，使得经济增速将呈现放缓的迹象。但经济增长的内在动力没有明显减弱，不会出现"硬着陆"。相对于"十二五"规划所确立的发展目标相比，经济增长速度仍然是不低的。

一是宏观调控政策保持稳定。由于经济下行、物价维持高位，如何平

---

① 国际货币基金组织：《全球金融稳定性及财政状况报告》，2011 年 6 月 17 日。

衡经济增长和治理通胀之间的关系，成为下半年我国宏观政策面临的艰难选择。但宏观经济政策的基本方向不会发生改变，在保持政策稳定性的同时，更应注意把握宏观调控政策的节奏和力度，在"稳增长"和"控通胀"之间维持平衡。一是稳健的货币政策会增强灵活性和针对性。对于频繁使用的调控信贷供给的数量型工具，由于银行信贷在社会融资总量中比重下降，其作用边界已明显缩小。货币政策工具会做出微调，更加注重价格型调控工具的使用。二是积极的财政政策更加注重在调结构和稳增长方面的作用。在货币政策实施总量调控的同时，财政政策仍会体现一定的扩张特征。在结构上进一步优化，加大对关键领域和薄弱环节的财政税收支持力度，充分发挥财政政策的杠杆作用，引导社会资源优化配置。三是房地产调控政策继续加强。7月12日，国务院常务会议强调，要严格落实地方政府房地产调控和住房保障职责，各地要进一步贯彻落实国务院确定的各项调控政策。房价过高的地区要加大调控力度，着力改善供求关系，促进房价合理回归。房价上涨过快的二三线城市也要采取必要的限购措施。这些措施表明，房地产调控不会松动，把抑制投资投机需求、扩大保障房建设和完善长效机制作为政策调控的基本方向和决心不改，调控力度继续加强。

二是三大需求增长呈现"一升两降"态势。下半年，消费需求和出口需求的增长都将有所放缓，但投资的快速增长将在很大程度上抵消这两大最终需求增幅的下降，将成为经济增长的主要拉动力。从消费需求来看，在当前高基数背景、高通胀预期、少刺激政策的大环境下，消费增速将稳中有降。上半年，我国社会消费品零售总额同比增长16.8%，6月份同比增长17.7%，环比增长1.38%，结束了连续两个月以来的放缓趋势。下半年，受消费增长周期的影响，消费增长将继续温和调整，特别是汽车和房地产相关商品销售下降较快，耐用消费品的需求有所回落，消费增长更多地集中于必需消费品上。虽然个税调整对于释放居民消费力有所帮助，但由于民众对于税率的调整敏感度不够和对当前高通胀的预期不减，使得消费扩大的改善力度较为有限。从出口需求来看，外部形势虽然趋于好转，但出口增长放缓之势不会改变。上半年，我国出口增速已经连续四个月下滑，由3月份的35.8%下降至6月份的17.9%。下半年，在外部经济形势没有明显好转的情况下，出口增长仍将明显放缓，原因主要有以下几个方面：首先，由于全球经济继续复苏充满一些不确定性，欧洲主权债务危机的影响仍未消除，中东、北非地区政局依旧动荡，加剧了外贸进出口增长的不确定性。其次，受去年出口增长高基数的影响，今年出口也将趋于放缓。再次，受原料价格上涨、劳动力成本上升以及出口竞争激烈等因素影响，劳动密集型产品的出口价格竞争优势在减弱，国内企业出口积极性减弱。最后，短期内日本大地震造成了部分产品的供应链条断裂，对国内一些产业的影响却是长期的，对我国外贸也会造成一定影响。从投资增长来看，投资将会继续加快增长。支持下半年投资快速增长主要有以下几个因素：首先，作为"十二五"规划的开局之年以及换届选举的布局阶段，地方政府投资的积极性比较高，地方投资的增速是28.1%，速度仍在高位运行。其次，保障性住房建设投资可能会加速。今年国家将完成1000万套保障房建设。截至6月份已有500万套开工，按全年1.4万亿的投资额来看，已经完成了7000亿元，剩下的660万套将会在11月底前全部开工。这将继续对房地产投资形成有效支撑。再次，投资增长出现区域轮换。国家区域发展规划布局效果明显，中西部地区投资增速超过东部，成为拉动投资增长的重要动力。上半年，中、西部地区固定资产投资分别增长31.0%和29.2%，高于东部22.6%的增速水平，下半年这一趋势仍将持续。最后，民间投资有望提速。上半年，民间投资的增速是33.8%。这个速度高于全国固定资产的平均增速。随着一些区域、部门、行业的"新36条"的出台，市场自主投资增长将保持快速的势头。

三是物价增幅有望逐步回落。6月份CPI同比上涨6.4%，比5月份扩大了0.9个百分点，创下2008年7月份以来的新高。物价上涨主要来自翘尾因素和新涨价因素，其中翘尾因素是3.7个百分点，比上月扩大了0.5个百分点，猪肉等新涨价因素扩大了0.4个百分点。下半年，尽管物价上涨的压力比较大，但是维持物价稳定的有利条件在增加。首先，前期稳健的货币政策的积极作用正在显现，使物价上涨的货币因素在逐步弱化。其次，6月份国际市场大宗商品价格出现了一定程度的回落，输入型通胀可能会趋于缓和。再次，翘尾因素将会逐月缩小。最后，社会通胀预期有所减弱。伴随着上半年紧缩政策的逐渐加码，社会居民对下半年的通胀预期开始有所减弱。总体来看，物价会可能出现"前高后低"的趋势，但下半年通胀形势仍不乐观，防通胀压力仍将是宏观调控的重要方向。不过CPI仍处在可控范围之内，预计全年CPI增速约为4.8%~5.2%之间。

二、经济指数表明未来经济增长稳中有降

经济景气指数及经济增长预期的变化反映了经济增长的基本趋势，对分析经济周期变化具有很好的帮助作用。通过对企业景气指数、消费者信心指数和制造业采购经理指数最新数据和资料的分析，各方认为未来我国经济增长处于平稳态势。

（一）宏观经济景气指数小幅下降

根据国家统计局公布的最新修订宏观经济景气指数显示，5月份宏观经济预警指数为105.3，比上月下降2.7，处于绿灯区中心线附近，表明我国宏观经济一直处于平稳运行状态。从领先、一致和滞后指数来看，先行指数数值与上月持平，基本处于稳定运行状态，但投资新开工项目、消费者预期指数、货币供应M2、物流指数和房地产开发等领先指标呈现出下降的趋势；一致指数为102.8，较上月回调0.2点，持续高位盘整态势；滞后指数为98.5，较4月份月回调2.1点，今年首次出现回落态势。① 从这几个经济景气指数可以看出，我国经济运行一直比较平稳，虽然当期仍在高位运行，但部分先行指标开始出现下降的趋势，预计下半年宏观经济有小幅回调的趋势。

（二）企业景气指数略有回升

企业景气指数可以综合反映宏观经济发展状况、企业生产经营景气状况以及未来发展变化趋势。二季度，企业景气指数为135.6，比一季度提升1.8点。分行业来看，信息传输计算机服务和软件业企业景气位于各行业之首，指数为165.1，比一季度提高14.7点。批发和零售业企业景气指数为149.0，虽比一季度回落4.2点，但已连续七个季度位于高度景气区间。建筑业、住宿和餐饮业、社会服务业企业景气指数分别为143.7、129.8、136.7，比一季度分别提高8.4、5.7、1.1点。从企业家信心指数和企业信心指数来看，企业家信心指数为132.4，比一季度回落5.0点。与企业家信心指数走势相反，企业景气指数向上，显示出在积极的财政政策和稳健的货币政策下，企业家对我国经济形势总体仍持有肯定态度，对未来经济走势信心仍非常充足。

（三）制造业采购经理指数全面回落

2011年6月，中国物流与采购联合会发布的中国制造业采购经理指数（PMI）为50.9%，比上月回落1.1个百分点。这是自3月份开始连续三个月回落。五个分类指数也全面回落，但该指数仍然保持在50%以上。从分项指数来看，生产指数达到2010年8月以来的最低点，表明制造业生产量

---

① 数据来源于国家统计局网站。

保持增长态势，但增速连续三个月放缓。新订单指数为 50.8%，降至 2009 年 3 月以来的最低点，表明制造业新订单数量微幅增长，市场需求继续放缓。主要原材料库存指数为 48.5%，连续两个月位于临界点以下，表明在制造业生产增速放缓，当前经济不确定因素加大的作用下，企业调整采购策略，主要原材料库存继续减少。从业人员指数为 50.2%，接近临界点，表明制造业劳动力需求增幅收窄。综合来看，由于 PMI 仍在分界线以上，表明我国经济仍将继续保持增长，但增速可能有所回落。这主要是在原材料价格上涨等因素的带动下，企业库存增加很快，但新订单却没有和库存增加同步。由于库存增加超过需求，企业开始去库存化，导致经济增长可能放缓。

三、2011 年下半年经济增长预测

为了准确分析和判断未来经济走势，我们搜集了有关机构对我国经济增长的预测结果，同时采用随机时间序列模型和动态因子模型对下半年经济增长情况进行预测。预测结果表明，我国经济增长呈现前高后低的态势。

（一）部分机构对中国经济增长的预测

为充分掌握各方对今年我国经济增长预期，我们收集 10 家国内外相关机构对我国宏观经济增长的预测结果。在 10 家机构中，有些机构调整了早期的预测水平。从各家机构的具体预测情况来看，各机构对我国经济增长仍保持较高的预期，2011 年最新 GDP 预测的均值仍维持在 9.4%。这表明在宏观经济调控的大背景下，经济仍然会保持比较高的增长速度。在这些机构中，世界银行将我国 GDP 增速由早前的 9% 上调至 9.3%，但认为经济仍存在通胀、房地产泡沫等风险。与世界银行相反，中金公司下调了我国 GDP 的增速，认为虽然下半年 CPI 同比将逐步走低，但通胀压力仍然较大，控通胀仍然是下半年宏观经济政策的首要任务。鉴于高通胀仍是当前经济运行的主要矛盾，而增长大幅回落的可能性不大，故中金公司预计货币政策在下半年都不会出现放松的迹象（如表 2-6 所示）。

表 2-6　国内外研究机构对 2011 年中国经济增长预测

单位：%

序　号	预测机构	最新预测结果	序　号	预测机构	最新预测结果
1	世界银行	9.3	3	亚洲开发银行	9.6
2	国际货币基金组织	9.6	4	摩根大通	9.3

续表

序　号	预测机构	最新预测结果	序　号	预测机构	最新预测结果
5	德意志银行	9.15	9	高　盛	9.4
6	国家信息中心	9.5	10	中金公司	9.2
7	中国社科院	9.6	均　　值		9.4
8	中国人民大学	9.63			

资料来源:

1.《世行预计中国今年经济增 9.3%》, 2011 年 6 月 9 日, http://roll. sohu. com/20110609/n309729154. shtml.

2.《IMF 下调全球经济增幅预期中国 GDP 预增 9.6%》, 2011 年 6 月 20 日, http://news. xinhuanet. com/fortune/2011 - 06/20/c_ 121556487. htm.

3.《亚行: 2011 年中国 GDP 增长 9.6% CPI 同比上涨 4.6%》, 2011 年 4 月 6 日, http://www. caijing. com. cn/2011 - 04 - 06/110684651. html.

4.《摩根大通: CPI 将在 7 月或 8 月触顶 (GDP9.3%)》, 2011 年 7 月 1 日, http://www. caijing. com. cn/2011 - 07 - 01/110762575. html.

5.《德银下调 2011 年 GDP 预期至 9.1%～9.2%》, 2011 年 6 月 4 日, http://news. cntv. cn/20110604/102018. shtml.

6.《国家信息中心: 预计 GDP 全年增速 9.5% 左右》, 2011 年 5 月 19 日, http://money. 163. com/11/0519/15/74E7QTTF00253B0H. html

7.《社科院蓝皮书预计今年中国 GDP 增速为 9.6%》, 2011 年 4 月 20 日, http://news. qq. com/a/20110420/001425. htm.

8.《人民大学报告预测我国 GDP 增长 9.63%》, 2011 年 7 月 4 日, http://news. cnfol. com/110704/101, 1277, 10194527, 00. shtml.

9.《高盛下调中国今明两年 GDP 增长预期至适中水平》, 2011 年 5 月 25 日, http://www. cb. com. cn/1634427/20110525/213829. html.

10.《中金: 从紧货币政策短期内不会动摇》, 2011 年 7 月 13 日, http://stock. sohu. com/20110713/n313314486. shtml.

(二) 本课题预测结果

本课题组建立两种模型对三季度的经济增长速度和有关经济指标进行预测①, 一是基于随机时间序列模型 (ARIMA 模型), 二是基于高频宏观经济数据的动态因子模型 (DFM 模型)。根据以上两个模型, 我们对 2011 年经济增长速度趋势进行预测。

1. ARIMA 模型预测结果

利用随机时间序列模型, 选取 1999 年一季度至 2011 年二季度数据, 我们对 2011 年三季度经济增长进行预测。预测结果表明, 2011 年三季度

---

①　本部分数据来源于北京师范大学经济与资源管理研究院宏观形势分析数据库。

经济增长率为 9.3%，其他各主要指标预测结果（如表 2 - 7 所示）。

表 2 - 7　2011 年三季度国民经济主要指标增长率预测

单位：%

主要指标	预测值	主要指标	预测值
GDP	9.3	社会消费品零售额	16.6
第一产业	3.4	全社会固定资产投资额	25.8
第二产业	10.9	进　口	28.0
第三产业	9.2	出　口	24.0

从表 2 - 7 可以看出，三季度经济增长低于二季度（9.5%），经济走势虽然保持在较高水平上（9.0% 以上），但增速有所下降。从三次产业增长速度来看，预计第一、二、三产业增长速度分别为 3.4%，10.9% 和 9.2%。其中，第一产业增长速度略有上升，比二季度末高出 0.2 个百分点，第二产业出现小幅下降，第三产业与上半年基本保持不变，三次产业基本上朝着协调发展的方向转变。从支出法结构来看，预计三季度全社会消费零售额增速为 16.6% 左右，比二季度增速低 0.2 个百分点，但增长速度依然保持较快水平。全社会固定资产投资增速预测在 25.8% 左右，略高于上半年 25.6% 的增速。预计三季度累计进口增长 28.0% 左右，累计出口增长 24.0% 左右，进出口增速均有所放缓，但结构更加平衡。

2. 动态因子模型预测结果

亚洲金融危机以来，动态因子模型逐步发展，目前已有许多国家的央行和金融机构使用动态因子模型模型进行预测，如 IMF、OECD、亚行等。动态因子模型可以处理大型高频数据，并解决因子之间共线性的问题，短期内能够较为准确地反映经济变量的变化规律。我们选择 2000 年 11 月 ~ 2011 年 6 月的月度和季度数据，分别对现价 GDP、GDP 缩减指数建立动态因子模型，从而得到对不变价的 GDP 季度累计增长率的估算结果。模型结果显示，三季度 GDP 增长率将达到 9.0%（如表 2 - 8 所示）。

表 2 - 8　2011 年季度 GDP 增长率预测表

单位：%

时　　间	1 季度	2 季度	3 季度	4 季度
季度 GDP 增长率预测	9.7（实际值）	9.5（实际值）	9.0	9.2

两个模型的预测结果表明，三季度我国经济增长率区间为 9.0% ~ 9.3%，比上半年有较显著的下调。经济增长速度的适度回落，是国家宏观调控政策的预期结果有利于经济结构调整和发展方式转变。但从世界范围来看，这个增长速度仍然是较高的。

3. 预测结果的可靠性分析

本课题组一直在持续跟踪宏观经济形势并进行预测。历年的预测数据与实际结果具有较强的一致性，说明预测模型具有一定的可靠性。然而，来自国内外不确定因素仍旧较多，导致预测模型的结果存在偏差，主要体现为以下三个方面。

第一，国际经济形势不确定性因素增多。据 6 月份 IMF 最新的预测，发达经济体 2011 ~ 2012 年的增长率平均约为 2.5%，略低于 4 月份的预测。与 2010 年平均 3% 的增长率相比，经济增长速度有所放缓。同时，经济下行的风险再度增加，实现全球经济强劲、持续、平衡增长仍面临诸多问题和挑战。一是美国经济恢复进程依然存在不确定性。美联储不排除采取新一轮量化宽松措施，以刺激经济增长的可能性。二是欧洲主权债务危机风险犹存。7 月中旬，意大利国债收益率飙升，可能成为新的风险点。国际评级机构下调可希腊和爱尔兰的评级，表明主权债务危机有扩散的风险。三是国际大宗商品价格反复振荡成为全球经济重要威胁来源。在市场流动性充沛、美元持续走低、农产品供给偏紧、大宗商品价格上涨过快、投机炒作频繁的情况下，未来全球经济增长的波动性增加。四是全球经济发展失衡进一步突出。各国经济增长差异日益扩大，新兴经济体增长基本保持快速增长态势，美、欧、日等发达国家缓慢或负增长。这些国家或地区是我国的主要贸易伙伴，其经济放缓将直接影响我国出口的增加。

第二，宏观调控的不确定性仍然存在。自去年以来，央行连续 12 次上调存款准备金率，进行了 5 次加息，使大型金融机构的存款准备金率已经达到 21.5%。存款准备金率的不断攀升，直接影响商业银行体系创造信用、扩大信用的规模，信贷资源更显稀缺。在这种情况下，银行必然会优先考虑规模大、资质好的企业。中小企业即使融资出现困难，但很难通过直接融资方式获得资金，被迫进入民间借贷市场，大大增加融资成本。如果下半年宏观调控进一步收紧，很多中小企业必然要受到冲击，而中小企业出问题也会影响到大企业，进而影响部分实体经济运行，给宏观经济带来一些隐患。

第三，国内通胀压力依然较大。目前，我国物价正在由结构性上涨向全面上涨转变。不仅食品和居住价格快速上涨，而且非食品价格也在上涨且涨幅不断增大。物价上升的压力还比较大，管理好通胀预期仍是摆在政府面前的艰巨任务。下半年，影响通货膨胀的因素主要包括：一是食品价格仍在高位运行。受自然灾害频发、游资炒作等因素的影响，农产品等价格很难下降，尤其是短期内猪肉价格仍会在高位徘徊，对 CPI 的影响不容忽视。二是受劳动力成本上升的影响，劳动密集型产品将面临长期上涨压力。三是流动性仍很充裕，物价上涨的货币基础仍然存在。四是 PPI 增长仍然较快。上下游产品价格指数的高位运行，表明通胀形势相当严峻。

第三部分　贸易形势分析

2011 年二季度，我国国内需求继续保持稳定增长，居民消费价格继续上涨；对外贸易运行基本稳定，大宗商品价格持续走高。下半年，保持物价总水平基本稳定，对国内市场运行健康发展至关重要。同时，保持外贸稳定增长和优化进出口结构将是外贸工作的重点。

一、国内贸易

2011 年上半年，国内商品市场需求继续保持稳定增长，部分商品市场销售放缓，居民消费价格继续上涨。社会消费品零售总额 85833 亿元，比上年同期增长 16.8%，居民消费价格同比上涨 5.4%。

（一）国内市场运行的基本情况

1. 商品市场销售稳定增长

上半年，社会消费品零售总额 85833 亿元，同比增长 16.8%。按经营单位所在地分，城镇消费品零售额 74450 亿元，同比增长 16.9%；乡村消费品零售额 11383 亿元，增长 16.2%（如表 2 - 9 所示）。按消费形态分，餐饮收入 9579 亿元，同比增长 16.2%；商品零售 76254 亿元，增长 16.9%。商品零售中，限额以上企业（单位）商品零售额 36108 亿元，同比增长 24.2%。汽车、房地产相关商品销售放缓。汽车类增长 15.0%，增速比上年同期回落 22.1 个百分点；家具类增长 30.0%，回落 8.5 个百分点；家用电器和音像器材类增长 21.5%，回落 7.3 个百分点。6 月份，社会消费品零售总额同比增长 17.7%，环比增长 1.38%。

表 2 - 9　二季度社会消费品零售总额

单位：亿元；%

	总　额		城　市		县及县以下	
	绝对值	同比增长	绝对值	同比增长	绝对值	同比增长
4 月	13649	17.1	11846	17.3	1803	16.3
5 月	14697	16.9	12772	17.0	1925	16.5
6 月	14565	17.7	12584	17.8	1981	16.8

资料来源：国家统计局。

2. 居民消费价格继续上涨

上半年，居民消费价格同比上涨 5.4%。其中，城市上涨 5.2%，农村上涨 5.9%；消费品上涨 5.9%，服务项目上涨 4.1%。分类别看，食品上涨 11.8%，烟酒及用品上涨 2.3%，医疗保健和个人用品上涨 3.2%，娱乐教育文化用品及服务上涨 0.6%，居住上涨 6.3%，衣着上涨 1.0%，家庭设备用品及维修服务上涨 2.0%，交通和通信上涨 0.3%。6 月当月，居民消费价格同比上涨 6.4%，环比上涨 0.3%（如表 2 - 10 所示）。

表 2 - 10　居民消费价格指数

	当月（上年同月 = 100）			累计（上年同期 = 100）		
	全　国	城　市	农　村	全　国	城　市	农　村
4 月	105.3	105.2	105.8	105.1	105.0	105.6
5 月	105.5	105.3	106.0	105.2	105.0	105.7
6 月	106.4	106.2	107.0	105.4	105.2	105.9

资料来源：国家统计局。

3. 工业生产者价格涨幅较大

上半年，工业生产者出厂价格同比上涨 7.0%，比去年同期扩大 1.0 个百分点。6 月份同比上涨 7.1%，环比与上月持平。上半年，工业生产者购进价格同比上涨 10.3%。6 月份同比上涨 10.5%，环比上涨 0.2%。6 月份，全国 70 个大中城市房屋销售价格环比价格下降和持平的城市增加了 6 个。价格上涨的城市中，环比涨幅均未超过 0.5%，涨幅比 5 月份缩小的城市有 24 个。与去年同月相比，价格下降的城市有 3 个，涨幅回落的城市有 28 个，同比涨幅在 5.0% 以内的城市有 39 个。

（二）需要注意的问题

1. 消费价格指数继续高企

上半年，居民消费价格总水平累计上涨 5.4%，比去年同期扩大 2.8 个百分点。6 月份居民消费价格指数 CPI 创出新高，达到 6.4%；环比上涨 0.3%，比 5 月份扩大 0.9 个百分点，比 4 月份扩大 1.1 个百分点。6 月份 CPI 高企，除了翘尾因素贡献 3.7 个百分点，另一主要原因是食品类价格涨幅较高。6 月份，食品类价格同比上涨 14.4%，影响价格总水平上涨约 4.26 个百分点。其中，粮食价格上涨 12.4%，影响约 0.34 个百分点；肉禽及其制品价格上涨 32.3%，影响约 1.94 个百分点。

2. 农产品价格仍有波动

据商务部监测，6 月份，36 个大中城市主要食用农产品价格小幅上涨。其中，小包装大米、小包装面粉、食糖、鸡蛋零售价格环比分别上涨 1.1%、1.0%、1.2% 和 4.4%；猪肉、花生油、菜籽油批发价格环比分别上涨 10.2%、0.1% 和 0.2%。但受季节因素影响，露地蔬菜上市量增加，部分地区茄果类和瓜类蔬菜进入交易旺季，蔬菜、水果批发价格环比分别下降 11.7% 和 8.9%，已连续第 3 个月回落。猪肉价格 6 月份比 5 月份环比上涨了 11.4%，主要原因是：饲料价格上涨，生猪存栏数减少，人工成本上升。百姓猪肉食用量的增加，对于市场调控提出了新的挑战。

3. 生产资料价格继续回升

6 月份，生产资料出厂价格同比上涨 7.9%。其中，采掘工业价格上涨 16.7%，原料工业价格上涨 11.1%，加工工业价格上涨 5.6%。生产资料出厂价格环比下降 0.1%。其中，采掘工业价格下降 0.9%，原料工业价格上涨 0.1%，加工工业价格下降 0.1%。7 月 11 日至 17 日，商务部重点监测的主要生产资料中，矿产品价格上涨 2.1%，橡胶价格上涨 1.6%，化工产品价格上涨 0.8%，能源价格上涨 0.7%，钢材价格上涨 0.3%，有色金属价格上涨 0.1%，农资产品价格下降 0.2%。

4. 输入性通胀风险依然存在

受全球部分粮食主产区极端天气影响，上半年以来，全球农产品供求失衡加剧，导致国际粮价持续攀升，同时国际油价和金价也大幅上扬。在国际粮价和油价以及金价冲高的带动下，其他大宗商品价格也紧随其后。尽管期间国际粮价、油价及金价有过短暂时段的回落，其他国际大宗商品价格也相应下行，但在全球债务拖累、美日宽松货币政策力度加大等因素影响下，国际原油和黄金等大宗商品价格又逐渐收复了前期高位。7 月 15

日，NYMEX 原油期货收盘大涨 1.6%，报每桶 97.24 美元，COMEX 期金收盘报每盎司 1590.1 美元。国际大宗商品价格的继续回升，加大了国内价格上涨的风险。

（三）国内商品市场走势分析

上半年，我国市场运行继续保持良好态势。商务部监测的 3000 家重点零售企业销售额同比增长 17.6%，增速与去年同期持平。在消费保持总体平稳增长的同时，消费结构变化明显。商务部监测的 3000 家重点零售企业的统计显示，食品销售额同比增长 19.6%，服装增长 21.6%，日用品增长 17.9%，金银珠宝增长 42.9%，分别比去年同期加快 3.8、3.8、3.6 和 15 个百分点。家电、汽车、居住类需求稳中回调，家用电器和音响器材、通讯器材、家具销售额增速同比分别回落 8.2、4.8 和 1.0 个百分点。

上半年，尽管物价上升的压力还比较大，但是维持物价稳定的有利条件在增加。一是夏粮丰收，有利于降低通胀预期。二是目前绝大多数工业品供过于求，有利于减轻价格上涨的需求压力。三是 6 月份国际市场的大宗商品价格出现了一定程度的回落，PPI 和工业品的购进价格环比指数已出现两个月的连续回落，有利于减轻输入性的通胀压力。此外，翘尾因素在下半年将会逐月缩小。

下半年，保持物价总水平基本稳定，对保持商品市场运行健康发展至关重要。要加强价格监管，合理把握政府管理价格的调整时机和力度，管理好通胀预期。应在加强市场监测和预警的基础上，提高食品等基本消费品的应急保供能力，防止市场出现大的波动。研究建立保障市场供应和平稳运行的长效机制，切实降低过高的流通成本。综合各方面因素判断，如不发生突发事件和异常情况，下半年居民消费价格将逐步回落，国内商品市场将继续保持较快增长势头。

二、国际贸易

（一）上半年外贸进出口运行基本情况

1. 出口增速呈现回落态势，月度出口再创新高

据海关统计，1~6 月，我国进出口总值 17036.7 亿美元，比去年同期（下同）增长 25.8%。其中出口 8743 亿美元，增长 24%；进口 8293.7 亿美元，增长 27.6%。6 月当月，我国进出口总值为 3016.9 亿美元，增长 18.5%。其中出口 1619.8 亿美元，增长 17.9%，月度出口规模刷新了上月刚刚创下的 1571.6 亿美元的历史纪录；进口 1397.1 亿美元，增长

19.3%。自 2011 年 3 月份以来，我国外贸增速逐月回落，反映出外需不稳定，复苏基层还不巩固。外贸不平衡状况有所改善，累计顺差 449.3 亿美元，收窄 18.2%。但值得注意的是，二季度顺差大幅增加，累计 467.4 亿美元，较去年同期增长 13.9%（如表 2－11 所示）。

表 2－11　2011 年上半年外贸进出口金额情况

单位：亿美元；%

	进出口	同比	出口	同比	进口	同比	顺差
1 月	2950.1	43.9	1507.3	37.7	1442.7	51.0	64.6
2 月	2007.8	10.6	967.4	2.4	1040.4	19.4	－73.1
3 月	3042.6	31.4	1522.0	35.8	1520.6	27.3	－1.4
4 月	2999.5	25.9	1556.8	29.9	1442.6	21.8	114.2
5 月	3012.7	23.5	1571.6	19.4	1441.1	28.4	130.5
6 月	3016.9	18.5	1619.8	17.9	1397.1	19.3	222.7
合计	17036.7	25.8	8743	24	8293.7	27.6	449.3

＊表格数据均来自海关统计或根据海关统计计算。

资料来源：海关统计。

2. 一般贸易进出口增速高于加工贸易，边境贸易发展快速增长

2011 年上半年，我国一般贸易进出口 8952.9 亿美元，增长 31.7%。其中，出口 4186.5 亿美元，增长 30.4%；进口 4766.4 亿美元，增长 33%，高出同期全国进口增速 5.4 个百分点。一般贸易项下出现贸易逆差 579.9 亿美元，扩大 55.4%。同期，我国加工贸易进出口 6166.4 亿美元，增长 16.9%。其中，出口 3904.5 亿美元，增长 17.5%；进口 2261.9 亿美元，增长 15.9%。加工贸易项下顺差 1642.6 亿美元，扩大 19.8%。一般贸易增速快于加工贸易，主要原因如下：一是价格因素。一般贸易以原材料和劳动密集型产品为主，价格增长拉动效应明显。二是需求因素。加工贸易以发达国家市场为主，全球经济"双速"复苏，导致对发达国家出口增长缓慢。边境贸易进出口 145 亿美元，增长 41.8%，增幅高于整体（如表 2－12 所示）。

表2-12　2011年上半年分贸易方式进出口情况

单位：亿美元；%

	总　　值		一般贸易		加工贸易		边境贸易	
	金　额	增　幅	金　额	增　幅	金　额	增　幅	金　额	增　幅
进出口	17036.7	25.8	8952.9	31.7	6166.4	16.9	145.0	41.8
出　口	8743	24	4186.5	30.4	3904.5	17.5	83.2	32.0
进　口	8293.7	27.6	4766.4	33	2261.9	15.9	61.8	57.6
差　额	449.3	-18.2	-579.9	55.4	1642.6	19.8	21.4	-10.1

3. 机电产品和高新技术产品增速略低于全国平均水平，顺差有所扩大

上半年，我国机电产品出口4981.6亿美元，增长19.5%，低于同期总体出口增速4.5个百分点；进口金额3596.5亿美元，增长18.9%，低于全国进口增幅8.7个百分点。机电产品顺差1385.1亿美元，增长21.2%。高新技术产品出口金额2518.8亿美元，增长15.9%，低于总体出口增幅8.1个百分点；进口金额2188.4亿美元，增16.0%，低于全国进口增幅11.6个百分点。高新技术产品顺差330.4亿美元，增长15.2%。机电和高新技术产品进出口增速低于全国进出口平均增速，主要受发达国家经济复苏缓慢和产品价格基本保持稳定影响（如表2-13所示）。

表2-13　2011年上半年机电产品和高新技术产品进出口情况

单位：亿美元；%

	总　　值		机电产品		高新技术	
	金　额	增　幅	金　额	增　幅	金　额	增　幅
进出口	17036.7	25.8	8578.1	19.3	4707.2	16.0
出　口	8743	24	4981.6	19.5	2518.8	15.9
进　口	8293.7	27.6	3596.5	18.9	2188.4	16.0
差　额	449.3	-18.2	1385.1	21.2	330.4	15.2

4. 轻纺商品出口稳定增长，主要大宗商品进口量价齐升

上半年，传统大宗商品出口平稳增长，其中服装出口658.2亿美元，增长23.7%；纺织品459.0亿美元，增长28.8%；鞋类190.1亿美元，增长21.7%；家具178.2亿美元，增长14.0%；箱包出口102.5亿美元，增

长 39.2% 。值得注意的是，我国劳动密集型产品出口增长价格拉动效应明显，出口数量增长缓慢。据统计，5 月当月，我国纺织原料及纺织制品出口价格指数上涨 23.3% ，出口数量指数仅增 0.9% 。一方面，它表明我国劳动密集型产品在成本上升倒逼机制作用下，更多依赖提高价格、加快结构调整等方式消化成本压力；另一方面，它表明我国劳动密集型产品价格优势逐渐削弱，出口数量增长乏力（如表 2 - 14 所示）。

表 2 - 14　2011 年上半年主要劳动密集型出口商品统计

单位：亿美元；%

商　品	箱　包	鞋　类	玩　具	家　具	纺织品	服　装
出口金额	102.5	190.1	41.5	178.2	459.0	658.2
同比增长	39.2	21.7	11.4	14.0	28.8	23.7

在进口商品中，主要大宗商品进口量保持增长，进口均价普遍出现明显回升。据海关统计，铁矿砂进口 3.3 亿吨，增加 8.1% ，进口均价为每吨 160.9 美元，上涨 47.9% ；大豆 2371 万吨，减少 8.1% ，进口均价为每吨 576.7 美元，上涨 30.4% （如表 2 - 15 所示）。

表 2 - 15　2011 年上半年商品进口商品统计

单位：亿美元；万吨；美元/吨

商品名称	累计进口			同比增减 ± %		
	数　量	金　额	单　价	数　量	金　额	单　价
原　油	10651	951.4	893.2	7.0	42.5	33.2
铁矿砂	33425	537.8	160.9	8.1	54.0	42.5
大　豆	2371	136.7	576.5	-8.1	19.8	30.4
成品油	2102	163.9	779.7	13.4	49.1	31.5
钢　材	803	109.8	1367.4	-4.8	10.2	15.8

5. 民营企业进出口增势强劲，外商投资企业进出口占主导

上半年，民营企业为主体的其他企业进出口额 4625 亿美元，增长 38.8% 。其中出口 2938 亿美元，增长 34.4% ；进口 1786.7 亿美元，增长 46.2% 。国有企业进出口、出口和进口总额为 3662.7 亿美元、1271.3 亿美元和 2391.3 亿美元，分别增长 24.8% 、17.1% 和 29.3% 。外商投资企

业进出口、出口和进口总额为8748.9亿美元、4633.4亿美元和4115.6亿美元，分别增长20.2%、20.3%和20.1%（如表2-16所示）。

表2-16　2011年上半年分企业性质进出口情况

单位：亿美元；%

企业性质	2011年上半年				占总值的比例		
	进出口	出　口	进　口	差　额	进出口	出　口	进　口
总　值	17036.7	8743	8293.7	449.3	100	100	100
增　幅	25.8	24	27.6	-18.2			
国有企业	3662.7	1271.3	2391.3	-1120	21.5	14.5	28.8
增　幅	24.8	17.1	29.3	46.6			
外商投资企业	8748.9	4633.4	4115.6	517.8	51.4	53.0	49.6
增　幅	20.2	20.3	20.1	21.9			
其它企业	4625.0	2838.3	1786.7	1051.6	27.1	32.5	21.5
增　幅	38.8	34.4	46.2	18.2			

6. 与发达国家贸易增速放缓，与"金砖国家"贸易增速强劲

今年上半年，我与欧盟双边贸易总值2658.9亿美元，增长21.3%。中美双边贸易总值为2064.4亿美元，增长20.1%。我与东盟双边贸易总值为1711.2亿美元，增长25.4%。受日本大地震及引发的核泄漏事件影响，我对日贸易增速相对较缓。上半年中日双边贸易总值为1623.5亿美元，增长19%。东盟已经取代日本，成为我国第三大贸易伙伴。同时，我与金砖国家贸易增速较快，与巴西、印度、南非、俄罗斯贸易额分别增长38.9%、16.1%、95.5%和39.6%（如表2-17所示）。

表2-17　2011年上半年分国别（地区）进出口情况

单位：亿美元；%

国家(地区)	金　　额				同比增减±			
	进出口	出　口	进　口	差　额	进出口	出　口	进　口	差　额
总　值	17036.7	8743.0	8293.7	449.3	25.8	24.0	27.6	-3.6
欧　盟	2658.9	1644.8	1014.1	630.7	21.3	16.9	29.1	-4.2
美　国	2064.4	1455.1	609.3	845.8	20.1	16.9	28.4	-11.5
东　盟	1711.2	800.9	910.3	-109.4	25.4	24.0	26.6	-2.6
日　本	1623.5	681.6	941.9	-260.3	19.0	23.7	15.8	7.9
香　港	1344.2	1270.5	73.8	1196.7	35.6	35.9	31.9	4.0

续表

国家（地区）	金　额				同比增减 ±			
	进出口	出　口	进　口	差　额	进出口	出　口	进　口	差　额
韩　国	1180.7	409.9	770.8	−360.9	20.7	26.5	17.8	8.7
台　湾	790.9	175.2	615.7	−440.5	14.0	28.4	10.5	17.9
澳大利亚	518.7	152.0	366.7	−214.7	35.8	30.2	38.3	−8.1
巴　西	367.3	145.8	221.5	−75.7	38.9	41.3	37.4	31.6
印　度	352.7	226.3	126.3	100.0	16.1	22.6	5.9	16.7
南　非	211.8	58.3	153.5	−95.2	95.5	21.7	154.5	686.8
俄罗斯联邦	358.9	172.3	186.6	−14.3	39.6	46.1	34.2	11.9

（二）下半年外贸发展面临的主要问题

从目前情况看，尽管世界仍处在复苏进程中，但复苏的基础不稳固，下半年我国外贸发展面临的形势不容乐观。

1. 从外部看，发达国家和发展中国家均面临挑战，外需复苏不稳定性增加

对发达国家而言，突出问题是公共债务危机。同时，欧洲主权债务危机尚未有效缓解，或波及意大利、爱尔兰、葡萄牙等国。目前，发达经济体增速放缓。2011 年上半年，美国经济增速低于预期，6 月失业率重上9.2% 高位。日本央行下调 2011 财年经济增速至 0.4%。对新兴经济体等发展中国家而言，突出问题是通胀压力加大。受主要发达国家采取宽松货币政策等因素影响，当前发展中国家通胀加剧，并且已从发展中国家向发达国家蔓延。美国或将推行第三轮量化宽松方案，将进一步加剧国际反通胀压力。6 月，欧元区 CPI 上涨 2.7%，中国上涨 6.4%，加息逐渐成为各方共识。需要妥善处理好保持经济平稳增长和提高利息抑制通胀的关系，防止新兴经济体"硬着陆"。

2. 从内部看，下半年企业成本上涨压力仍然较大，需警惕出口增长"金额幻觉"

今年以来，尽管沿海劳动力平均成本上调在 20% 以上，但一些企业仍然短工严重，反映出工资上调仍未到位。央行进一步加息，企业融资成本上升，中小企业融资更难。在一些地区，民间借贷月息在 4% ~8% 之间。同时，夏季用电高峰到来，珠三角、长三角"开四停三"、"开五停二"现象增多。2011 年以来，尽管我国出口金额保持较快增长势头，但出口实物量增速逐月下降。据海关统计，自 2 月以来，我国出口数量指数连续下滑，从 3 月份的 126.4 降至 6 月份的 105.7。不少中小企业反映，现在出口增长主要是

"生存型增长"，不是"发展型增长"。同时，由于我国企业综合成本上升，一些订单向东南亚转移态势加速。如越南已取代我国成为耐克第一大生产国。

3. 从贸易平衡看，进口增速下降快于出口，下半年顺差可能反弹

上半年，我国进口增速较去年同期回落 25.1 个百分点，比出口回落幅度高 13.9 个百分点。我国宏观调控政策效应逐步释放，对进口需求的抑制作用进一步显现。据中国物流采购联合会监测，PMI 进口订单指数从 2 月份的 53.9 下降至 6 月份的 48.7，显示我国进口处于收缩状态。进口大幅回落，反映出全年外贸顺差或将反弹至 1300 亿美元。

（三）对 2011 年外贸走势及政策取向

下半年我国外贸继续保持增长势头，但增速有所放缓，全年走势呈现"前高后低。预计全年我国出口增长 14% ~ 16%，进口增长 19% ~ 21%。下半年，我国外贸政策着力点应放在保持政策基本稳定和防范外需形势急剧变化带来的风险，避免外贸发展大起大落。

1. 保持外贸政策基本稳定

保持外贸政策基本稳定是稳定外需的迫切需求。当前，关于下调出口退税、加快人民币升值等政策传言盛起，一些企业不敢接大单、长单。保持外贸政策基本稳定，不仅关系到下半年外贸增速，更关系到明年出口形势。要防止政策滞后效应和叠加效应集中释放，对我国外贸企业"雪上加霜"。应及时澄清有关传言，增强企业稳定出口信心。

2. 坚持转变外贸发展方式

加快转变外贸发展方式，是增创我国外贸发展新优势的重要举措，也是巩固我国贸易大国地位、推动贸易强国进程的必由之路。当前，全球外需复苏尽管曲折，但仍处在复苏进程之中。鼓励企业发展研发设计、自主品牌和境外营销渠道，争创参与国际竞争和合作的新优势，全面提升对外贸易的质量和效益。积极推动加工贸易转型升级，促进加工贸易向产业链高端、向海关监管区和中西部地区转移。同时，企业要充分把握难得机遇，发挥倒逼机制作用，坚持结构调整。

3. 积极促进贸易平衡

促进贸易平衡发展，既是保持外贸平衡发展的需要，也是促进国民经济平稳健康发展的需要。加强引导和宣传，增加对扩大进口共识。完善进口促进政策，进一步简化进口管理措施。适应国内结构调整和产业升级需要，扩大先进技术设备和关键零部件进口，推动企业技术改造。进一步拓宽粮棉等大宗商品进口渠道，便利企业及时根据国内外市场变化组织进

口，缓解国内供应压力。举办进口商品展览会，提升广交会等大型展会的进口促进功能。针对重点商品建立政府、行业组织和企业进口协调机制，加强宏观调控和指导。

第四部分　财政政策分析

2011年二季度，我国财政政策执行情况良好，财政收支运行平稳。但是，国内外环境仍然十分复杂，一些新情况、新变化相继出现，宏观调控面临的"两难"问题增多。

一、财政政策执行情况

上半年，财政收支运行情况良好，反映了经济平稳较快增长的态势。

（一）财政收入较快增长

1～6月累计，全国公共财政收入56875.82亿元，比上年同期增加13526亿元，增长31.2%。分税种看，主体税种收入实现较快增长。国内增值税同比增长19.7%，国内消费税增长20.2%，营业税增长24.4%，企业所得税增长38.3%，个人所得税增长35.4%，进口货物增值税、消费税增长37.1%，关税增长32.1%，车辆购置税增长18.0%。另外，出口退税同比增长29.3%，相应减少财政收入（如图2-3所示）。分级次看，

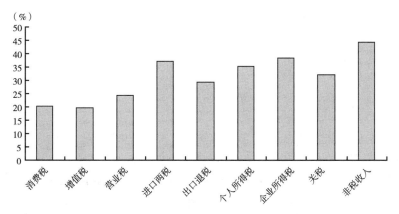

图2-3　上半年财政收入主要项目增长情况

中央和地方财政都实现较快增长。中央本级收入 28918.6 亿元，增长 27.0%；地方本级收入 27957.2 亿元，增长 35.9%。分税收和非税收入看，税收收入保持较快增长。税收收入 50028.4 亿元，增长 29.6%；非税收入 6847.4 亿元，增长 44.5%。财政收入增长较快的主要原因包括：经济较快增长，价格涨幅较高，部分上年末收入在今年年初集中入库，进口环节税收等相关税种增幅较高，按规定今年将原预算外资金纳入预算管理。财政收入超经济高速增长，对控制通货膨胀起到了紧缩的效果。

（二）实施结构性减税政策

继续对部分小型微利企业实施所得税优惠政策，支持中小企业发展。完善海南离岛旅客免税购物政策，4 月 20 日起将免税购物适用对象由离境旅客扩大为包括内地居民在内的离岛旅客。对 600 多种资源性、基础原材料和关键零部件实施较低的年度进口暂定税率，继续对煤炭、原油、有色金属等"两高一资"产品征收出口关税。从 7 月 1 日起下调成品油、救灾物品、纺织原料、有色金属原料、以及部分日用品的进口关税，促进经济结构调整和节能减排。自 1 月 28 日起，调整个人住房转让营业税政策，对个人将购买不足 5 年的住房对外销售的，全额征收营业税，促进抑制投机性住房交易、稳定房价，同时在上海、重庆进行个人住房房产税改革试点。进一步清理规范行政事业性收费和政府性基金，从 1 月 1 日起在全国统一取消和停止 20 项社会团体收费项目；从 2 月 1 日起在全国统一取消 31 项涉企行政事业性收费；在全国开展公路收费专项治理工作。修订个人所得税法，决定从 9 月 1 日起提高工薪所得费用减除标准，并调整税率结构，降低中低收入者税负。

（三）努力扩大内需

一是保持适度的政府投资规模。及时下达中央财政基建投资预算，优先保证重点在建、续建项目的资金需求，主要用于支持保障性安居工程、以水利为重点的农业基础设施、教育卫生基础设施建设，节能减排和生态环保，自主创新和战略性新兴产业发展等方面。二是进一步增加对农民的补贴。今年中央财政预算安排农资综合补贴、粮食直补、良种补贴、农机具购置补贴比上年增加 180.1 亿元，大部分已经下拨。支持农业生产，对冬小麦抗旱浇水和返青拔节弱苗施肥给予补贴，补助标准均为每亩 10 元，保障粮食、食用油和"菜篮子"产品供给和价格稳定。三是加大社会保障投入。对全国城乡低保对象、农村五保户等 8600 多万困难群众发放一次性生活补贴 104 亿元。提高城乡低保和优抚对象生活补助标准，提高企业退休人员基本养老金水平10%。支持将新型农村社会养老保险制度和城镇居民社会养老保险试点覆盖地区范围扩大到60%。中央财政安排1310亿元补助，支持保障性住房建设。四是完善家电下乡和以旧换新政策。截至6月底，家电下乡产品销售5082万件，补贴摩托车438万辆，家电以旧换新销售新家电2396万件，回收旧家电2458万件。

（四）保障和改善民生

调整财政支出结构，严格控制一般性支出，重点加大对"三农"、教育、就业、住房、医疗卫生、社会保障等民生领域投入力度。上半年，全国公共财政支出44435.1亿元，同比增加10623.8亿元，增长31.4%。其中，中央本级支出8124亿元，增长18.1%；地方财政支出36311.2亿元，增长34.8%。教育、医疗卫生、社会保障、就业、保障性住房、文化等与人民群众生活直接相关的民生支出均保持了较高增幅。其中，全国财政教育支出增长27.8%；社会保障和就业支出增长40.5%；住房保障支出增长76.6%；医疗卫生支出增长61.4%；农林水事务支出增长38.8%；城乡社区事务支出增长43%，交通运输支出增长32.6%（如图2-4所示）。这些财政支出支持了"三农"发展，支持了扩大就业，支持了教育优先发展，支持了医疗卫生体制改革，支持了保障性安居工程建设，支持了科技创新和节能减排。财政支出增幅较高，表明积极财政政策继续落实，既有力保障了各项重点支出的需要，也加强了结构调整，有效地促进了经济社会平

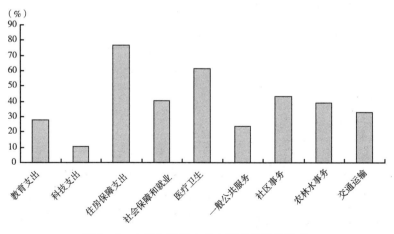

图2-4　上半年财政支出主要项目增长情况

稳较快发展。

二、当前财政调控面临的突出问题

虽然当前我国经济运行总体良好，但也出现了一些新情况新变化，国内外环境仍然十分复杂，宏观调控面临的"两难"问题增多。

（一）外部经济环境较为复杂

一是世界经济复苏出现放缓迹象。虽然今年以来世界经济全面恢复，但呈现复苏乏力的态势。分经济体看，受房地产市场持续低迷、国际油价大幅攀升、日本地震影响供应链以及预期第二轮量化宽松货币政策退出等因素影响，美国经济复苏明显放缓，6月份美国失业率升至9.2%。欧元区经济虽然总体正在稳步复苏，但受希腊主权债务危机拖累也有放慢迹象。受地震、海啸、核泄漏影响，日本经济出现下行压力。虽然当前工业生产和国内需求出现反弹迹象，但从地震中恢复将需要一个较长的过程。新兴经济体为遏止通胀采取紧缩性政策，也使经济增长趋缓。二是全球通胀压力加大。国际大宗商品价格仍处高位，原油价格高位震荡。7月11日，纽约和伦敦原油期货价格分别达95.15美元/桶和117.24美元/桶。新兴市场国家通胀继续攀升。5月份俄罗斯、巴西和越南CPI同比分别上涨9.6%、6.6%和19.8%。发达国家面临物价上行压力。5月份美国、英国CPI同比分别上涨3.6%和4.5%，均创新高。6月份欧元区CPI同比上涨2.7%，连续七个月超过2%的警戒线。三是发达国家主权债务危机蔓延。希腊债务危机还未得到妥善解决，7月5日葡萄牙长期国债评级被连降四级至垃圾级，主权债务风险陡然增加。7月11日，意大利和西班牙借债成本大幅上升，意大利国债与德国国债的利差升至3个百分点，为欧元诞生以来的历史高位。西班牙基准借债成本达到6%以上，创欧元区最高水平。美国主权债务问题凸现，5月16日美国国债已达到法定上限14.3万亿美元。目前民主党和共和党对于削减预算赤字的方式还存在很大分歧，债务违约风险增加。

（二）通货膨胀压力较大

虽然国家采取了控制流动性、发展生产、搞活流通、加强监管，以及给低收入者提供补贴等多种措施来调控物价，但推动价格上涨的因素还没有根本消除，稳定物价总水平仍面临诸多挑战。一是从货币因素看，虽然近期货币供应量增速和新增贷款量同比均有所回落，但前期积累的大量流动性的消化仍需一个过程。二是从成本因素看，"十一五"时期土地交易价格累计上涨70%，农民工工资水平累计上涨65%。2010年，各省的最低工资平均上调22.8%。劳动力、资源环境、土地等要素价格上升，可能诱发成本推动型物价上涨。房地产价格居高难下，也推高了物价上涨预期。三是从食品价格看，自然灾害较多，农村剩余劳动力减少，加上农产品比价关系调整，农产品价格可能继续上升。四是从上游价格看，工业生产者出厂价格和购进价格环比都在上涨，价格向下游传导的压力增大。五是从外部因素看，目前我国石油、铁矿石、大豆对外依存度分别高达54%、63%和80%，国际大宗商品价格高位运行，推高了国内市场价格。六是从体制因素看，一些重要产品和服务价格形成机制仍不完善。比如，我国物流费用远高于世界平均水平和欧美发达国家，国内油价与国际油价挂钩的动态机制还有待进一步完善，能源资源价格形成机制还不够灵活等。

（三）中小企业经营困难

受成本费用增加、资金供给紧张等因素影响，企业经营环境趋紧，生产经营面临一些困难。一是原材料价格大幅上涨导致企业成本增加。上半年，工业生产者出厂价格涨幅比购进价格涨幅低3.3个百分点，中小企业这种价格剪刀差更大。二是人民币升值导致经营成本上升。自2010年6月19日至2011年6月19日，人民币兑美元汇率中间价累计升值5.5%。由于我国企业出口产品议价能力较弱，基本没有定价权，导致出口订单无法提价甚至有的还要降价，造成企业盈利困难。三是用工成本上涨较多。在去年全国30个省市调整最低工资标准的基础上，今年又有12个省市调整了最低工资标准，半数地区涨幅超过20%。一线工人的薪酬不断上涨，加薪潮导致企业劳动力成本大幅上升。四是中小企业融资难、融资成本上升。目前，中小企业向银行贷款的基准利率一般要上浮20%左右，加上抵押物登记评估费用、担保费用等，融资成本（年息）基本都在10%以上。相应地，民间借款利率急剧攀升，比如广东反映在18%左右。五是电力紧张影响企业生产经营。今年电力供需形势紧张超过历史上最严重的2004年。1~5月全国有11个省级电网用电负荷创历史新高，17个省级电网出现电力缺口，许多地方实施"错峰限电"对部分企业生产经营造成较大影响。

（四）资产泡沫问题不容忽视

我国房地产市场存在明显的泡沫。2010年房价收入比（住房价格与家庭总收入的比率）达到7.07。按国际上的标准，房价收入比低于3是可支付，3.1~4 是适度可支付，4.1~5 是严重不可支付，5.1 以上是极度不可支付。目前我国的房价收入比已远远超过 5 的临界值，也明显高于 2009 年澳大利亚 6.0、加拿大 3.5、爱尔兰 5.4、新西兰 5.7、英国 5.2 和美国 3.2 的水平。当前房地产市场调控虽然取得初步成效，投资投机性购房需求得到一定抑制，但也出现了一些新情况新问题：一是未实施限购的城市新建商品住房成交面积仍然较高，许多城市成交面积同比增速超过 20%，一些中小城市商品住房销售延续量价齐升的现象。二是部分城市房价上涨压力依然较大。上半年仍有超过半数的城市新建商品住房价格累计环比涨幅超过 1%，6 月份 70 个大中城市房价仅 3 个同比下降，部分房价较高的城市住房价格仍在高位运行，部分二、三城市新建住房价格涨幅已接近或超过当地年度新建住房价格控制目标。三是保障性安居工程建设进展不均衡，部分市县存在资金缺口，一些地方建设项目未分解落实到具体地块，征地拆迁因素制约较大。四是少数城市调控政策出现放松倾向。目前部分地方政府要求房地产主管部门做好"救市"预案，不少地方组织房展会、行业论坛等活动刺激住房消费，少数地方开始酝酿停止执行或变相放宽住房限购措施。因此，房地产市场供求关系和部分城市房价过高的局面尚未根本改变，房地产市场调控任务仍然较重。

三、下半年经济展望及政策措施建议

综合各种因素分析，下半年经济增速继续温和放缓，预计全年经济增长 9.3% 左右。物价涨幅将高位趋降，预计 CPI 涨幅在三季度回稳，四季度明显回落，年底降至 4% 左右。如果新涨价因素得到较好控制，预计下半年 CPI 同比上涨 4.6%，全年涨幅在 5% 左右。随着经济增速和物价上涨趋缓，一些特殊增收因素作用消退。7 月 1 日起下调成品油等商品进口关税，9 月 1 日起将个人所得税工薪所得减除费用标准提高至 3500 元，并将超额累进税率中第 1 级由 5% 降至 3%，调整增值税和营业税征收范围。随着这些新的减税政策作用显现，财政收入增幅将有所回落。但由于 GDP 和物价等主要经济指标预计高于计划值，财政收入也将比预算有较大超收。下半年要继续把稳定物价总水平作为宏观调控的首要任务，坚持宏观调控的基本取向不变，同时根据形势变化，提高政策的针对性、灵活性和前瞻性，切实把握好宏观调控的力度、节奏和重点，处理好保持经济平稳较快发展、调整经济结构和管理通胀预期的关系，既要把物价涨幅降下来，又不使经济增长出现大的波动。

（一）积极促进内外需平稳发展

保持合理的社会融资规模和货币总量，加大对重点领域和薄弱环节的信贷支持，满足经济发展合理的货币信贷需求。保持适度的政府投资规模和节奏，优化投资结构，加强对社会投资的引导。完善扩大消费的政策体系，从深化收入分配制度和财税体制改革、完善社会保障体系、保障改善民生、改善消费环境入手，着力建立扩大消费的长效机制。特别要做好修订后的个人所得税法实施工作，降低中低收入者税负，加强对高收入的调节。稳定外贸政策，加强出口退税、进口关税、产业等政策的统筹协调，加快转变外贸发展方式，优化进出口结构，积极推动加工贸易转型升级，促进国际收支基本平衡。

（二）努力保持物价总水平基本稳定

落实好各项强农惠农财税政策，加强以农田水利为重点的农业基础设施建设，确保实现粮食稳产增产，加大生猪生产扶持力度，增加主要农副产品供应。加强粮油和重要商品物资储备、进口和调控，促进市场供求平衡和物价基本稳定。加快推进公路收费专项整治，规范并降低动物及动物产品检疫等收费标准，降低流通成本。配合稳健的货币政策，2011年中央财政超收除法律法规和体制规定必须增加的支出外，原则上都纳入预算稳定调节基金，在以后年度调入预算使用。为减轻人民银行大量购买外汇被动投放基础货币的压力，研究鼓励出口商多用人民币结算，并允许境内居民投资海外证券和不动产。全面建立社会救助和保障标准与物价上涨挂钩的联动机制，保障低收入群体的基本生活。

（三）加大中小企业支持力度

着力优化信贷结构，进一步改进和完善中小企业金融服务。短期内可以考虑从银行信贷额度中划出一定规模资金，用于支持坚持主营业务发展、订单较多、有自主核心技术、存在短期资金周转困难的中小企业。完善多层次信用担保体系，支持中小企业融资，降低银行信贷风险。支持为中小企业提供信贷的草根金融、小额信贷金融公司、民间银行和社区银行等金融机构发展。扩大资本市场的直接融资，更好地满足多样化投融资需求。完善支持民营经济、小企业融资和服务业发展的财税措施。

（四）巩固和扩大房地产市场调控成效

加大政府投入和贷款支持力度，加快建立保障性住房融资、建设、管理等长效机制，采取贴息、税收优惠和风险分担等措施吸引社会资金参与保障性住房建设，促使保障性住房建设按计划、进度、高质量推进。完善公共租赁住房制度，明确划定公共租赁住房保障的收入线，使有限的资源向最需要保障的群体分配。保障住房用地供应，加快普通商品住房建设，增加住房有效供应。继续严格实施差别化住房信贷、税收政策和住房限购措施，遏制投机投资性购房需求。及时总结上海、重庆开展房产税改革试点经验，研究个人住房房产税逐步在全国推开的改革方案。

第五部分　货币金融形势分析

2011年二季度我国金融运行状况平稳，各项货币政策执行顺利。下半年，稳定的货币政策调控方向不会改变，但需要保持政策的灵活性和针对性，力争达到稳中求变。

一、上半年金融运行情况

（一）货币供应量增速总体回落

2011年6月末，广义货币（M2）余额78.08万亿元，同比增长15.9%，比上月末高0.8个百分点，比上年末低3.8个百分点；狭义货币（M1）余额27.47万亿元，同比增长13.1%，比上月末高0.4个百分点，比上年末低8.1个百分点；流通中货币（M0）余额4.45万亿元，同比增长14.4%。上半年净回笼现金110亿元，同比少投放766亿元（如图2-5所示）。

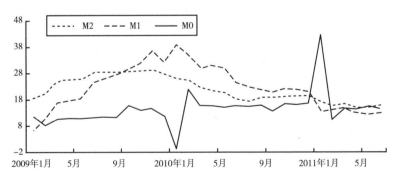

图2-5　2009年1月至2011年6月我国货币供应量变化情况

二季度，货币供应量整体上低于一季度的增速。虽然6月份增速明显反弹，但总体回落态势没有根本改变，增幅基本在管理层调控目标16%以内。6月份，货币增长反弹主要有四个方面的原因：一是贷款投放依然较多，当月贷款新增6339亿元，同比增加305亿元。二是季末银行拉存款效应和部分银行理财产品到期导致存款大幅增加。三是财政存款下降较多。6月份财政资金集中下拨，导致财政存款减少1344亿元。四是外汇占款明显增加。虽然它比前前三个月有所下降，但同比多增1600亿元。

（二）基础货币增速明显上升

6月末，中央银行基础货币余额为20.35万亿元，同比增长32.7%，比上月末低1.4个百分点，比上年末高4个百分点。M2乘数为3.84，分别比上月和上年末低0.05和0.08个百分点。

从负债项目来看，金融机构在中央银行存款余额为15.46万亿元，比年初增加2.1万亿元，余额比去年同期增长39.6%，在新增基础货币占比达到了99.2%，比重较年初上升了25.9个百分点。上半年，全部金融机构缴存的准备金新增2.1万亿元，超额准备金率平均为0.77%，比上月末继续回落0.08个百分点，连续四个月回落。财政存款增加9748亿元，减少了相应数额的基础货币扩张；央行票据余额减少1.32万亿元，回收了相应数额的基础货币。

从资产项目来看，新增外汇占款各月波动较大，在1~6月份分别为5016亿元、2145亿元、4079亿元、3107亿元、3764亿元、2773亿元，各月均保持在2000亿元以上。6月份，外汇占款新增2773亿元，较5月份少增约1000亿元，但较去年同比多增1600亿元，仍处在较高水平，央行对冲外汇占款的压力仍不小。上半年，累计新增外汇占款达到2.04万亿元，同比多增7585亿元（如图2-6所示）。

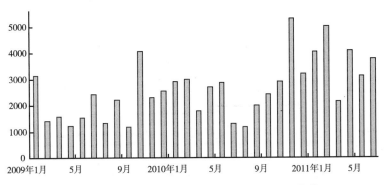

图2-6　2009年1月至2011年6月新增外汇占款情况

（三）人民币贷款占比下降

上半年，我国社会融资规模为 7.76 万亿元，同比减少 3847 亿元。其中，人民币贷款增加 4.17 万亿元，同比少增 4497 亿元，占社会融资规模的 53.7%，同比下降 3.2 个百分点；外币贷款折合人民币增加 3361 亿元，同比多增 1179 亿元，占比 4.3%，同比提高 2.0 个百分点；委托贷款增加 7028 亿元，同比多增 3829 亿元，占比 9.1%，同比提高 5.1 个百分点；信托贷款增加 913 亿元，同比少增 5102 亿元，占比 1.2%，同比降低 6.2 个百分点；银行承兑汇票增加 1.33 万亿元，同比少增 441 亿元，占比 17.1%，同比提高 0.2 个百分点；企业债券净融资 6588 亿元，同比多 90 亿元，占比 8.5%，同比提高 0.5 个百分点；非金融企业境内股票融资 2677 亿元，同比多 274 亿元，占比 3.4%，同比提高 0.5 个百分点（如图 2 - 7 所示）。

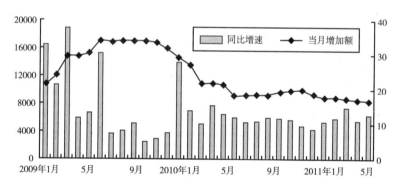

图 2 - 7 2009 年 1 月至 2011 年 6 月新增贷款和增长速度情况

截至 6 月末，本外币贷款余额 54.65 万亿元，同比增长 16.8%。金融机构人民币贷款①余额 51.4 万亿元，同比增长 16.9%，分别比上月末和上年末低 0.2 和 3.0 个百分点。外币贷款余额 5018 亿美元，同比增长 22.2%，分别比上月和上年末高 1.0 和 2.7 个百分点。上半年外币贷款累计增加 513 亿美元，同比多增 193 亿元。

从新增人民币贷款期限结构来看，境内短期贷款增加 1.94 万亿元，同比多增 6706 亿元；境内中长期贷款增加 2.29 万亿元，同比少增 1.67 万亿

---

① 本月人民币和外币贷款余额已扣除 3 月份核销历史政策性财务挂账 924 亿元，新增额为可比口径。

元。分部门结构来看，住户贷款增加 1.46 万亿元，同比少增 2883 亿元；非金融企业及其他部门贷款增加 2.70 万亿元，同比少增 1885 亿元（如图 2-8 所示）。

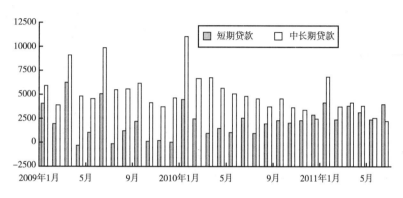

图 2-8　2009 年 1 月至 2011 年 6 月新增短期和中长期贷款情况

（四）新增人民币存款出现小幅下降

6 月末，金融机构本外币存款余额 80.30 万亿元，同比增长 17.5%。人民币存款余额 78.64 万亿元，同比增长 17.6%，比上月末高 0.5 个百分点，比上年末低 2.6 个百分点。外币存款余额 2564 亿美元，同比增长 17.9%，分别比上月末和上年末高 0.8 和 8.4 个百分点。上半年，外币存款累计增加 307 亿美元，同比多增 246 亿美元。其中，当月增加 173 亿美元，同比多增 41 亿美元。

上半年，人民币存款增加 7.34 万亿元，同比少增 1846 亿元，其中，当月人民币存款增加 1.91 万亿元，同比多增 5685 亿元。从人民币存款结构来看，储蓄存款增加 3.06 万亿元，同比多增 2709 亿元；非金融企业存款增加 1.64 万亿元，同比少增 1.12 万亿元；财政性存款增加 9748 亿元，同比多增 103 亿元（如图 2-9 所示）。

（五）市场利率明显上升

上半年，银行间市场人民币交易累计成交 91.76 万亿元，日均成交 7521 亿元，日均同比多成交 1456 亿元，同比增长 24.0%。

6 月份，银行间市场同业拆借月加权平均利率为 4.56%，分别比上月和上年末上升 1.63 和 1.64 个百分点；质押式债券回购月加权平均利率为 4.94%，分别比上月和上年 12 月份上升 1.91 和 1.82 个百分点。受法定存

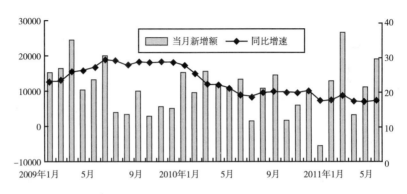

图 2-9　2009 年 1 月至 2011 年 6 月新增存款和增长速度情况

款准备金率上调等因素影响，货币市场利率大幅飙升。6 月末，R07D 品种利率达到 6.45%，比 5 月末提高了 260.14BP，质押式回购利率 R01D 品种利率达到 5.02%，比 5 月末提高了 114.37BP。

（六）人民币兑美元实际有效汇率贬值

6 月末，人民币汇率为 1 美元兑 6.4716 元人民币。上半年，人民币兑美元汇率保持了上升势头，以中间价测算，人民币对美元累计升值 1511 个基点，升值幅度达到 2.33%。其中，1 月和 4 月的升值步伐较快。半年间，人民币兑美元接连突破 6.6、6.5 的关口。2010 年 6 月 19 日，我国进一步推进人民币汇率形成机制改革，增强人民币汇率弹性。汇改重启一年多以来，人民币兑美元升值幅度超过 5%，人民币对欧系货币出现了不同程度地贬值，其中人民币对欧元中间价上半年贬值 5.93%，对英镑贬值 1.73%。虽然人民币对美元中间价已累计升值，但人民币实际有效汇率在贬值。国际清算银行公布的数据显示，6 月份，人民币实际有效汇率指数为 116.31，环比下降 1.63%；人民币名义有效汇率指数为 112.07，环比贬值 1.51%。上半年，人民币实际有效汇率在 1 月、3 月、4 月、6 月呈环比贬值走势，在 2 月、5 月呈环比升值走势，实际有效汇率累计贬值 3.02%。考虑到实际有效汇率并未出现大幅升值，人民币对美元升值对我国出口的影响有限。

6 月末，我国外汇储备余额为 31975 亿美元，同比增长 30.3%。上半年，新增外汇储备 3502 亿美元，一季度和二季度分别新增 1974 亿美元和 1528 亿美元（如图 2-10 所示）。

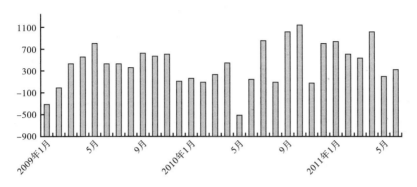

图 2-10　2009 年 1 月至 2011 年 6 月新增外汇储备情况

二、二季度主要货币政策措施

（一）三次提高法定存款准备金率

上调法定存款准备金率具有锁定市场资金及控制银行信贷增速两重功效，可持续控制流动性，是央行使用频率最高的调控手段。自 2011 年初以来央行已使用 6 次，其中在二季度使用过 3 次。

第一次是央行 4 月 21 日起上调存款类金融机构人民币存款准备金率 0.5 个百分点，将大型国有银行的存款准备金率上升至 20.5%，中小型存款类金融机构上升至 17.0%。此次上调原因在于：其一，3 月的新增外汇占款达到 4079 亿元，外汇储备和外汇占款口径计算的热钱均呈现高速流入。其二，4 月是年内公开市场到期资金较多的月份，到期资金量为 9100 亿元。其三，3 月新增存款跳跃式提升。仅从外汇占款和到期资金两个角度来看，2 月和 3 月到期资金分别为 4150 亿元和 6870 亿元，新增外汇占款分别为 2145 亿元和 4079 亿元，合计注入商业银行体系的增量货币比 2 月高出近 4000 亿元。因此，4 月再次上调存款准备金率是必然的。

第二次是央行从 5 月 18 日起上调存款类金融机构人民币存款准备金率 0.5 个百分点，将大型国有银行的存款准备金率上升至 21.0%，中小型存款类金融机构上升至 17.5%。就在 12 日央行宣布上调存款准备金率的当天，还重启了暂停 5 个月之久的 3 年期央票发行。通过此次货币政策操作，央行向市场明确地释放出应对通胀和流动性过剩的政策信号。一方面，4 月份 CPI 同比增长 5.3%，较 3 月份 5.4% 的增长水平虽有所回落，但仍保持在 5% 以上的高位，物价上涨的压力仍然较大。另一方面，4 月份我国贸易顺差远远超过市场预期,突破了 100 亿美元。这无疑会带来央行外汇占款的增加,进而加大了基础货币的投放量。而且 4、5 月份公开市场到期资金量均超过 5000 亿元,同时 4 月份我国金融体系增量存贷比为 219%,较上个月大幅上升 194 个百分点,说明金融体系总体流动性较为充裕。在处理保持经济平稳增长和稳定物价二者间关系中,央行把抑制通胀、控制流动性放在稳定经济增长之前,作为当时的主要矛盾来处理。两大货币政策工具的同时启用,凸显出流动性过剩压力较大的现实。

第三次是央行从 6 月 20 日起上调存款类金融机构人民币存款准备金率 0.5 个百分点,将大型国有银行的存款准备金率上升至 21.5%。继前两次提高准备金之后,央行保持着准备金率"一月一调"的节奏。这次再上调准备金率,意在进一步回笼流动性,以缓解居高不下的通胀压力(如表 2 - 18 所示)。6 月份,我国公开市场到期资金量高达 6000 亿元,新增外汇占款近 3000 亿元,近万亿元资金需要央行对冲,这是央行再度上调准备金率的直接原因。同时,CPI 高涨是导致央行上调存款准备金率的另一个重要因素。5 月份 CPI 同比涨幅达 5.5%,创出 34 个月来的新高,通胀压力仍未有减缓迹象。上调存款准备金率可以减少银行的可贷资金,在一定程度上起到抑制通胀的效果。

表 2 - 18　2011 年以来我国法定存款准备率调整情况

单位:%

公布日	大型金融机构			中小金融机构		
	调整前	调整后	幅　度	调整前	调整后	幅　度
11 年 06 月 14 日	21.0	21.5	0.5	17.5	18.0	0.5
11 年 05 月 12 日	20.5	21.0	0.5	17.0	17.5	0.5
11 年 04 月 17 日	20.0	20.5	0.5	16.5	17.0	0.5
11 年 03 月 18 日	19.5	20.0	0.5	16.0	16.5	0.5
11 年 02 月 18 日	19.0	19.5	0.5	15.5	16.0	0.5
11 年 01 月 14 日	18.5	19.0	0.5	15.0	15.5	0.5

(二)两次提高利率

第一次是自 4 月 6 日起,央行将金融机构一年期存贷款基准利率分别上调 0.25 个百分点,其他各档次存贷款基准利率相应调整。此次加息是 2011 年第二次加息。此次加息中,活期存款加 0.10%,存款的其余各档次加 0.25%;一年期以内贷款加 0.25%;一年至三年贷款加 0.30%;三年期以上贷款加0.20%。此次加息呈现出不完全对称的特征。这说明央行的利率政策更灵活，对现实情况更具针对性，意在控制流动性、缩小负利率以及缓解通胀。

第二次是7月6日傍晚，央行宣布从7日起上调金融机构人民币存贷款基准利率，启动年内第三次加息。金融机构一年期存贷款基准利率分别上调0.25个百分点，其他各档次存贷款基准利率及个人住房公积金贷款利率相应调整。这次加息是自去年10月份加息周期启动以来的第五次加息。一年期存、贷款基准利率分别上调至3.5%和6.56%。这次加息的目的主要两个方面：一是为了抑制通货膨胀。当前，我国经济增速强劲，通胀压力仍在高位运行，预计整个第三季度CPI都会6%左右徘徊。今年央行已经六次上调存款准备金率，大型金融机构存款准备金率已达到21.5%的历史高位。这导致市场资金紧张。因此，继续提高存款准备金的空间非常有限，只有采用提高利率以调节通胀。另一方面是校正负利率。自2010年2月份CPI同比涨幅达到2.7%以来，我国的负利率状态已经持续了17个多月。加息后一年期人民币存款基准利率为3.5%，较6月6.4%的CPI同比涨幅仍低2.9个百分点。

三、需要关注的几个因素

（一）货币政策如何考虑金融创新的影响

金融创新是金融资源重新组合的过程，包括金融工具、金融市场和金融制度的创新等，而资产证券化、表外业务、金融一体化是当前金融创新的三大趋势。金融创新拓展了金融市场的广度和深度，但也给货币政策的有效性带来了新的影响。以银行理财产品为例，作为金融创新的重要形式，其不仅对加剧了市场的投机风险，还加大了货币监测与货币统计的难度，尤其是信贷类理财产品在一定程度上规避了央行的信贷窗口指导，给货币政策运行带来新难题。一般而言，金融创新主要从三个方面影响货币政策运行。一是增加了货币需求的不稳定性。金融创新使得介于资本市场和货币市场之间的金融工具不断出现，如理财产品、基金产品等。它们提高了持币的机会成本，增加了人们的非货币性的金融资产。对这些具有部分存款特征的金融创新产品，很难区分出这部分需求是储蓄还是投资需求，难以测算出社会稳定的货币需求。二是增加了货币供给的不可测性。随着一些金融创新业务的出现，金融创新模糊了货币的概念，使传统货币的划分体系出现混乱，使得法定存款准备金率、超额存款准备金率、通货比率、活期存款占比产生了不同程度地变化，扩大了货币乘数，最终导致央行以较少的货币投入获得相同的货币供给，但对它的控制力度降低。例如，一些非银行金融机构甚至一些 IT 企业也在一定程度上具有了部分货币创造的能力。三是导致货币政策工具在一定程度上失效。金融创新使得银行更加便捷地通过资本市场融资，对存款和央行再贴现的依赖度降低，弱化了货币政策工具的有效性。随着金融市场扩张和金融创新深化，传统货币指标将难以准确衡量宏观流动性总量，一些金融产品未被传统货币指标所统计。如理财产品流动性较高，应该属于广义流动性。企业通过发行债券、股票、信托贷款等方式进行融资，这些金融活动属于比银行信贷更广的社会融资总量。新金融产品不计入货币供应量等指标给宏观调控带来一些困难，主要是 M2 增速与广义流动性增速相背离，货币政策工具难以直接调控总体流动性。这需要货币统计方式和工具要进行及时调整，从更广意义上对流动性等货币指标进行统计，真实地判断货币运行的状态。同时，制定执行货币政策时，需要考虑银行理财市场和金融创新的影响，不断完善货币政策操作体系，稳步推进利率市场化步伐，建立价格型为主的体系，尽量减少数量工具的应用，保证货币政策的有效性。

（二）密切关注贷款期限短期化现象

上半年，新增贷款总量表现为同比少增，体现了紧缩的政策取向，但在信贷投放期限结构上出现明显的变化，金融机构大幅收紧中长期贷款的新增投放，而短期贷款投放明显增加。上半年，人民币贷款增加 4.17 万亿元，同比少增 4497 亿元，同比少增 9.7%。非金融机构中长期贷款新增 1.43 万亿元，同比少增 1.32 万亿元，同比少增 48%，其中 1~6 月份分别同比少增 2687 亿元、2454 亿元、2829 亿元、918 亿元、1903 亿元、2409 亿元，分别同比少增 36%、48%、54%、28%、62%、72%。而非金融机构短期贷款新增 1.34 万亿元，同比多增 6039 亿元，同比多增 82%。居民户中长期贷款新增 8588 亿元，同比少增 3512 亿元，同比少增 29%；居民户短期贷款新增 5965 亿元，同比多增 636 亿元，同比多增 12%。非金融机构中长期贷款和居民户中长期贷款同比大幅少增，表明固定资产投资扩张动力可能转弱。其中，非金融机构中长期贷款收紧力度在逐月加大，表明地方政府融资平台的清理仍在继续推进。同时，居民户中长期贷款同比少增 3512 亿元，但商品房销售同比增速却由去年末的 18.31% 提高至 24.06%，表明在限贷环境下房地产市场依然火爆，房地产调控仍然面临复杂的形势。可以看出，贷款期限结构发生的变化，进一步表明伴随货币紧缩政策的深入，总需求正在萎缩，企业运营的资金压力已经显现，并开始主动去库存和减产，导致宏观经济出现放缓迹象。下半年，调控政策要密切关注贷款结构问题，不断对货币政策进行微调，增加针对性和灵活性，同时充分发挥财政政策在稳增长和调结构中的作用，促进经济平稳快速增长。

四、当前金融形势和金融政策展望

当前，宏观调控正处于一个敏感的时间窗口。在经济出现放缓的形势下，稳健的货币政策进入一段观察期。市场上担心政策"超调"的声音开始增多，但经济放缓是宏观调控和存货周期综合作用的结果，与宏观调控的预期方向是一致的，而且经济出现"硬着陆"的可能性不大，防通胀和调结构依然是宏观调控的首要任务。下半年，稳定的货币政策调控方向是不会改变的，但更应保持灵活性和针对性，力求稳中求变。一方面，货币政策必须保持稳健状态以应对通胀和控制流动性。另一方面，政策持续紧缩以后，经济增长将有所放缓，尤其是中小企业普遍出现了信贷资源紧缺、融资成本急剧攀升的局面。因此，需要把握好政策的节奏和力度，采用更加灵活的方式对政策进行微调，适度放缓货币总量的控制，释放一部分信贷资金，化解薄弱环节的融资困局，以增强经济金融的可持续发展能力。

公开市场操作方面：下半年，经济增速将有所放缓，通货膨胀率仍将在高位运行，通胀压力依然很大。宏观调控的主要任务将在"稳增长"和"防通胀"之间取得平衡。稳健的货币政策调控方向不会发生变化，但调控步伐会有所放缓，力度有所减弱。在央票发行利率上行、公开市场操作空间放大，准备金率继续上调面临诸多负向效应的情况下，公开市场操作将成为回笼流动性的主要工具。三季度，7、8、9月公开市场单月到期资金分别为3720亿元、2060亿元和2390亿元，均较6月份的6010亿元出现大幅下降。在此背景下，考虑到公开市场到期资金的明显下降，央行完全可以通过公开市场操作实现资金的净回笼，发挥央票在公开市场操作中的作用。

存款准备金政策方面：上半年，经过六次提高准备金率后，我国大型商业银行的法定存款准备金率已经达到21.5%的历史高位。尽管当下银行流动性总体宽裕，但不同类型间的银行差异很大，小银行资金已经非常紧张。再提高准备金率容易导致银行间流动性的剧烈波动，加剧中小企业融资难的现实。同时，与公开市场操作不同，法定存款准备金率变动具有政策风向标的作用，过高的准备金率将降低后续调控政策的灵活性。为此，考虑到这一政策的负面作用越来越大，央行数量紧缩力度预计将会大大降低，除非外汇占款出现大幅度上升，否则准备金率将很难再继续提高。

利率政策方面：与上调存款准备金及公开市场操作相比，加息的影响范围更大，尤其是在银根偏紧的背景下中小企业贷款利率已经上浮，民间利率大幅上升。加息会进一步提高其融资成本，对企业扩大再投资意愿形成较大的压力，进而可能影响经济增长速度。未来，我国物价涨幅可能呈逐步缓慢回落的态势，负利率也会有所缓解。而且，中美利差已达到近年来的新高，进一步扩大利差会加剧资本流入。基于这些判断，三季度进一步加息的可能性较小。

人民币汇率政策方面：自2010年6月份汇改以来，人民币兑美元基本保持了小幅快走、单边升值的势头。这有利于压低通货膨胀，但这种汇率形成机制很大程度上限制了货币政策的独立性。目前，人民币短期走势受美元走势影响，下半年人民币对美元汇率仍会继续保持渐进升值的态势，预计全年升值幅度为5%左右。由于CPI同比升幅较高，三季度无论是国内市场还是离岸人民币现汇市场，人民币都将保持其原有升值速度。到四季度人民币升值速度或下降，预计幅度会在2%至3%左右。此外，人民币汇率调整还要视国内外经济情况变化而定，如美国不推出第三轮量化宽松的货币政策，美元可能小幅升值，人民币升值的压力就会减轻；如果美元贬值，人民币升值的压力就会加大。下半年，应着力增强人民币汇率弹性，改变市场单边升值预期，以防止热钱流入的规模。

第六部分 资本市场分析

2011年二季度我国股市呈头尾较短的"N"字型震荡下行走势。上证综指从一季度末的2928.11点①降至二季度末的2762.08点，降幅达5.67%；上半年股市围绕2800点箱形震荡，前6个月上证综指微降1.64%。与一季度沪深两市日均成交量逐月攀升相反的是，二季度日均成交

---

① 如不特别标注，股票指数均指上证综指。

额从上半年最高的3月的2752亿元降至4月的2471亿元、5月的1698亿元和6月的1489亿元。6月与3月相比，成交额萎缩幅度高达46%。二季度债市呈现"前平后降"的走势。以中债固定利率国债净价指数为例，从一季度末的113.49点降至二季度末的113.16点，下降了-0.29%。上半年债市窄幅震荡，中债固定利率国债净价指数小幅下降了0.19%，包括银行间市场和交易所市场、包括利率产品和信用产品在内的日均成交额小幅下降。

一、股票市场分析

（一）二季度股票市场运行

2011年二季度股票市场呈典型的三阶段走势，第一阶段是一季度末（2928.11点）到4月18日（3057点）的单边上涨行情，涨幅为4.4%；第二阶段是4月18日到6月20日（2621.25点）的单边快速下滑行情，降幅高达14.26%；第三阶段是6月20日至6月末的快速反弹行情，涨幅达5.37%。影响二季度股市走势的因素主要有以下五个方面。

1. 外部环境复杂多变，增大股市运行的不确定性

国际经济运行方面，一是尽管以欧美为代表的主要经济体国家经济持续复苏，但复苏进程出现分化，加大了投资者对未来复苏前景的担忧。如2011年第一季度，美国和韩国实际GDP增速较2010年四季度有所放缓，幅度为0.5个百分点；英国、德国和法国则出现不同程度上升；法国回升幅度最大，达1.1个百分点。二是欧洲债务危机再度出现恶化倾向，加大了国际经济复苏的不确定性。自2009年末以希腊债务评级下调为导火索的欧洲债务危机爆发以来，市场对希腊和葡萄牙等欧债危机国家经济前景和财政状况担心加剧。2010年继续下调希腊评级。2011年以来，希腊财政和债务问题再度恶化，债务重组可能大幅提高，促使三大评级机构连续多次调降其信用评级。按标普评级标准，已将其从年初的"B+"降至垃圾级"CCC"[①]。4月中旬葡萄牙申请紧急援助，债务危机进一步恶化。三是受美国债务风险加大影响，4月中旬首次将美国前景评级从"稳定"调整为"负面"[②]，加大了投资者对美国主权信用评级的担忧。四是日本核辐射问题解决不力，在一定程度上延缓了该国经济复苏进程。在这些因素影响下，国际金融市场大幅震荡，道琼斯工业指数按月计算的日标准差从1月

---

① 此评级为标普评级。
② 这是20世纪40年代标普开始对美国进行评级以来的首次下调。

和 2 月的不到 120 扩大到 3～6 月份的 130 以上，最高时达到 181。英国富时 100 指数和法国 CAC40 指数也有不同程度地放大。（如表 2－19 所示。）国内经济运行方面，受汽车优惠、家电下乡和房地产市场调控等政策影响，我国消费和投资实际增速小幅下降，GDP 增速温和放缓。受输入性通胀压力大、货币供给多和投机性因素等影响，我国通胀水平不断提高，宏观调控力度和货币紧缩力度持续加大。在国内外诸多因素的共同作用下，我国股市反弹乏力，出现较大幅度的单边调整行情。

表 2－19　2011 年上半年各月主要股指波动情况

时　期	道琼斯工业指数	英国富时 100 指数	法国 CAC40 指数
2011.1	117.30	57.22	76.44
2011.2	101.42	63.58	48.74
2011.3	181.24	115.98	104.63
2011.4	167.11	58.28	53.41
2011.5	137.58	59.85	53.41
2011.6	130.00	95.30	60.40

2. 货币紧缩力度不断加大，抑制股市持续向上

上半年货币政策继续收紧，且紧缩力度较上年明显加大。自 2010 年 10 月下旬～12 月连续两次加息后，2011 年 2 月、4 月和 7 月连续加息 3 次，累计加息幅度超过 2010 年 0.25 个百分点，一年期存款利率达 3.5%。与此同时，在 2010 年 6 次提高存款准备金率的基础上，2011 年紧缩力度进一步加大。仅上半年提高存款准备金率的次数就达 6 次，且提高幅度与去年全年相同。截至 2011 年末，大型金融机构存款准备金率已创 21.5% 的历史新高（其中 1 季度和 2 季度分别提高 3 次）。在收紧市场流动性的同时，也加大了投资者未来货币政策紧缩预期，抑制股市上行。从 M2 增速看，从上年普遍的 19% 以上迅速降至 6 月的 15.9%。从新增贷款规模看，2011 年 1 季度和 2 季度新增贷款规模同比分别下降 13.3% 和 4.5%。从存款同比增速与贷款同比增速差变动看，呈逐步扩大趋势，从上年普遍在 0.5 个百分点以下甚至为负快速增长到今年的普遍超过 0.5 个百分点，且最高达 1.79 个百分点。从同业拆借利率看，以上海银行间同业拆借市场为例，隔夜和 6 个月拆借利率分别从上季度末的 1.8% 和 4.4% 迅速提升至本季度末的 5% 和 5.2%。从债券一级市场发行利率看，3 年期和 10 年期

固定利率国债票面利率从上季度末的 3.22% 和 3.83% 提高至本季度末的 3.26% 和 3.99%。从民间借贷利率看，攀升幅度更大。从 A 股新增开户数看，从 3 月份股市上半年高点时的 18.3 万户降至 6 月的 9.3 万户，降幅高达 50%。此外，央行还综合运用差别存款准备金率政策，这也在一定程度上加剧了货币市场资金紧缩局面。

3. 新股破发、股市扩容力度较大和创业板暴跌，打击投资者信心

上半年股市自身发展也出现了一些有别于以往的新矛盾和新问题，在一定程度上打击了投资者信心，带动股市持续下跌。这主要体现在以下三个方面：一是新股大面积破发。上半年共有 167 家企业完成 IPO，上市首日破发的公司多达 64 家，破发率达 38%。其中，主板上市新股的破发率最高，达 52%；中小板和创业板破发率分别为 40% 和 30%。虽然这是新股发行制度改革实行市场化定价机制后的必然结果，但破发率较大幅度超过国外成熟市场 15% 的平均水平，也彰显出新股发行中存在的制度性缺陷。如上市公司与券商在充分利用新股市场化定价机制、最大限度募集资金上具有高度的利益一致性，促使新股定价过高，"圈钱"迹象明显，直接加大了二级市场风险。二是股市扩容力度不减。尽管二季度股市跌幅较深，但股市融资规模仍然较大，4~6 月包括 IPO、配股和增发在内的募集资金总额分别达 783 亿元、553 亿元和 409 亿元。虽然较 3 月股市年内高点时低，但仍与今年 1~2 月股市持续上涨时基本持平，这也增加了投资者对二级市场资金面的担忧。三是创业板暴跌。今年上半年，虽然上证综指以小幅下跌报收，但分类指数方面，创业板指数跌幅最大，高达 25.6%；其次为中小板，跌幅为 14.8%。创业板和中小板新股发行市盈率均出现较大幅度下降，从上年的 70~80 倍降至本季度末的 27~30 倍，在打击过度投机的同时，也挫伤了创业板和中小板投资者信心。

4. 上市公司业绩总体向好，有效阻止股市非理性下跌

尽管今年经济环境复杂多变，货币紧缩力度持续加大，但上市公司业绩依然较好，对遏制股市过度非理性下跌起到至关重要作用。2010 年 4 月末，上市公司 2010 年业绩和 2011 年一季度业绩披露完毕。2010 年业绩十分亮丽，2175 家上市公司全年实现归属母公司股东净利润 1.66 万亿元，同比增长 37.34%；每股收益（整体法）0.497 元，创历史最好水平，超过 2007 年每股收益 0.419 元的阶段性历史高点，同比增速达 21.4%；净资产收益率达 14.49%，超过上年同期 1.4 个百分点。2011 年一季度业绩总体较好，深两市 2151 家 A 股上市公司实现归属股东的净利润总额为

4777 亿元，同比增长 24.1%，仅较去年同期下降 1.4 个百分点；股本摊薄每股收益（整体法）达 0.1424 元，同比增长 11%，略高于同期 GDP 增速；净资产收益率达 3.98%，超过上年同期 0.18 个百分点，盈利能力继续走强。

5. 宏观经济形势与宏观政策导向逐步明朗，促使股市快速反弹

2011 年 6 月 27 日，温家宝总理在伦敦接受媒体采访时表示，今年通胀水平控制在 4% 以下有一定困难，但可以控制在 5% 以下；同时表示今年中国 GDP 能取得不低于 8% 的增长。受此影响，股市迅速结束了连续 2 个多月的深度调整，出现大幅反弹。6 月 24 日，上证综指单日上涨 2.1%，创 4 个多月来最大单日涨幅，且成交额超过 1400 亿元，创两个月来最高水平，扭转了股市单边下滑局面。

（二）二季度股票市场预测

下一阶段，股市将在国内外宏观经济金融环境、通胀走势、股市估值、大小非减持等因素综合作用下，走出以结构性调整为主基调的震荡攀升行情概率较高，但上升和下降幅度均有限。

1. 国际经济复苏乏力和美国量化宽松政策继续推行，给我国经济金融运行带来一定不确定性

国际金融危机根源美国房地产市场尚未完全止跌，欧债危机仍有进一步恶化倾向，日本地震与核危机继续对其经济施加负面影响，国际经济复苏乏力。同时，美国为了确保彻底摆脱金融危机的影响，实现稳定复苏，再次宣布将继续采取多种措施保持 QE2 以来的宽松的流动性。欧洲央行 4 月中旬小幅加息 0.25 个百分点，日本央行表示将维持现有利率水平不变。美欧日通胀水平仍处于历史较低水平，而新兴市场国家通胀水平持续攀升，以我国为代表的新兴市场国家步入了加息通道。上述因素在影响我国实体经济增速的同时，也会以多种方式将国际宽松的流动性输入我国。如今年 1~5 月我国外汇占款总额净增加 1.81 万亿，较上年同期多增 6400 多亿。这些资金在分享人民币升值收益的同时，还会投资股市、债市和货币市场等金融市场获取投资收益，其中一些短期投机资金会快进快出，将对我国金融市场带来较大冲击。

2. 国内经济温和放缓和通胀压力犹存，给股市运行带来一定压力

下半年，受诸多经济刺激政策彻底退出、财政投资保持稳定、房地产调控力度进一步加大以及保障房建设提速（因上半年只完成全年计划的 30%）等因素影响，我国 GDP 增速可能进一步放缓，但全年 GDP 增速仍有望保持在 9.5% 的较高水平，此其一。其二，2010 年我国省、市、县三

级地方政府性债务余额合计达 10.72 万亿元，而占财政收入比重较高的土地收入将伴随房地产调控的深入推行而持续减少，增大了地方债务还款压力。其三，虽然国际大宗商品价格高位缓慢回调，但伴随新兴市场国家经济向好和欧美经济缓慢复苏，大宗商品刚性需求依然较大，其价格回调幅度有限。美国继续维持宽松流动性，欧洲和日本利率水平仍处于历史底部，输入性通胀压力只能小幅缓解。虽然 2010 年以来我国 5 次加息、12 次提高存款准备金率，但因利率持续高企、人民币升值压力不断加大，促使国外资金流入动力日渐增强，我国对冲外汇占款而被动投放人民币的规模也将迅速放大，货币流动性"紧中趋松"，通胀的货币性因素难有根本性好转。我国食品价格可能继续维持高位，猪肉供给有望增加，房价缓步小幅回调概率较高。总体看，通胀水平前高后低，但后低的幅度有限，通胀压力犹存。这些均将对我国股市运行带来一定压力。

3. 股市估值优势渐显，为股市走好创造有利条件

截至二季度末，股市已运行至 2008 年以来的次低点。股市整体估值特别是结构性股指优势日益凸显，为下一阶段走出以结构性估值修复为特征的震荡攀升行情创造了较为有利的条件。截至 2011 年 6 月末，市场整体估值上，上证所平均市盈率和 A 股平均市盈率均处于 10 年来低点，与 2005 年 11 月的最低点相差无几。深证所因包括中小板和创业板，可比性较差。但即便如此，其平均市盈率和 A 股平均市盈率也处于 2006 年以来的最低水平（如图 2-11 所示）。

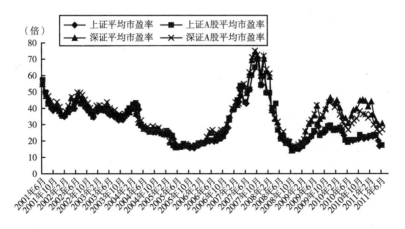

图 2-11　2001 年~2011 年上交所和深交所股指平均市盈率变动图

分类指数估值上，创业板估值创成立以来的新低，沪深300、上证180、上证50、上证30板块估值也创历史新低，不仅低于2008年金融危机时期，甚至低于2005年的低点。行业估值上，流通市值占总流通市场比重较高的行业市盈率仍处于历史低位。如采掘业、金融保险业、建筑业和交通运输仓储业等市值权重合计接近50%的行业，市盈率均低于16倍，其中流通市值权重最高的金融行业市盈率已创10年来新低。估值分布上，10倍以内、20倍以内、30倍以内和40倍以内市盈率上市公司家数占比都较2010年6月末的股市低点有不同程度提高，而40倍以上上市公司家数占比出现较大幅度下降（如图2-12所示）。

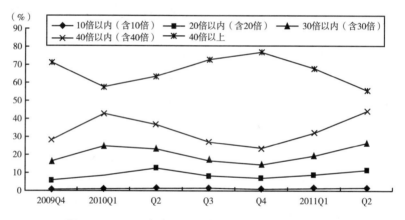

图 2 - 12　2009 年末～2011 年 6 月股市市盈率分布图

4. 大小非新增解禁规模有限而存量规模较大，制约股市上行空间

2011 年三季度和四季度，大小非新增接近规模较低，只有 4140 亿元

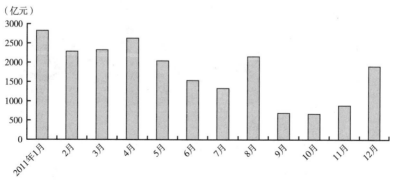

图 2 - 13　2011 年各月大小非解禁市值分布图

和3438亿元，均较大幅度低于一季度的7409亿元和二季度的6174亿元（如图2-13所示），有利于减轻股市向上压力。但近两年来，由于股市没有大的趋势性行情，致使季均净减持规模不超过300亿元，远低于同期新增解禁规模，致使可减持存量规模持续扩大。随着股市上行，将加大这部分资金减持动力，从而直接制约股市大幅涨升。

此外，根据中国证监会有关安排，若没有特殊情况，下半年可能会如期退出国际版。国际版将采用人民币交易，也将直接影响股市上行。

二、债券市场分析

（一）二季度债券市场运行

2011年二季度债券市场呈现较为典型的两阶段行情，第一阶段是上季度末到5月中旬的缓慢涨升行情，中债固定利率国债净价指数小幅上涨了0.47%。第二阶段是5月中旬到本季度末的快速下探行情，中债固定利率国债净价指数下跌了0.75%（如图2-14所示）。影响本季度债市运行的因素主要有以下三个方面。

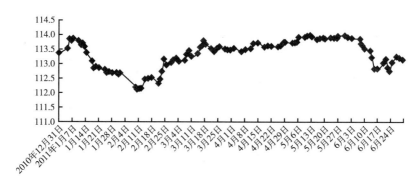

图2-14　2011年上半年中债固定利率国债净价指数变动图

1. 通胀预期和货币紧缩预期变化，直接影响债市运行

2011年4月，无论是CPI还是PPI，环比都出现了小幅下降。前者下降了0.1个百分点，后者下降了0.49个百分点，投资者预期通胀压力趋于缓解，促使债市小幅上扬。但进入5月和6月，CPI和PPI当月同比均有所回升，其中CPI同比还升至6.4%，创2008年7月以来新高；PPI同比增长7.15%，达2008年10月以来高位，加大了未来通胀上行预期和货币紧缩预期，促使债市快速下行。

2. 市场流动性趋紧，引致债市二级市场逐步下滑

2011年二季度以来，央行加息两次，提高存款准备金率3次，紧缩力度高于一季度。上半年紧缩力度超过去年全年，致使市场流动性迅速收紧。一方面，债券的主要购买者银行吸存压力加大，贷款收益提升，贷款积极性和主动性增加，债市的需求随之减少。另一方面，债市的另一主要购买者保险公司业务增速放缓。受银监会90号文变革银保业务模式以及存款利率高企、理财产品热销等影响，上半年寿险业保费增速仅相当于去年同期的一半左右。随着保监会逐步放开保险公司非上市公司股权投资和房地产投资，投资渠道日益多元化，致使保险新增债市投资增速下降。此外，银行存款利率较高，银行理财产品收益率诱人，在较大程度上分流了部分安全性要求较高的债市资金，促使债市二级市场走低。

3. 货币紧缩对债市需求的短期影响大于中长期，促使债市收益率曲线扁平化

2011年二季度以来，在货币持续紧缩力度继续加大的情况下，市场利率见顶的预期日益增强。市场逐利资金逐步加大了长期债券配置比重，降低了短期债券投资比重，致使短端收益率曲线大幅上移，长端收益率曲线小幅上移，进而促使债市收益率曲线趋于扁平化。以中国固定利率国债即期收益率曲线为例，6月末与3月末相比，1年以下、1年和2年的国债收益率上升幅度分别达1.54、0.62和0.3个百分点；5年、10年和30年国债收益率变动幅度分别为上升0.04个百分点，降低0.05个百分点，涨升0.33个百分点，均低于短端上移幅度（如图2-15所示）。

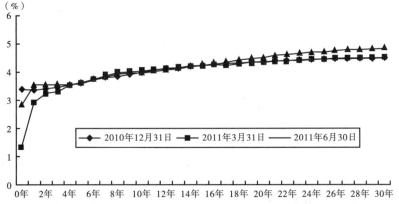

图2-15 2010年末～2011年6月末中国固定利率国债即期收益率曲线对比图

（二）二季度债券市场预测

未来一段时期，我国宏观经济有望继续稳健运行。通胀水平可能高位震荡，货币紧缩预期犹存，但宏观调控力度和频率可能趋弱，利率运行有望见顶。"十二五"时期我国加大直接融资，债市必将稳步发展，债市扩容是题中应有之意。总体来看，债市可能进一步走低，债市收益率有望进一步提高，但幅度有限。同时，在利率逐步运行至阶段性高点，可适时适度降低浮息债配置比重，提高固息债投资权重，并拉长债券配置久期，以获得更高的中长期投资回报。

第七部分　房地产市场分析

2011 年上半年，面对复杂多变的国际、国内发展形势，中国政府针对房地产市场，采取了诸如限购、限贷、限价、房产税、加息、提高存款准备金率等一系列强力的政策措施，使得一线城市房地产价格过快上涨的趋势得到了控制，投资性需求得到了遏制。但是，二三线城市市场开始活跃。另外，在调房价、控需求的同时，保障房建设力度不断加大。它在带动房地产投资的同时，增加了房地产市场的有效供给，为稳定房地产价格起到了非常重要的作用。

一、上半年房地产投资的特点

在严厉的调控政策影响下，2011 年上半年我国房地产市场呈现出以下特点：第一，房地产投资保持较快增长，但增幅回落趋势明显。第二，房屋新开工、施工、竣工面积累计增幅放缓，各月完成量持续增加。第三，商品房销售面积、销售额稍有起色，但依然不乐观。第四，国房景气指数出现拐点，房价涨势趋稳，降势明显。

（一）房地产投资保持较快增长，但增幅回落趋势明显

2011 年上半年，我国房地产投资规模继续保持稳定增长，但是从同比增幅来看，不论累计投资额增幅还是月度投资额增幅均出现了明显回落。尤其是 6 月份增幅下降趋势非常明显，成为 2011 年上半年月度投资中降幅最大、最明显的一次。这充分说明房地产市场宏观调控政策已经开始发力，房地产投资市场过热情况已经初步得到控制（如图 2 - 16 所示）。

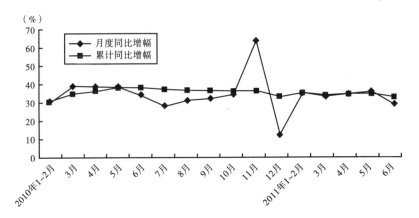

图 2 – 16　2010 年以来我国房地产投资增幅变化情况

资料来源：根据国家统计局公布数据整理。

　　具体来看，2011 年上半年，我国房地产开发企业完成投资 26250 亿元，同比增幅 32.9%，房地产投资累计同比增幅、月度同比增幅整体呈现先降后升再降的态势。从 2011 年上半年累计投资变化情况来看，刚进入二季度时，累计同步增幅开始有所回升，但 1～6 月份累计投资同比增幅比1～5 月累计同比增度下降 1.7%，是上半年下降幅度最明显的一次。同时1～6 月份累计同比增幅也是 2011 年上半年增幅最低点，是上半年明显的拐点，下降趋势明显。从月度投资变化情况来看，整体变化态势和累计投资保持一致。但 6 月份房地产投资额同比增幅变化更大，同比增幅也达到了上半年的最低点，同比增幅比 5 月份低 6.5%，下降趋势尤为突出（如表2 – 20 所示）。

表 2 – 20　2011 年上半年我国房地产开发企业完成投资情况

单位：亿元；%

时　　间	投资额	同比增幅	时　　间	投资额	同比增幅
2011 年 1～2 月	4250	35.2	2011 年 1～2 月	4250	35.2
2011 年 1～3 月	8846	34.1	2011 年 3 月	4596	33.2
2011 年 1～4 月	13340	34.3	2011 年 4 月	4494	34.6
2011 年 1～5 月	18737	34.6	2011 年 5 月	5397	35.4
2011 年 1～6 月	26250	32.9	2011 年 6 月	7513	28.9

资料来源：根据国家统计局公布数据整理。

从住宅投资变化情况来看，2011 年上半年，我国完成住宅投资 18641 亿元，同比增长 36.1%。住宅投资总体上也保持了较高的增速，累计投资、月度投资同比增幅先升后降。从数据变化来看，进入 2011 年我国住宅投资持续增加。在 4 月底，累计投资和月度投资同比增幅达到了上半年增幅最大值，分别为 38.6%、40.9%。之后累计投资和月度投资同比增幅开始出现逐步回落。1~5 月份累计投资增幅比 1~4 月份低 0.8%，1~6 月份累计投资增幅比 1~5 月份低 1.7%。从月度投资变化来看，月度投资额从年初至 6 月底保持了稳步增长。5 月份投资同比增幅比 6 月份降低 4.9%，6 月份投资同比增幅比 5 月份降低 3.8%，同时 6 月份 32.2% 的同比增幅也是 2011 年上半年住宅投资同比增幅的最低水平（如表 2-21 所示）。

表 2-21　2011 年上半年我国住宅投资完成情况

单位：亿元；%

商品住宅	累计投资额	同比增长	时　间	投资额	同比增长
2011 年 1~2 月	3014	34.9	2011 年 1~2 月	3014	34.9
2011 年 1~3 月	6253	37.4	2011 年 3 月	3239	39.7
2011 年 1~4 月	9497	38.6	2011 年 4 月	3244	40.9
2011 年 1~5 月	13290	37.8	2011 年 5 月	3793	36.0
2011 年 1~6 月	18641	36.1	2011 年 6 月	5351	32.2

资料来源：根据国家统计局公布数据整理。

（二）房屋新开工、施工、竣工面积累计增幅放缓，各月完成量持续增加

2011 年上半年，我国房屋施工面积、新开工面积、房屋竣工面积、住宅竣工面积累计同比增幅总体放缓。一季度房屋施工面积、新开工面积累计同比增幅表现出明显的回落。房屋竣工面积、住宅竣工面积累计增幅小幅回升。二季度房屋施工面积、新开工面积、房屋竣工面积、住宅竣工面积累计同比增幅总体呈现明显的下降态势。

从表 2-22 数据可以看出，上半年我国房屋施工面积 40.57 亿平方米，已经超过了 2010 年全年的开工面积，累计同比增幅 31.6%，新开工面积累计同比增幅呈现稳步下降。2011 年上半年房屋新开工面积 9.94 亿平方米，同比增长 23.6%。第一季度累计投资同比增幅下降趋势明显，进入 4 月份以后出现了小幅回升，房屋新开工面积 1~4 月累计同比增幅超过 1~3 月累计同比增幅 1%。之后二季度各月房屋新开工面积累计同比增幅持续下降，

表 2 – 22　2011 年我国房屋施工、新开工、竣工累计面积变化

单位：亿平方米；%

时　间	施工面积	同比增长	新开工面积	同比增长	房屋竣工面积	同比增长	住宅竣工面积	同比增长
2010 年 1 ~ 12 月	40.55	26.6	16.38	40.7	7.6	4.5	6.12	2.7
2011 年 1 ~ 2 月	29.15	39.0	1.91	27.9	0.7	13.9	0.54	12.1
2011 年 1 ~ 3 月	32.74	35.2	3.98	23.4	1.28	15.4	1.02	14.8
2011 年 1 ~ 4 月	35.25	33.2	5.68	24.4	1.71	14.0	1.37	13.8
2011 年 1 ~ 5 月	37.75	32.4	7.61	23.8	2.16	12.9	1.72	12.7
2011 年 1 ~ 6 月	40.57	31.6	9.94	23.6	2.76	12.8	2.21	12.3

资料来源：根据国家统计局公布数据整理。

1 ~ 5 月累计同比增幅比 1 ~ 4 月累计同比增幅降低 0.6%，1 ~ 6 月累计同比增幅比 1 ~ 5 月累计同比增幅降低 0.2%。

另外，从上半年新开工面积分月来看，呈现的是"升、降、升"的态势。分季度来看，第一季度和第二季度月均呈现逐月增加态势。从表 4 我们可以看到，2011 年上半年我国房屋施工面积、新开工面积、房屋竣工面积、住宅竣工面积各月实际增量明显。2011 年上半年各月施工面积较 2010年同期增加明显。从数量变化来看，3 月份到 5 月份各月施工面积呈现逐月减少趋势，但较去年同期分别提高了 0.34、0.27、0.45 亿平方米，而且在 6 月份又出现了强劲的增长势头。6 月份施工面积比 5 月多 0.32 亿平方米，超过去年同期 0.49 亿平方米，是 3 月份以来第一出现施工面积超过上月，且超过去年同期施工面积量，也是 3 月份以来的最高值。

表 2 – 23　2011 年我国房屋施工、新开工、竣工各月面积变化

单位：亿平方米；%

项　目	施工面积	同比增加	新开工面积	同比增加	竣工面积	同比增加	住宅竣工面积	同比增加
2011 年 1 ~ 2 月	29.15	8.18	1.91	0.42	0.7	0.09	0.54	0.06
2011 年 3 月	3.59	0.34	2.07	0.33	0.58	0.08	0.48	0.07
2011 年 4 月	2.51	0.27	1.7	0.36	0.43	0.04	0.35	0.04
2011 年 5 月	2.5	0.45	1.93	0.35	0.45	0.03	0.35	0.02
2011 年 6 月	2.82	0.49	2.33	0.43	0.6	0.08	0.49	0.06

资料来源：根据国家统计局公布数据整理。

（三）商品房销售面积、销售额有所回落

2011年上半年我国商品房销售面积、销售额同比保持持续增长，商品房销售面积、住宅销售面积同比累计增幅先升后降再升，商品房销售额、住宅销售额先降后升，呈现"U"型发展态势。

表 2 – 24　2011年上半年我国商品房和住宅销售面积变化情况

单位：万平方米；%

时　间	商品房销售面积	同比增长	住　宅	同比增长
1~2 月	8143	13.8	7282	13.2
1~3 月	17643	14.9	15849	14.3
1~4 月	24898	6.3	22345	5.8
1~5 月	32932	9.1	29542	8.5
1~6 月	44419	12.9	39085	12.1

资料来源：根据国家统计局公布数据整理。

从表2–24销售面积变化情况可以看出，2011年上半年我国商品房销售面积为44419万平方米，同比增长12.9%；住宅销售面积为39085万平方米，同比增长12.1%。从具体变化情况来看，一季度各月商品房销售面积、住宅销售面积累计同比增幅稳步上升，而且两者1~3月份同比增幅均比1~2月份同比增幅高1.1%。1~4月份累计同比增幅较第一季度下滑明显，1~4月份商品房销售面积同比增幅比1~3月份下降了8.6%，1~4月份住宅销售面积同比增幅比1~3月份下降了8.5%，二季度之后的两个月里，商品房和住宅销售面积同比增幅又开始缓慢爬升，1~5月份商品房和住宅销售面积同比增幅比1~4月份分别高2.8%、2.7%，1~6月份商

表 2 – 25　2011年上半年我国商品房和住宅销售额变化情况

单位：亿元；%

时　间	销售额	同比增长	住　宅	同比增长
1~2 月	5242	27.4	4471	26.2
1~3 月	10152	27.3	8607	25.9
1~4 月	14078	13.3	11856	11.0
1~5 月	18620	18.1	15665	16.0
1~6 月	24589	24.1	20657	22.3

资料来源：根据国家统计局公布数据整理。

品房和住宅销售面积同比增幅比 1～5 月份分别高 3.8%、3.6%。

2011 年上半年我国商品房、住宅销售面积和销售额变化情况有所不同。从表 6 可以看出，2011 年上半年我国商品房销售额分别为 24589 亿元，同比增长 24.1%；住宅销售额为 20657 亿元，同比增长 22.3%。从变化细节来看，商品房销售额、住宅销售额同比增幅先降后升。综合 2011 年上半年我国商品房和住宅销售面积、销售额的变化情况来看，在总量上仍然不断增加。尤其是进入二季度末，销售市场比二季度初有了很大起色。不过从增长幅度变化情况来看，2011 年二季度我国商品房和住宅销售面积、销售额累计增幅仍然低于一季度的任何一个月的同比增幅。另外，从过去十年上半年的同比增速来看，今年的商品房销售增速水平已处历史低位，仅好于 2008 年同期的表现。销售市场不容乐观，预示着市场需求过热已经得到很好的控制，刚性需求的观望态度也在持续增强。

（四）国房景气指数出现拐点，房价涨势趋稳，降势明显

2011 年上半年我国国房景气指数首次出现拐点，房价还没有出现明显下降趋势。多数城市房价依然微涨，但房价下降态势也非常明显，针对房地产市场的严厉调控政策效果开始显现。

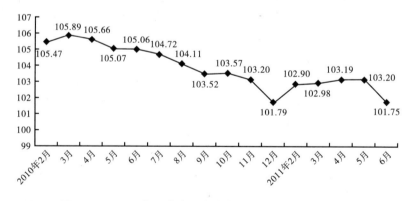

图 2 - 17　2010 年以来全国房地产开发景气指数变化情况

资料来源：根据国家统计局公布数据整理。

如图 2 - 17 所示，从 2010 年以来我国国房景气指数变化情况来看，2010 全年我国国房景气指数整体稳步下降。进入 2011 年，国房景气指数开始稳步回升。2010 年年底 101.79 的国房景气指数值是全年最低水平，进入2011年上半年后又逐步回升至5月份的103.2。而在2011年6月份，它出现了明显的拐点，国房景气指数下降到101.75，是2010年以来一次性下降幅度最大的月份，也是2011年国房景气指数首次出现大的拐点。从房价变化情况来看，总体上仍有小幅上涨，但一些一线城市房价开始已经出现小幅回落。

综合以上可以说明，在2011年上半年的多项严厉调控政策作用下，我国房地产市场已经开始逐步进入"降温期"。虽然多数城市的住房价格没有出现明显下降，部分一线城市房价明显回落，但各项调控政策仍在严厉执行，房价上涨已经非常乏力，未来房价下降趋势越来越明显。

二、影响我国房地产投资变化的因素分析

2011年上半年，我国房地产市场经历了新一轮调控政策的影响。市场的变化除了市场本身的因素之外，政策影响也十分显著。银行调整利率情况、国家保障房建设力度加大及二三线城市房价上涨，使得市场整体活跃等因素影响了全国房地产市场调控效果。

（一）利率的不断提高限制了购房需求

2011年上半年，中国人民银行6次上调存款准备金率，3次上调存贷款利率，增加了房地产商资金使用成本的同时，也大幅增加了购房成本。

表2-26　2011年上半年贷款利率调整情况

单位：%

调整时间	六个月（含）以内	六个月至一年（含）	一至三年（含）	三至五年（含）	五年以上
2011.02.09	5.60	6.06	6.10	6.45	6.60
2011.04.06	5.85	6.31	6.40	6.65	6.80
2011.07.07	6.10	6.56	6.65	6.90	7.05

资料来源：根据中国人民银行公布数据整理。

如表2-26所示，一年期存、贷款利率分别提至3.5%和6.56%，5年期以上的基准利率突破7%的历史心理高位。若不考虑存量房贷利率7折的情况，房贷利率已升至最近10年来的最高水平。同时，2011年7月初一些城市的房屋销售价格已经出现了下降的态势，此次加息将使房价更快进入下降通道。提高贷款利率后，购房者的还贷压力将会更大。这将对

购房人的资金实力特别是首付提出了更高的要求，购房需求因此会继续萎缩。以百万元贷款额贷20年期限计算，此次加息将直接导致第一套房基准利率增加的月供接近3万元，每月增加的月供为149元，第二套房增加的月供为168元。如果是在2010年10月前新购的房屋，所受到的影响就大不同了。2010年10月前购房的消费者大部分执行的是基准利率的0.7倍。即使是2009年前的购房者，也大部分和银行重新签订续存期基准利率0.7倍的贷款合同。也就是说2010年10月前，大部分购房者在2011年前享受的贷款利率是当时基准利率的0.7倍。而本次加息以后到明年1月1日就需要执行今年3次加息后的利率，也就是需要执行7%的0.7倍即4.9%。如果贷款100万，在20年内付完，需要支付的月供为6544.44元，而同等条件下在2010年需要支付的月供为6144.44元，相比之下现在上涨了400元。由此可以看出，2011年以来连续三次加息，对于购房者来说无疑是提高了购房门槛，会影响相当一部分人的购房需求的。

（二）保障房建设助推投资市场

2011年保障房建设任务量大增，各地高度重视资金和土地的落实情况。为确保1000万套保障房建设落实到位，中央各部门从土地、资金、制度等方面多管齐下地采取措施。

资金方面，今年中央财政共安排1030亿元用于保障性安居工程建设，同比增长34.7%。同时明确要求，确保住房公积金增值收益、土地出让收益按规定用于保障房建设。地方政府也不断加大资金投入力度。除了财政资金以外，还通过保障房融资平台、引入社会资本等方式融资。全国社保基金、保险资金也已开始进入保障房建设领域，为保障房融资提供支持。

土地方面，"国八条"要求"在新增建设用地年度计划中，单列保障性住房用地"。5月国土资源部颁布的《2011年全国住房用地供应计划公告》提出，对落实国家1000万套保障性安居工程建设用地也实行责任制，由此可见政策严厉程度明显提升。在保障房建设审批环节上，不少地方开辟了保障房审批的"绿色通道"。相关部门负责人汇集到一起，挨个审批项目，当场解决项目有关问题，大大提高了办事效率。因此，保障房建设项目的大力推进，让整个住房投资体制发生了变化。

（三）二三线城市房价上涨，使得市场整体活跃

2011年上半年，由于北京、上海、天津等一线重点城市实施住房限购政策，投资投机性需求向二三线城市转移，使得全国的房地产市场压力集中在二三线城市释放。二三线未限购城市在面临着本地投资需求和一线限购城市的转移投资需求的双重压力下，价格上涨成为必然。

2011 年 5 月份全国 70 个大中城市中，京沪广深四大一线城市房价涨幅也只有 3.2%，明显低于其他城市 5.5% 的房价平均涨幅。据国家统计局数据显示，6 月份，受限购、限贷、限价等政策影响，北京、上海、南京等地房价涨幅明显趋缓，上述城市房价涨幅均低于 3%。杭州房价已出现下降。

2011 年 6 月，我国新建商品住宅价格同比上涨幅度位居前列的均为二三四线城市，包括石家庄、长沙、乌鲁木齐、丹东、洛阳、牡丹江、兰州、昆明、南昌、沈阳、西宁、秦皇岛等。其中，乌鲁木齐房价涨幅最高为 9.3%；兰州、长沙、洛阳、丹东等城市紧随其后，涨幅分别为 8.2%、8.2%、8.1%。据中国指数研究院发布的研究报告显示，6 月份其监测的 100 个城市中，环比 5 月份涨幅前十位的城市分别是郑州、长春、潍坊、洛阳、新乡、淄博、兰州、吉林、聊城和烟台，多为二三四线城市。

因此，受限购等调控政策影响，2011 年上半年一大批资金充裕的一线房地产企业开始逐步把房地产开发的"主战场"转移到了二三线城市，导致了二三线城市房地产开发和投资快速升温，造成二三线城市房价高涨难抑，并呈现出向一线城市房价迅速看齐的"一线化"势头。没有限购的二三线城市的房屋成交量、房价明显上涨，使得房地产市场依然火爆，弱化了一线城市的政策效力，影响了全国房地产的调控效果。

三、房地产投资及市场展望

2011 年上半年，调控政策效果开始显现，房地产市场压力在逐步加大。分析政策目标，总结市场变化，预计下半年保障房建设将会继续推动房地产投资，房地产商资金压力将加大。随着调控政策逐渐发力，房价将会出现实质性下降。

（一）保障房建设将会继续推动房地产投资

虽然严厉的调控政策仍在继续，但是调控政策的目的是降低房价，而降低房价最有效的方法就是增加市场供给。目前各类限制政策已经有效地控制了市场投机需求，下一步的政策重点是增加市场供给，平衡市场供需，这样房价才会逐步降下来。下半年房地产投资增速仍会比较稳定，但是，保障房建设投资将会是主要推力。

在今年召开的部分省份保障性安居工程工作会议上提出，今年开工建设 1000 万套保障性住房，包括加快棚户区改造、大力建设公租房等。这是一项硬任务，老百姓对此也翘首以盼。各地要下真功夫扎扎实实推进，如期开工计划项目，按时竣工在建项目，兑现对人民群众的郑重承诺。

同时，住房与城乡建设部也要求各地要公开保障性安居工程建设信息，11 月末以前必须全面开工。随着下半年国务院、住建部对保障房建设工作监察力度的不断加大，从中央到地方也在想方设法筹集资金，以保证保障房资金按时到位，确保完成今年保障性住房计划。另外，国务院常务会议强调，针对保障房建设，要加大政府投入和贷款支持力度。因此，预计下半年全国各地保障性住房投资将会明显加大，大批新的项目将会真正启动建设，将会推动房地产投资稳步增长。

（二）房地产商资金压力将加大

2011 年上半年房地产商销售业绩并不是非常乐观，一系列调控政策仍将继续甚至会更严厉。需求不断减少，资金使用成本不断提升，都将极大地提高房地产商的资金压力。

表 2－27　2011 年上半年存款准备金率调整情况

单位：%

公布时间	生效日期	大型金融机构			中小金融机构		
		调整前	调整后	调整幅度	调整前	调整后	调整幅度
2011 年 6 月 14 日	2011 年 6 月 20 日	21.00	21.50	0.50	17.50	18.0	0.50
2011 年 05 月 12 日	2011 年 05 月 18 日	20.50	21.00	0.50	17.0	17.50	0.50
2011 年 04 月 17 日	2011 年 04 月 21 日	20.00	20.50	0.50	16.50	17.00	0.50
2011 年 03 月 18 日	2011 年 03 月 25 日	19.50	20.00	0.50	16.00	16.50	0.50
2011 年 02 月 18 日	2011 年 02 月 24 日	19.00	19.50	0.50	15.50	16.00	0.50
2011 年 01 月 14 日	2011 年 01 月 20 日	18.50	19.00	0.50	15.00	15.50	0.50

资料来源：根据中国人民银行公布数据整理。

表 2－27 反映出，在 2011 年上半年的两个季度，中国人民银行共计 6 次连续提高金融机构存款准备金率，减少了金融机构的房贷能力，在限制购房者贷款需求的同时也限制了房地产开发商的资金来源。另外，贷款利率的不断提高，也增加了房地产开发商使用资金的成本。

表 2 – 28　2011 年上半年房地产开发企业资金来源情况

单位：亿元；%

时　间	资金来源 总　额	国内贷款	利用外资	企业自筹	其他资金	其他资金中 定金及 预收款	其他资金 中个人 按揭
1～2 月	12173	2679	86	4184	5223	3154	1280
增长率	16.3	7.7	61.5	21.4	16.6	28.9	11.3
1～3 月	19268	3837	144	7126	8161	4825	2076
增长率	18.6	4.4	45.2	27.2	18.7	28.7	−5.3
1～4 月	25362	4800	222	9486	10853	6449	2753
增长率	17.4	5.4	62.3	27.2	14.8	23.1	−6.8
1～5 月	32340	5803	266	12486	13785	8259	3443
增长率	18.5	4.6	57.3	30.9	14.6	23.3	−8.0
1～6 月	40991	7023	438	16463	17067	10236	4181
增长率	21.6	6.8	75.5	32.7	17.8	26.9	−7.9

资料来源：根据中国人民银行公布数据整理。

　　表 2 – 28 反映了房地产开发企业资金来源情况。根据国家统计局公布数据，房地产开发企业资金来源中，个人按揭贷款累计增幅一直维持负增长，利用外资、企业自筹资金增幅明显。2011 年上半年个人按揭贷款与定金及预收款总额占开发商资金的 35.2%。个人按揭贷款只有在 1～2 月份累计增幅是正值，为 11.3%，之后一直处于负增长状态。上半年利用外资同比增幅达到 75.5%，是上半年增幅最大值。企业自筹资金同比增幅自年初以来稳步增加，从 1～2 月份的 21.4% 增加到了 1～6 月份的 32.7%。国内贷款增幅减缓，上半年同比增幅 6.8%，比 2010 年全年 10.3% 的同比增幅还低 3.5%。由此看出，房地产开发商资金来源范围在缩小，资金量已经非常吃紧。

　　所以，房地产企业贷款难度不断加大。随着资本市场和信托渠道融资也被严格管控，限购限贷、购房首付比例提高、贷款利率高位运行等措施的实施，将进一步限制房地产开发企业可用的资金来源。如果这些政策有效地执行下去，在下半年就会对房地产开发企业的融资环境产生致命影响，各房地产公司的资金压力将不断地上升。

　　（三）　房屋存量明显增加，供需矛盾得到缓解

　　目前，随着调控政策的逐步发力，房价上涨的空间已经非常有限，限购、限贷、利率、存款准备金率等政策严重影响了市场需求，一些城市房屋存量明显增加，供需比即将发生实质性转变。

以武汉为例，根据武汉市房管局统计显示，截至6月底，剔除经济适用住房，武汉市新房累计可售套数为120310套，较一季度增加8.51%。按照2011年上半年月均销量8386套的消化速度，正常消化时间大约需要15个月左右。再以北京为例，根据北京房地产交易管理网的数据显示：截至6月29日，北京2011年上半年，期房住宅签约套数为36571套，同比下调16%；现房住宅同比下调18.5%。住宅总签约套数为43353套，同比下降16.4%。去年同期，北京的住宅总签约套数为51869套，在2009年同期为83518套。这意味着北京已经连续两年出现上半年的成交数量下滑。而且，从2011年上半年房地产销售情况也可以看出，进入二季度，房地产销售情况明显不如以往。另外，限购以后，北京购房成交案例中很大比例为首次置业，而本市户籍家庭更是占到了很高的比例。经过近几个月的消化，目前市场上有意向购房且有能力购房的人群正在迅速减少，有购房需求的家庭或个人也开始观望。

综合以上情况，在各项政策的积极作用下，目前市场上房屋存量明显增加，购房需求在减少，从而将缓解市场上住房的供需矛盾，并逐步形成供大于求的市场行情。资金压力也会促使开发商降价促销，快速销售回款。所以，预计下半年房价将会明显下降。

四、未来房地产政策取向

2011年上半年，我国房地产市场价格依然上涨，二三线城市房价上涨迅速，保障房建设压力明显。在坚持上半年调控政策的前提下，未来政府部门的调控措施仍将趋紧，限购政策或将常态化，同时对保障房的支持和监管力度会进一步加大。

（一）调控政策仍将趋紧

从目前情况来看，虽然房地产市场已经开始降温，一线城市房价下降态势明显，但是最新数据表明，二三线城市房价上涨明显。另外，物价整体上涨，CPI高居不下（如图2-18所示），租房市场租金上涨态势明显。这些都将促使调控政策持续收紧。

2011年上半年，一线重点城市实施住房限购政策。相对于一线城市而言，此前二三线城市的调控压力较小。但一线城市投资客转战二三线城市，便助推房价过快上涨。二三线城市房地产市场投资过热导致房价向一线城市房价看齐。由于通胀压力大，物价整体上涨，也会影响房价的变化。

另外，进入第三季度，城市单位新招聘人员即将入职，多数需要自己

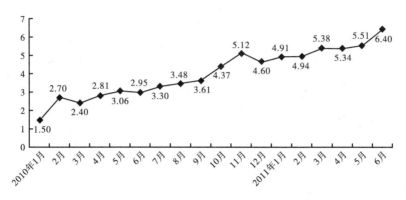

图 2-18　2010 年以来我国 CPI 变化情况

资料来源：根据国家统计局公布数据整理。

解决基本的住宿问题。刚工作的人员很少能够买得起房，所以大多数人都会去市场上租房。由于持续的限购政策已经让很多人选择租房，再加上新增的住房需求，未来租房市场价格可能会上涨。根据仲量联行发布报告所称，由于市场需求强劲，2011 年上半年北京商业地产各类物业租金较去年均有上涨，平均空置率明显下降，可能延续供不应求局面。

二三线城市房价上涨明显，物价水平不断提高，租房市场供求矛盾突出。这些因素都将会成为下一轮房价上涨的推力。所以，为了避免房地产市场回暖，引发新一轮的房价上涨，下半年房地产调控政策不会松动，反而会更全面、更严厉。

（二）限购政策或将常态化

2011 年 7 月 12 日，国务院总理温家宝主持召开国务院常务会议，要求继续严格实施差别化住房信贷、税收政策和住房限购措施，遏制投机投资性购房，合理引导住房需求。已实施住房限购措施的城市要继续严格执行相关政策，房价上涨过快的二三线城市也要采取必要的限购措施。从商品房市场来看，部分城市房价上涨压力仍然较大，有的城市调控力度有所放松。另外，由于担心住房成交量下降过快影响经济，少数地方有了停止执行或变相放宽住房限购措施的苗头。

与国务院要求房价上涨过快的二三线城市也要执行限购政策同步，住房和城乡建设部已经开始调查分析部分二三线城市和中小城市房价快速上涨的成因，并据此草拟新一轮的限购城市的名单。

据统计，目前全国已经出台限购令的城市共有 43 个，包括北京、上海、天津、重庆4个直辖市、26个省会级城市（不含拉萨）、大连、宁波、厦门、青岛、深圳等5个计划单列市，以及无锡、苏州、三亚、佛山等8个房价上涨过快城市。从2011年上半年的数据看，限购对抑制房价上涨幅度有明显作用。以最先执行限购令的北京为例，目前房价已经沿着"稳中有降"的目标开始回归理性。

面对房价居高不下，市场成交陷入僵持，二三线城市房价上涨过快的情况，国务院采取扩大限购实施范围的举措是正确的。这样一来，限购政策将基本覆盖我国各省市主要城区，可谓是构成了一个全面的限购体系。这将全面有效的控制投资需求。但同时考虑到，我国城镇化进程正在不断加快，城市住房需求仍然非常大。如果限购政策只是临时性政策，不仅不会降低投资需求，反而会刺激投资需求。因为目前城市住房需求中刚性需求仍占很大比例。限购政策取消后各类住房需求将会集中释放，市场上又会形成供求紧张的局面，房价将会重新大幅上涨。

从政府角度出发，既要为保障房建设争取筹集资金和建设时间，也要保证能够有效抑制投资需求，让市场合理需求缓慢释放，使得市场供需稳定在一个合理范围内。这样一来，城市购房限购政策常态化将会是最佳的选择。所以，预计未来城市购房限购政策将会常态化。

（三）保障房的支持和监管会进一步加大

据住建部估算，完成今年1000万套保障性住房建设的目标所需资金至少1.3万亿元。其中，中央和地方财政筹资5000亿元（中央部分1030亿元），通过社会机构和保障对象及其所在企业筹集8000亿元。因此，除了中央财政投入的专项补助资金1000多亿元外，有约90%的资金需要地方政府解决。

同时，为了支持地方多渠道筹集建设资金，保证顺利完成今年保障房建设任务，同时也为建立保障性住房长期、稳定的融资机制考虑，今后中央政府将会在保障性安居工程融资机制上出台相关政策。地方政府也会积极创新融资模式，在保证效率、降低成本、长效运行的原则下，研究出科学、合理的融资模式。预计下半年中央政府将主要通过支持和完善地方发行企业债券、加强土地出让金用途管理、政策性贷款等方式，帮助地方政府筹集保障房建设资金。

另外，随着保障房建设力度的不断加大，这方面的资金投入也在增加。为了更好地反映保障房的建设进程，包括资金的投入力度、各年度完成情况，国家统计局和相关的部委将逐步和完善建立保障房的统计调查制度。国土资源部已经发布《关于加强保障性安居工程用地管理有关问题的通知》，将严厉查处保障房建设过程中的土地使用的违法、违规行为。预计下半年政府各相关部门在出台保障房保障政策的同时，也会从多方面加强对保障房建设工作的监管力度。

第八部分　宏观管理与政策要点

2011 年二季度，国家把稳定物价总水平作为宏观调控的首要任务，坚持实施稳健的货币政策和积极的财政政策，处理好保持经济平稳较快发展、调整经济结构、管理通胀预期三者关系，既努力控制物价涨幅，又努力避免经济增速出现大的波动，实施了一些重要政策，对短期宏观调控和中长期结构调整都会产生积极影响。

一、国务院出台措施促进生猪生产，稳定居民消费价格

上半年，猪肉价格涨幅较大，影响了群众生活，带动了物价上涨。6 月我国 CPI 同比涨 6.4%，创 36 个月新高，其中猪肉价格上涨 57.1%，对 CPI 涨幅贡献达 21.4%，是当前物价上涨最突出的因素。为此，国务院 7 月 12 日举行常务会议，研究确定促进生猪生产持续健康发展的政策措施。主要措施有：一是加大生猪生产扶持力度。今年中央支持大型标准化规模养殖场和小区建设的投资恢复至 25 亿元，今后视情况适当增加。对养殖户（场）按每头能繁母猪 100 元的标准给予补贴。继续落实能繁母猪保险保费补贴政策。支持生猪原良种场建设，加大生猪冻精补贴力度。将生猪调出大县奖励范围由 421 个县增加至 500 个县。二是加强生猪公共防疫体系建设。落实对国家一类动物疫病免费强制免疫政策。对标准化规模养殖场和小区的病死猪无害化处理费用每头补助 80 元，将屠宰环节病害猪损失补贴由每头 500 元提高至 800 元。将因防疫需要而扑杀的生猪补助标准由每头 600 元提高至 800 元。将基层防疫人员工作经费补贴标准由每年 1000 元提高至 1200 元。三是强化信贷和保险支持。增加对规模养殖企业的信贷支持，为规模养殖场和小区提供信用担保服务。抓紧研究建立规模养殖企业联合体担保贷款方式。做好生猪保险工作，提高生猪保险覆盖面。四是妥善安排低收入群体和家庭经济困难学生生活。年底前，各地要全部建立起

社会救助和保障标准与物价上涨挂钩的联动机制，及时发放价格临时补贴。通过定点供应储备食品、落实好家庭经济困难学生资助政策、加强学生食堂管理等方式，确保秋季开学后学生生活水平不因价格上涨而降低。五是加强生猪等"菜篮子"商品生产、流通、消费领域的统计、监测和分析，及时掌握生产状况和市场变化。

生猪生产和猪肉价格波动有很强的周期性。如果政策实施的时机和力度不当，有可能出现顺周期调节，加剧市场波动。因此，生猪生产促进政策既要保护生猪饲养积极性、促进生产，又要避免猪肉价格过快上涨、过多增加消费者生活支出；既要加强中短期市场调控、保障市场供应和价格基本稳定，又要着眼长远，保持政策的连续性、稳定性，落实长期的扶持和保障措施，尽量减缓周期性波动，防止大起大落。

二、国务院再次明确要坚持房地产市场调控方向不动摇，调控力度不放松

国务院总理温家宝7月12日主持召开国务院常务会议，分析当前房地产市场形势，研究部署继续加强调控工作。会议强调：当前房地产市场调控正处于关键时期，必须坚持调控方向不动摇、调控力度不放松，坚定不移地抓好各项政策措施的落实，不断巩固和加强调控效果。一要严格落实地方政府房地产市场调控和住房保障职责。各地要从严把握和执行房价控制目标，进一步贯彻落实国务院确定的各项调控政策。房价过高的地区要加大调控力度，着力改善供求关系，促进房价合理回归。二要完善相关政策措施，加大政府投入和贷款支持力度，确保今年1000万套保障性住房11月底前全部开工建设。建立健全公开透明的分配制度和退出机制，确保保障性住房分配公平公正、管理科学有序。三要继续严格实施差别化住房信贷、税收政策和住房限购措施，遏制投机投资性购房，合理引导住房需求。已实施住房限购措施的城市要继续严格执行相关政策，房价上涨过快的二三线城市也要采取必要的限购措施。四要认真落实今年的住房用地供应计划，确保保障性住房用地，加快普通商品住房用地投放。认真执行《国有土地上房屋征收与补偿条例》。五要规范住房租赁市场，抑制租金过快上涨。加强市场监测和监管，完善房地产市场信息披露制度。

为解决地方保障性住房建设资金缺乏问题，国家发改委发布了《关于利用债券融资支持保障性住房建设有关问题的通知》（以下简称《通知》），支持符合条件的地方政府投融资平台公司和其他企业，通过发行企业债券进行保障性住房项目融资。《通知》提出，企业债券具有期限长、利率低的优势，是保障性住房项目市场融资的较好工具。地方政府投融资平台公司从事包括公租房、廉租房、经济适用房、限价房、棚户区改造等保障性住房项目建设的。如果符合条件，可申请通过发行企业债券的方式进行保障性住房建设项目的融资。从事或承担公租房、廉租房、经济适用房、限价房、棚户区改造等保障性住房建设项目的其他企业，也可在政府核定的保障性住房建设投资额度内，通过发行企业债券进行项目融资。国家发改委还表示，为了及时满足保障性住房项目的融资需求，优先办理相关企业债核准手续。

当前，房地产市场正处于胶着状态，市场各方对房地产市场调控政策走向都在观望，房地产价格上涨的预期还很强烈。在此情况下，国务院明确要求要坚持房地产市场调控方向不动摇，调控力度不放松，这将对市场预期产生重要影响。特别是，国家允许地方政府融资平台发行企业债券，拓宽了保障房建设资金来源渠道，将会大大增强保障性住房建设力度，增加市场供给，完善房地产供应体系，加快房地产市场的结构优化。

但也要看到，资金来源问题仍然是保障房建设的短板。按照住建部测算，要完成 1000 万套保障性安居工程年度投资需 1.3 万亿元左右。其中，8000 多亿元是通过社会机构投入和保障对象及其所在企业筹集来的，占比超过 62%。而按照目前的发行量，企业债和地方债能够提供的资金量依然有限。预计，债券融资政策的开闸将使企业募集到 3000 亿元到 4000 亿元规模的资金，即便上述两个平台融到的资金全部投入保障房建设，依然还有数千亿元的资金缺口待补。因此，仍需要在制度上进行创新，通过信贷、保险、社保、资本市场等多个渠道鼓励社会资金进入保障房建设市场，并进一步规范保障性住房的建设管理、配租和物业服务等工作。

三、国家将加快推进资源性产品价格改革

4 月 20 日，温家宝总理主持召开国务院常务会议，确定了 2011 年改革重点工作。主要措施有：一是推进转变经济发展方式的改革，促进科学发展。健全国有资本有进有退、合理流动机制，加快推进国有大型企业公司制股份制改革。落实鼓励引导民间投资的政策措施，制定公开透明的市场准入标准和支持政策，出台中小企业服务体系建设指导意见。深化资源性产品价格和环保收费改革，稳步推进电价改革，完善成品油、天然气价格形成机制。深化财税金融体制改革，健全财力与事权相匹配的财税体制和县级基本财力保障机制，扩大资源税改革实施范围，在部分生产性服务

业领域推行增值税改革试点。调整完善房地产相关税收政策。推进利率市场化改革，加快培育农村新型金融机构。深化涉外经济体制改革，建立健全境外投资风险防控机制。二是深化社会领域改革，保障和改善民生。深化收入分配和社会保障制度改革，研究制定收入分配改革方案，稳步推行工资集体协商制度。推进城镇居民养老保险试点和事业单位养老保险制度改革试点，扩大新农保试点范围，加快推进住房保障体系建设。推进国家基本公共服务体系建设，改革基本公共服务提供方式。积极稳妥推进户籍管理制度改革。推进科技、教育、医药卫生体制改革。三是深化行政体制改革，加强廉政建设。深化行政审批制度改革，加强行政问责制度建设。分类推进事业单位改革。大力推进财政预算公开。制定出台机关运行经费管理、公务接待和会议、公务用车制度等改革方案。开展省直接管理县（市）试点。四是深化农村改革，完善体制机制。完善农村土地承包关系长久不变的政策和实施办法，建立耕地保护补偿机制。改革农村征地制度。推进国有农场、林场管理体制改革。完善水资源管理体制，积极推进水价改革。

随后，国务院正式批转国家发展改革委《关于2011年深化经济体制改革重点工作的意见》（以下简称《意见》）。从《意见》来看，国家发改委今年将重点推进资源性产品价税改革，出台的措施包括：推进成品油价格市场化改革；加快输配电价改革，推进竞争性电力市场建设和大用户直接交易试点，完善水电、核电、可再生能源发电价格形成机制，调整销售电价分类结构，择机实施居民用电阶梯电价；建立反映资源稀缺程度和市场供求关系的天然气价格形成机制，进一步理顺天然气与可替代能源的比价关系；在总结试点经验的基础上，扩大资源税改革实施范围，研究将部分大量消耗资源、严重污染环境的商品纳入消费税征收范围。

今年是"十二五"开局之年，加快重点领域和关键环节的改革，特别是加快资源性产品价税改革，对于促进经济发展方式转变具有重大意义。考虑到资源性产品是一种准公共物品，与社会公众的生活密切相关，需要更加关注价格改革对居民生活的影响。对于水、电、油及天然气等资源性产品，应当积极稳妥地推进阶梯式价格改革，并采取财政补贴、价格优惠、社会救助等措施减轻改革对低收入人群的影响，确保困难群众的实际生活水平不因产品价格上涨而降低。

四、国务院出台八项措施促进物流业健康发展

6月8日，国务院召开国务院常务会议，研究部署促进物流业健康发展工作，提出要进一步完善配套政策措施，促进物流业健康发展。主要内容有：一要切实减轻物流企业税收负担。完善物流企业营业税差额纳税试点办法，扩大试点范围，尽快全面推广。研究解决仓储、配送和货运代理等环节与运输环节营业税税率不统一问题。完善大宗商品仓储设施用地的土地使用税政策。二要加大对物流业的土地政策支持力度。科学制定物流园区发展规划，对纳入规划的物流园区用地给予重点保障。支持将工业企业旧厂房、仓库和存量土地资源用于发展物流业。三要促进物流车辆便利通行。降低过路过桥收费，大力推行不停车收费系统。加强城市配送管理，解决城市中转配送难、配送货车停靠难等问题。四要改进对物流企业的管理。放宽对物流企业资质的行政许可和审批条件，逐步减少行政审批，提高审批效率。五要鼓励整合物流设施资源。支持大型优势物流企业对分散的物流设施资源进行整合，鼓励中小物流企业加强联盟合作。引导行业系统内的仓储和运输设施开展社会化物流服务，支持商贸流通企业发展共同配送。六要推进物流技术创新和应用。加强物流新技术自主研发，加快先进物流设备研制，制定和推广物流标准，适时启动物联网的应用示范。推进物流信息资源开放共享。七要加大对物流业的投入。各级政府要加大对物流基础设施的投资扶持，积极引导银行业金融机构加大对物流企业的信贷支持，拓宽融资渠道。八要促进农产品物流业发展。大力发展农超对接、农校对接、农企对接。完善农产品增值税政策，鼓励大型企业从事农产品物流业。加快建立主要品种和重点地区的冷链物流体系。加大对农产品批发市场、农贸市场的政府投入和政策扶持。严格执行鲜活农产品绿色通道政策和配送车辆24小时进城通行、便利停靠政策。加快发展粮食和棉花现代物流。会议要求各地区、各有关部门加强组织协调，细化政策措施，认真抓好落实。

近年来，随着油价不断上涨，人工费高企，物流企业成本压力日益加重，而高税负更是长久以来困扰物流企业发展的最大障碍。国务院出台的八项配套措施，涵盖了降低物流企业税负，减少过桥费、过路费，加大对物流业的土地支持等主要方面，有利于规范物流行业发展，降低物流行业负担和全社会物流成本，也有助于稳定物价。从长远来看，这些政策也有利于促进物流行业发展方式转变，推动我国物流产业从传统物流向现代物流升级。

五、国务院出台意见促进内蒙古自治区经济社会又好又快发展

6月29日，国务院公布了《关于促进内蒙古自治区经济社会又好又快发展若干意见》（以下简称《意见》），提出到 2020 年，内蒙古自治区的基础设施更加完善，基本适应经济社会发展需要；经济结构进一步优化，经济发展水平明显提升，城乡居民收入超过全国平均水平。《意见》明确了内蒙古四大战略定位，即我国北方重要的生态安全屏障；国家重要的能源基地、新型化工基地、有色金属生产加工基地和绿色农畜产品生产加工基地；我国向北开放的重要桥头堡；团结繁荣文明稳定的民族自治区。

《意见》指出，要稳步推进国家能源基地建设。优化煤炭资源开发，建设一批现代化露天煤矿和千万吨级安全高效矿井，建成一批年产 5000 万吨以上的大型煤炭生产矿区；支持呼伦贝尔、锡林郭勒和鄂尔多斯等重点煤电基地建设；打造蒙西、蒙东两个千万千瓦级风电基地，在太阳能资源富集地区建设一批兆瓦级并网太阳能光伏和太阳能热发电基地。

《意见》还明确了一系列扶持政策。在财税政策方面，将加大中央财政一般性转移支付和专项转移支付支持力度；推进资源税改革，研究完善内蒙古煤炭等矿产资源领域收费基金政策；将符合条件的公益性建设项目国债转贷资金全部改为拨款；鼓励中央企业在内蒙古的分支机构变更为独立法人，实行税收属地化管理；加大中央预算内投资支持力度，重点向民生工程、基础设施、生态环境等领域倾斜。在金融政策方面，将进一步加大对内蒙古的信贷支持力度，积极探索扩大抵押品范围，支持符合条件的企业上市和发行企业债券。在土地政策方面，鼓励使用未利用土地，适当增加土地利用年度计划特别是未利用地计划指标。

内蒙古是我国民族区域自治制度的发源地，煤炭、有色金属、稀土、风能等资源富集，发展潜力巨大，在全国经济社会发展和边疆繁荣稳定大局中具有重要的战略地位。在国家支持下，内蒙古将优先发展能源和原材料产业，作为传统优势产业的畜牧业和装备制造业也将得到进一步发展。预计到 2020 年，内蒙古将发展为国家综合性、战略性能源基地，在为国家提供传统能源的同时，还将以电力（特别是风电）和高载能产品等形式提供更多的清洁能源。

六、国家将持续提高最低工资标准，未来 5 年有望年均增 13% 以上

人力资源和社会保障部 6 月出台的《人力资源和社会保障事业发展"十二五"规划纲要》，明确提出"十二五"期间，我国将加快形成合理有序的工资收入分配格局，促进职工工资水平合理较快增长，遏制并逐步缩小不合理的工资差距，基本实现职工工资特别是农民工工资无拖欠。规划特别提出，未来五年，最低工资标准年均增长 13% 以上，绝大多数地区

最低工资标准达到当地城镇从业人员平均工资的40%以上。此外，未来国家还将积极稳妥扩大工资集体协商覆盖范围；加强对部分行业工资总额和工资水平的双重调控，缩小行业间工资水平差距，进一步规范国有企业、国有控股金融机构负责人薪酬管理。

最低工资标准是现代社会的标志之一，世界所有发达国家和绝大部分发展中国家都实行了最低工资制度。通过提高最低工资标准，可以从根本上改善收入分配结构，扩大内需。据统计，今年一季度，全国13个省份调整了最低工资标准，平均增幅20.6%。目前，全国月最低工资标准最高的是深圳市1320元，小时最低工资标准最高的是北京市13元。在我国普通劳动力供求关系出现战略性转折，特别是"民工荒"呈现常态的情况下，中低端劳动力工资将在市场和政府的共同作用下呈较快上涨。面对这一趋势，相关企业必须下大力气加强职工培训，提高装备水平，提升劳动生产率，才能在新形势下获取新的竞争优势。

附录一　世界经济形势

2011年上半年，世界经济继续复苏，但复苏步伐有所减缓。特别是中东北非局势紧张、欧洲部分国家债务危机、国际油价快速攀升和日本地震导致全球经济增长的不确定性显著增加。一方面，发达国家经济体陷入复苏动力不足的窘境；另一方面，新兴经济体则面临着经济增长基础不稳固和通货膨胀风险持续加大的局面。

一、主要国家和地区经济运行情况

（一）美国经济运行情况

2011年上半年，美国经济继续复苏，但复苏步伐有所放缓。美联储在6月份公布的经济褐皮书中指出，虽然美国经济延续复苏势头，但多个地区出现复苏减速迹象。其中，纽约、费城、亚特兰大和芝加哥等地区的储备银行认为当地经济复苏出现了减速势头，仅有达拉斯地区储备银行认为当地经济复苏出现了加速迹象，其他地区储备银行则认为复苏延续着稳固势头（如图2-19所示）。

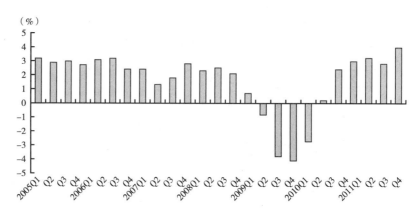

图 2 - 19　美国实际 GDP 季度增长率变化情况

2011 年上半年，美国实体经济增长呈现如下特征。

1. 工业生产继续增长，但制造业扩张后劲不足

一季度，美国工业生产保持良好增长态势。1~3 月份，美国工业生产指数分别为 92.8、92.5 和 93.1，环比分别增长 0.2%、-0.3% 和 0.7%。二季度，美国工业生产增速有所放缓。4~6 月份，美国工业生产指数分别为 93.0、92.9 和 93.1，环比分别增长 -0.1%、-0.1% 和 0.2%。6 月份，美国汽车生产环比下降 2.0%，采矿业生产增长 0.5%，公共事业生产增长 0.9%；工业设备开工率为 76.7%，与 5 月份持平，仍低于 1972 年至 2010 年间美国工业总的设备开工率 80.4% 的平均值。美国供应管理学会（ISM）发布的制造业指数由 1 月份的 60.8 下降至 6 月份的 55.3，连续 23 个月实现扩张（如图 2 - 20 所示）。分类指数中，6 月份新订单指数从 5 月份的 51.0 点增长至 51.6 点，生产指数从 54 点增长至 54.5 点，库存指数从 48.7 点增长至 54.1 点，雇员指数从 58.2 点增长至 59.9 点。

2. 消费者支出增长趋缓，消费者信心指数创阶段新低

1~3 月份，美国个人消费支出环比分别增长 0.3%、0.7% 和 0.5%。4 月份，美国个人消费支出增长 0.4%。5 月份，美国个人消费支出水平与上月持平，为 2010 年 6 月以来最低增速。6 月份，消费者信心指数为 58.5，低于 5 月份的 61.7，创 8 个月来的新低；消费者预期指数降至 72.4，低于 5 月份的 76.7，创 2010 年 10 月以来的新低；消费者现状指数降至 37.6，低于 5 月的 39.3，创下三个月来的新低。

3. 商品和服务贸易逆差进一步扩大

一季度，美国进口总额为 6470.1 亿美元，出口总额为 5062.17 亿美

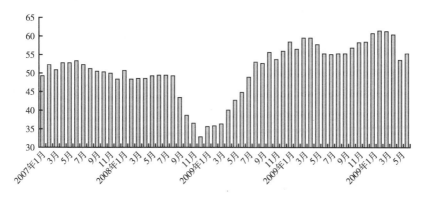

图 2 - 20　美国 ISM 制造业指数变化情况

元，贸易逆差达到 1407. 9 亿美元。4 月份，美国出口总额为 1755. 6 亿美元，增长 1.3%；进口总额为 2192. 4 亿美元，下降 0.4%；商品和服务贸易逆差为 436. 8 亿美元，收窄 6.7%。5 月份，美国出口总额为 1523 亿美元，增长 2.4%；进口总额为 1945 亿美元，增长 2.9%；商品和服务贸易逆差为 423 亿美元，为 2008 年 11 月份以来的最高水平。

4. 通货膨胀压力有所缓解

2011 年前六个月，美国消费价格指数（CPI）月度环比增幅分别为 0.4%，0.5%，0.5%，0.4%、0.2%和 -0.2%。6 月份，受能源价格下降的影响，美国能源价格环比下降 4.4%，其中汽油价格回落 6.8%，为两年半来最大降幅；扣除波动较大的能源和食品的核心消费价格指数上涨 0.3%，涨幅创近 3 年来新高。6 月份，美国生产者物价指数（PPI）年内首次下滑，环比下降 0.4%，创下 2010 年 2 月以来最大降幅，同比上升 7.0%；核心生产者物价指数环比增长 0.3%，同比增长 2.4%，创下 2009 年 7 月以来最大涨幅。

5. 失业率先降后升，就业形势不容乐观

2011 年前五个月，美国非农业部门失业率分别为 9.0%、8.9%、8.8%、9.0%和 9.1%。6 月份，美国非农业部门失业率较 5 月份上升 0.1 个百分点，达到 9.2%，连续第三个月上升。6 月份，美国新增就业岗位仅有 1.8 万个，少于 5 月份的 2.5 万个，其中私营部门新增 5.7 万个工作岗位，医疗保健行业增加 1.4 万个工作岗位，餐饮酒店和娱乐业增加 3.4 万个工作岗位，采矿业增加 8000 个工作岗位，联邦政府削减 1.4 万个工作岗位，地方各级政府削减 2.5 万个工作岗位，建筑业减少 9000 个工作岗位，金融业减少 1.5 万个工作岗位（如图 2 - 21 所示）。

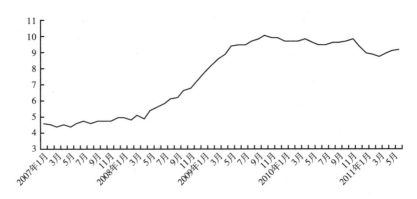

图 2 - 21　美国失业率变化情况

6. 房价持续低迷，房地产市场复苏乏力

受首次购房税收优惠政策到期、住房止赎案居高不下等因素影响，美国房价自 2010 年下半年开始持续下行。2011 年前四个月，美国住房价格指数分别为 184.49、181.64、180.96 和 182.42。由标准普尔发布的 Case-Shiller 房价指数显示，4 月份美国 20 个大中城市房价同比下降 4.0%，为 2010 年 4 月以来的最大降幅。6 月份，美国旧房销售量经季节调整按年率计算为 477 万套，环比下降 0.8%，同比下降 8.8%；新房开工量经季节调整按年率计算为 62.9 万套，高于 5 月份的 54.9 万套，环比上升 14.6%，同比增长 16.7%（如图 2 - 22 所示）。

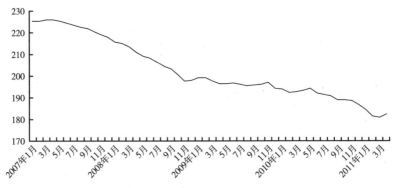

图 2 - 22　美国住房价格指数

（二）欧元区经济运行情况

2011 年上半年，欧元区经济保持复苏态势，但受通货膨胀和部分国家债务危机的影响复苏步伐有所减缓。6 月份，欧元区制造业采购经理人指数

（PMI）下降2.6点至52点，连续第三个月下滑，为18个月以来最低水平；欧元区商业气候（BCI）指数值从5月份的0.98回落至0.92，连续第4个月下跌；体现欧元区17国生产者和消费者对经济前景乐观程度的经济敏感指数较5月份月下降0.4点，至105.1点，为连续第四个月下滑（如图2-23所示）。

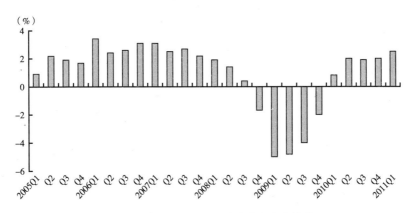

图 2-23　欧盟实际 GDP 季度增长率变化情况

2011年上半年，欧元区经济增长呈现如下特征。

1. 工业生产保持较快增长势头

2011年前三个月，欧元区工业生产环比分别增长0.3%、0.9%和-0.2%，同比分别增长6.6%、4.1%和5.3%。4月份，欧元区工业生产环比增长0.2%，同比增长5.3%。5月份，欧元区工业生产同比增长4.0%，环比微升0.1%，其中能源生产环比增长0.9%，资本货物生产增长0.6%，但中间产品生产下降0.1%，耐用消费品和非耐用消费品则分别下降0.5%和0.4%。6月份，欧元区16国制造业产能利用率升至80.50%。

2. 消费支出持续低迷

2011年前4个月，欧元区零售贸易总额环比分别增长0.8%、0.5%、-0.6%和0.6%，同比分别增长2.4%、3.1%、0.7%和3.1%。5月份，欧元区零售额环比下降1.1%，为2010年4月以来最大环比跌幅；同比下降1.9%，为2009年11月以来最大同比跌幅。

3. 贸易逆差有所增加

2011年前四个月，欧元区出口额同比上升20%，进口额同比上升22%。4月份，欧元区出口总额为1394亿欧元，环比下降11%；进口总额为1434亿欧元，环比下降8.0%；贸易逆差41亿欧元。

4. 物价水平快速攀升

2011年前五个月，欧盟消费者调和物价指数（HICP）分别为107.31、107.80、107.12、107.74和106.65，同比分别增长2.3%、2.4%、2.7%、2.8%和2.7%。6月份，欧元区消费者物价调和指数（HICP）同比上升2.7%，与5月份持平；核心消费者物价指数同比上升1.6%，环比上升0.1%（如图2-24所示）。

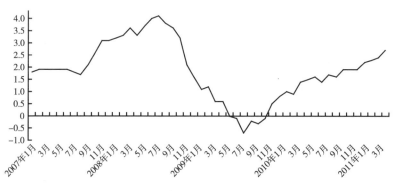

图2-24 欧盟综合消费价格指数同比增速变化情况

5. 失业率继续在高位徘徊

2011年1、2月份，欧元区失业率均为10.0%，3~5月份则略有下降，均保持在9.9%的水平。分国别看，5月份荷兰失业率为4.2%，奥地利为4.3%，卢森堡为4.5%，德国为6%，匈牙利为10%，西班牙为20.9%。5月份，欧元区、欧盟失业人口分别为1551万、2237.8万，较4月份分别上升1.6万、下降0.5万，同比分别下降55.1、90.4万（如图2-25所示）。

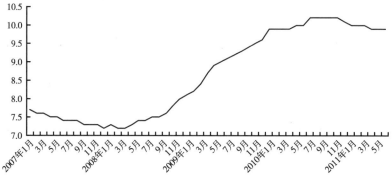

图2-25 欧盟失业率变化情况

（三）日本经济运行情况

2011 年上半年，受 3 月份地震的影响，日本经济保持弱势复苏态势，经济景气程度低迷。一季度，大型制造业景气判断指数为 −6，高于 2010 年四季度的 5；非制造业景气指数为 3，高于 2010 年四季度的 1。二季度，大型制造业对企业状况的看法自全球金融危机以来首次转为悲观，大型制造业景气判断指数为 −9。这也是 2010 年 3 月以来首次出现悲观者人数超过乐观者（如图 2 − 26 所示）。

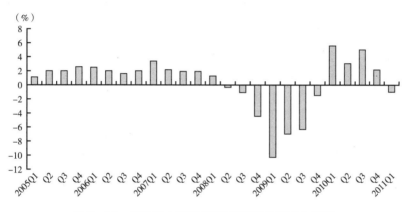

图 2 − 26 近期日本实际 GDP 季度增长率变化情况

2011 年上半年，日本经济增长呈现如下特征。

1. 工业生产大幅萎缩

2011 年 1、2 月份，日本工业生产指数环比分别上升 2.4% 和 0.4%。3 月份，受地震影响日本工业生产指数环比下降 15.5%。4、5 月份，日本工业生产指数略有回升，环比分别上升 1.6% 和 6.2%。5 月份，日本工矿业生产指数为 88.8，环比上升 5.7%，连续第二个月环比上升；工矿业出货指数环比上升 5.3% 至 87.2；库存指数上升 5.1% 至 103.2。分类别看，5 月份日本运输机械工业、一般机械工业、化学工业生产环比上升明显，但钢铁业生产依然低迷。

2. 消费者支出低迷，信心指数走低

2011 年 1、2 月份，日本消费者信心指数保持上升态势。3 月份，受大地震影响日本消费者信心指数下降 2.6 点至 38.6。4 月份，日本消费者信心指数又大幅下降 5.5 点至 33.1，为 2009 年 6 月以来的最低水平。5 月份，日本消费者信心指数上升 1.1 点至 34.2，是四个月来首次出现上升。

6月份，日本消费者信心指数又上升 1.1 点至 35.3。5 月份，日本所有家庭支出同比下降 1.9%，但降速有所放缓，表明消费者信心在逐步恢复。

3. 贸易形势有所恶化

2011 年一季度，日本出口额为 15.74 万亿日元，进口额为 15.71 万亿日元，实现贸易收支顺差 5692 亿日元。4 月份，因 3 月 11 日地震继续对生产和工业品出口构成冲击，日本出口额为 5.16 万亿日元，同比下降 12.5%；进口额 5.62 万亿日元，同比增长 8.9%；贸易逆差 4637 亿日元。6 月份，日本出口额为 5.78 万亿日元，同比减少 1.6%，为连续四个月下降；进口额为 5.71 万亿日元，同比增加 9.8%，为连续 18 个月上升；贸易顺差 707 亿日元，为三个月来首次出现贸易顺差，但顺差额同比减少 89.5%。

4. 通货紧缩形势依然严峻

2011 年前四个月，日本综合消费者物价指数分别为 99.4、99.3、99.6 和 99.9，仍处于历史低位。5 月份，日本包括生鲜食品在内的综合物价指数为 100.0，同比增长 0.3%，连续两个月正增长；核心消费物价指数为 100.5，同比下降 1.1%，成为日本有统计数据以来的最大单月降幅。6 月份，日本首都东京核心消费物价指数为 100.0，同比下降 1.3%，高于 5 月份 0.7% 的降幅，仅低于 2001 年 5 月份 1.4% 的历史最低水平，降幅位居历史第二位（如图 2 – 27 所示）。

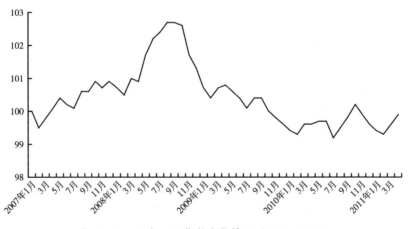

图 2 – 27 日本 CPI 指数变化情况（2005 = 100）

5. 就业形势持续改善

2011 年前四个月，日本失业率分别为 4.9%、4.6%、4.6% 和 4.7%。5

月份，由于更多人在地震灾难后停止寻找工作，日本失业率意外下滑。经季节调整后的失业率为4.5%，其中男性失业率为4.8%，女性失业率为4.3%。日本就业人数减少10万，连续第三个月下滑（如图2-28所示）。

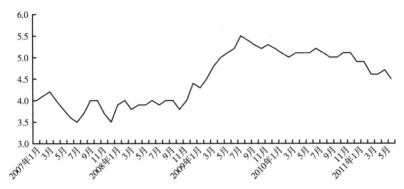

图2-28　日本失业率变化情况

（四）主要新兴市场经济运行情况

1. 俄罗斯经济增长势头增强

2011年前五个月，在工业生产、建筑和零售等领域快速增长的带动下，俄罗斯的GDP同比增幅高达3.9%。5月份，俄罗斯贸易顺差为165亿美元，同比增长33%。

2. 韩国经济保持快速增长

2011年一季度，韩国GDP同比增长4.2%，其中私人消费增长0.5%，设备投资下降0.8%，建筑投资也下滑6.7%，出口增长3.3%。

3. 新加坡经济继续快速增长

2011年一季度，新加坡经济同比增长8.3%，环比增长22.5%。其中，制造业产值同比增长13.1%，服务业产值增长7.3%，建筑业产值增长2.4%。新加坡政府预计2011年全年经济增长率将处于5.0%~7.0%之间。

4. 印度经济增长势头放缓

2011年一季度，印度经济增长7.8%，低于2010年四季度8.3%的增长率，为最近五个季度来最低增速。其中，消费增长从2010年四季度的8.6%缓至8.0%，政府支出增长从1.9%加快至4.9%。

5. 越南经济保持快速增长势头

2011年上半年，越南国内生产总值增长5.6%，其中农林水产业增长1.9%，工业与建筑业增长6.6%，服务业增长6.3%。前五个月，越南实现商品与服务零售总额 762.7 万亿越南盾，同比增长 22.5%；进口额为 413 亿美元，同比增长 29.7%。6 月份，越南消费价格指数环比增长 1.09%，同比增长 20.8%，其中粮食价格环比增长 0.33%，食品价格环比增长 2.47%。

6. 巴西经济保持良好增长态势

2011 年一季度，巴西国内生产总值为 9396 亿雷亚尔，同比增长 4.2%，其中服务业同比增长 4%，工业增长 3.5%，农牧业增长 3.1%；固定资产投资同比增加 8.8%，居民家庭消费开支同比增加 5.9%。6 月份，巴西失业率为 6.2%，继续保持平稳下降态势。

二、主要发达经济体货币政策

2011 年上半年，主要发达经济体的货币政策呈现分化态势，美国、日本继续维持宽松的货币政策，而欧元区则步入加息周期。与此同时，新兴经济体国家纷纷加息以抑制通货膨胀风险。

（一）美联储结束第二轮量化宽松货币政策

2011 年上半年，美联储公开市场委员会（FOMC）分别于 1 月 27 日、3 月 16 日、4 月 27 日、6 月 22 日四次召开会议，均决定维持联邦基金利率于 0%～0.25% 的水平不变，并按计划完成了 6000 亿美元的较长期国债购买规模。美联储认为，美国经济复苏正以温和的步伐前行，尽管步伐略小于预期，但预计复苏步伐将在之后的几个季度中开始加速。近几个月通胀呈现出抬头迹象，这主要反映出部分商品和进口产品价格上涨以及近期供应链受扰，但较长时间内的通胀预期已保持稳定。美联储将定期检讨证券购买的进度和资产购买计划整体规模，并在需要时作出调整，以最好地实现就业最大化和物价稳定。美联储 6 月 29 日发表声明，决定延长与加拿大银行、英格兰银行、欧洲中央银行以及瑞士国民银行等四家西方主要中央银行的临时性美元流动性互换协议至 2012 年 8 月 1 日。此举旨在向海外金融机构提供所需的美元资金，以缓解欧洲债务危机带来的压力。

（二）欧洲央行稳步推进紧缩性货币政策

2011 年上半年，欧洲央行分别于 1 月 13 日、2 月 3 日和 3 月 3 日三次召开货币政策会议。会议均决定维持主要再融资利率于 1% 的水平不变，同时维持隔夜贷款利率和隔夜存款利率分别于 1.75% 和 0.25% 不变。4 月 7 日，欧洲央行宣布将欧元区主导利率由 1% 提高 0.25 个百分点至 1.25%。这是欧洲央行自 2008 年 7 月以来首次加息，同时也是对在 2009 年 5 月降至历史最低点并维持至今的 1% 的主导利率首次向上调整。随着通胀压力日益凸显，欧洲央行 7 月 7 日宣布将欧元区主导利率由 1.25% 提高至 1.50%，增加 0.25 个百分点。为帮助希腊应对债务危机，欧元区将再为希腊提供 1090 亿欧元的贷款。这笔新增贷款将来自总额 4400 亿欧元的欧洲金融稳定工具。此外，为了防止债务危机蔓延，欧元区还决定提高欧洲金融稳定工具和未来的永久性救助机制——欧洲稳定机制的灵活性，允许其介入二级市场购买欧元区国家债券。鉴于目前通胀率居高不下，欧元区今年内仍可能继续提高利率。

（三）日本银行继续实施宽松货币政策

2011 年前两个月，由于外部经济复苏的形势有所改善，日本银行预期日本经济将重返温和复苏之路，因而日本银行维持隔夜无担保利率于 0% ~0.1% 的水平不变。"3·11"地震使得投资者心理遭到重创，金融市场急剧动荡。3 月 14 日日本银行提前召开政策会议，决定维持隔夜无担保利率不变，但将资产购买计划金额扩大 5 万亿日元至 40 万亿日元。随后，日本银行连续采取公开市场操作，向金融系统注入大量资金，金融系统逐步趋于稳定。4 月 7 日，日本银行宣布维持基准利率和现有资产收购规模不变，但将提供 1 万亿日元的灾后支援贷款用于帮助震后重建。为巩固日本经济增长基础、激发中小企业经济活力，日本银行 6 月 14 日决定在维持资产购买基金规模 10 万亿日元和信贷计划 30 万亿日元不变的基础上，推出一项总额 5000 亿日元（约合 62 亿美元）的融资支持计划，以鼓励金融机构向拥有技术的日本中小企业提供无抵押或担保的贷款。

三、全球经济增长前景

2011 年上半年，全球经济保持了复苏态势，但各经济体经济复苏步调存在显著差异。同时，世界经济下行风险趋于增大。一方面，发达国家尤其是美国缺乏可信的中期财政计划；另一方面，新兴和发展中经济体的通货膨胀快速上升，经济过热的风险正在迅速累积。因此，欧元区的债务危机和新兴市场经济过热已经成为未来一段时间世界经济发展的两大风险因素。联合国经济和社会事务部在 5 月 25 日发布《2011 年世界经济形势与展望报告》中表示，全球经济仍然处于从危机中日渐复苏的阶段，而且各国的恢复步伐不一，中国和印度等发展中国家的经济将保持强劲增长，继续成为带动全球经济复苏的驱动力，今、明两年全球生产总值将分别增长 3.3% 和 3.6%。经济合作与发展组织（OECD）认为，由于经济复苏基础不断扩大和可持续能力不断加强，世界经济今年增长率可望达到 4.2%，明年达 4.6%。

从美国的情况来看，2011 年美国经济将保持温和复苏态势。美联储认为，随着日本地震事件对供应链产生的冲击以及食品及能源价格强势上扬对消费者购买力和支出造成的影响逐渐消退，美国经济将摆脱暂时性的复苏迟滞状态。国际货币基金组织在美国经济年度评估报告中认为，美国的债务增长不可持续，美国经济最大的政策挑战在于实施可持续和持久的财政整顿政策，同时确保仍然脆弱的复苏得以持续，预计美国2011年国内生产总值将增长2.5%，2012年将增长2.7%。

从欧元区的情况来看，2011年欧元区经济将保持复苏势头，但通货膨胀压力或将增大。国际货币基金组织近期指出，尽管面临主权债务危机的挑战，欧元区的总体经济复苏势头有所增强，但是大宗商品价格上扬和银行业的去杠杆化压力则成为欧元区经济复苏的拖累。未来一段时间，不排除欧洲债务危机出现蔓延的可能，因而欧元区经济复苏仍存在较大的不确定性。国际货币基金组织预测，2011年欧元区的实际国内生产总值将增长2%，2012年欧元区的实际国内生产总值将增长1.7%。

从日本的情况来看，受地震影响日本2011年经济将维持弱势复苏。地震和海啸袭击中断了日本经济脆弱的复苏，给日本东北部沿海地区重要的基础设施带来巨大破坏。因此，自然灾害对日本经济的影响仍将延续一段时期。国际货币基金组织表示，随着重建工作展开，日本经济增长将逐渐提速，预计日本实际国内生产总值2011年将下滑0.7%，2012年将增长2.9%。

附录二 附图与附表

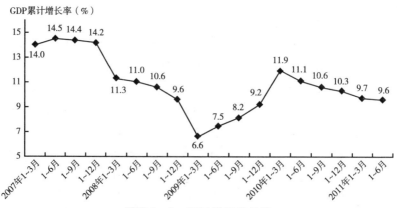

附图2-1 GDP累计增长率

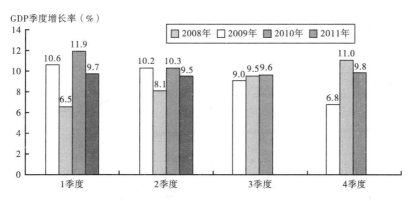

附图 2-2 GDP 季度增长率（季度）

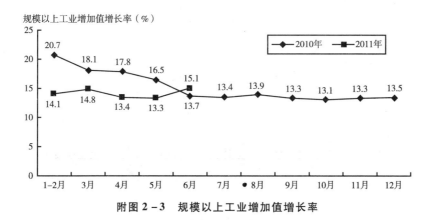

附图 2-3 规模以上工业增加值增长率

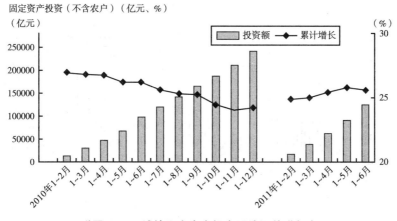

附图 2-4 城镇固定资产投资累计及其增长率

197

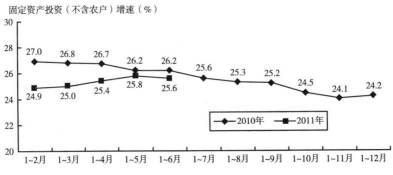

附图2－5　城镇固定资产投资累计增速

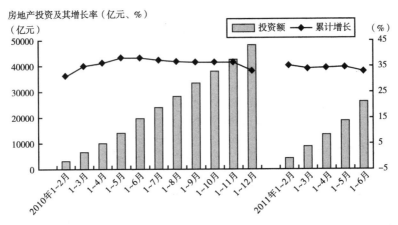

附图2－6　房地产投资累计及其增长率

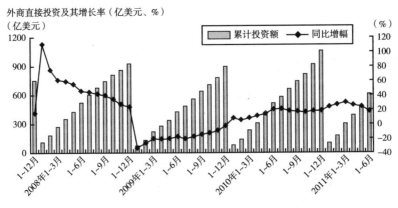

附图2－7　外商直接投资累计及其增长率

外商直接投资及其增长率（亿美元、%）
（亿美元）

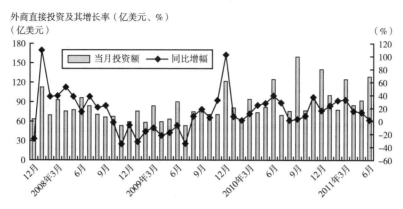

附图 2-8　外商直接投资及其增长率（当月）

社会消费品零售总额及其增长率（亿元、%）
（亿美元）

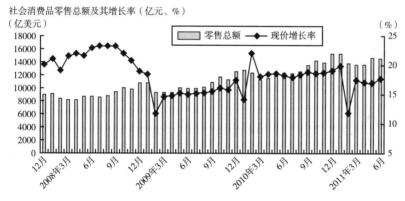

附图 2-9　社会消费品零售总额及其增长率

进出口累计增长率（%）

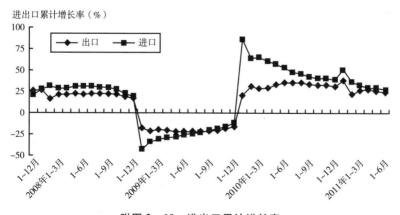

附图 2-10　进出口累计增长率

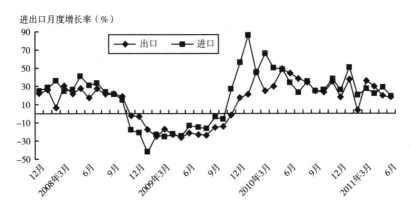

附图 2-11　进出口月度增长率

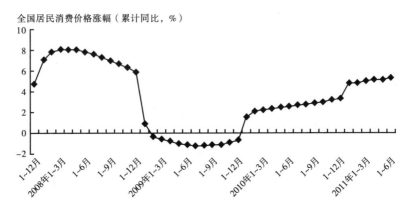

附图 2-12　全国居民消费价格涨幅

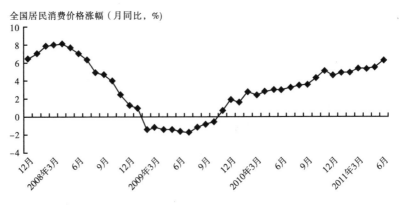

附图 2-13　全国居民消费价格涨幅（当月）

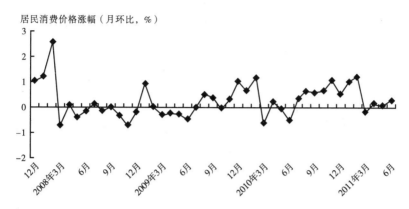

附图 2－14　居民消费价格月度环比涨幅

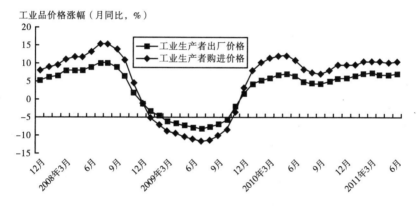

附图 2－15　工业品价格指数

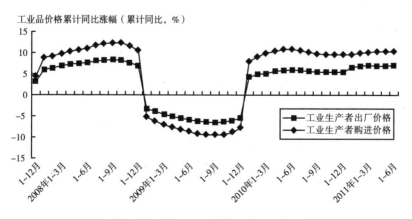

附图 2－16　工业品价格累计同比涨幅

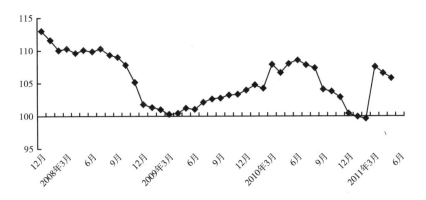

附图 2 - 17　消费者信心指数

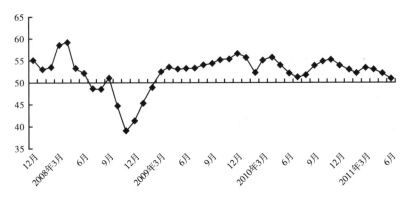

附图 2 - 18　制造业采购经理指数（PMI）

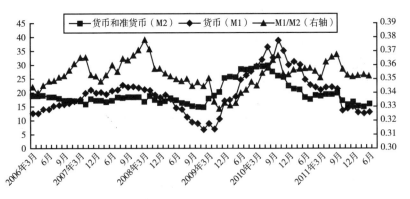

附图 2 - 19　货币供应量增速

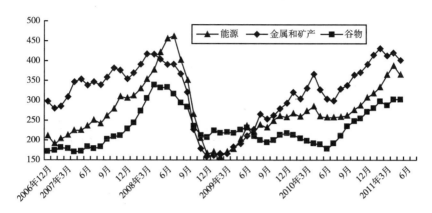

附图 2 - 20 国际市场大宗商品价格指数

数据来源：世界银行 GEM。注：2000 = 100，current $ 。

2011 年一至二季度主要宏观经济指标增长情况

单位：%

项 目		2009	2010	2011			
				1~6月	4月	5月	6月
经济增长	国内生产总值	9.2	10.3	9.6	na.	na.	na.
	第一产业	4.2	4.3	3.2	na.	na.	na.
	第二产业	9.9	12.2	11.0	na.	na.	na.
	第三产业	9.6	9.5	9.2	na.	na.	na.
工业	工业增加值	11	15.7	14.3	13.4	13.3	15.1
	其中:国有及国有控股企业	6.9	13.7	10.7	11.2	10.7	10.7
	集体企业	10.2	9.4	9.6	8.1	9.5	11.2
	股份制企业	13.3	16.8	16.1	15.4	15.2	17.2
	外商及港澳台投资企业	6.2	14.5	11.1	9.7	9.5	11.3
	发电量	6.3	13.2	13.5	11.7	12.1	16.2
价格	消费价格(CPI)	1.9	3.3	5.4	5.3	5.5	6.4
	工业品出厂价格	1.7	5.5	7.0	6.8	6.8	7.1
投资	固定资产投资	30.5	24.5	25.6	25.4	25.8	25.6
	其中:制造业	26.8	27	32.4	29.0	31.2	32.4
	房地产开发投资	16.1	33.2	32.9	34.3	34.6	32.9
消费	社会商品零售总额	155	18.4	16.8	17.1	16.9	17.7
	其中:城市	15.5	18.8	16.9	17.3	17.0	17.8

续表

项 目		2009	2010	2011			
				1~6月	4月	5月	6月
外贸	进出口总额	-13.9	34.7	25.8	25.9	23.5	18.5
	出 口	-16	31.3	24	29.9	19.4	17.9
	进 口	-11.2	38.7	27.6	21.8	28.4	19.3
	贸易差额(亿美元)	1956.9	1824.8	449.3	113.8	130.5	222.7
外资	外商直接投资	-2.6	17.4	18.4	15.21	13.44	2.83
金融	M2	27.68	19.72	15.85	15.34	15.06	15.85
	M1	32.35	21.19	13.05	12.89	12.67	13.05
	M0	11.77	16.69	14.36	14.74	15.41	14.36
	金融机构贷款	32.99	19.7	16.80	17.20	16.90	16.80
	金融机构存款	27.67	19.8	17.50	17.10	17.00	17.50
	拆借平均利率	n.a	n.a	n.a	2.16	2.93	4.56
	回购平均利率	n.a	n.a	n.a	2.22	3.03	4.94

注：1. 固定资产投资为固定资产投资（不含农户）的累计数；工业增速2月为1~2月累计数，金融当月值为月末数，存贷款为金融机构本外币项余额。2. 从2011年1月起提高工业、固定资产投资统计起点标准，其中纳入规模以上工业统计范围的工业企业起点标准从年主营业务收入500万元提高到2000万元；固定资产投资项目统计的起点标准，从计划总投资额50万元提高到500万元。3. 2011年起，城镇固定资产投资指标改为"固定资产投资（不含农户）"，等于原口径的城镇固定资产投资加上农村企事业组织项目投资。

补充报告　我国区域经济形势分析

上半年，各地继续坚持贯彻落实科学发展观，不断加强和改善宏观调控，区域经济总体运行良好。各地区经济增长速度小幅回落，工业生产运行平稳，固定资产投资增速较快，对外贸易继续改善，财政收入大幅增长。但各地仍然面临着食品价格持续上涨、社会消费增长放缓、经济结构调整缓慢以及外贸形势严峻等问题，在未来的工作中仍需对此进一步关注。

一、2011年上半年我国区域经济运行

自年初以来，四大区经济运行平稳，固定资产投资保持较快增长，工

业效益逐渐提高，财政收入增速较快，经济总体运行态势良好。

（二）经济增长平稳，西部继续领先

从增长速度来看，受宏观政策调控影响，各地区经济增速较上年同期普遍回落；与一季度相比，增幅则呈现稳定态势。上半年，四大区地区生产总值（GDP）增速依次为：西部增长 14.2%，东北增长 13.0%，中部增长12.9%，东部增长 10.8%。与上年同期相比，各区域增速均有不同程度的放缓，其中，东部地区降幅最大，同比回落了 2.2 个百分点。与一季度相比，东部地区降幅扩大了 0.2 个百分点，中部持平，西部和东北地区各加快了0.4 个百分点（详见表 2 - 29）。从增长趋势来看，西部地区继续保持增速较快的态势，增速分别高于东北、中部和东部地区 1.2、1.3 和 3.4 个百分点。

表 2 - 29　2011 年上半年全国及各地区经济增长

地　　区	地区生产总值(亿元)		同比增长速度（%）	同比变动百分点	与一季度相比变动百分点
	2011. Q1 ~ 2	2011. Q1	2011. Q1 ~ 2	2011. Q1 ~ 2	2011. Q1 ~ 2
全　　国	**204459.2**	**96311.0**	**9.6**	**- 1.5**	**- 0.1**
东部地区	**123811.9**	**53808.2**	**10.8**	**- 2.2**	**- 0.2**
北　京	7418.1	3509.0	8.0	- 4.0	- 0.6
天　津	5098.7	2256.5	16.6	- 1.4	0.1
河　北	10992.4	4396.1	11.1	- 3.0	- 0.1
上　海	9164.1	4327.6	8.4	- 4.3	- 0.1
江　苏	22918.3	9902.1	11.4	- 1.8	- 0.2
浙　江	14653.6	6311.2	9.9	- 1.8	- 0.5
福　建	7042.5	2930.7	13.0	- 1.8	- 1.5
山　东	21880.8	9049.6	11.1	- 2.5	0.1
广　东	23421.1	10549.7	10.2	- 1.0	- 0.3
海　南	1222.3	575.5	10.4	- 9.0	0.4
中部地区	**46688.7**	**20059.2**	**12.9**	**- 2.1**	**0.0**
山　西	5134.3	2200.9	13.3	- 4.2	0.5
安　徽	6883.3	2843.2	13.4	- 2.0	- 0.4
江　西	4932.3	2160.7	13.0	- 1.4	0.0
河　南	12404.7	5615.4	11.2	- 2.3	0.4
湖　北	8571.5	3592.4	14.1	- 1.6	- 0.3
湖　南	8762.7	3646.6	13.4	- 1.7	- 0.5

续表

地　　区	地区生产总值（亿元）		同比增长速度（%）	同比变动百分点	与一季度相比变动百分点
	2011. Q1～2	2011. Q1	2011. Q1～2	2011. Q1～2	2011. Q1～2
西部地区	**41324. 0**	**18432. 7**	**14. 2**	**－0. 8**	**0. 4**
内　蒙　古	5804. 8	2391. 7	15. 0	－0. 8	1. 3
广　　　西	4720. 1	2247. 9	12. 3	－1. 3	0. 2
重　　　庆	4450. 4	2061. 1	16. 5	－1. 1	0. 2
四　　　川	9370. 6	4257. 6	14. 8	－1. 5	－0. 2
贵　　　州	2278. 1	849. 8	15. 3	5. 0	0. 5
云　　　南	3603. 1	1739. 1	13. 1	－0. 7	0. 6
西　　　藏	250. 8	115. 4	16. 5	5. 4	－3. 3
陕　　　西	5217. 3	2343. 4	13. 7	－2. 4	0. 1
甘　　　肃	1940. 7	883. 1	13. 3	0. 0	2. 5
青　　　海	689. 1	288. 1	13. 3	－1. 0	1. 0
宁　　　夏	811. 5	335. 0	11. 5	－5. 6	1. 8
新　　　疆	2187. 1	920. 5	11. 7	1. 0	0. 2
东北地区	**18905. 9**	**8134. 2**	**13. 0**	**－1. 6**	**0. 4**
辽　　　宁	9948. 5	4246. 2	13. 0	－1. 6	0. 2
吉　　　林	3890. 4	1708. 0	14. 1	－2. 7	1. 4
黑　龙　江	5067. 0	2180. 0	12. 1	－0. 8	0. 1

注：地区生产总值按现价计算，增长速度按不变价计算。

资料来源：国家统计局中国经济景气监测中心、《中国经济景气月报》。

从区域经济比重来看，上半年，东部、中部、西部和东北地区 GDP 占四大区合计比重分别为 53. 7%、20. 2%、17. 9% 和 8. 2%。东部地区所占比重比去年同期下降了 0. 7 个百分点，中部和西部则各上升 0. 4 和 0. 3 个百分点，东北与上年同期持平。东部以外区域经济比重的上升体现了各地区经济实力的增强，有利于缩小区域发展差距。

1. 西部地区增长最快

上半年，西部地区实现地区生产总值 41324. 0 亿元，增长 14. 2%。与上年同期相比，增速小幅减缓 0. 8 个百分点，是四大区中增速最快且同比降幅最小的区域。与一季度相比，增速提高了 0. 4 个百分点。在国家西部大开发优先战略的支持下，西部经济受宏观调控影响最小，经济潜力得到进一步释放，未来增长仍可期。分省来看，各省份均保持了两位数以上的较快增长，重庆和西藏均以 16. 5% 的增速居全国第 2 位，西藏同比加快了

5.4 个百分点，增速提升幅度最大。贵州、内蒙古和四川分别以 15.3%、15.0% 和 14.8% 的增速居全国第 4、5、6 位。增速较慢的宁夏以 11.5% 的增速居西部末位和全国第 22 位，增速同比回落 5.6 个百分点，降幅较大。

2. 东北地区保持较快增长

上半年，东北地区实现地区生产总值（GDP）18905.9 亿元。增长 13.0%，在四大区中仅低于西部地区。与上年同期相比，增速减缓 1.6 个百分点；与一季度相比，增速加快 0.4 个百分点。其中，辽宁、吉林和黑龙江同比分别增长 13.0%、14.1% 和 12.1%，比上年同期分别回落 1.6、2.7 和 0.8 个百分点。与一季度相比，辽宁、吉林和黑龙江增速分别加快 0.2、1.4 和 0.1 个百分点，降幅进一步收窄，经济实现平稳较快增长。

3. 中部地区增长稳健

上半年，中部地区 GDP 累计达到 46688.7 亿元，增长 12.9%，同比减缓了 2.1 个百分点，与一季度相比，增速持平。分省来看，湖北增长 14.1%，增速居中部之首和全国第 7 位；河南增长 11.2%，同比回落 2.3 个百分点，增速较一季度加快 0.4 个百分点。受去年同期基数较大的影响，山西增长 13.3%，同比减缓了 4.2 个百分点，增速较一季度提高 0.5 个百分点，是中部同比降幅最大但增速有所加快的区域。

4. 东部地区继续平稳增长

上半年，东部地区累计实现地区生产总值（GDP）123811.9 亿元，增长 10.8%，增速同比回落 2.2 个百分点，降幅居四大区之首；与一季度相比，降幅继续扩大 0.2 个百分点。分省市看，东部各省市经济保持稳定增长，增长速度同比均有所回落。天津同比增长 16.6%，居全国首位，增速同比回落 1.4 个百分点。北京、上海和浙江分别增长 8.0%、8.4% 和 9.9%，增速列全国后三位，比上年同期分别回落 4.0、4.3 和 1.8 个百分点。海南增长 10.4%，增速同比回落 9.0 个百分点，降幅居全国首位。与一季度相比，除天津、山东和海南增速略微加快 0.1、0.1 和 0.4 个百分点以外，其他各省市的增速均有所回落。

（三）固定资产投资增速较快，房地产投资高位运行

1. 固定资产投资较快增长，投资的区域结构继续优化

上半年，全国累计完成城镇固定资产投资（不含农户）① 总额为

---

① 自 2011 年起，国家统计局对月度固定资产投资统计制度进行了完善，即将月度投资统计的范围从城镇扩大到农村企事业组织，并将这一统计范围定义为"固定资产投资（不含农户）"。投资项目统计起点标准由原来的 50 万元调整为 500 万元。"固定资产投资（不含农户）"等于原口径的城镇固定资产投资加上农村企事业组织项目投资。

124566.7 亿元，增长 25.6%，较一季度加快了 0.6 个百分点。四大区投资增速的位次依次为中部、东北、西部和东部地区。其中，中部地区完成投资 28390.0 亿元，增长 31.4%，增速较一季度回落 0.2 个百分点。六省中安徽增速最快，为 35.4%。东北地区完成投资总额 11132.0 亿元，增长 30.5%，较一季度加快 1.2 个百分点。东北三省的增速均在 30.0% 左右。西部共完成投资 29195.4 亿元，增长 29.2%，增速较一季度提高 2.7 个百分点。西部各省份增长差异较大，甘肃、贵州、西藏和青海增长均超过 40.0%，而四川、云南和宁夏增速较低。东部地区共完成投资 54222.3 亿元，增长 21.8%，较一季度加快 0.7 个百分点，增速仍低于其他地区。东部地区的海南和福建增长最快，分别达到 33.6% 和 31.9%。增速较慢的是北京仅增长 7.3%。上海则同比下降 5.5%，是全国唯一一个投资下滑的省份；但与一季度相比，上海的投资增速降幅收窄了 1.9 个百分点（详见表 2-30）。

表 2-30　2011 年上半年全国及各地区城镇固定资产投资（不含农户）完成额

地　　区	固定资产投资(不含农户)完成额(亿元)		同比增长速度（%）	与一季度相比变动百分点
	2011. Q1~2	2011. Q1	2011. Q1~2	2011. Q1~2
全　　国	124566.7	39464.9	25.6	0.6
东部地区	54222.3	20082.6	21.8	0.7
北　　京	2201.2	762.3	7.3	-4.6
天　　津	3319.4	1054.7	30.4	1.4
河　　北	6491.7	1774.7	27.0	0.3
上　　海	1909.8	904.8	-5.5	1.9
江　　苏	11831.3	5469.6	23.9	0.8
浙　　江	5986.8	2368.2	23.0	-3.6
福　　建	4223.6	1553.8	31.9	-1.0
山　　东	10858.9	3471.8	21.9	0.7
广　　东	6731.4	2434.2	16.7	3.1
海　　南	668.2	288.6	33.6	-0.4
中部地区	28390.0	8691.2	31.4	-0.2
山　　西	2040.4	451.7	28.2	3.1
安　　徽	5537.5	2077.2	35.4	1.1
江　　西	3612.8	1090.7	31.8	-1.6
河　　南	7111.0	1966.7	30.0	2.1
湖　　北	5614.2	1753.2	32.0	-1.2
湖　　南	4474.2	1351.7	29.2	-2.3

续表

地　区	固定资产投资（不含农户）完成额（亿元）		同比增长速度（％）	与一季度相比变动百分点
	2011. Q1 ~ 2	2011. Q1	2011. Q1 ~ 2	2011. Q1 ~ 2
西部地区	**29195. 4**	**8323. 0**	**29. 2**	**2. 7**
内 蒙 古	4083. 6	438. 0	27. 6	7. 1
广　　西	3474. 9	1118. 7	29. 9	− 2. 1
重　　庆	2928. 5	1073. 3	28. 5	8. 5
四　　川	6505. 1	2653. 5	23. 5	− 0. 8
贵　　州	1458. 1	525. 4	46. 8	− 2. 1
云　　南	2558. 0	917. 4	25. 3	4. 8
西　　藏	171. 4	20. 2	43. 2	− 14. 7
陕　　西	3801. 4	950. 4	29. 0	0. 8
甘　　肃	1764. 6	267. 3	46. 9	5. 3
青　　海	530. 5	73. 4	42. 2	1. 6
宁　　夏	566. 3	100. 6	24. 2	− 17. 1
新　　疆	1353. 0	185. 0	29. 6	14. 2
东北地区	**11132. 0**	**1647. 8**	**30. 5**	**1. 2**
辽　　宁	7209. 5	1290. 3	31. 0	0. 7
吉　　林	2294. 3	210. 7	30. 0	− 1. 4
黑 龙 江	1628. 3	146. 8	29. 3	10. 5

资料来源：国家统计局中国经济景气监测中心、《中国经济景气月报》。

从固定资产投资构成来看，除中部地区外，其他三个区域的建筑安装工程投资增速快于设备工器具购置投资增速。上半年，东部、中部、西部和东北地区设备工器具购置投资分别增长 19. 3%、34. 8%、20. 2% 和 19. 5%，建筑安装工程投资分别增长 27. 2%、32. 5%、39. 3% 和 32. 9%。建筑安装工程投资的较快增长反映目前投资取向主要是基础设施建设。

从投资的区域构成来看，上半年，东部、中部、西部和东北地区固定资产投资占地区合计的比重分别为 44. 1%、23. 1%、23. 7% 和 9. 1%。与上年同期相比，东部比重下降 1. 7 个百分点，中部、西部和东北地区分别上升 0. 9、0. 5 和 0. 3 个百分点。投资区域结构逐季优化，反映了区域协调政策的积极效果，有利于促进区域均衡发展。

2. 房地产投资保持快速增长，东部有所降温

上半年，东部、中部、西部和东北地区房地产投资完成额分别增长29.6%、35.8%、38.5%和34.5%，继续保持较快增速。与上年同期相比，中部和西部分别加快了2.5和1.5个百分点，东部和东北地区则分别减缓了7.3和0.9个百分点。四大区中东部增速最低而降幅最大，房地产投资高速增长的势头有所缓解。分省份来看，增速列前三位的贵州、新疆和内蒙古均为西部地区，增速分别达到89.2%、67.2%和62.5%，居全国前三位。北京和上海仅增长3.7%和9.4%，增速居全国第30和29位，同比降幅较大。

从商品房销售市场来看，一季度商品房销售减缓的趋势基本得以延续。与上年同期相比，中部、西部和东北地区商品房销售面积分别回落了15.3、8.5和4.4个百分点，商品房销售额分别回落了11.9、2.7和4.9个百分点。东部地区的商品房销售面积虽同比提高了4.5个百分点，但销售额同比下降了1.0个百分点，部分前期房价上涨过快的省市出现商品房销售额和销售面积双降的情况。海南的商品房销售面积和销售额同比分别下降9.9%和5.3%，增速比上年同期分别回落131.6和256.9个百分点，降幅列全国第一。上海的商品房销售面积和销售额同比分别下降13.8%和11.8%。北京的商品房销售面积和销售额同比分别下降18.4%和19.4%，增速均列全国末位。

（四）消费市场保持平稳较快增长，实际增速放缓

上半年，除甘肃、青海和新疆以外，各省（市、区）社会消费品零售总额增速普遍出现回落。分区域来看，东部省份的降幅较大，西部降幅相对较小。东部各省市中，海南、天津和福建分别增长18.6%、18.5%和18.0%，列全国第1、2和第8位；但北京、上海和广东仅增长11.3%和11.5%和15.9%，增速列全国后三位。从降幅上看，上海、北京和浙江增速同比分别回落6.0、4.7和2.1个百分点，降幅列全国前三位。中部六省增速差异不大，但江西增速回落1.9个百分点，降幅较大。西部各省除青海和新疆均增长16.6外，其余各省增速均超过全国16.8%的平均水平。东北三省增速继续高于全国平均水平（详见表2-31）。一方面，消费增速放缓有刺激消费政策支撑力下降的影响；另一方面，物价上涨尤其食品和住房价格上涨仍然是此次社会消费品零售总额名义大幅增长的主要原因。自年初以来，居民消费价格指数持续高位运行，并有继续上行趋势。上半年，东部、中部、西部和东北地区居民消费价格指数累计分别上涨5.3、5.6、5.9和5.3个百分点。与一季度相比，价格涨幅进一步扩大。扣除价格因素后，各地消费品零售总额实际增速均有不同程度的回落。

表 2－31　2011 年上半年全国及各地区社会消费品零售情况

地　区	同比增长速度（%）		实际增长速度（%）	同比变动百分点	与一季度相比变动百分点
	2011. Q1～2	2011. Q1	2011. Q1～2	2011. Q1～2	2011. Q1～2
全　国	**16.8**	**16.3**	**11.6**	**－1.4**	**0.5**
东部地区					
北　京	11.3	11.9	8.4	－4.7	－0.6
天　津	18.5	17.9	14.2	－0.5	0.6
河　北	17.0	16.4	12.1	－1.0	0.6
上　海	11.5	12.9	7.4	－6.0	－1.4
江　苏	17.2	16.9	12.3	－1.2	0.3
浙　江	16.9	16.1	11.2	－2.1	0.8
福　建	18.0	17.1	13.0	－0.7	0.9
山　东	17.0	16.5	12.4	－1.6	0.5
广　东	15.9	15.4	10.6	－1.2	0.5
海　南	18.6	17.8	12.0	－0.6	0.8
中部地区					
山　西	17.5	17.0	12.6	－0.5	0.5
安　徽	17.8	17.2	12.1	－1.3	0.6
江　西	17.2	16.5	12.0	－1.9	0.7
河　南	17.7	17.2	11.2	－0.8	0.5
湖　北	17.7	17.0	11.6	－0.8	0.7
湖　南	17.4	17.0	11.3	－1.0	0.4
西部地区					
内　蒙　古	17.5	16.8	12.4	－1.1	0.7
广　西	17.7	17.0	10.5	－1.1	0.7
重　庆	18.3	17.8	13.5	－0.6	0.5
四　川	18.0	17.0	12.1	－0.5	1.0
贵　州	18.1	17.0	12.3	－1.0	1.1
云　南	18.1	17.0	13.8	－0.5	1.1
西　藏	17.9	16.5	14.0	－0.5	1.4
陕　西	17.7	17.0	12.8	－0.8	0.7
甘　肃	18.0	17.0	11.6	1.0	1.0
青　海	16.6	15.0	8.8	0.3	1.6
宁　夏	18.4	17.8	11.6	－0.4	0.6
新　疆	16.6	15.7	11.3	0.8	0.9
东北地区					
辽　宁	17.1	17.0	11.5	－0.9	0.1
吉　林	17.0	16.5	12.0	－1.5	0.5
黑　龙　江	17.1	16.5	12.6	－1.9	0.6

资料来源：国家统计局中国经济景气监测中心、《中国经济景气月报》。

（五）对外贸易增速有所减缓，贸易顺差减少

上半年，东部、中部、西部和东北分别实现进出口总额 14821.7 亿美元、711.2 亿美元、764.0 亿美元和 739.8 亿美元，同比分别增长 24.6%、38.6%、34.8% 和 28.4%。受上年同期基数较大的影响，2011 年上半年，四大区进出口增速均有不同程度的回落。其中，东北地区降幅最大，达到 19.8 个百分点。与一季度相比，除东北地区提高 3.8 个百分点外，东部、中部、西部增速分别减缓了 4.2、5.1 和 1.5 个百分点，外贸形势依然严峻（详见表 2 - 32）。

表 2 - 32　2011 年上半年全国及各地区进出口总额

地　　区	进出口总额 （亿美元）		同比增长速度 （%）	同比变动 百分点	与一季度相比 变动百分点
	2011. Q1~2	2011. Q1	2011. Q1~2	2011. Q1~2	2011. Q1~2
全　　国	17036.7	8002.8	25.8	-17.3	-3.7
东部地区	14821.7	6987.8	24.6	-17.7	-4.2
北　　京	1856.3	910.4	28.7	-31.4	-4.2
天　　津	467.6	222.8	23.5	-11.0	-0.9
河　　北	255.0	123.1	34.0	-6.6	-13.3
上　　海	2079.2	986.3	21.0	-21.5	-3.8
江　　苏	2573.9	1212.2	20.0	-29.2	-2.3
浙　　江	1446.4	664.6	23.1	-18.2	-3.0
福　　建	628.7	289.7	26.2	-16.6	-0.5
山　　东	1106.1	538.1	28.5	-12.5	-6.9
广　　东	4350.9	2012.2	26.0	-7.9	-5.3
海　　南	57.6	28.4	80.6	59.0	-74.0
中部地区	711.2	320.4	38.6	-13.7	-5.1
山　　西	71.4	35.7	22.8	-44.5	-21.0
安　　徽	143.5	64.7	32.2	-26.5	-2.2
江　　西	136.4	54.9	57.1	-6.3	0.6
河　　南	117.4	53.6	52.3	26.1	-1.1
湖　　北	152.2	70.1	28.2	-25.6	-4.6
湖　　南	90.3	41.3	43.9	4.0	-7.1
西部地区	764.0	357.7	34.8	-13.0	-1.5
内 蒙 古	56.5	26.9	47.0	11.8	-6.1
广　　西	102.7	46.5	32.7	-7.1	11.2
重　　庆	91.5	40.6	78.4	29.5	6.0

续表

地　区	进出口总额 （亿美元）		同比增长速度 （％）	同比变动 百分点	与一季度相比 变动百分点
	2011. Q1～2	2011. Q1	2011. Q1～2	2011. Q1～2	2011. Q1～2
四　　川	194.4	88.8	25.4	-24.9	8.4
贵　　州	19.0	9.2	46.2	34.1	-8.0
云　　南	70.9	34.6	16.1	-93.4	-27.6
西　　藏	3.8	1.7	13.5	-45.8	17.9
陕　　西	70.3	33.7	30.1	-7.0	-2.8
甘　　肃	48.8	23.9	35.8	-89.7	-4.2
青　　海	5.0	1.9	29.5	-29.6	15.5
宁　　夏	11.2	5.1	30.4	-39.2	1.5
新　　疆	90.0	44.8	40.5	27.9	-24.5
东北地区	**739.8**	**337.0**	**28.4**	**-19.8**	**3.8**
辽　　宁	459.4	217.2	17.7	-29.5	2.1
吉　　林	105.8	52.9	34.6	-27.9	-8.3
黑　龙　江	174.6	66.9	62.1	20.8	16.7

注：各地区按经营单位所在地分货物进出口总额。

资料来源：国家统计局中国经济景气监测中心、《中国经济景气月报》。

1. 出口增速继续回落

上半年，东部、中部、西部和东北地区出口总额分别为 7585.3 亿美元、392.3 亿美元、410.7 亿美元和 354.7 亿美元，增长 22.8％，42.5％、32.2％和 22.7％。与上年同期相比，四大区出口增速均有不同程度回落。占全国出口总额 86.8％的东部地区出口增速同比回落了 11.1 个百分点，降幅大于中部和西部地区。与一季度相比，出口降幅进一步扩大了 2.8 个百分点。分省看，出口大户广东实现出口总额 2506.6 亿美元，增长 28.2％，同比加快了 0.7 个百分点，是东部唯一一个同比增速有所加快的区域。其他如江苏、浙江等出口大省同比增速均有所回落，出口形势依然值得关注。

2. 进口增速降幅明显

上半年，东部、中部、西部和东北地区分别实现进口总额 7236.4 亿美元、319.0 亿美元、353.2 亿美元和 385.1 亿美元，分别增长 26.6％、34.1％、38.0％和 34.2％，增速同比分别回落 26.2、19.0、15.7 和 22.7 个百分点，降幅明显。与一季度相比，东部、中部和西部降幅进一步扩大了 5.7、8.2 和 5.9 个百分点，东北降幅则收窄了 7.5 个百分点。

从贸易差额来看，上半年，除东北地区实现逆差 30.4 亿美元外，其他三个地区均实现贸易顺差。但与上年同期相比，除中部和西部贸易顺差略有增加外，东部和东北地区顺差分别减少了 109.9 和 32.5 亿美元。分省来看，贸易逆差主要来源于北京，高达 1315.9 亿美元；而顺差主要来自于广东、浙江和江苏，分别为 662.3 亿美元、563.2 亿美元和 375.9 亿美元。顺差减少和逆差出现的主要原因在于：其一，进口产品价格的大幅上涨带动进口额大增；其二，出口增长缓慢，除中部地区外，其他三个区域的进口增速均超过出口增速。短期内，人民币升值、国际大宗商品价格大幅上涨以及出口企业融资难等问题都将继续存在。这些因素都不利于对外贸易的平稳健康发展。

（六）工业生产平稳增长，效益改善，财政收入快速增长

上半年，四大区工业生产保持平稳较快的增长态势，东部、中部、西部和东北地区规模以上工业增加值分别增长 13.8%、19.4%、19.5% 和 15.9%[①]，比去年同期分别回落了 4.0、5.0、2.5 和 2.5 个百分点，但与一季度相比，除东部地区小幅减缓 0.5 个百分点外，其他地区均有不同程度的加快。分省份看，东部地区的天津增长 21.1%，列全国第 4 位；北京增长 8.0%，居全国末位，与上年同期相比，增速回落 8.9 个百分点。上海（9.7%）、江苏（14.0%）、浙江（12.1%）、山东（14.1%）和广东（13.1%）的增速均低于 14.3% 的全国平均水平。中部六省除河南增长 17.9% 外，其他各省增速仍旧维持在 20% 左右；西部省份工业增长差异较大，增速介于 12.0% ~ 30.2% 之间。其中，西藏、重庆、四川、广西等增速较快，而新疆、宁夏和云南等增速较低。东北的辽宁和吉林同比分别增长 15.6% 和 18.5%，黑龙江同比增长 13.6%，低于全国平均水平；但黑龙江同比加快 0.6 个百分点，较一季度加快 0.3 个百分点。

从工业经济运行质量来看，上半年，东部、中部、西部和东北地区规模以上工业企业分别实现利润 13727.6 亿元、4483.9 亿元、4025.2 亿元和 1868.8 亿元，同比分别增长 24.3%、41.2%、36.3% 和 19.7%，企业效益逐步改善。企业效益的增加有利于产业结构的调整和升级，但受国际市场

---

① 国家统计局只公布各省（市、区）工业增加值同比增长率，不发布绝对数。因此，报告中四大区的工业增加值增长率数据是用各地区工业企业主营业务收入占主营业务收入总计的比重作为权数计算所得。

上大宗商品价格持续上涨以及国内劳动力成本上涨等因素的影响，企业的各项费用不断增加。上半年，东部、中部、西部和东北地区亏损企业亏损额也均有所扩大，同比分别增加31.3%、27.1%、53.1%和101.6%，工业经济运行仍需进一步关注。

上半年，各地财政收入增速较快，四大区财政收入增速由高到低依次为西部49.5%、东北40.1%、中部37.1%和东部30.5%，分别比去年同期加快19.3、11.9、13.3和4.7个百分点。与一季度相比，西部增速大幅提高了12.4个百分点。西部和东北地区地方财政收入的大幅提高是地方经济实力增强的一种体现，有利于实现区域间的均衡发展。其中，陕西地方财政收入是去年同期的1.07倍，增速居全国之首，湖北和重庆分别以57.9%和57.8%的增速位列第二、三位。海南增长23.7%，同比回落了51.1个百分点，降幅居全国之首，但增速较一季度提高了1.8个百分点（详见表2-33）。

表 2-33　2011 年上半年全国及各地区地方财政收入

地　区	财政收入 （亿元）		同比增长速度 （%）	同比变动 百分点	与一季度相比 变动百分点
	2011. Q1~2	2011. Q1	2011. Q1~2	2011. Q1~2	2011. Q1~2
全　　国	44435.1	26125.7	31.4	3.8	-1.7
东部地区	15489.5	7516.7	30.5	4.7	-2.1
北　京	1654.0	824.0	27.9	2.7	-8.8
天　津	700.9	316.9	40.0	4.8	-2.6
河　北	976.0	494.1	43.2	17.9	-1.4
上　海	2021.1	1034.6	29.2	5.9	-7.9
江　苏	2636.4	1294.2	31.1	4.7	0.1
浙　江	1874.3	946.4	27.6	-2.1	-3.6
福　建	765.1	358.3	34.9	10.8	1.9
山　东	1919.9	888.7	33.2	8.0	-2.3
广　东	2756.2	1269.3	26.0	4.5	4.0
海　南	185.6	90.4	23.7	-51.1	1.8
中部地区	4393.7	2026.3	37.1	13.3	0.8
山　西	677.4	319.9	29.6	17.0	1.7
安　徽	752.6	356.3	35.8	3.6	-0.1
江　西	559.4	264.7	41.2	6.9	-7.6
河　南	913.5	406.0	27.5	6.1	2.1

续表

地　区	财政收入 （亿元）		同比增长速度 （%）	同比变动 百分点	与一季度相比 变动百分点
	2011. Q1～2	2011. Q1	2011. Q1～2	2011. Q1～2	2011. Q1～2
湖　北	758.9	351.8	57.9	37.3	4.7
湖　南	731.9	327.7	36.6	9.9	2.1
西部地区	**5705.3**	**2415.6**	**49.5**	**19.3**	**12.4**
内 蒙 古	700.6	320.2	31.8	9.4	6.9
广　西	494.7	227.0	31.6	1.7	−3.4
重　庆	697.5	300.9	57.8	8.3	8.6
四　川	1098.8	532.5	39.8	7.8	−0.3
贵　州	391.4	171.6	50.9	18.3	9.4
云　南	553.9	241.6	34.8	11.1	7.4
西　藏	23.3	10.2	52.8	30.5	5.1
陕　西	959.7	267.2	107.2	79.4	66.4
甘　肃	260.1	96.7	53.0	28.4	18.6
青　海	79.0	35.4	38.9	10.4	13.7
宁　夏	115.1	58.0	46.2	5.5	8.0
新　疆	331.2	154.5	46.7	17.6	−0.4
东北地区	**2368.7**	**1108.5**	**40.1**	**11.9**	**−1.9**
辽　宁	1384.1	629.1	37.0	5.0	−3.1
吉　林	442.5	216.5	49.9	22.3	−2.2
黑 龙 江	542.1	262.9	40.4	21.2	1.8

注：全国数据为中央财政收入和地方财政收入的合计，并非地方财政收入合计。

数据来源：国家统计局中国经济景气监测中心、《中国经济景气月报》。

二、相关政策建议

2011 上半年，区域经济总体运行态势良好，但经济中仍有很多值得关注的问题，针对这些问题，建议如下：

（一）充分发挥财政政策在促进结构调整中的作用

要调整国家、企业、个人三者分配的关系，在当前企业经营成本上升、消费实际增速放缓的大环境下，可考虑适当进行一些税费方面的减免，并逐渐推动税制的改革。只有降低企业的税负，才能为居民收入增长提供空间。同时，还应进一步降低中低收入阶层的实际税负。只有居民收入稳步提高，才能真正启动消费市场。要着力优化信贷结构，提高金融服务水平，加大对结构调整特别是农业、小企业的信贷支持。财政政策要有效发挥调控作用，财政收入增长必须表现出一定的周期性，不能只是一味地快速增长。要运用差别税率、财政补贴等手段，大力支持新兴产业、中小企业的发展，有效遏制高耗能行业的过快发展，实现有保有压的结构性调整目标。

（二）确保农产品价格稳定，缓解物价持续上行压力

进入2011年以来，食品价格上涨和居住价格上涨成为各地CPI持续攀升的主要力量。上半年，除北京食品价格上涨9.4%外，其余省份上涨幅度均超过10%，其中尤以肉禽及其制品和鲜果类上涨最快。价格的持续上涨不利于经济的稳定发展。前段时间针对蔬菜等基本生活必需品价格调控的效果初步显现，反映出调控对于稳定市场价格的重要作用。为进一步稳定农产品价格，建议相关部门在生产环节建立农产品产销信息平台，及时反映市场变化情况，指导农户合理调整种植、养殖结构，避免出现5、6月份猪肉价格过快上涨的局面，稳定市场供需。要积极推进适合现代农业发展的农产品加工企业建设，完善农产品加工、运输、销售等各个环节，严厉打击农产品恶意涨价；在流通环节继续减免农用运输车辆的过路过桥费，降低农产品流通费用；继续推广"农超对接"等，有效抑制因食品价格上涨推动的消费价格的持续走高。

（三）多管齐下，促进居民消费稳定增长

上半年，各地的消费市场活力下降，增速均出现不同程度地放缓。在输入性通胀压力加大、农产品价格进入新一轮上涨、住房租金居高不下、上年涨价滞后因素的共同影响下，要密切关注居民消费价格的走向，努力保持消费市场平稳较快增长。建议各地政府多管齐下，积极扩大居民消费，增强经济发展的内生动力。其一，加快统筹居民社会保障，打破城乡和区域社保转移障碍。其二，加大财政对公共领域的投资力度，保障公共产品供给的均等化。其三，推进财税体制改革，降低企业和居民的税费负担，提高居民的实际购买力。其四，努力降低部分大中城市房地产市场调控的不利影响，灵活引导受限城市居民消费热点转移和结构升级，同时挖掘中小城市和农村地区消费潜力。

（四）加大对中小企业扶持力度，增强经济运行活力

上半年，受宏观调控和外部经济环境日趋严峻的影响，部分中小企业面临资金紧张、成本上升和需求不足的多重挤压，经营困难进一步凸显。

有鉴于此，第一，应有针对性地强化落实国家对中小企业的有关扶持政策，包括落实鼓励民营投资"新36条"，进一步放宽市场准入，进一步构建适应民营经济成长的制度环境。第二，增加中小企业贷款规模，简化贷款程序，加大财政资金对企业贷款贴息和担保机构补助支持力度，同时鼓励发展中小民营银行，增加解决资金短缺问题的途径。第三，加强担保公司的建设，鼓励有条件的地方建立规范的中小型企业信用担保公司，针对中小型企业实力薄弱的特点简化担保手续，降低担保费用，同时配合银行业监管部门加强对担保公司的监管，防范其担保风险，促其健康有序发展。第四，引导和帮助中小企业以显在、潜在的市场需求为导向，开发新产品、组织生产经营和技术改造，主动开拓和占领国内外市场。第五，引导企业练好内功，突出战略、营销、财务、风险和质量管理，千方百计增收节支，降低成本，靠管理求效益。

（五）提高对外开放水平，促进经济均衡发展

针对当前的外贸形势，有以下措施：其一，要继续有针对性的扩大进口，着力拓市场、调结构、促平衡。其二，要继续拓宽对外贸易的合作领域，积极支持重点骨干企业加快"走出去"步伐，保持出口持续快速增长。其三，要提高利用外资的水平和层次，积极吸引外资投资战略性新兴产业和现代服务业，引进营销总部、研发总部和结算总部等功能性机构，进一步提升利用外资质量。此外，针对东部地区顺差减少和东北地贸易逆差进一步扩大的情况，建议东部地区努力优化整体产业链，培育出口竞争新优势，推动各类企业从"大而全"、"小而全"走向专而精，加强核心业务建设，打造高水平供应链体系。建议东北地区继续完善东北沿海沿边全方位开放格局，以沈阳经济区、辽宁沿海经济带、长吉图开发开放先导区、黑龙江沿边地区等为重点，全面提升东北地区沿边沿海开放水平。

2011 年三季度

我国经济形势
分析与预测

第一部分 国民经济运行情况

今年以来，面对复杂多变的国际国内经济环境，我国经济仍继续朝着宏观调控的预期方向发展。国民经济总体保持平稳较快增长，农业生产形势良好，工业、投资、消费、外贸等要指标均平稳增长；市场物价过快上涨的势头初步得到遏制，但压力依然存在，涨幅仍然较大；节能减排和结构调整形势困难较多；企业特别是部分中小企业的经营困难加剧。由于欧元区主权债务危机愈演愈烈，主要经济体经济下滑，世界经济复苏乏力且不稳定性、不确定性增加。下一阶段中国经济面临的挑战仍然较多。

一、前三季度国民经济运行情况

初步测算，前三季度国内生产总值 320692 亿元，按可比价格计算，同比增长 9.4%。分季度看，一季度同比增长 9.7%，二季度增长 9.5%，三季度增长 9.1%；三个季度基本是稳定在 9% 以上。分产业看，第一产业增加值 30340 亿元，增长 3.8%；第二产业增加值 154795 亿元，增长 10.8%；第三产业增加值 135557 亿元，增长 9.0%。从环比看，一季度国内生产总值增长 2.1%，二季度国内生产总值增长 2.2%，三季度国内生产总值增长 2.3%，延续了去年下半年以来平稳较快增长的态势。

表 3 - 1　国内生产总值增长情况

	2011 年 1 ~ 9 月	
	绝对量	同比增长（%）
国内生产总值（亿元）	320692	9.4
第一产业	30340	3.8
第二产业	154795	10.8
第三产业	135557	9.0

(一) 农业继续平稳增产，全年有望再获丰收

全国夏粮产量 12627 万吨，比上年增产 312 万吨，增长 2.5%。早稻产量 3276 万吨，比上年增产 143 万吨，增长 4.5%。秋粮可望再获丰收，全年粮食产量将会超过去年。前三季度，猪牛羊禽肉产量 5453 万吨，同比增长 0.2%，其中猪肉产量 3568 万吨，下降 0.6%。

(二) 工业增速平稳增长，企业利润较快增长

前三季度，全国规模以上工业增加值按可比价格计算同比增长 14.2%，比上半年回落 0.1 个百分点。分登记注册类型看，国有及国有控股企业增加值同比增长 10.4%；集体企业增长 9.6%；股份制企业增长 16.1%；外商及港澳台商投资企业增长 10.9%。分轻重工业看，重工业增加值同比增长 14.6%，轻工业增长 13.1%。分行业看，39 个大类行业增加值全部实现同比增长。分地区看，东部地区增加值同比增长 12.2%，中部地区增长 18.3%，西部地区增长 17.1%。前三季度，规模以上工业企业产销率达到 97.9%，与上年同期持平。9 月份，规模以上工业增加值同比增长 13.8%，环比增长 1.2%。规模以上工业增加值的增长速度，一季度是 14.4%，二季度是 14%，三季度是 13.8%。其中，三季度基本也是在 14% 附近波动，运行态势也是比较稳定的。

1~8 月份，全国规模以上工业企业实现利润 32281 亿元，同比增长 28.2%。在规模以上工业企业中，国有及国有控股企业实现利润 10175 亿元，同比增长 20.6%；集体企业实现利润 519 亿元，同比增长 31.8%；股份制企业实现利润 18362 亿元，同比增长 33.8%；外商及港澳台商投资企业实现利润 8431 亿元，同比增长 14.4%；私营企业实现利润 8871 亿元，同比增长 45.6%。

在 39 个工业大类行业中，38 个行业利润同比增长，1 个行业同比下降。主要行业利润增长情况如下：石油和天然气开采业利润同比增长 36.3%，黑色金属矿采选业增长 54.5%，化学原料及化学制品制造业增长 55.6%，化学纤维制造业增长 39.5%，黑色金属冶炼及压延加工业增长 22.8%，有色金属冶炼及压延加工业增长 64.6%，交通运输设备制造业增长 11.5%，通信设备、计算机及其他电子设备制造业增长 2.1%，电力、热力的生产和供应业增长 5.4%，石油加工、炼焦及核燃料加工业下降 85.3%。

表 3-2　主要行业工业增加值（规模以上）增长情况

主要行业	2011 年 1~9 月
	同比增长（%）
主要行业增加值	
纺织业	7.5
化学原料及化学制品制造业	15.0
非金属矿物制品业	18.9
黑色金属冶炼及压延加工业	10.0
通用设备制造业	18.5
交通运输设备制造业	12.1
电气机械及器材制造业	15.3
通信设备、计算机及其他电子设备制造业	16.1
电力、热力的生产和供应业	10.4
主要产品产量	
发电量（亿千瓦时）	12.7
钢材（万吨）	13.9
水泥（万吨）	18.1
原油加工量（万吨）	6.0
十种有色金属（万吨）	11.2
乙烯（万吨）	10.1
汽车（万辆）	4.5
其中：轿车（万辆）	9.4

（三）固定资产投资保持较快增长，房地产投资增速较快

前三季度，固定资产投资（不含农户）212274 亿元，同比名义增长 24.9%（扣除价格因素实际增长 16.9%），比上半年回落 0.7 个百分点。其中，国有及国有控股投资 73481 亿元，增长 12.7%。分产业看，第一产业投资同比增长 25.5%，第二产业投资增长 26.9%，第三产业投资增长 23.4%。工业投资 90372 亿元，增长 26.5%。其中，采矿业投资 7542 亿元，增长 17.3%；制造业投资 72941 亿元，增长 31.5%；电力、燃气及水的生产和供应业投资 9889 亿元，增长 3.7%。分地区看，东部地区投资同比增长 22.3%，中部地区增长 29.9%，西部地区增长 29.5%。从项目隶属关系看，1~9 月份，中央项目投资 12445 亿元，同比下降 7.5%；地方项目投资 199829 亿元，增长 27.7%。在登记注册类型中，1~9 月份，内资企业投资 197739 亿元，同比增长 25.7%；港澳台商投资 6666 亿元，增长 22.3%；外商投资 6890 亿元，增长 15.7%。分季度看，一季度同比增长 25%，上半年是 25.6%，前三季度是 24.9%，也基本上稳定在 25% 附近。1~9 月份，民间投资的增长速度是 34.2%。这个速度比全社会的固定资产投资的增长速度高出了 9 个百分点以上。在固定资产投资总额中，民间投资所占的比重进一步上升到 59%，这说明投资的内生动力也增强了。

前三季度，全国房地产开发投资 44225 亿元，同比增长 32.0%，比上半年回落 0.9 个百分点。其中，住宅投资 31788 亿元，增长 35.2%。全国商品房销售面积 71289 万平方米，同比增长 12.9%。住宅销售面积增长 12.1%。前三季度，房地产开发企业本年资金来源 61947 亿元，同比增长 22.7%。9 月份，全国房地产开发景气指数为 100.41。

表 3-3 主要行业固定资产投资（不含农户）增长情况

单位：亿元；%

主 要 行 业	2011 年 1~9 月	
	绝对量	同比增长
分行业		
石油和天然气开采业	1628	1.5
黑色金属矿采选业	905	18.7
有色金属矿采选业	852	17.9
非金属矿采选业	860	23.8
非金属矿物制品业	7472	28.2
黑色金属冶炼及压延加工业	2812	20.0
有色金属冶炼及压延加工业	2765	33.2
通用设备制造业	5589	30.5
交通运输设备制造业	6061	32.1
电气机械及器材制造业	5706	50.0
通信设备、计算机及其他电子设备制造业	3705	39.4
电力、热力的生产与供应业	7925	3.4
铁路运输业	3521	-19.0
道路运输业	9531	11.6
水利管理业	2264	25.1
公共设施管理业	13965	17.2

（四）市场销售稳定增长，汽车、房地产相关商品销售放缓

前三季度，社会消费品零售总额130811亿元，同比名义增长17.0%（扣除价格因素实际增长11.3%），比上半年加快0.2个百分点。其中，限额以上企业（单位）消费品零售额60165亿元，增长23.5%。按经营单位所在地分，城镇消费品零售额113265亿元，同比增长17.1%；乡村消费品零售额17546亿元，增长16.4%。按消费形态分，餐饮收入14737亿元，同比增长16.5%；商品零售收入116074亿元，同比增长17.0%。在商品零售中，限额以上企业（单位）商品零售额55607亿元，同比增长24.3%。其中，汽车类增长16.0%，增速比上年同期回落18.9个百分点；家具类增长31.4%，回落7.0个百分点；家用电器和音像器材类增长20.5%，回落7.6个百分点。9月份，社会消费品零售总额同比增长17.7%（扣除价格因素实际增长11.0%），环比增长1.35%。

分季度看，一季度同比增长16.3%，二季度增长17.2%，三季度增长17.3%，总体看基本上也是稳定运行在17%附近。

表3－4　主要商品零售（限额以上）增长情况

单位：亿元；%

主要商品	2011年1~9月	
	绝对量（亿元）	同比增长（%）
商品零售	116074	17.0
其中：限额以上企业（单位）商品零售	55607	24.3
其中：粮油食品、饮料烟酒	7434	25.2
服装鞋帽、针纺织品	5450	24.8
化妆品	793	19.5
金银珠宝	1354	47.8
日用品	1990	24.7
体育、娱乐用品	266	13.0
家用电器和音像器材	3831	20.5
中西药品	2676	20.2
文化办公用品	1108	24.5
家具	801	31.4
通讯器材	766	27.8
石油及制品	10570	39.3
汽车	14823	16.0
建筑及装潢材料	923	29.8

（五）进出口继续较快增长，外贸顺差有所减少

1~9月，我国外贸进出口总值26774.4亿美元，同比增长24.6%，前三季度进出口规模已经超过2008年全年2.56万亿美元的水平。其中，出口13922.7亿美元，增长22.7%；进口12851.7亿美元，增长26.7%。贸易顺差1071亿美元，收窄10.6%。一般贸易进出口14157.5亿美元，增长31.7%，高出同期我国总体进出口增速7.1个百分点，占同期我国进出口总值的52.9%，同比提升2.9个百分点。我国加工贸易进出口9616亿美元，增长14.8%，占同期我国进出口总值的35.9%，比重较去年同期减少3.1个百分点。对欧盟、美国、日本的双边贸易增速分别为20.9%、17%和18.2%，分别低于我国总体进出口增速3.7、7.6、6.4百分点。欧美日传统市场在我出口中所占比重为43.7%，同比降低2个百分点。同期，东盟超过日本跃升为我国的第三大贸易伙伴，双边贸易进出口总值2670.9亿美元，同比增长26.4%。

（六）居民消费价格涨幅有所回落，食品价格上涨较快

9月份，全国居民消费价格总水平同比上涨6.1%。其中，城市上涨5.9%，农村上涨6.6%；食品价格上涨13.4%，非食品价格上涨2.9%；消费品价格上涨7.3%，服务项目价格上涨3.0%。全国居民消费价格总水平环比上涨0.5%。其中，城市上涨0.4%，农村上涨0.6%；食品价格上涨1.1%，非食品价格上涨0.2%；消费品价格上涨0.7%，服务项目价格与上月持平。

分类别看，食品类价格同比上涨13.4%，影响价格总水平上涨约4.05个百分点。其中，粮食价格上涨11.9%，影响价格总水平上涨约0.33个百分点；肉禽及其制品价格上涨28.4%，影响价格总水平上涨约1.86个百分点（猪肉价格上涨43.5%，影响价格总水平上涨约1.24个百分点）；蛋价格上涨14.2%，影响价格总水平上涨约0.12个百分点；水产品价格上涨14.1%，影响价格总水平上涨约0.32个百分点；鲜菜价格上涨2.1%，影响价格总水平上涨约0.06个百分点；鲜果价格上涨6.2%，影响价格总水平上涨约0.11个百分点；油脂价格上涨18.0%，影响价格总水平上涨约0.20个百分点。烟酒类价格同比上涨3.4%。其中，烟草价格上涨0.4%，酒类价格上涨7.9%。衣着类价格同比上涨3.2%。其中，服装价格上涨3.4%，鞋价格上涨1.8%。家庭设备用品及维修服务类价格同比上涨3.0%。其中，耐用消费品价格上涨0.9%，家庭服务及加工维修服务价格上涨11.9%。医疗保健和个人用品类价格同比上涨4.1%。其中，西药价格下降0.5%，中药材及中成药价格上涨14.1%，医疗保健服务价格上涨0.5%。交通和通信类价

格同比上涨 1.0%。其中，交通工具价格下降 0.7%，车用燃料及零配件价格上涨 14.9%，车辆使用及维修价格上涨 4.5%，城市间交通费价格上涨 3.3%，市区公共交通费价格上涨 2.2%；通信工具价格下降 13.3%。娱乐教育文化用品及服务类价格同比持平。其中，教育价格上涨 0.9%，文娱费价格上涨 1.5%，旅游价格上涨 2.4%，文娱用耐用消费品及服务价格下降 6.7%。居住类价格同比上涨 5.1%。其中，水、电、燃料价格上涨 4.1%，建房及装修材料价格上涨 5.3%，住房租金价格上涨 3.4%。

1~9 月，全国居民消费价格同比上涨 5.4%。分地域看，城市上涨 5.2%，农村上涨 5.9%。分类别看，食品上涨 11.8%，非食品类上涨 2.7%。其中：烟酒及用品上涨 2.3%，衣着上涨 1.0%，家庭设备用品及维修服务上涨 2.0%，医疗保健和个人用品上涨 3.2%，交通和通信下降 0.3%，娱乐教育文化用品及服务上涨 0.6%，居住上涨 6.3%。

表 3-5　居民消费价格上涨情况

单位：%

	9 月		1~9 月
	环比涨跌幅	同比涨跌幅	同比涨跌幅
居民消费价格	0.5	6.1	5.7
其中:城　市	0.4	5.9	5.5
农　村	0.6	6.6	6.2
其中:食　品	1.1	13.4	12.5
非食品	0.2	2.9	2.8
其中:消费品	0.7	7.3	6.4
服务项目	0.0	3.0	3.8
分类别			
食　品	1.1	13.4	12.5
烟酒及用品	0.6	3.4	2.5
衣　着	0.9	3.2	1.6
家庭设备用品及维修服务	0.1	3.0	2.2
医疗保健和个人用品	0.2	4.1	3.4
交通和通信	-0.1	1.0	0.5
娱乐教育文化用品及服务	-0.3	0.0	0.5
居　住	0.2	5.1	6.0

1~9 月，工业生产者平出厂价格同比上涨 7.0%，工业生产者购进价格同比上涨 10.4%。7、8、9 月工业生产者出厂价格同比涨幅分别为 7.5%、

7.3%、6.5%，环比分别上涨0.0%、0.1%、0.0%。分行业看，重要生产资料产品价格全面上涨。1~9月，生产资料出厂价格上涨7.8%。其中，采掘工业价格上涨16.7%、原料工业价格上涨10.7%、加工工业价格上涨5.7%。生活资料出厂价格上涨4.5%。其中，食品类价格上涨8.0%。工业生产者购进价格同比上涨10.4%。分行业看，有色金属材料同比上涨15.1%，黑色金属材料同比上涨11.3%，化工原料同比上涨12.3%，燃料动力同比上涨11.2%。

（七）货币供应增速平稳，新增贷款继续趋缓，市场利率明显上升

9月末，广义货币（M2）余额78.74万亿元，同比增长13.0%，分别比上月末和上年末低0.5和6.7个百分点；狭义货币（M1）余额26.72万亿元，同比增长8.9%，分别比上月末和上年末低2.3和12.3个百分点；流通中货币（M0）余额4.71万亿元，同比增长12.7%。前三季度净投放现金2557亿元，同比少投放1045亿元。9月末，本外币贷款余额56.24万亿元，同比增长16.0%。月末人民币贷款余额52.91万亿元，同比增长15.9%，分别比上月末和上年末低0.5和4.0个百分点。前三季度人民币贷款增加5.68万亿元，同比少增5977亿元。月末外币贷款余额5239亿美元，同比增长24.4%，前三季度外币贷款增加734亿美元。9月末，本外币存款余额81.03万亿元，同比增长13.9%。月末人民币存款余额79.41万亿元，同比增长14.2%，分别比上月末和上年末低1.3和6.0个百分点。前三季度人民币存款增加8.11万亿元，同比少增2.09万亿元。月末外币存款余额2557亿美元，同比增长9.0%，前三季度外币存款增加300亿美元。银行间市场交易活跃。

前三季度银行间市场人民币交易累计成交143.47万亿元，日均成交7672亿元，日均成交同比增长11.0%。9月份银行间市场同业拆借月加权平均利率为3.74%，比上月上升0.44个百分点，比年内最高的6月份回落0.82个百分点。质押式债券回购月加权平均利率为3.75%，比上月上升0.37个百分点，比年内最高的6月份回落1.19个百分点。

（八）财政收入保持快速增长，住房保障等支出大幅增加

前三季度累计，全国财政收入81663.34亿元，比去年同期增加18623.83亿元，增长29.5%。其中，中央本级收入41937.72亿元，同比增长26.2%；地方本级收入39725.62亿元，同比增长33.3%。财政收入中的税收收入71292.18亿元，同比增长27.4%；非税收入10371.16亿元，同比增长46.4%，其中，中央非税收入2273.99亿元，同比增长34.7%。国内增值税18198.68亿元，同比增加2873亿元，增长18.7%。国内消费税5523.66亿元，同比增加830亿元，增长17.7%。营业税10365.63亿元，同比增加 2009 亿元，增长 24%。企业所得税 14817.11 亿元，同比增加 3909 亿元，增长 35.8%。个人所得税 4995.12 亿元，同比增加 1279 亿元，增长 34.4%。进口货物增值税、消费税 10732.93 亿元，同比增加 2697 亿元，增长 33.6%；关税 2018.19 亿元，同比增加 453 亿元，增长 28.9%。

前三季度累计，全国财政支出 69480.57 亿元，比去年同期增加 14975.61 亿元，增长 27.5%。其中，中央本级支出 12116.86 亿元，同比增长 8.9%（剔除车购税支出转列地方因素后中央本级支出增长约 19%）；地方财政支出 57363.71 亿元，同比增长 32.2%。财政支出中，教育支出 9490.78 亿元，增长 26.7%；社会保障和就业支出 8003.57 亿元，增长 32.5%；一般公共服务支出 7062.5 亿元，增长 21.6%；农林水事务支出 5842.61 亿元，增长 34.8%；城乡社区事务支出 5098.18 亿元，增长 42%；交通运输支出 4870.25 亿元，增长 34.2%；公共安全支出 4125.26 亿元，增长 23.2%；医疗卫生支出 3965.2 亿元，增长 50.5%；资源勘探电力信息等事务支出 2418.23 亿元，增长 24.4%；科学技术支出 2293.14 亿元，增长 6.3%；住房保障支出 2285.91 亿元，增长 73.9%。

（九）就业状况持续改善，居民收入稳定增长，农村居民收入增速快于城镇居民

就业稳定增加。1～9 月，城镇单位就业人员比上年同期增加 994 多万，超过全年目标任务。失业率维持在较低水平。二季度失业人数较一季度减少，三季度略有反弹。季末登记失业人数 911 万人，比二季度末增加 3 万，登记失业率为 4.1%。城乡居民收入稳定增长，农村居民收入增长较快。前三季度，城镇居民家庭人均总收入 17886 元。其中，城镇居民人均可支配收入 16301 元，同比名义增长 13.7%，扣除价格因素，实际增长 7.8%。在城镇居民家庭人均总收入中，工资性收入同比增长 11.9%，转移性收入增长 11.2%，经营净收入增长 30.4%，财产性收入增长 23.4%。农村居民人均现金收入 5875 元，同比名义增长 20.7%，扣除价格因素，实际增长 13.6%。其中，工资性收入同比增长 21.9%，家庭经营收入增长 20.4%，财产性收入增长 6.2%，转移性收入增长 22.0%。

二、当前经济运行中的突出矛盾和问题

当前经济运行总体平稳，但在国际形势复杂多变，国内宏观调控两难问题增加的情况下，一些新的情况和问题也逐步显现，需要特别关注、认真应对。

（一）企业生产经营环境趋紧

原材料价格仍在持续上涨。今年以来由于原材料价格、人工成本大幅度上涨，加上多年存在的金融系统对中小企业尤其是小微型企业金融服务不到位的体制问题，以及小微型企业本身技术含量低、抗风险能力比较弱等多方面情况的共同作用，目前一些局部地区、局部企业存在企业生产经营环境趋紧问题。工业生产者购进价格上涨已经连续14月上涨。1～9月，工业生产者购进价格上涨10.4%。其中，有色金属材料同比上涨15.1%，化工原料上涨12.3%。劳动力成本和利息成本也在多种因素推动下出现持续较快上升，导致企业经营成本明显上升，应收帐款增多。1～9月份期间，8月末规模以上工业企业应收账款68464亿元，同比增长21.2%。受人民币升值加快、汇率波动加剧、市场原材料价格不稳等多种因素影响，企业生产面临的困难逐步增多。中小企业融资难、成本高等问题更加凸显。企业亏损增长，经营压力增大，特别是中小企业出现停产歇业甚至倒闭、违约逃债现象。

（二）节能减排形势严峻，对下一阶段经济增长的影响较大

产业结构偏重的格局没有改变，有色、建材等高能耗产品生产增长仍较快。9月，六大高耗能行业同比增长速度依然较快。化学原料及化学制品制造业增长14.8%，非金属矿物制品业增长18.0%，黑色金属冶炼及压延加工业增长13.6%。1～9月，非金属矿采选业、非金属矿物制品业、黑色金属冶炼及压延加工业、有色金属冶炼及压延加工业分别增长23.8%、28.2%、20.0%和33.2%。

（三）国际经济环境依然复杂，主权债务危机加剧

首先是主权债务特别是欧债危机加剧。欧元区国家及国际组织对解决希腊等国家主权债务危机进展缓慢，结构改革难度很大。近期穆迪等评级机构先后下调意大利、西班牙等国主权债务评级，并下调多家银行的评级，使债务危机愈演愈烈和蔓延。其次是主要发达国家复苏持续疲弱。欧元区二季度GDP环比增长0.2%，同比增长仅1.6%。IMF预计，2011全球经济增长4%，比6月下调了0.3个百分点。其中，美国增长1.5%，欧元区增长1.6%，均比6月预见数下调了1.0和0.4个百分点。日本9月制造业PMI指数仅为49.3，复苏态势很难乐观。三是新兴市场面临更为复杂的环境。国际市场价格波动较大，国际资本流动也在大幅波动，对新兴市场冲击较大。近期新兴国家的货币政策也开始出现分歧。四是宽松的全球货币条件短期难以改变。主要发达国家财政减赤压力很大，财政扩张的难度较大，美国和欧洲都面临着一定的通胀压力。美国通胀率由7月的

3.6% 上升至 8 月的 3.8%，欧元区由 8 月的 2.5% 上升至 9 月的 3.0%。但由于经济疲弱，对经济刺激政策的依赖性一时难变，维持宽松的货币政策是其必然选择，全球流动性宽裕的格局仍将维持。

第二部分 经济增长趋势分析与预测

本部分基于历史数据资料和近期宏观经济变化的分析，对 2011 年第四季度和 2012 年全年的经济增长进行趋势分析与预测。

一、经济增长预期逐步调低

受国内货币政策持续收紧和国外需求不断放缓的影响，中国经济增长连续三个季度有所回落，国内外许多机构继续调低未来增长预期。许多权威研究机构在三季度对 2011 年经济增长预期进行了调低。以下是 10 家机构对 2011 年中国经济增长全年的预测结果。预测表明，权威机构对中国经济增长的预期从三季度以前的 9.4% 调低至 9.3%，调低幅度为 0.1 个百分点（见表 3 - 6）。

表 3 - 6　相关机构对我国 2011 年经济增长预测调整对比表

单位：%

序号	预测机构	三季度前预测值	三季度后预测值	GDP 增长率预期调低
1	世界银行	9.3	9.3	—
2	国际货币基金组织	9.6	9.5	0.1
3	亚洲开发银行	9.6	9.3	0.2
4	摩根斯坦利	9	9	—
5	德意志银行	9.1	8.9	0.2
6	高　盛	9.4	9.3	0.1
7	国家信息中心	9.4	9.4	—
8	中国社科院	9.6	9.4	0.2
9	清华大学	9.2	9.2	—
10	中金公司	9.2	9.2	—
	均　　值	9.4	9.3	0.1

资料来源：见参考文献 1 ~ 10。

　　同时，相关机构也对中国 2012 年经济增长的预测值进行了修订（见表 3-7）。通过表 3-7 可知，大部分机构下调了 2012 年经济增长预期，10 个机构对中国 2012 年经济增长预期平均水平为 8.8%，低于 2011 年中国经济增长率预测值 0.6 个百分点。

表 3-7　相关机构对我国 2012 年经济增长预测值

单位：%

序号	预测机构	预测值	序号	预测机构	预测值
1	世界银行	8.7	7	国家信息中心	8.7
2	国际货币基金组织	9	8	中国社科院	9
3	亚洲开发银行	9.1	9	清华大学	8.5
4	摩根斯坦利	8.7	10	中金公司	8.4
5	德意志银行	8.3	均　　值		8.8
6	高　盛	9.2			

资料来源：见参考文献 1~10。

　　相关机构调低中国经济增长预期，主要基于以下两点原因：第一，外部经济环境的持续恶化，以及由此带来显著的下行风险，将使中国经济增长面临不小的挑战。亚行认为，经济增长的下行风险主要来自外部需求，特别是来自欧盟的需求不确定性。欧元区的危机可能导致美国复苏进一步受阻。美国和欧元区等工业国家需求不振最终将影响到中国，将不利于中国的出口。第二，货币政策持续保持适度偏紧，影响投资和内需增长。自去年年底以来，为应对日益上涨的通胀压力，我国的货币政策从金融危机时的"适度宽松"转向"稳健"。央行先后 5 次加息，并多次上调存款准备金率，导致市场上的流动性日益趋紧，使得通胀管控取得了一定的效果。但是，考虑到 9 月 CPI 同比增速为 6.1%，通胀仍处高位，货币政策短期内不会轻易转向。这些也是导致机构下调未来中国经济增长前景的重要原因。

二、经济增长环境错综复杂

　　2011 年三季度，悲观情绪笼罩着全球经济与金融市场。美国经济复苏乏力，债务上限问题谈判僵持不下，导致美国主权评级被首度下调。欧洲主权债务危机持续恶化，并蔓延到意大利和西班牙等大型经济体，欧洲银行业危机再现。同时，新兴市场国家也并不乐观，兼有财政赤字和通货膨胀两大重担，经济下滑的风险也在增加。总体来看，今年四季度及2012年，中国经济运行面临的环境错综复杂。

（一）国外经济动荡仍在持续

2011年三季度，欧美国家深受债务危机困扰，内需疲弱，失业率居高不下，经济与金融市场剧烈动荡。根据摩根大通编制的全球制造业采购经理人指数显示，9月全球制造业PMI指数显著下滑，降至50的枯荣分界线以下。这预示着如果四季度没有宏观政策支持，全球经济继续下行的风险加剧。

美国方面，7月底，美国经济研究局大幅修订经济历史数据，显示美国经济在金融危机中的衰退程度大大超过此前公布数值。美国居民消费支出增长几近停滞，使得美国经济复苏仍未恢复动力。美国就业市场形势依然严峻，失业率居高不下，三季度美国非农部门失业率均保持在9.1%的较高水平。失业率高企不下以及美国消费格局短期内难以改变等因素增加了美国经济的前景的不确定性。另外，债务上限问题僵持不下，即使最后一刻达成协议，但也最终导致美国主权信用评级下调，显示了未来美国经济前景的政治风险。

欧元区方面，受主权债务危机恶化和蔓延的冲击，欧盟经济同样出现大幅减速。欧元区PMI由8月份的50.7%降到了9月份的49.2%，跌至了两年来的一个低谷。二季度，欧元区核心国德国、法国等的经济增长基本停止，导致欧盟GDP环比增长仅为0.2%。欧洲问题的解决同样面临欧盟各国的分歧。成员国围绕是否发行欧元债券、是否扩大欧洲金融稳定基金规模等重大方案很难达成一致，加剧了欧元区未来经济增长不确定性加剧。

日本方面，10月经济报告中，日本政府时隔半年首次下调了日本经济整体景气判断基调。经济报告称，受全球经济增长放缓影响，日本的出口和生产势头将有明显放缓。报告把对出口的景气判断从9月份的"出现回升势头"下调为"盘整"；把对生产和整体景气的判断基调从"回升"下调为"回升步伐放缓"。预计今年四季度以及明年，日本在电力供应紧张、日元升值、海外景气下行之下，日本经济也将有所下滑。

总而言之，经过30多年的改革开放，中国已经植根于全球市场经济体系中，国民经济与金融运行受外部环境的影响已经日益加大。海外需求放缓对中国出口的影响已经日益显现。9月中国出口增长17.1%，其中，对美出口同比上涨为 11.6%，低于 8 月份的 12.5%；对欧盟出口下滑至 9.8%，更是大幅低于 8 月份的 22.3%。由于欧美经济体是中国两大贸易伙伴，欧美经济动荡及其增长放缓必将会导致其需求回落。因此，在全球经济较为复杂的情况下，应对中国经济的影响保持高度警惕，更加注重宏观调控政策的灵活性。同时，更应加快经济增长方式的转变，以防止海外经济下滑对中国出口以及中国经济增长产生过度影响。

（二）国内经济环境存在不确定性

2011 年前三个季度，中国 GDP 同比增长 9.4%，比上半年放缓 0.2 个百分点。分季度看，一季度增长 9.7%，二季度增长 9.5%，三季度增长 9.1%，出现了逐季回落的局面。中国经济逐步回落，与海外经济形势密切相关，也是中国政府为应对资产泡沫与通胀压力主动调控的结果。国际金融危机以来，宏观经济政策对于中国经济增长的影响力日益加强。考虑到宏观经济政策的一致性，预计四季度财政政策仍会保持积极的大方向，货币政策仍会维持稳健，不会出现大幅放松，房地产调控政策同样会持续下去。在三大宏观政策作用之下，预计对今年四季度与明年中国经济增长速度产生持续影响。

首先，积极财政政策保持不变。尽管目前中国经济增长有所下滑，但在积极财政政策的推动下，仍保持了较高的水平，不存在"硬着陆"的担忧。今年政府加大了保障房建设、农业补贴、企业和居民减税等方面的支出，增强了经济增长的动力。考虑到当前国内外经济形势的复杂局面，预计积极的财政政策基调短期内不会有所转变。而在财政收入高增长和减税呼声不断的大环境下，未来财政运行效率有望得到加强。

其次，货币政策仍将保持稳健。2011 年前三个季度，货币总量控制较为严格，东部沿海地区部分中小企业贷款出现紧张，同时考虑到发达国家经济体出现明显下行走势，预计短期内货币政策继续收紧的可能性很小。但考虑到物价仍在高位运行，负利率明显，货币政策短期内也不会有明显放松迹象。而从中长期来看，我国货币政策操作将更加注重前瞻性和灵活性，根据国内外经济形势，审慎调整，促进经济平稳运行与物价稳定。

最后，房市调控方向不变。当前，国内房地产市场依然处于"量跌价滞"的阶段，房地产调控的效果虽已显现，但仍不明显。四季度，我国住房市场进入"由量变到价变"的关键时期，房地产调控政策不会放松，仍将以巩固和落实前期已出台政策为主。同时，为增加房屋供给，中央加快了保障房建设工作，加大对地方的资金支持力度，也建立健全了保障房融资机制以吸引各方资金投入，比如通过地方融资平台发债、吸引大型国有企业、鼓励和支持信贷资金等等。预计保障房建设力度加大，对支持房地产投资高速增长和经济增长具有积极意义。

三、经济运行指数[①]稳步回落

经济景气指数及经济增长预期的变化反映了经济增长的基本趋势，是经济周期变化的晴雨表。2011年三季度，企业景气指数与消费者信心指数稳步回落，显示了在国内外环境不确定性较强的情况下，市场对于经济前景的判断略显悲观。另外，虽然9月制造业采购经理指数实现回升，但经季节性调整后，这一先行指标同样处于下降轨道，与经济放缓趋势相互印证。

（一）企业家信心指数回落

2011年三季度，企业家信心指数为129.4，是此前连续六个季度位于130以上后首次回落至130以下。分行业来看，除住宿和餐饮业以外，多数行业企业家信心与二季度持平或回落。其中，交通运输仓储和邮政业企业家信心指数为128.9，与二季度持平。信息传输计算机服务和软件业、批发和零售业、社会服务业、建筑业、工业企业家信心指数分别回落3.7、1.2、1.4、7.2和3.1个百分点。而与其他行业相比，房地产业企业家信心明显不足。三季度，房地产业企业家信心指数连续6个季度位于行业最低，并跌破临界值，指数下降至99.9，环比回落7.6点，分地区来看，三季度东、西部地区企业家信心回落，中部地区企业家信心指数与二季度持平。

（二）企业景气指数回落，但仍位于景气区间

企业景气指数可以综合反映宏观经济发展状况、企业生产经营景气状况以及未来发展变化趋势。全国企业景气调查结果显示，三季度，企业景气指数为133.4，连续8个季度位于130~138之间，呈现景气态势。分企业类型来看，中小企业回落幅度明显，大型企业景气优势显著。三季度，中型企业景气指数为132.4，分别比二季度回落3.6和3.0点；小型企业景气指数为117.3，与二季度基本持平。而大型企业景气指数为151.3，持续8个季度置于景气高位，分地区来看，东、中、西部地区企业景气均出现小幅回落。三季度，东、中、西部地区企业景气指数分别为134.4、

---

① 资料来自中国国家统计局网站、宏观经济信息网、中国物流与采购联合会网站。

133.7 和 130.1，比二季度回落 2.5、1.6 和 2.9 点。

（三）消费者信心指数有所下滑

消费者信心指数与重要的宏观经济指标之间存在密切联系，可以反映消费者信心的强弱，量化消费者对当前经济形势评价和对经济前景、收入水平、收入预期以及消费心理状态的主观感受。2011 年 7~8 月，消费者信心指数较上半年大幅回落，分别为 105.6、105，远低于 6 月份 108.1 的水平。8 月反映消费者对未来经济前景看法的消费者预期指数也从 7 月 111.8 高位回落至 110.4。反映消费者对当前经济状况满意程度的消费者满意指数基本稳定在 97 左右，较上半年也有明显下滑。总之，受到通胀压力以及就业前景不确定的影响，三季度消费者信心指数整体回落，消费者购买意愿及程度有所降低。

（四）制造业采购经理指数基本稳定

制造业采购经理指数（PMI）是一个综合指数。按照国际上通用的做法，由 5 个主要扩散指数加权而成。通常 PMI 指数在 50% 以上，反映经济总体扩张；低于 50%，反映经济衰退。9 月中国制造业采购经理指数为 51.2%，较上月上升 0.3 个百分点，连续两月回升。但是，如果考虑到季节性因素，通过季节调整后（采用 X12，乘法方法），得出 9 月 PMI 比上月小幅下降 0.33 个百分点，仍属于平稳下滑之中，以与经济放缓趋势相互印证。在 PMI 分项指标中，新订单指数比上月小幅上升 0.2 个百分点，季调后下降 0.63 个百分点；生产指数较上月上升 0.4 个百分点，季调后比上月下降 0.38 个百分点。生产指数、新订单指数均出现季调后则连续两月下降，说明国内制造业企业的生产经营环境正处于温和回落阶段。

四、对 2011 年四季度及全年经济增长预测结果[①]

本课题组建立两种模型进行预测[②]，一种是完全基于时间序列的 ARIMA 模型法（自回归移动协整模型），另一种是基于高频宏观经济数据的动态因子模型（DFM 模型）。现运用上述两种方法对 2011 年四季度和 2012 年全年经济增长趋势进行预测[③]。

---

① 本部分数据来源于北京师范大学经济与资源管理研究院宏观形势分析季度数据库。
② 本部分数据来源于北京师范大学经济与资源管理研究院宏观形势分析季度数据库。
③ 本部分数据来源于北京师范大学经济与资源管理研究院宏观形势分析季度数据库。

（一）ARIMA 模型预测结果

根据模型预测的要求，选取 2001 年一季度至 2011 年三季度数据，使用 ARIMA 模型对 2011 年经济增长进行预测。预测结果表明，2011 年全年经济增长率为 9.3%，其他各主要指标预测结果见表 3 – 8：

表 3 – 8　2011 年全年国民经济主要指标增长率预测表

单位：%

主要指标	预测值	主要指标	预测值
GDP	9.3	社会消费品零售总额	17.4
第一产业	3.9	全社会固定资产投资	25
第二产业	10.2	进　口	24
第三产业	8.9	出　口	20

从表 3 – 8 可知，2011 年预计增速将达到 9.3%。另外，第一、二、三产业预测增长速度分别为 3.9%、10.2% 和 8.9%。在经济增长的基本因素中，消费、投资对经济增长起到积极拉动作用，预计全年全社会消费品零售总额增速达到 17.4%，增长速度依然较快。全社会固定资产投资增速出现小幅回落，预测在 25% 左右。在内外部需求明显放缓之下，预计全年进口增长 24%，出口增长 20%。进出口对于经济增长的贡献与去年相同，仍然为负。

（二）动态因子模型预测结果

亚洲金融危机以来，动态因子模型获得逐步发展。目前已有许多国家的央行和金融机构均使用动态因子模型模型进行预测（如 IMF、OECD、亚行等）。动态因子模型可以处理大型、高频数据库数据，并解决因子之间共线性的问题，短期内能够较为准确地反映经济变量的变化规律。本模型选择 2002 年 9 月 ~2011 年 9 月的 10 余年的月度和季度数据，分别对现价 GDP、GDP 缩减指数建立动态因子模型，从而得到对不变价的 GDP 季度累计增长率的估算结果。模型结果显示 2011 年 GDP 累计增长率将达到 9.1%，具体预测值数据如下：

表 3 – 9　2011 年四季度及 2012 年 GDP 增长率预测表

单位：%

时　间	3 季度	4 季度	2011 年	2012 年
季度 GDP 增长率预测	9.1(实际)	8.6	9.1	8.7

综合上述两个模型的预测结果，预计 2011 年四季度中国经济增长率区间为 9.1% ~9.3%，均值为 9.2% 左右。总体上来看，考虑到前期货币政策偏紧效果的持续显现，以及海外经济不确定性加大对外需的影响，预计 2011 年四季度及明年中国经济增长将相比于前三季度，继续放缓。具体呈现如下特点。

第一，消费增速仍会保持平稳。今年以来，受物价上涨较快、汽车住房调控等多种因素的影响，社会消费品零售额增速出现回落。前三季度，社会消费品零售同比名义增长 17.0%（扣除价格因素实际增长 11.3%）。预计未来消费仍然是支持经济增长的主要动力，主要原因基于如下两个方面：一是居民收入大幅增长，将刺激消费水平提高。前三季度，城镇居民家人均可支配收入同比名义增长 13.7%，实际增长 7.8%。农村居民人均现金收入同比名义增长 20.7%，实际增长 13.6%。伴随着这两年最低工资水平进一步上调、农村居民收入水平不断提高，以及未来通胀压力逐步回落，将有力地促进消费需求快速增长。二是消费结构将进一步升级。从长期来看，我国人均 GDP 正迈向 4000 ~6000 美元大关，从国际经验看，在这样的过程中消费结构升级加快。

第二，投资将在高位有所回落。预计四季度及明年，推动投资增长的有利因素与不利因素共同交织，支持投资略有放缓，但仍将保持高位。其中，有利因素包括：一是"十二五"规划项目将加大开工步伐，对投资形成重要支撑。二是保障房建设继续拉动房地产投资较快增长。三是随着近期集中审批一批电网和火电项目，将有助于推动投资较快增长。四是水利建设提速加快相关投资。

而抑制投资的因素包括：一是货币政策将继续从紧，投资的信贷环境依然严峻，地方政府筹资能力受限。上半年投资资金来源增长 23.2%，增速低于固定资产投资完成额 1.7 个百分点；其中国内贷款仅增长 7.8%，为增速最慢的资金来源。二是民间借贷成本不断攀升，对民间投资增长形成压力，使得个体经营投资已呈负增长。三是节能减排和淘汰落后产能的年度目标任务已经下达，高耗能行业投资将受到抑制。

第三，净出口对拉动经济增长的贡献仍然为负。四季度，抑制出口的因素比较多，主要包括：一是全球经济减速风险加大，可能导致外部环境趋紧，外需疲软。二是人民币汇率持续升值，将弱化我国出口产品的价格竞争力。三是国内劳动力成本增加，加上紧缩政策导致融资成本攀升，将影响中小企业的外贸出口。四是各种形式的贸易保护主义将对我国出口带来一定影响。在鼓励进口政策等因素影响下，预计四季度进口增速仍将快于出口增速。预计2011年进口增长25%左右，出口增长20%左右，净出口对经济增长的拉动依然为负。

（三）经济增长预测的不确定分析

本课题组一直在跟踪宏观经济形势并进行预测。历年的预测数据与实际结果具有较强的一致性，说明预测模型具有一定的可靠性。然而，来自国内外不确定因素仍旧较多，导致预测模型的结果存在偏差，主要体现为以下三个方面。

第一，欧美经济面临政治博弈，经济下滑风险加大。从当前海外经济来看，尽管经济下滑趋势成为共同预期，但欧美政治方面的博弈进一步加大了未来经济运行的政治风险。美国方面，奥巴马政府虽然推出了经济就业的刺激政策和增收减支计划政策，但由于国共两党之争，最终未能获得通过。预计2012年美国大选之前，亦很难看到国共两党在刺激经济方面的共同努力。而欧洲方面，虽然债务危机仍在持续发酵，但各国政客同样面临来自国内选民的巨大压力，根本性解决方案还在酝酿之中。

第二，中小企业融资困难加剧。在今年货币总量严格控制之下，中小企业与中小银行的融资困难情况也在加剧，担心中小企业资金链断裂成为部分外资看空中国的一大重要因素。据媒体报道，自今年3月以来，温州民间借贷市场动荡，数十家企业出现了老板出逃、公司关门、员工讨薪等事件。9月份类似的事件更是高达26起，显示了未来中小企业运行面临的不确定性正在加大。

第三，房地产企业面临资金问题。由于本轮房地产调控的持续，国内房地产企业融资困难已经显现。据媒体报道，内地房地产开发商大连正源，由于拖欠贷款4.47亿美元，正与银行就重组事宜进行初步磋商。而中国银监会也在对部分房地产公司的信托业务进行清查，未来房地产商特别是中小房地产商的资金压力将会更加突出。房地产业作为支持中国经济增长的支柱行业，对带动投资及上下游产业的发展、对地方政府财政收入来源都具重要作用，因此应在打压投机需求的同时，加快财政金融改革，积极推进保障房建设，防范房地产调控对国民经济运行可能带来的风险。

参考文献

1.《世界银行预计2011年中国GDP增9.3%》，2011年4月29日，http://news.

cntv. cn/20110429/110031. shtml

2.《IMF 预测中国明年国内生产总值增速达 9.0%》，2011 年 9 月 26 日，http://www. cec. org. cn/nengyuanyudianlitongji/hongguanshuju/GDP/2011－09－26/69248. html

3.《亚行下调中国今年 GDP 增长预测值至 9.3%》，2011 年 8 月 19 日，http://finance. eastday. com/economic/m1/20110914/u1a6104672. html

4.《摩根士丹利：外部经济环境恶化下调中国 2012 年 GDP 预期至 8.7》，2011 年 8 月 19 日，http://www. cnsb. cn/html/news/661/show_ 661594. html

5.《高盛下调中国 2011 年经济增速至 9.3%》，http://economy. caixun. com/content/20110808/NE02r5pu. html

6.《德银下调中国 2011 年 GDP 增幅预期至 8.9%》，2011 年 8 月 24 日，http://www. chinanews. com/cj/2011/08－24/3279283. shtml

7.《国家信息中心经济预测部主任范剑平：预计 2011 年中国 GDP 增速可达 9.4%，2012 年回落至 8.7%》，http://finance. sina. com. cn/roll/20111016/134510629479. shtml

8.《社科院蓝皮书预计 2011 年中国 GDP 增速 9.6%》，2011 年 4 月 20 日，http://finance. sina. com. cn/china/hgjj/20110420/22319724761. shtml

9.《中国社科院：中国 2011 年 GDP 增速约 9.4%，CPI 涨幅约 5.5%》，http://www. cnforex. com/news/html/2011/10/11/e8ed30bb15a2fae4ca8a2cc9f2d8f028. html

10.《预计三季度中国国内生产总值（GDP）增长率为 9.3%，全年为 9.2%》，2011 年 10 月 17 日，http://finance. sina. com. cn/roll/20111017/111510633779. s html

11.《港股通，中金下调中国 2012 年 GDP 增长预期至 8.4%》，2011 年 9 月 5 日，http://www. wolun. com. cn/global/64/645933. html

第三部分　贸易形势分析

一、国内贸易形势分析

2011 年前三季度，国内商品市场销售平稳较快增长，居民消费价格涨势回落，工业品出厂价格涨势趋稳。前三季度社会消费品零售总额 130811 亿元，比上年同期增长 17.0%。居民消费价格上涨 5.7%，涨幅比上年同期提高 2.8 个百分点。

（一）国内市场运行的基本情况

1. 消费品市场销售平稳

前三季度，社会消费品零售总额 130811 亿元，同比增长 17.0%（扣除价格因素实际增长 11.3%），比上半年加快 0.2 个百分点。按经营单位所在地分，城镇消费品零售额 113265 亿元，同比增长 17.1%；乡村消费品零售额 17546 亿元，同比增长 16.4%。按消费形态分，餐饮收入 14737 亿元，同比增长 16.5%；商品零售 116074 亿元，同比增长 17.0%。限额以上企业（单位）商品零售额 55607 亿元，同比增长 24.3%。热点消费销售回落。其中，汽车类增长 16.0%，增速比上年同期回落 18.9 个百分点；家具类增长 31.4%，回落 7.0 个百分点；家用电器和音像器材类增长 20.5%，回落 7.6 个百分点。9 月份，社会消费品零售总额同比增长 17.7%，环比增长 1.35%。

表 3-10　社会消费品零售总额

单位：亿元；%

	总　　额		城　　市		县及县以下	
	绝对值	同比增长	绝对值	同比增长	绝对值	同比增长
7 月	14408	17.2	12490	17.3	1919	16.4
8 月	14705	17.0	12783	17.1	1922	16.4
9 月	15865	17.7	13543	17.8	2323	17.3

资料来源：国家统计局。

2. 居民消费价格涨势回落

前三季度，居民消费价格同比上涨 5.7%。其中，城市上涨 5.5%，农村上涨 6.2%。分类别看，八大类商品全面上涨：食品上涨 12.5%，烟酒及用品上涨 2.5%，医疗保健和个人用品上涨 3.4%，娱乐教育文化用品及服务上涨 0.5%，居住上涨 6.0%；衣着上涨 1.6%，家庭设备用品及维修服务上涨 2.2%，交通和通信上涨 0.5%。9 月份居民消费价格同比上涨 6.1%，环比上涨 0.5%。

表 3-11　居民消费价格指数

	当月（上年同月=100）			累计（上年同期=100）		
	全　国	城　市	农　村	全　国	城　市	农　村
7 月	106.5	106.2	107.1	105.5	105.4	106.1
8 月	106.2	105.9	106.7	105.6	105.4	106.1
9 月	106.1	105.9	106.6	105.7	105.5	106.2

资料来源：国家统计局。

3. 工业品出厂价格涨势趋稳

前三季度，工业品出厂价格同比上涨 7.0%（9 月份上涨 6.5%，涨幅与上月持平），涨幅比上年同期高 1.5 个百分点；工业生产者购进价格平均同比上涨 10.4%（9 月份上涨 10.0%），涨幅比上年同期高 0.6 个百分点。9 月份，70 个大中城市房屋销售环比价格下降的城市增加了 1 个。环比价格上涨的城市中，涨幅均未超过 0.3%。与去年同月相比，价格下降的城市有 1 个。涨幅回落的城市有 59 个，同比涨幅在 5.0% 以内的城市有 49 个。

（二）需要注意的问题

1. 消费价格指数涨势趋稳

根据国家统计局数据，7 月居民消费价格指数（CPI）同比涨幅创年度新高，为 6.5%，8 月份回落到 6.2%，9 月份进一步回落到 6.1%，连续两个月出现同比指数回落。这说明物价上涨的势头得到初步遏制。食品价格仍是推动 CPI 上涨的主要动力。数据显示，9 月份食品类价格同比涨 13.4%，影响价格总水平上涨约 4.05 个百分点。其中，猪肉价格同比涨 43.5%，对 CPI 的贡献仍有两成。尽管通胀拐点已经基本确立，但仍不能放松警惕。从数据来看，9 月 CPI 同比涨幅回落幅度并不明显，且 9 月环比涨幅为 0.5%，较 8 月份的 0.3% 有所扩大。这表明当前通胀的压力仍然较大。

2. 消费需求意愿有所降低

前三季度，全国商品销售额增速比去年同期回落 1.4 个百分点，部分热点消费增速回落。今年以来，在通胀预期下，金银珠宝等保值性消费需求增长旺盛。楼市调控和短期刺激政策退出等因素，削弱了家电及家具类、汽车及制品类等商品消费的增长动力。消费环境的变化，也在一定程度上影响了居民消费意愿，减缓了消费需求增长。

3. 主要生产资料价格逐步回落

据商务部城乡市场信息服务体系监测，10 月 10 日至 16 日，商务部重点监测的生产资料市场价格回落。矿产品、钢材、化工产品、建材、农资价格下跌，轻工原料、橡胶、能源、有色金属价格上涨。其中，矿产品价格下降 1.7%，钢材价格下降 1.2%，化工产品价格下降 0.4%，农资价格下降 0.1%，橡胶价格上涨 0.3%，能源价格上涨 0.7%。据国家统计局数据，9 月份，工业品出厂价格指数（PPI）同比上涨 6.5%，同比涨幅为今年以来最小。从环比来看，PPI 已经趋稳。最近四个月，PPI 环比除 8 月微升 0.1% 外，其余三个月均为持平。国家统计局 10 月 11 日发布的部分重点企业主要工业品出厂价格变动情况显示，9 月 21 日至 10 月 5 日当期，主要工业品出厂价格整体下降。生产资料价格的逐步回落有利于减轻向消费价格指数传导的压力。

4. 农产品价格回落

受国庆节前生猪集中出栏和蛋鸡进入产蛋高峰期影响，9 月下旬，猪肉、鸡蛋价格出现回落。据商务部城乡市场信息服务体系监测，10 月 10 日至 16 日，商务部重点监测的食用农产品价格回落。18 种蔬菜平均批发价格比前一周下降 5%，8 种水产品平均批发价格下降 0.5%。农业部最新发布的"全国农产品批发价格指数"显示，10 月 17 日，农产品批发价格总指数为 189.8。这一指数 10 月以来几乎一直呈下降之势，从月初的 195.2 一路降至 190 以下。据国家统计局最新公布，10 月上旬 50 个城市主要食品平均价格变动情况也显示，29 种食品价格中仅有 9 种较上期出现上涨，涨家数较前期明显减少。同期，5 种食品持平，15 种已经出现下跌，部分蔬菜品种 10 天价格下跌幅度高达逾 8%。农产品价格回落，有利于控制通胀压力，但也要防止农副产品价格出现"硬着陆"，避免"伤农"事件发生。

5. 国际大宗产品价格回落

由于欧洲债务前景不明，国际油价下跌。10 月 17 日收盘时，纽约商品交易所 11 月交货的轻质原油期货价格下跌 42 美分，收于每桶 86.38 美元，跌幅为 0.48%。12 月交货的伦敦北海布伦特原油期货价格下跌 2.06 美元，收于每桶 110.16 美元，跌幅为 1.84%。美元走强，美元指数上涨 0.7% 左右，对油价也构成了打压。最近几月以来，国际大宗商品的价格出现波动下行，有利于减轻输入型通胀压力。

（三）国内商品市场走势分析

从国内看，我国商品市场运行继续回升向好，社会消费品零售总额同比增长 17.0%，保持了一个快速增长的势头。从今后几个月走势来看，促进物价下行的一些有利因素也在增多。一是经济增长速度适度回调，有利于缓解总供求的矛盾，有利于减轻物价上涨的需求压力。二是流动性不断收紧，减弱了物价上涨的流动性压力。三是粮食取得新的丰收。目前秋粮长势和收成比预期得要好，有利于减轻农产品价格上涨的压力。近三个月的物价走势，不仅说明中国增加供给、搞活流通以及保障民生等一系列物价调控措施取得明显成效，还说明促进物价下行的有利因素也在积累增多。随着国内经济放缓的趋势愈加明朗，国内商品市场供需矛盾进一步缓解，部分投资品将出现产能过剩。当前应继续保持扩大消费政策的连续性和稳定性，增强政策的针对性和灵活性，采取措施扩大消费需求，避免商品市场价格"硬着陆"；同时及早备战新年元旦、春节"双节"消费旺季，努力保障粮食、食用油、食糖等食品的价格稳定和市场供应，保持国内商品市场平稳发展。

二、国际贸易形势分析

（一）三季度外贸进出口运行基本情况

1. 出口增速呈现回落态势，月度顺差规模收窄

据海关统计，1～9月，我国进出口总值26774.4亿美元，比去年同期（下同）增长24.6%。其中，出口13922.7亿美元，增长22.7%；进口12851.7亿美元，增长26.7%。9月当月，我国进出口总值为3248.3亿美元，增长18.9%。其中，出口1696.7亿美元，增长17.1%；进口1551.6亿美元，增长20.9%。自2011年3月份以来，我国外贸增速总体回落，反映出外需不稳定，复苏基础还不巩固。前三季度外贸不平衡状况有所改善，累计顺差1071亿美元，收窄10.6%。但值得注意的是，二季度顺差大幅增加，累计467.4亿美元，较去年同期增长13.9%（如表3－12所示）。

表3－12　2011年1～9月外贸进出口金额情况

单位：亿美元；%

	进出口	同比	出口	同比	进口	同比	顺差	同比
1 月	2954.7	44.1	1506.8	37.6	1447.9	51.6	58.9	-57.8
2 月	2011.4	10.8	966.8	2.4	1044.5	19.9	-77.7	-205.9
3 月	3044.7	31.5	1521.5	35.8	1523.2	27.5	-1.7	-97.7
4 月	2999.5	25.9	1556.1	29.9	1443.4	21.9	112.7	699.3
5 月	3011.8	23.5	1570.9	19.3	1440.9	28.4	130.0	-33.2
6 月	3016.5	18.5	1619.4	17.9	1397.1	19.3	222.2	10.1
7 月	3198.1	21.9	1751.7	20.4	1446.4	23.7	305.3	7.0
8 月	3288.7	27.1	1733.2	24.5	1555.6	30.2	177.6	-10.1
9 月	3248.3	18.9	1696.7	17.1	1551.6	20.9	145.1	-12.4
合计	26774.4	24.6	13922.7	22.7	12851.7	26.7	1071.0	-10.6

＊表格数据均来自海关统计或根据海关统计计算。

资料来源：海关统计。

2. 一般贸易进出口增速高于加工贸易，边境贸易发展快速增长

1～9 月，我国一般贸易进出口 14157.5 亿美元，增长 31.7%。其中，出口 6740.9 亿美元，增长 29.9%；进口 7416.6 亿美元，增长 33.3%。一般贸易项下出现贸易逆差 675.7 亿美元。同期，我国加工贸易进出口 9616.0 亿美元，增长 14.8%。其中，出口 6127.6 亿美元，增长 15.3%；进口 3488.4 亿美元，增长 14.1%。加工贸易项下顺差 2639.2 亿美元。一般贸易增速快于加工贸易，主要原因如下：一是价格因素。一般贸易以原材料和劳动密集型产品为主，价格增长拉动效应明显。二是需求因素。加工贸易以发达国家市场为主，出口增长缓慢。边境贸易进出口 240.4 亿美元，增长 39.0%，增幅高于整体（如表 3－13 所示）。

表 3－13　2011 年 1～9 月分贸易方式进出口情况

单位：亿美元；%

	总　值		一般贸易		加工贸易		边境贸易	
	金　额	增　幅	金　额	增　幅	金　额	增　幅	金　额	增　幅
进出口	26774.4	24.6	14157.5	31.7	9616.0	14.8	240.4	39.0
出　口	13922.7	22.7	6740.9	29.9	6127.6	15.3	144.3	34.2
进　口	12851.7	26.7	7416.6	33.3	3488.4	14.1	96.0	46.7
差　额	1071.0	－10.6	－675.7		2639.2		48.3	

3. 机电产品和高新技术产品增速略低于全国平均水平，顺差有所扩大

1～9 月，我国机电产品出口 7893.3 亿美元，增长 18.2%；进口金额 5601.9 亿美元，增长 16.3%。机电产品顺差 2291.3 亿美元，增长 23.1%。高新技术产品出口金额 3986.8 亿美元，增长 14.5%；进口金额 3439.1 亿美元，增长 13.7%。高新技术产品顺差 547.7 亿美元，增长 19.8%。机电和高新技术产品进出口增速低于全国进出口平均增速，主要受发达国家经济复苏缓慢和产品价格基本保持稳定的影响（如表 3－14 所示）。

4. 轻纺商品出口稳定增长，主要大宗商品进口量价齐升

1～9 月，传统大宗商品出口平稳增长，其中服装出口 1152.3 亿美元，增长 23.3%；纺织品 709.0 亿美元，增长 25.9%；鞋类 316.2 亿美元，增长 19.6%；家具 270.0 亿美元，增长 13.7%；箱包出口 171.6 亿美元，增长 37.1%。值得注意的是，我国劳动密集型产品出口增长价格拉动效应明显，出口数量增长缓慢。其中纺织服装、鞋、玩具等劳动密集型产品的议价

表 3 – 14　2011 年 1 ~ 9 月机电产品和高新技术产品进出口情况

单位：亿美元；%

	总　　值		机电产品		高新技术	
	金　额	增　幅	金　额	增　幅	金　额	增　幅
进出口	26774.4	24.6	13495.2	17.4	7425.9	14.1
出　口	13922.7	22.7	7893.3	18.2	3986.8	14.5
进　口	12851.7	26.7	5601.9	16.3	3439.1	13.7
差　额	1071.0	– 10.6	2291.3	23.1	547.7	19.8

能力普遍得到提升，出口价格分别上涨 20.9%、15.8% 和 8.2%。扣除价格因素，实际出口数量增长 2.8%、3.2% 和 0.6%。一方面，它表明我国劳动密集型产品在成本上升倒逼机制作用下，更多依赖提高价格、加快结构调整等方式消化成本压力；另一方面，它表明我国劳动密集型产品价格优势逐渐削弱，出口数量增长乏力（如表 3 – 14 所示）。

表 3 – 15　2011 年 1 ~ 9 月主要劳动密集型出口商品统计

单位：亿美元；%

商　　品	箱　包	鞋　类	玩　具	家　具	纺织品	服　装
出口金额	171.6	316.2	79.3	270.0	709.0	1152.3
同比增长	37.1	19.6	8.9	13.7	25.9	23.3

在进口商品中，主要大宗商品进口量保持增长，进口均价普遍出现明显回升。据海关统计，我国进口原油 1.9 亿吨，同比增长 4%；铁矿砂 5.1 亿吨，同比增长 11.1%。能源和资源性产品的稳步增长，满足了国内经济又好又快发展的需求（如表 3 – 15 所示）。

5. 民营企业进出口增势强劲，外商投资企业进出口占主导

1 ~ 9 月，民营企业为主体的其他企业进出口额 7393.9 亿美元，增长 38.7%。其中，出口 4627.9 亿美元，增长 34.8%；进口 2766 亿美元，增长 45.8%。国有企业进出口、出口和进口总额为 5691.4 亿美元、2006 亿美元和 3685.5 亿美元，分别增长 23.8%、16.3% 和 28.4%。外商投资企业进出口、出口和进口总额为 13689.1 亿美元、7288.8 亿美元和 6400.3 亿美元，分别增长 18.4%、17.8% 和 19.0%（如表 3 – 16 所示）。

表 3－16 2011 年 1～9 月商品进口商品统计

单位：亿美元；万吨；美元/吨

商品名称	累计进口			同比增减 ±%		
	数 量	金 额	单 价	数 量	金 额	单 价
原 油	18836	1448.2	768.9	4.0	43.2	37.7
铁矿砂	50807	842.1	165.7	11.1	50.3	35.4
大 豆	3771	216.5	574.2	-6.1	22.7	30.6
成品油	3031	240.8	794.6	13.6	52.4	34.1
钢 材	1196	165.4	1383.3	-4.3	9.3	14.2

表 3－17 2011 年 1～9 月分企业性质进出口情况

单位：亿美元

企业性质	2011 年 1～9 月				占总值的比例%		
	进出口	出 口	进 口	差 额	进出口	出 口	进 口
总 值	26774.4	13922.7	12851.7	1071	100	100	100
增幅%	24.6	22.7	26.7				
国有企业	5691.4	2006	3685.5	-1679.5	21.3	14.4	28.7
增幅%	23.8	16.3	28.4				
外商投资企业	13689.1	7288.8	6400.3	888.5	51.1	52.4	49.8
增幅%	18.4	17.8	19.0				
其它企业	7393.9	4627.9	2766	1862	27.6	33.2	21.5
增幅%	38.7	34.8	45.8				

6. 与发达国家贸易增速放缓，与"金砖国家"贸易增速强劲

今年 1～9 月，我与欧盟双边贸易总值 4225.1 亿美元，增长 20.9%。中美双边贸易总值为 3259.3 亿美元，增长 17%。我与东盟双边贸易总值为 2670.9 亿美元，增长 26.4%。受日本大地震及引发的核泄漏事件影响，我对日贸易增速相对较缓。1～9 月中日双边贸易总值为 2534.5 亿美元，增长 18.2%。东盟已经取代日本，成为我国第三大贸易伙伴。同时，我与金砖国家贸易增速较快，与巴西、印度、南非、俄罗斯贸易额分别增长 37.2%、28.1%、88.2% 和 43.8%（如表 3－18）。

表 3-18　2011 年 1~9 月分国别（地区）进出口情况

单位：亿美元；%

国家(地区)	金额(亿美元)				同比增减 ± %			
	进出口	出　口	进　口	差　额	进出口	出　口	进　口	差　额
总　　值	26774.4	13922.7	12851.7	1071	24.6	22.7	26.7	-10.6
欧　　盟	4225.1	2653.2	1572	1081.2	20.9	17.4	27.5	5.3
美　　国	3259.3	2356.6	902.7	1454	17	14.7	23.6	9.7
东　　盟	2670.9	1240.9	1430	-189.1	26.4	24.7	27.9	54.5
日　　本	2534.5	1077.3	1457.2	-379.8	18.2	24.6	13.9	-8.3
香　　港	2064.7	1948.2	116.5	1831.7	28.1	27.9	32.9	27.6
韩　　国	1819.5	621.2	1198.3	-577.1	20.4	25.6	17.9	10.5
台　　湾	1209	267.6	941.4	-673.7	12.5	26.1	9.2	3.7
澳大利亚	845.8	244.4	601.4	-356.9	35.3	28.5	38.3	47.5
巴　　西	624	240.7	383.3	-142.6	37.2	35.5	38.3	44.2
印　　度	544.9	371.9	173.1	198.8	20.0	26.0	8.9	45.9
南　　非	325.9	96.7	229.1	-132.4	88.2	24.8	139.4	
俄罗斯联邦	579.2	284.6	294.5	-9.9	43.8	35.8	52.5	-159.3

（二）外贸发展面临的主要问题

从目前情况看，尽管世界仍处在复苏进程中，但复苏的基础不稳固。今后一段时期，我国外贸发展面临的形势不容乐观。从外部看，国际经贸环境复杂。发达国家经济增速放缓，失业率居高不下，新兴经济体通胀风险加大，大宗商品价格高位波动，西亚北非局势动荡不安，日本地震影响仍在持续。近期，世贸组织下调今年国际贸易量增速至 5.8%，低于去年8.3 个百分点。从内部看，企业经营环境趋紧。受原材料涨价、劳动力成本上升、人民币升值等因素影响，企业生产经营压力加大。

（三）外贸走势分析及政策取向

下阶段我国外贸将继续保持增长势头，但增速有所放缓，也不排除第四季度个别月份出现逆差。预计全年外贸增速在 20% 左右。

下一步外贸政策的基本取向是保持稳定。10 月 13 日，温家宝总理在广州主持外贸形势座谈会指出，当前和今后一段时期，对外贸易应当紧紧围绕"稳增长、调结构、促平衡"这三个支柱开展工作。稳增长，就是要努力克服外部环境变化的不利影响，及时妥善解决外贸企业面临的实际困难，保持进出口稳定增长。我们必须立足扩大内需实现经济持续发展，但外贸企业多年苦心经营的国际市场份额不能轻易放弃。调结构，就是要优化进出口产品结构、市场结构和地区结构，提高对外贸易的质量和效益，增强对外贸易的可持续发展能力。促平衡，就是既重视出口，也重视进口，促进国际收支基本平衡。强调"促平衡"，不是要压出口，而是主要靠扩大进口；不是限制利用外资，而是主要靠扩大对外投资来实现。

同时，当前需要重点抓好五项工作：第一，保持出口政策的基本稳定。要稳定出口退税政策，加快出口退税进度，加大对外贸企业的信贷支持力度，改善对小企业的金融服务，健全出口信用风险保障机制，确保出口企业收汇安全，保持人民币汇率基本稳定，避免给外贸企业造成过大冲击。第二，积极扩大进口。抓紧制定加强进口促进贸易平衡的指导意见，完善进口贴息、进口信贷、进口关税等政策措施，为企业扩大进口创造更加有利的条件。第三，加快转变外贸发展方式。继续发展和巩固传统比较优势，尽快培育新的竞争优势。要把更多的精力放在培育品牌、营销网络和研发设计等方面，生产出更多具有自主知识产权的高、精、尖、新产品，由"中国制造"向"中国创造"转变。第四，提高利用外资的质量和水平。坚持积极有效利用外资的方针，更加重视优化结构和提高质量。鼓励外资重点投向高端制造、高新技术、现代服务业、新能源和节能环保产业，投向中西部地区。第五，积极稳妥实施"走出去"战略。完善信贷、外汇、财税、人员出入境等政策措施，鼓励国内企业在境外建设加工基地、营销网络和研发中心。

第四部分　财政政策分析

2011 年前三季度，我国财政政策执行情况和财政收支运行状况良好，反映了国民经济总体平稳较快增长的态势。同时，也出现了一些新情况新变化，国内外环境仍然十分复杂，宏观调控面临的"两难"问题增多。

一、财政政策执行情况

（一）财政收入较快增长

1~9 月累计，全国公共财政收入 81663.3 亿元，比上年同期增加

18623.8亿元，增长29.5%。分税种看，主体税种收入实现较快增长。国内增值税同比增长18.7%，国内消费税增长17.7%，营业税增长24.0%，企业所得税增长35.8%，个人所得税增长34.4%，进口货物增值税、消费税增长33.6%，关税增长28.9%，车辆购置税增长18.6%。另外，出口退税同比增长27.9%，相应减少财政收入。分级次看，中央和地方财政都实现较快增长。中央本级收入41937.7亿元，增长26.2%；地方本级收入39725.6亿元，增长33.3%。分税收和非税收入看，税收收入保持较快增长。税收收入71292.2亿元，增长27.4%；非税收入10371.2亿元，增长46.4%。分月份看，1~2月财政收入增长36%，3、4月份回落至27%左右，5月份扣除汇算清缴因素后为25%左右，6、7月份又为27%左右，8月份扣除清缴石油特别收益金后为25%左右，9月份为17.3%，反映了经济增速放缓的趋势。前三季度财政收入增长总体较快的主要原因有：经济较快增长，价格涨幅较高，部分上年末收入在今年年初集中入库，进口环节税收等相关税种增幅较高，按规定今年将原预算外资金纳入预算管理。财政收入超经济高速增长，对控制通货膨胀起到了紧缩效果。

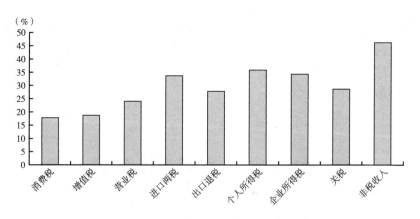

图3-1　1~9月财政收入主要项目增长情况

（二）实施结构性减税政策

一是继续实施小型微利企业所得税优惠政策。自1月1日起，对小型微利企业所得减按50%计入应纳税所得额，并按20%的税率征缴企业所得税，以促进中小企业发展。二是调整房产税政策，抑制投机性住房交易。完善个人住房转让营业税政策，即个人将购买不足5年的住房对外销售的，全额征收营业税；超过5年的非普通住房对外销售的，差额征收营业税；

超过 5 年的普通住房对外销售的，免征营业税。在上海、重庆进行个人住房房产税改革试点，引导居民合理住房消费。三是推进个人所得税改革。自 9 月 1 日起，工资薪金所得减除费用标准由 2000 元/月提高至 3500 元/月，9 级超额累进税率改为 7 级，最低档税率由 5% 降为 3%，同时适当扩大低档税率和最高档税率的适用范围。四是加快资源税改革。自 4 月 1 日起，统一提高稀土矿原矿资源税税额标准。自 11 月 1 日起，在全国范围内实施原油天然气资源税从价计征，并提高焦煤、稀土矿的税额标准，同时对外合作开采海洋和陆上油气资源统一依法缴纳资源税。四是开展海南离岛旅客免税购物政策试点。从 4 月 20 日起，将免税购物适用对象由离境旅客扩大为包括内地居民在内的离岛旅客。五是进一步清理规范行政事业性收费和政府性基金。在全国统一取消 20 项社会团体收费项目和 31 项涉企行政事业性收费，并开展公路收费专项治理工作。

（三）努力扩大内需

一是保持适度的政府投资规模。及时下达中央财政基建投资预算，优先保证重点在建、续建项目的资金需求，主要用于支持保障性安居工程、以水利为重点的农业基础设施、教育卫生基础设施建设，以及节能减排和生态环保、自主创新和战略性新兴产业发展等方面。二是进一步增加对农民的补贴。今年中央财政预算安排农资综合补贴、粮食直补、良种补贴、农机具购置补贴比上年增加 180.1 亿元，大部分资金已经下拨。支持农业生产，加大投入力度，保障粮食、生猪、食用油和"菜篮子"产品供给和价格稳定。三是加大社会保障投入。对全国城乡低保对象、农村五保户等8600 多万困难群众发放一次性生活补贴 104 亿元。提高城乡低保和优抚对象生活补助标准，提高企业退休人员基本养老金水平 10%。支持将新型农村社会养老保险制度和城镇居民社会养老保险试点覆盖地区范围扩大到60%。加快保障性安居工程专项资金拨付进度，支持保障性住房建设。全国保障性安居工程开工率已高达 98%。四是完善家电下乡和以旧换新政策。截至 9 月底，家电下乡产品销售 7512 万件，补贴摩托车 599 万辆。家电以旧换新政策已在全国范围实施，共销售家电 3720 万件，回收旧家电3809 万件。

（四）保障和改善民生

调整财政支出结构，严格控制一般性支出，重点加大对"三农"、教育、就业、住房、医疗卫生、社会保障等民生领域投入力度。前三季度，全国公共财政支出 69480.6 亿元，同比增加 14975.6 亿元，增长 27.5%。

其中，中央本级支出12116.9亿元，增长8.9%；地方财政支出57363.7亿元，增长32.2%。教育、医疗卫生、社会保障、就业、保障性住房、文化等与人民群众生活直接相关的民生支出均保持了较高增幅。其中，全国财政教育支出增长26.7%，社会保障和就业支出增长32.5%，住房保障支出增长73.9%，医疗卫生支出增长50.5%，农林水事务支出增长34.8%，城乡社区事务支出增长42%，交通运输支出增长34.2%，节能环保支出增长20.2%。这些财政支出支持了"三农"发展，支持了扩大就业，支持了教育优先发展，支持了医疗卫生体制改革，支持了保障性安居工程建设，支持了科技创新和节能减排。财政支出增幅较高，表明积极财政政策继续落实，既有力保障了各项重点支出的需要，也加强了结构调整，有效地促进了经济社会平稳较快发展。

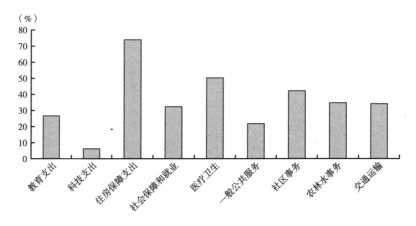

图3-2 1~9月财政支出主要项目增长情况

二、当前财政调控面临的突出问题

虽然当前我国经济运行总体良好，但也出现了一些新情况新变化，国内外环境仍然十分复杂，宏观调控面临的"两难"问题增多。

（一）外部经济环境更趋复杂

当前欧美日三大发达经济体面临主权信用降级，债务问题严重、失业率持续高位运行、消费信心下滑等问题，全球经济下行风险加大。特别是欧洲主权债务危机呈现出明显的自我发酵或自我恶化的特征，逐步从欧元区外围成员国传染至意大利、西班牙、法国等中心国家，而且导致与银行业危机之间相互传导的风险增加。近期意大利和西班牙的主权信用评级和多家金融机构的信用评级都被下调。希腊急需新一批援助贷款来避免负债违约。欧洲银行对希腊等主权债务危机国家风险敞口很大，资本金缺口高达 2000 亿欧元。主权债务危机有向银行危机发展的趋势，国际金融市场出现大幅动荡。受主权债务危机影响，发达经济体经济可能长期低增长，陷入"增长型衰退"。同时，新兴市场国家和一些发达经济体通胀压力仍然较大，中东北非政局持续动荡，占领华尔街运动向全球扩散，进一步加大了全球经济复苏的曲折性和复杂性，也给我国经济增长带来诸多挑战。

（二）通货膨胀压力仍然较大

目前我国价格涨幅依然高位运行，尽管存在着翘尾因素逐步减弱，货币条件继续向常态回归，稳定物价措施的效果逐步显现等有利条件，但推动物价上涨的因素并没有根本消除：一是需求引致压力。当前价格上涨由食品向非食品领域扩散，普涨态势强化，新涨价因素比重逐步提高。这说明物价上涨不是源于部分商品的短期供应短缺，而是前期货币信贷高投放的结果，而消化前期积累的大量流动性仍需一个过程。二是成本推动压力。土地和劳动力等要素价格均不断上涨，节约资源、保护环境也使一些要素成本上升，工业生产者出厂价格和购进价格环比都在上涨，成本上升从上游向下游的传导效应将不断释放。三是我国农产品生产仍存在不确定因素。今年主要农产品供应将继续处于紧平衡状态。生猪饲养的人工和饲料成本上升趋势明显，生产周期较长也使猪肉价格快速上涨态势在一定时期内延续。四是国际传导因素。目前全球流动性过剩，最近欧洲央行、美联储、英国央行、日本央行和瑞士央行决定在年底前协同向欧洲银行注入美元流动性。如果美国再推动第三轮量化宽松货币政策，国际大宗商品价格中期存在上涨趋势，我国的输入型通胀压力将加大。五是价格体制仍显滞后。现行价格体制使得一些基础产品价格易涨难跌，加强了通货膨胀预期。

（三）企业特别是小型微型企业经营环境趋紧

受今年以来，能源、原材料、劳动力等要素价格集中大幅上涨，不少企业反映生产成本上升较快，产成品库存和应收账款增加较多，经营环境趋紧。1~7 月亏损企业亏损额同比增长 46.9%，增幅比一季度提高 19.1 个百分点，其中造纸、橡胶、电气机械、计算机等行业亏损额增幅均较大。一些外贸企业反映，除上述因素外，还受到人民币升值和国际贸易保护主义增多的影响，出现不接单亏损、接单也亏损的局面。自 2010 年 6 月 19 日以来，人民币兑美元汇率中间价累计升值超过 5.5%。由于我国企业出口产品议价能力较弱，无定价权，出口订单无法提价甚至有的还要降价，从而造成企业盈利困难。二季度以来，中小企业特别是小型、微型企业融资难、资金成本高的问题尤为突出。据调查，目前广东中小企业向银行贷款的基准利率要上浮20%左右，广西为上浮10%～30%，加上抵押物登记评估费用、担保费用等融资成本，年息基本在10%以上。民间借款利率也急剧攀升。广东民间借贷加权平均利率达18%左右，小额贷款公司超过六成的贷款利率在2倍基准利率以上。高额的借贷利息使一些企业资金链断裂，出现跑路、停工和倒闭现象，陷入生存困境。

（四）经济结构性问题仍较突出

"十二五"规划强调要以科学发展为主题，以转变发展方式为主线，要把经济结构调整和发展方式转变作为工作重点。今年是"十二五"规划开局之年，但发展方式转变的进展并不如意。当前经济增长速度和数量方面的指标表现较好，而反映经济增长质量和效益、反映生态环境状况等方面的指标仍未有明显改观。固定资产投资继续快速增长而消费实际增幅有所回落，投资消费比例关系仍然失衡，经济增长还是主要依靠投资拉动。重工业增速继续高于轻工业，第三产业比重和增速仍未有明显提高。居民收入增幅仍然相对偏慢。受持续负利率等因素影响，国民收入分配格局仍然没有朝着"两个同步"、"两个提高"的方向明显转变。节能减排长效机制尚未建立，高耗能行业增速依然较快，"两高一资"产品出口未能得到有效遏制（1～9月焦炭、钢材和未锻轧铝出口分别增长34.2%、37.4%和20%）。去年部分地区为完成节能减排任务，主要采取拉闸限电和关停部分高耗能企业等非常规措施，容易出现反弹。

三、四季度经济展望及政策建议

综合各种因素分析，第四季度经济增速继续温和放缓，预计全年经济增长9.2%左右。物价涨幅将高位趋降，预计CPI涨幅年底降至4%左右，全年约为5.5%。随着经济增速和物价上涨趋缓，特别是7月1日起下调成品油等商品进口关税，9月1日起将个人所得税工薪所得减除费用标准提高至3500元并将超额累进税率中第1级由5%降至3%，以及调整增值税和营业税征收范围等新的减税政策作用显现，财政收入增幅将继续回落。但由于GDP和物价等主要经济指标预计高于计划值，全年财政收入也将比预算有一定超收。下一步要继续把稳定物价总水平作为宏观调控的首要任务，坚持宏观调控的基本取向不变，同时根据形势变化，提高政策的针对性、灵活性和前瞻性，切实把握好宏观调控的力度、节奏和重点，处理好保持经济平稳较快发展、调整经济结构和管理通胀预期的关系，既要把物价涨幅降下来，又不使经济增长出现大的波动。

（一）继续管理好通货膨胀预期

坚持把稳定物价总水平作为宏观调控的重要任务，切实落实好已出台的各项政策措施。配合稳健的货币政策，今年中央财政超收除法律法规和体制规定必须增加的支出外，原则上都纳入预算稳定调节基金，在以后年度调入预算使用。研究完善主要农产品补贴制度与收储机制，进一步健全粮食主产区利益补偿机制，落实好扶持生猪生产的政策措施，大力增加粮食等主要农副产品供给。加大批发市场建设支持力度，支持现代农产品流通体系建设，加快推进公路收费改革，大力支持商贸流通业发展，有效降低物流成本。积极推动现代化服务业发展，继续加强对家政等传统服务业发展的支持力度。有针对性抑制二、三线城市房价过快上涨，促进房价合理回归，保持房屋租金价格总体稳定。加快推进成品油、煤电等价格形成机制改革。支持加快推进人民币国际化步伐。全面建立完善社会救助和保障标准与物价上涨挂钩的联动机制，保障低收入群体的基本生活。

（二）积极促进内外需平稳增长

保持适度的政府投资规模和节奏，着力调整和优化公共投资结构，切实加大对水利、保障性住房建设的投入，着力提高投资效益。加强对社会投资的引导，进口出台落实关于鼓励和引导民间投资 36 条的细则，促进民间投资稳定增长。继续加快财政支出进度，加大民生支出力度，积极推进收入分配制度和财税体制改革，完善社会保障体系，大力发展旅游、文化、信息和养老等消费，重点开拓农村和中西部地区消费潜力，着力建立扩大消费的长效机制。同时，为克服外部环境变化的不利影响，要稳定出口退税政策，加快出口退税进度，完善进口贴息、进口关税等政策措施，鼓励国内企业在境外建设加工基地、营销网络和研发中心，优化进出口结构，加快转变外贸发展方式，促进国际收支基本平衡。

（三）大力引导经济结构调整和发展方式转变

积极推进企业技术改造和兼并重组，引导企业转型升级。认真落实支持小型微型企业发展的财税政策措施，加大对小型微型企业税收扶持力度，通过减免税支持金融机构增强对小型微型企业的金融服务。扩大中小企业专项资金规模，进一步清理和取消部分涉企收费，引导和帮助小型微型企业稳健经营、增强盈利能力和发展后劲。加大实施重大科技专项，推进科技成果转化，促进战略性新兴产业发展。根据产业发展阶段特点，加快光伏发电等新能源规模化应用。大力推进可再生能源在建筑领域的推广应用，努力提高清洁能源比重。加快出台生产性服务业增值税改革试点方案，扩大物流业营业税差额征收试点范围。继续实施税收优惠，鼓励并扩大先进技术、关键设备和零部件进口。加大节能减排工作力度，坚决淘汰落后产能，有效促进建筑节能，大力推进重点污染整治项目，加大农村环保投入，加快重金属污染治理。加快建立生态环境补偿机制，推进排污权有偿取得及交易试点。继续促进区域协调发展。

（五）着力保障和改善民生

完善公共服务体系，提高服务水平。进一步加大财政教育投入，实现2012年财政性教育经费支出占GDP比重达到4%的目标，促进教育优先发展。支持中西部地区和民族地区发展农村学前教育。继续实施民族地区、贫困地区农村学生营养改善计划试点。健全城乡低保标准动态调整机制。研究完善全国统一的企业退休人员基本养老金正常调整机制。进一步扩大新型农村社会养老保险试点覆盖范围，并同步推进城镇居民社会养老保险试点。做好社会救助和优抚安置工作。进一步落实促进就业的各项财税政策。继续深化医药卫生体制改革，全面推进基层医疗卫生机构综合改革。加快建立保障性安居工程建设资金稳定来源机制，大力支持保障性安居工程建设，增加公共租赁住房供给，抑制住房租金水平过快上涨。加快推进农村危房改造试点。

第五部分　货币金融形势分析

2011年三季度我国金融运行状况平稳，各项货币政策执行顺利。下一阶段货币政策调控方向不会改变，但需要加强政策的针对性、有效性和前瞻性，以促进经济平稳健康发展。

一、前三季度金融运行情况

（一）货币供应量增速继续回落

2011年9月末，广义货币（M2）余额78.74万亿元，同比增长13%，比上月末低 0.5 个百分点，比上年末低 6.7 个百分点；狭义货币（M1）余额 26.72 万亿元，同比增长 8.9%，比上月末低 2.3 个百分点，比上年末低 12.3 个百分点；流通中货币（M0）余额 4.71 万亿元，同比增长 12.7%。前三季度净投放现金 2557 亿元，同比少投放 1045 亿元（如图3 - 3 所示）。

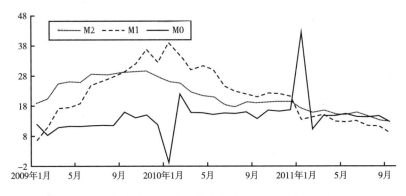

图 3 - 3　2009 年 1 月至 2011 年 9 月我国货币供应量变化情况

三季度，货币供应量增速低于二季度，总体仍呈回落态势，预计全年增幅基本位于调控目标 16% 以内。9 月份，货币增长较上月回落。这表明货币政策总体基调依然偏紧，在存款准备金率连续提高的累积作用、准备金缴存基数扩大、差别准备金率动态调整以及存款增长放缓的影响下，银行放贷的意愿和能力较弱。

（二）社会融资规模继续下降

前三季度，我国社会融资规模为 9.80 万亿元，同比减少 1.26 万亿元。其中，三季度社会融资规模仅为 2.1 万亿元，较二季度大幅下滑超过 40%。分季度看，今年一、二、三季度的社会融资规模依次递减，一季度高达 4.19 万亿元，二季度为 3.57 万亿元，三季度下降至 2.1 万亿元。三季度社会融资规模出现较大幅度的下滑，一方面是三季度信贷规模较一、二季度减少，三季度新增人民币贷款仅 1.51 万亿元；另一方面是因为银行承兑汇票下降比较明显。

从贷款规模看。截至 9 月末，本外币贷款余额 56.24 万亿元，同比增长 16%。人民币贷款增加 5.68 万亿元，同比少增 5977 亿元，占社会融资规模的 58%，同比提高 1 个百分点；外币贷款折合人民币增加 4770 亿元，同比多增 1849 亿元，占比 4.9%，同比提高 2.5 个百分点；委托贷款增加 1.07 万亿元，同比多增 5625 亿元，占比 10.9%，同比提高 6.3 个百分点；信托贷款增加 848 亿元，同比少增 3924 亿元，占比 1.2%，同比降低 3.4 个百分点；未贴现的银行承兑汇票增加 9825 亿元，同比少增 9843 亿元，占比 17.1%，同比低 7.7 个百分点；企业债券净融资 8397 亿元，同比多 90 亿元，占比 8.6%，同比降低 0.3 个百分点；非金融企业境内股票融资 3515 亿元，同比多 274 亿元，占比 3.6%，同比提高 0.3 个百分点（如图 3 - 4 所示）。

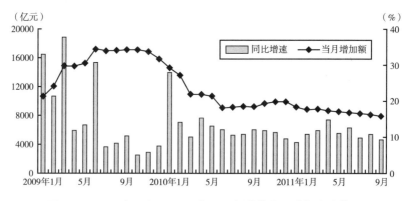

图 3 - 4　2009 年 1 月至 2011 年 9 月新增贷款和增长速度情况

从新增人民币贷款期限结构来看，境内短期贷款增加 1.86 万亿元，同比多增 6706 亿元；境内中长期贷款增加 2.29 万亿元，同比少增 1.67 万亿元。分部门结构来看，住户贷款增加 2.00 万亿元，同比少增 2883 亿元；非金融企业及其他部门贷款增加 3.67 万亿元，同比少增 1885 亿元。

9 月份信贷增长数据同比下落，主要原因在于：一是 9 月外汇储备下降引致基础货币增长缓慢，存款准备金基数扩大使得货币乘数走低，银行货币创造能力减弱，可贷资金减少。二是在日均存贷比考核制度下，银行前半月的存款负增长致使日均存款余额较低，限制了贷款投放。结构上看，受存款不稳定性以及监管政策向中小企业定向宽松的影响，银行更倾向于发放短期信贷。受房地产调控政策和经济增速放缓影响，新增中长期贷款继续下降。票据融资下降主要是由于可贷资金紧张，银行加大了对收益较高的短期贷款的投放。

（三）新增人民币存款明显下降

9 月末，金融机构本外币存款余额 81.03 万亿元，同比增长 13.9%。

月末人民币存款余额 79.41 万亿元，同比增长 14.2%，分别比上月末和上年末低 1.3 和 6.0 个百分点。月末外币存款余额 2557 亿美元，同比增长 9.0%。前三季度，外币存款累计增加 300 亿美元，同比多增 246 亿美元。其中，9 月份当月增加 173 亿美元，同比多增 41 亿美元。

前三季度，人民币存款增加 8.11 万亿元，同比少增 2.09 万亿元，继上半年新增存款下降后持续减少。其中，住户存款增加 3.63 万亿元，非金融企业存款增加 1.30 万亿元，财政性存款增加 1.16 万亿元。9 月份，人民币存款增加 7303 亿元，同比少增 7259 亿元。从人民币存款结构来看，储蓄存款增加 3.06 万亿元，同比多增 2709 亿元；非金融企业存款增加 1.64 万亿元，同比少增 1.12 万亿元；财政性存款增加 9748 亿元，同比多增 103 亿元（如图 3 - 5 所示）。

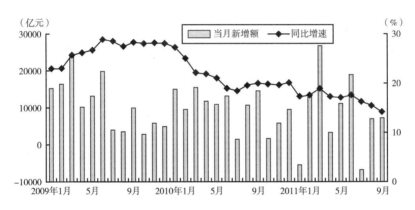

图 3 - 5　2009 年 1 月至 2011 年 9 月新增存款和增长速度情况

尽管 9 月存款额环比上升，但相对于前两个季度末存款增长速度有所减缓，主要原因如下：一是贷款紧缩，导致派生存款增长减缓；二是基础货币增长缓慢以及货币乘数走低导致货币创造能力减弱；三是负利率下居民储蓄意愿不强。从结构上看，季末揽存导致住户存款大幅增加，企业资金面紧张导致企业新增存款大幅减少，季节性因素导致财政存款大幅减少。未来随着通胀率下行，居民存款意愿将逐渐增强，而中国银监会下发的《商业银行理财产品销售管理办法》实施后也将促部分资金回流存款。预计 10 月份财政存款环比季节性增加，总存款环比季节性减少。

（四）市场利率有所回落

前三季度，银行间市场人民币交易累计成交 143.47 万亿元，日均成交

7672亿元，日均同比多成交1456亿元，同比增长11.0%。

9月份，银行间市场同业拆借月加权平均利率为3.74%，比上月上升0.44个百分点，比年内最高的6月份回落0.82个百分点；质押式债券回购月加权平均利率为3.75%，比上月上升0.37个百分点，比年内最高的6月份回落1.19个百分点。

（五）人民币兑美元实际有效汇率升值

9月末，人民币汇率为1美元兑6.3549元人民币。三季度，人民币兑美元汇率呈现加速升势态势，累积升值1174个基点，升幅较上季度有所扩大，达1.81%。本季度人民币对美元中间价连续创下汇改以来新高，相继突破6.47至6.36这12个关口，最后一个交易日（9月30日）中间价报收6.3549，为汇改以来最高价。具体来看，前半个季度人民币升值加速升值态势尤为明显。7月1日至8月15日人民币累积升值732个基点，后半个季度人民币升值步伐较前期有所放缓，但仍然实现了442个基点的升幅。与此同时，三季度人民币兑其他主要货币则呈现分化的态势，人民币对欧元中间价累积贬值2831个基点，对英镑累积升值4193个基点，对日元累积升值621个基点。

国际清算银行（BIS）公布的数据显示，9月份的人民币实际有效汇率指数为125.01，环比上升3.77%，创下自2009年3月以来的新高；人民币名义有效汇率指数为115.58，环比上升2.7%，也是该指数2010年8月以来的最高点。

9月末，我国外汇储备余额为32017亿美元，同比增长30.3%。前三季度，新增外汇储备3544亿美元，其中第三季度外汇储备仅增长42亿美元，较一季度1974亿美元和二季度1528亿美元的增加值有大幅下降。

二、三季度主要货币政策措施

三季度内，主要货币政策工具调整不大。7月6日，央行宣布从7日起上调金融机构人民币存贷款基准利率，启动年内第三次加息。金融机构一年期存贷款基准利率分别上调0.25个百分点，其他各档次存贷款基准利率及个人住房公积金贷款利率相应调整。一年期存、贷款基准利率分别上调至3.5%和6.56%。

存款准备金率没有进行调整。经过2011年初以来的6次调整，大型金融机构存款准备金率达到21.5%的历史高位，有效减少了可贷资金，在一定程度上起到抑制通胀的效果，同时也导致市场资金紧张，使得继续提高存款准备金的空间非常有限。虽然存款准备金率未发生变化，但央行于8月份下发通知，扩大了存款准备金的缴存范围。这一措施对商业银行流动性影响较大。7～9月的新增信贷规模逐步回落，收紧流动性的效果明显。

三、需要关注的几个因素

（一）国际经济金融形势依然不容乐观

三季度，全球经济金融形势仍不乐观。美国经济持续疲软，美国主权评级被首度下调。欧洲主权债务危机持续恶化，并蔓延到意大利和西班牙等大型经济体。由于市场大幅动荡，"二次衰退"风险急剧上升，发达经济体央行再度携手合作注入流动性。近期，为应对挑战，欧洲央行宣布采取一系列扩大银行流动性的措施，包括从11月开始在一级和二级市场购买400亿欧元有担保债券，以及再次向银行提供12个月期和13个月期贷款等。澳大利亚、日本、加拿大、韩国也纷纷宣布维持宽松货币政策不变。

美国方面，美联储9月21日决定将联邦基金利率继续维持0%～0.25%的历史低位不变，并将至少维持到2013年中期。同时，为了进一步刺激经济，美联储联邦公开市场委员会对所持国债作出了以"卖短买长"来置换国债期限的决定，即所谓"扭转操作"。预期四季度美国仍可能推出新一轮量化宽松货币政策，欧洲各央行也会扩大资产购买计划。与此同时，主权债务危机恶化扩大了银行业的风险敞口，欧洲银行间市场融资条件收紧。国际资本涌向安全资产，黄金、美国国债以及避险货币价格飙升，新兴市场和欧洲货币贬值，兼有财政赤字和贸易赤字的新兴经济体也将受到一定冲击，出现危机的风险在增加。在此背景下，主要发达经济体政策重点可能重新回到刺激经济增长，并维持宽松货币政策。美国和欧洲都将继续面临通胀压力，全球流动性仍将维持在较高水平。在国内通胀压力依然很大的背景下，我国宏观调控政策要实现保持经济平稳增长和物价总体稳定，面临的压力较大，宏观调控的难度较高。

（二）密切关注民间借贷风险问题

今年以来，随着中小企业融资问题日益凸显，民间借贷的发展愈演愈烈，局部地区出现中小企业融资难、民间借贷资金链断裂个案，民间借贷市场却在迅速膨胀的过程中扭曲。据中国银监会主席刘明康在银监会三季度形势分析会上所指，由于目前民间借贷市场需求异常旺盛，在江浙等沿海地区相当规模的银行贷款并未实际流向用款企业，而是流向了利率更高的民间借贷市场。有研究估计，目前我国民间融资规模约为6万亿~7万亿元，约占人民币存款总额的8%。相关机构的统计显示，浙江80%的小企业靠民间借贷维持经营。另外，目前的民间借贷市场中高利贷盛行。在中小企业较多的江浙和广东地区，今年以来民间借贷市场已出现15%的高额月息，远高于法律规定的4倍银行同期贷款利率标准。

民间借贷快速蔓延的原因主要如下：一是经过多年的资本积累，民间资本规模日益增加，但却缺乏有效的投资渠道。二是民间借贷高利润的诱惑。三是自2008年以来我国持续实行的从紧货币政策导致商业银行信贷歧视逐步加剧，中小企业融资难问题难以解决。四是在宏观调控过程中频繁使用数量型货币工具，而较少使用价格型货币工具，使金融脱媒现象逐步加剧。因此，大量中小企业尤其是民营企业只能选择民间借贷市场来满足融资需求。不规范的民间借贷由于它游离于金融监管之外，中央银行难以掌握准确其数量、投向、分布和运行情况，从而一定程度上削弱和对冲了金融宏观调控效果。民间借贷利率过高，加剧了通货膨胀压力，对参与主体的生产生活乃至整个区域经济金融运行都产生了不利影响。为防控和解决民间借贷市场的潜在风险，我国亟须制订完善相关法规，强化监管，同时也应完善规范民间借贷管理机制，对其发展进行疏导和监控。

四、当前金融形势和金融政策展望

中国人民银行货币政策委员会2011年第三季度例会召开。三季度例会与二季度例会表述的主要不同之处在于：在分析当前国内外经济金融形势时，表述为"我国经济继续平稳较快发展，通胀压力有所缓解但仍处在高位"，有别于二季度的"我国经济继续平稳较快发展，但通胀压力仍然处在高位"；三季度例会提出要"增强调控的针对性、有效性和前瞻性"，而二季度例会表述为"注意把握政策的稳定性、针对性和灵活性"。整体看，三季度例会传递信号显示，未来通胀走势不容乐观，短期内货币政策处于观察期，总体基调将继续保持稳健，但政策将更加注重审慎平衡和前瞻性把握，有关政策的针对性和结构调整力度将进一步加大，不排除适度微调的可能性。

公开市场操作方面：目前，经济增速有所放缓，通货膨胀率有所下降但仍在高位运行。在其他货币政策工具使用空间有限的情况下，下一阶段货币政策操作将更倚重公开市场操作的灵活调节。三季度，7、8、9月公开市场单月到期资金分别为 3720 亿元、2060 亿元和 2390 亿元，均较 6 月份的 6010 亿元出现大幅下降。在此背景下，考虑到公开市场到期资金的明显下降，央行完全可以通过公开市场操作实现资金的净回笼，发挥央票在公开市场操作中的作用。

存款准备金政策方面：我国大型商业银行的法定存款准备金率已经达到 21.5% 的历史高位。从三季度的信贷数据看，目前银行间市场资金量成为约束信贷增长的主要力量。由于头寸紧张，多数银行无法用完央行的月度信贷额度（窗口指导基本失效）。考虑到目前 M1、M2 增速已经回落至中性增速以下的偏低位置，央票和正回购到期资金量也逐月缩小，9 月份我国外汇占款增加量与 8 月份环比降幅超过三成，以及准款准备金缴存基数扩大的影响仍然持续等因素，未来继续上调存款准备金率将加剧流动性收缩，增加中小企业融资难度，对经济增长产生负面效应。同时，也不排除四季度因新增外汇占款回落、公开市场到期资金明显减少和准备金率缴存等因素导致流动性偏紧，从而考虑适度下调准备金率的可能性。

利率政策方面：在经济增速放缓、流动性收缩、中小企业融资成本提高、民间借贷利率大幅上升的情况下，继续加息会进一步提高社会融资成本，进而影响经济增长。同时，我国三季度 CPI 涨幅已出现回落，实际负利率随之改观，各主要经济体货币政策也将继续保持宽松，进一步扩大利差会加剧资本流入压力。因此，未来进一步加息的必要性和可能性不大。

人民币汇率政策方面：10 月 11 日，美参议院通过了《2011 年货币汇率监督改革法案》，试图加大人民币升值压力。实际上，今年以来，人民币对美元等多个主要币种的汇率均出现明显攀升。尤其是下半年以来，为打破国际热钱对于人民币汇率的升值预期，减轻外部输入性通胀压力，人民币升值幅度显著加快。目前，人民币短期走势受美元走势影响，人民币对美元汇率仍会继续保持渐进升值的态势，预计全年升值幅度为 5% 左右。此外，人民币汇率调整还受国内外经济情况影响，如美国推出第三轮量化宽松的货币政策导致美元可能贬值，进而导致人民币升值的压力就会相应加大。在当前全球经济与金融形势波动性加大的背景下，我国应坚持以我为主，使人民币汇率的有序浮动符合我国经济基本面和宏观调控的需要，既要进一步增强人民币汇率弹性，也要确保汇率波动幅度可控，保持人民币汇率在合理、均衡水平上的基本稳定，维护宏观经济和金融市场稳定。

第六部分　资本市场分析

2011 年三季度股市在国际经济金融形势风云变幻和国内地方金融风波频起的环境下，走出了"大幅下跌与小幅反弹"交织出现的行情。以上证综指为例，它从上季度末的 2762.08 点小幅反弹至 2820.17 点后，走出了反弹无力、下跌有力的下跌行情，本季度收盘 2359.22 点，较上季度末下跌 14.6%。总体看，前三季度我国股市跌幅为 16%，与爆发欧债危机的德国、法国等欧洲国家股指跌幅基本相当，较大幅度小于美国股指同期跌幅。伴随股指下跌，成交量持续萎缩，沪深两市日均成交额从一季度的 2300 亿元和二季度的 1840 亿元降至本季度的不足 1800 亿元。三季度债市继续呈现小幅下跌态势。以中债固定利率国债净价指数为例，从二季度末的 113.16 降至本季度末的 112.96，下跌 0.17%，前三季度累计跌幅为 0.37%。

一、股票市场分析

（一）三季度股票市场运行

三季度股票市场基本呈现单边下跌行情，与一季度上涨 4.27% 和二季度下跌 5.67% 相比，创今年前三季度单季最大跌幅。这主要受以下多种因素影响。

1. 美国和欧洲债务危机愈演愈烈，国际金融市场大幅震荡，严重打击国内投资者信心

自 2009 年 12 月全球三大评级机构下调希腊主权债信评级，拉开欧洲债务危机序幕以来，2011 年其债信评级频繁被下调，7 月份已被调降至垃圾级。（如表 3 - 19 所示。）更为严重的是，此次债务危机的恶化不仅仅局限在经济规模占欧盟比重很小的希腊，还扩展至经济规模位列欧盟第 3 和第 4 的意大利和西班牙。标普和穆迪分别于今年 9 月和 10 月下调了意大利长期主权债务评级，分别从 A + 和 Aa2 降至 A 和 A2，是 1993 年以来的首次下调。10 月西班牙外部债务首次突破 1 万亿美元，成为继美国之后的全球第二大净债务国，且其偿债能力远低于美国，名义 GDP 仅为美国 9% 而债务为美国的 41%，使得穆迪和惠誉同时下调了西班牙主权债务评级。葡萄牙金融机构的

评级也被多次下调。与此同时，今年三季度美国债务危机也交织爆发。自今年 4 月 18 日标普将美国长期主权信用评级前景从 "稳定" 调降至 "负面" 后，8 月 6 日标普下调了美国长期主权信用评级，从 AAA 下调至 AA + 。这是 1917 年以来的首次下调，也是美国历史上第一次丧失 3A 主权信用评级。

表 3 - 19 希腊债务危机以来主权债信评级调整表

时　　间	惠　誉	穆　迪	标　普
2009 年 12 月 8 日 ~ 12 月 22 日	由 A - 降至 BBB +	由 A1 降至 A2	由 A - 降至 BBB +
2010 年 4 月 9 日 ~ 4 月 27 日	由 BBB + 降至 BBB -	由 A2 降至 A3	由 BBB + 降至 BB + ,
2010 年 6 月 14 日		由 A3 降至 Ba1	
2011 年 1 月 14 日	由 BBB - 降至 BB +		
2011 年 3 月 7 日		由 Ba1 降至 B1	
2011 年 3 月 29 日			由 BB + 降至 BB -
2011 年 5 月 9 日			由 BB - 降至 B
2011 年 5 月 23 日	由 BB + 降至 B +		
2011 年 6 月 1 日		由 B1 降至 Caa1	
2011 年 6 月 14 日			由 B 降至 CCC
2011 年 7 月 25 日		由 Caa 降至 Ca	

美国和欧洲债务危机的持续广泛蔓延，不仅使债务危机国家、整个欧盟乃至全球都受到了危机的侵扰，而且伴随欧债危机解决方案和美国债务危机应对措施的变更与反复，直接影响欧美经济复苏进程，使全球经济 "二次探底" 风险加大。欧美再度量化宽松政策出台预期加强，国际金融市场大幅震荡。在前两季度运行基本稳定的情况下，三季度当季均出现了较大幅度的下滑。希腊股指大跌 40% ，触及金融危机爆发时期的低点。德国和法国股指就下跌了 25% 以上，美国和英国下跌了 15% 以上，沉重打击了国内外投资者信心。中国股市也受此影响，上证综指下跌了 15% 左右（如表 3 - 20 和图 3 - 6 所示）。

表 3 - 20 2011 年主要国家股指跌幅对比表

单位：%

分　　类	希腊综指	标普 500	伦敦富时	德国 DAX30	法国 CAC40	上证综指
2011 年第 3 季度跌幅	- 40	- 14	- 16	- 25	- 26	- 15
2011 年前 3 季度累计跌幅	- 45	- 11	- 16	- 24	- 27	- 16

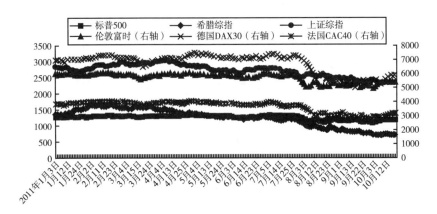

图3-6　2011年前三季度世界主要国家股指与上证综指变化对比图

2. 我国经济增速持续放缓，通胀压力居高不下且金融风险加剧，对股市形成重压

今年以来，在美国金融危机影响仍在延续、美国和欧洲债务危机日趋恶化、日本地震影响尚未消除等外部因素影响下，在国内"稳增长"与"控通胀"和"调地产"等政策效应作用下，经济增速持续放缓。三季度GDP实际增速从一季度和二季度的9.7%和9.5%降至9.1%。物价居高不下，CPI同比增速从1月份的4.9%快速升至7月的6.5%后小幅回落至9月的6.1%。PPI同比增速从1月的6.64%升至7月的7.54%后缓慢降至9月的6.52%。CPI和PPI均处于历史较高水平。同时，伴随以温州、内蒙等地中小企业主集体"逃跑"、民间借贷等资金链断裂为代表的地下金融风险的逐步暴露，以及伴随房地产调控效果逐步显现，地方政府债务风险和银行房地产信贷风险可能加剧。借贷成本居高不下，实体经济运行面临日益增加的下行压力。这些因素交织在一起，直接影响到投资者对未来投资预期。即使期间社保基金两次大规模入市和10月第一个交易日汇金主动加仓四大商业银行，释放政策信号，仍无法扭转股市颓局，股市运行面临沉重压力。

3. 市场低迷而融资力度不减，促使股市继续寻找"政策底"

今年三季度，伴随股指的持续快速下滑，沪深两市一级市场融资力度却丝毫不减。与今年前两个季度相比，三季度上证综指基本运行在2700点以下，最低下探至2342点。7～9月每月募集资金规模分别达820亿元、653亿元和573亿元。而前二个季度上证综指普遍运行在

2750 点~3000 点的较高点位，除 3 月份以外的其他月份募集资金规模基本在 400~700 亿元之间，低于三季度募集资金规模。与 2009 年同样低迷时期相比，2009 年 3~6 月份上证综指运行于 2300~2900 点之间，其各月募集资金规模均未超过 255 亿元，只相当于本季度各月平均募集 680 亿元的 36%。2008 年 10 月~2009 年 5 月，为增强投资者信心，一直暂停 IPO（如图 3-7 所示）。本季度的融资安排，极大打击了投资者的入市信心，使投资者产生了"政策底"远未达到的不良预期，不仅使外围资金不会选择贸然进入，还使存量资金也在每次反弹时择机退出，促使股市一跌再跌。

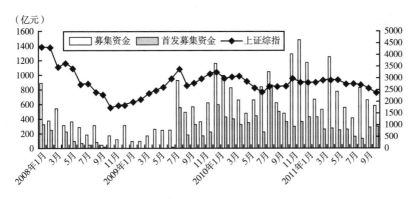

图 3-7　2008~2011 年 9 月末一级市场募集资金（亿元）与上证综指对比图

4. 市场资金趋紧，抑制股市上行

今年以来，面对居高不下的通胀压力，我国在去年 2 次加息、6 次提高存款准备金率的基础上，再度加大货币市场紧缩力度，连续 3 次加息，6 次提高存款准备金率，将一年期存款利率升至 3.5%，将存款准备金率调升至 21.5%（大型金融机构）的历史最高水平。民间金融和银行理财等新型投资渠道快速增长，其收益率高、回收期短、风险相对可控等特点吸引了大量市场逐利资金，较大程度分流了股市资金，此其一。其二，市场流动性持续收紧。货币供应增速得到有效控制，从今年 1 月份的 17.2% 降至 9 月份的 13%。新增存贷款规模快速下降。2011 年 1~3 季度单季新增存款规模从 3.97 万亿元和 3.36 万亿元，快速降至 0.76 万亿元。其中，7 月份还出现了较为少见的存款净流出，规模达 0.78 万亿元。与之相适应，单季新增贷款规模从 2.3 万亿元和 1.9 万亿元降至 1.5 万亿

元。货币流通速度持续下降，从今年一季度的 3.94% 降至二季度的 3.84%，预计三季度继续降低。货币市场利率持续走低。6 个月和 1 年 SHIBOR 分别从年初的 3.56% 和 3.64% 缓步攀升至 5.3% 和 5.25%。各自提高了 174BP 和 161BP，超过同期 75BP1 年期基准利率提升幅度（如图 3-8 所示）。其三，公开市场回笼力度较大，净投放量从一季度的 5240 亿元和二季度的 9180 亿元，降至三季度的 3920 亿元。同时，央行票据发行利率逐步上升。其四，机构投资者不断减仓，股票型基金股票仓位从近 90% 降至 80% 左右。其五，新增开户数大量下降，从上季度的每月 80~90 万户降至本季度的 70 余万户。其六，股票型基金发行规模大幅缩减，从一季度月均 18 亿份降至二季度和三季度的月均 7 亿份左右，创 2008 年 10 月金融危机以来的地量。在这些因素的综合作用下，股票市场资金日趋紧张，抑制股市走好。

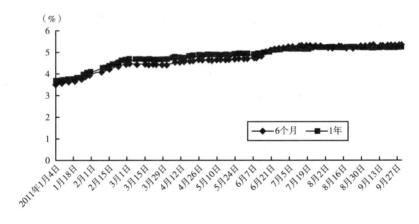

图 3-8 2011 年 6 个月和 1 年 SHIBOR 变化图

5. 市场缺乏主流板块和主流热点，难以形成向上突破动能

本季度股市热点转换频繁，缺乏领涨的主流板块和主流股票。上涨的板块或上涨的股票基本上属于"昙花一现"行情，难以持久，反而出现借反弹出逃资金现象，无法有效聚集人气，更无法吸引场外资金入场，促使股市日趋低迷。例如，本季度，无论是以上证综指为代表的主板市场，还是以上证 180 和上证 50 为代表的绩优股板块，还是以中小企业版和创业板为代表的高成长板块，除了创业板前二个季度跌幅较深、三季度跌幅不到 10% 以外，其他各类股指跌幅普遍在 14% ~ 15%

左右。整个市场出现了"齐涨齐跌"走势，没有形成主流板块和主流热点。大盘始终为外部环境趋弱引发的系统性风险所左右，难以形成向上突破动能。

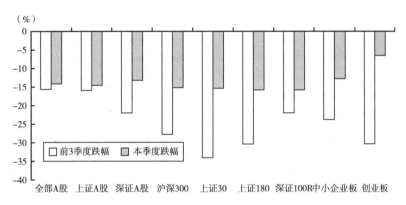

图3-9 2011年前3季度和第3季度各类主要股指跌幅比较图

（二）三季度股票市场预测

下一阶段，随着美国和欧洲债务危机走向明朗，国际主要经济体缓慢复苏，我国通胀治理成效显现，流动性紧张压力缓解，股市有望在逐步筑底的过程中走出低谷。

1. 国际经济形势趋于明朗，我国宏观经济稳步增长，降低股市运行不确定性

今年四季度乃至明年，伴随美国债务上限问题解决，债务解决方案逐步实施，债务危机必将趋于缓解。欧洲债务总规模虽然较大，但仍只有不到美国的一半。欧洲债务的债权人主要是德国和法国银行，所持债务规模约占总债务规模的70%左右。那么，一方面，欧债危机影响具有较强的地域性，更多地会影响欧洲内部经济复苏，对全球经济增长影响是间接的。另一方面，德国和法国经济增长依然较好，其必然会施以援手。虽然出台的救援方案可能会有反复，但欧债危机有望逐步缓解的趋势是可以预期的。总体看，2011年三季度乃至四季度是这两年国际经济金融环境最差的时期，未来会有所好转，特别是美国实体经济和金融机构依然比较健康，其核心竞争力依然位居全球领先地位。如果美国和欧洲经济增速将逐步回升，将为中国经济走好创造比今年更好的外部环境。与此同时，我国消费仍将保持稳定，投资仍会存在一定波动，特别是房地产投资波动难免。但

随着保障房建设的推进，地方发债规模的扩大，因商业地产调控带来的投资缺口将得到一定程度地弥补。加上新兴战略性产业投资逐步加大，投资增速也会保持在稳定水平，GDP增速仍将运行在较高水平。这些降低股市运行的不确定性。

2. 通货膨胀压力短期减轻，但货币紧缩力度难减，制约股市上行

未来一段时期，伴随国际经济逐步探底和国内宏观调控力度依然不减，短期内通胀压力有望减轻。但明年国际经济缓慢复苏，国内进出口规模有效扩大，加上美国和欧洲量化宽松政策不退出，通胀可能再度抬头，输入性通胀压力不容忽视。总体看，虽然短期内加息概率很小，提高存款准备金率的概率也很小。但下调的概率同样不大，流动性依然偏紧，对股市走好会形成较大压力。

3. 市场估值再创新低，投资价值进一步显现，提升股市吸引力

截至本季度末，股市股指再创今年以来新低，全部A股市盈率降至14.25倍，沪深300、上证30和上证180等绩优股股指市盈率降至10倍左右，投资价值凸显。与2008年10月末上证A股运行到近年来低点1700点左右的同类股指市盈率相比，无论是全部A股，还是上证A股，还是各类绩优股股指，二者已经非常接近。有的还甚至低于2008年10月末的水平，主板市场已经进入绝对投资价值区域，以价值回归为主线的结构性行情可期（如表3-21所示）。需要指出的是，中小企业版和创业板估值仍然较高，其运行方式取决于整体成长性及其板块合理估值再定位。

表3-21　2011年9月末与2008年10月末各类股指市盈率比较表

单位：倍

时　间	全部A股	上证A股	深证A股	沪深300	上证30	上证180	深证100R	中小企业板	创业板
2011年9月末	14.25	11.96	27.15	11.25	9.62	10.26	18.28	31.22	39.69
2008年10月末	13.46	13.27	14.67	12.51	12.36	12.72	12.12	16.20	

4. 资金面紧张局面有望缓解，逐利资金投资格局可能重构，股市成为重要选择

近期，中国银监会正式印发了《商业银行理财产品销售管理办法》，自2012年1月1日起施行。同时，中国银监会以通知和文件等方式，要求各大银行采取有效措施规避理财产品风险，查处违规做法。这些举措可能

使理财产品销售与购买趋于理性。同时，受温州和内蒙等民间借贷资金链断裂等影响，银行"体外循环"的借贷资金可能会重新寻找新的投资渠道。随着房地产调控持续深入开展，这一领域的投机资金逐步退出，也需要寻找新的出口。在股市估值较低、外部环境将逐步好转的大背景下，这三类逐利资金可能会将股市作为重要投资渠道选择，从而为股市注入重要的上行动能。此外，机构投资者盈利压力加大，减亏需求提升，市场抛压趋弱也会有助于股市走出低谷。

二、债券市场分析

（一）三季度债券市场运行

三季度债券市场继续呈现小幅缓步下跌走势，主要呈现出以下三个特点：

1. 一级市场债券发行规模减少，发行利率走高

受连续加息和提高存款准备金率等影响，货币市场利率持续上行，发债成本逐步提升，债券发行量缓步走低。发行总量方面，从2010年三季度近两年最高的2.86万亿元降至本季度的1.78万亿元，降幅达38%。其中，占比较高的国债和金融债发行较为稳定，央行票据发行主要与市场流动性调控需求密切相关。发行利率方面，1年期和5年期固定利率国债发行利率分别从年初的2.81%和3.6%升至9月的3.89%和6.15%；5年期和10年期固息金融债发行利率分别由年初的4.04%和4.62%涨至9月的4.65%和5.16%。

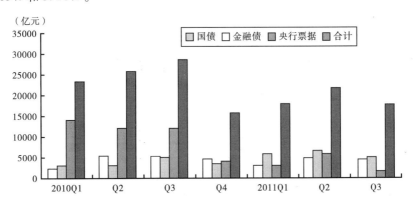

图3-10　2010~2011年3季度各季债券发行总量及主要债券发行量对比图

2. 债券一级市场认购积极，二级市场交易活跃

伴随债券收益率走高，一级市场认购日趋积极，国债和金融债招标认购倍数分别从年初的 1.7 左右和 1.6 左右升至本季度的超过 2 和超过 2.3；债券市场成交活跃，银行间债券市场季度成交总额从一季度的 12.44 万亿元升至二季度和三季度的 17.9 万亿元和 16.6 万亿元；交易所债券市场季度成交规模从一季度的 453 亿元升至二季度和三季度的 581 亿元和 554 亿元。

3. 债券短端收益率继续上行，收益率曲线趋于扁平化

自 6 月实施年内第六次提高存款准备金率，七月初实施年内第三次加息之后，通货膨胀水平出现一定见顶迹象。9 月份 CPI 和 PPI 均较 7 月份的年内高点略有回调，降低了投资者对继续紧缩货币和再度加息的预期。债券收益率运行于近期高点成为大多数投资者的基本共识。为此，对债券需求量较大且有一定刚性的银行和保险资金加大了长期债券的配置比重，并同时还进行"以短换长"的存量债券结构调整。此外，随着国际金融市场动荡加剧，部分避险资金也加大了长期债券投资，促使长期债券收益率走低。受短期利率难以继续攀升预期等影响，部分短期债券投资者获利了结，短期债券收益率随之上升，促使债券收益率曲线持续趋于扁平化。以中国固定利率国债收益率变动为例，本季度末与上季度末相比，1 年以内、1 年、5 年和 8 年的利差，由 46BP、16BP 降至 0.08BP，并从第 9 年开始降为负；10 年、30 年的负利差逐步扩大为 -5BP 和 -20BP（如图 3-11 所示）。

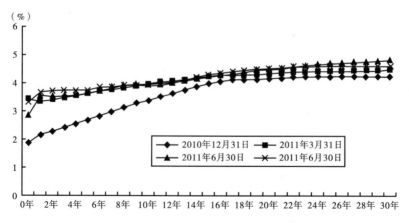

图 3-11　2010 年 6 月～2011 年 9 月中国固定利率国债收益率曲线变动图

（二）三季度债券市场预测

短期看，随着通胀压力缓解和加息预期减弱，债券市场投资需求加大，债券二级市场价格可能趋于上升，抑制债券市场收益率上行空间。中期看，随着国际经济形势明朗并趋于好转，外部不确定性降低，国内金融风险逐步释放，通胀可能再度抬头，"控通胀"仍将是较长时期内的主要任务。货币政策紧缩力度难以放松，债券市场缓步小幅下行概率较高。

第七部分　房地产市场分析

2011 年第三季度，房地产调控政策频出，调控效力正在开始显现，交易量整体回落，增幅明显下降，主要城市房价已趋于平稳，有些主要城市的房价有了明显地松动。随着各项调控政策进一步落实，以及更多新的严厉调控措施的陆续出台，房地产市场价格面临拐点的到来。

一、三季度我国房地产投资特点

受国家宏观调控政策的影响，第三季度我国房地产市场运行呈现出以下特点：第一，整体投资增速持续回落。第二，房屋新开工、施工面积显著减少，房屋、住宅竣工面积大幅度回升。第三，商品房销售量和销售额增幅均有所下降。第四，景气指数持续回落，但还处在景气区间。

（一）整体投资增速持续回落

第三季度，我国房地产投资规模继续保持增长态势，但是从同比增幅来看，不论累计投资额增幅还是月度投资额增幅均出现了明显回落。住宅投资额在整体下行情况下也表现出明显下降的趋势。

表 3－22　2011 年三季度我国房地产开发完成投资情况

单位：亿元；%

时　　间	投资额	同比增幅	时　　间	投资额	同比增幅
2011 年 1～7 月	31873	33.6	2011 年 7 月	5623	36.55
2011 年 1～8 月	37781	33.2	2011 年 8 月	5907	31.56
2011 年 1～9 月	44225	32.0	2011 年 9 月	6444	24.98

资料来源：根据国家统计局公布数据整理。

具体来看，三季度，全国房地产开发投资 17974 亿元，同比增长 30.6%。从月度投资情况来看，7 月份完成投资 5623 亿元，同比增长 36.55%；8 月份完成投资 5907 亿元，同比增长 31.56%；9 月份完成投资 6444 亿元，同比增长 24.98%；从单月投资额变化情况来看，8 月份完成投资额比 7 月份增加 284 亿元；9 月份完成投资额比 8 月份增加 537 亿元。但是从同比增幅来看，累计投资同比增幅 1~8 月份比 1~7 月份低 0.4 个百分点，1~9 月份比 1~8 月份低 1.2 个百分点，8 月份投资同比增幅比 7 月份下降了 4.99 个百分点，9 月份投资同比增幅比 8 月份下降了 6.58 个百分点。

与房地产投资总额同比增幅回落同步，住宅投资额和同比增幅却出现了明显回落趋势。

表 3 - 23　2011 年以来我国住宅投资完成情况

单位：亿元；%

时　　间	投资额	同比增长	时　　间	投资额	同比增长
2010 年					
2010 年 1~2 月	3144	31.1	2010 年 1~2 月	3144	31.09
2010 年 1~3 月	6594	35.1	2010 年 3 月	3450	39.00
2010 年 1~4 月	9932	36.2	2010 年 4 月	3338	38.51
2010 年 1~5 月	13917	38.2	2010 年 5 月	3985	38.61
2010 年 1~6 月	19747	38.1	2010 年 6 月	5830	34.33
2010 年 1~7 月	23865	37.2	2010 年 7 月	4118	28.08
2010 年 1~8 月	28355	36.7	2010 年 8 月	4490	31.02
2010 年 1~9 月	33511	36.4	2010 年 9 月	5156	32.11
2010 年 1~10 月	38070	36.5	2010 年 10 月	4558	34.46
2010 年 1~11 月	42697	36.5	2010 年 11 月	4628	63.47
2010 年 1~12 月	48267	33.2	2010 年 12 月	5570	12.28
2011 年					
2011 年 1~2 月	3014	34.9	2011 年 1~2 月	3014	34.9
2011 年 1~3 月	6253	37.4	2011 年 3 月	3239	39.7
2011 年 1~4 月	9497	38.6	2011 年 4 月	3244	40.9
2011 年 1~5 月	13290	37.8	2011 年 5 月	3793	36.0
2011 年 1~6 月	18641	36.1	2011 年 6 月	5351	32.2
2011 年 1~7 月	22789	36.4	2011 年 7 月	4148	37.5
2011 年 1~8 月	27118	36.4	2011 年 8 月	4329	36.7
2011 年 1~9 月	31788	35.2	2011 年 9 月	4670	28.4

资料来源：根据国家统计局公布数据整理。

从表 3 - 23 统计数据来看，2011 年 1 ~ 7 月份全国房地产开发完成住宅投资 22789 亿元，同比增长 36.4%；1 ~ 8 月份全国房地产开发完成住宅投资 27118 亿元，同比增长 36.4%；1 ~ 9 月份全国房地产开发完成住宅投资 31788 亿元，同比增长 35.2%。按月份看，7 月份完成投资 4148 亿元，同比增长 37.5%；8 月份完成投资 4329 亿元，同比增长 36.7%；9 月份完成投资 4670 亿元，同比增长 28.4%。从投资额变化来看，2011 年 8 月份全国房地产开发完成住宅投资额比 7 月份增加 181 亿元；9 月份全国房地产开发完成住宅投资额比 8 月份增加 341 亿元。第三季度的住宅投资额都高于第一、第二季度每月的住宅投资额。

与 2010 年住宅投资额累计同比增幅相比，1 ~ 7 月份、1 ~ 8 月份、1 ~ 9 月份累计投资同比增幅比去年同期分别低了 3.6、3.5、4.4 个百分点。第三季度各月累计增幅中，1 ~ 8 月份累计投资与 1 ~ 7 月份持平；1 ~ 9 月份累计投资同比增幅比 1 ~ 8 月份降低了 1.2 个百分点；其中 1 ~ 9 月份累计同比增幅与第一季度和第二季度各月累计同比增幅相比，仅比 1 ~ 2 月份累计同比增幅高 0.3 个百分点，增长幅度也不断在缩小。从住宅月度投资增幅变化情况来看，7、8 月份投资额同比增幅比 2010 年 7 月份、8 月份的同比增幅分别高 2.7、5.9 个百分点，但是 2011 年 9 月份却比 2010 年 9 月份同比增幅低 4.5 个百分点。第三季度，8 月份投资增幅比 7 月份降低了 0.8 个百分点，9 月份投资增幅比 8 月份降低了 8.3 个百分点。

从数据变化来看，2011 年第三季度我国房地产投资总额保持了良好的增长态势，但是同比增幅回落趋势逐渐显现；住宅投资额虽增加明显，同比增幅大幅也出现了下滑的趋势。

（二）房屋新开工、施工面积显著减少，房屋、住宅竣工面积大幅度回升

2011 年第三季度全国房地产开发企业房屋施工面积、新开工面积、房屋竣工面积、住宅竣工面积与一、二季度相比同比增幅有一定的滑落趋势。而且从 2011 年第三季度各月累计变化情况来看，房屋施工面积、新开工面积累计增幅也呈现下降趋势。在房屋竣工面积、住宅竣工面积在量上高于上半年各月的同时，同比增幅呈现出显著下滑的态势。

从表 3 - 24 数据可以看出，1 ~ 7 月全国房地产开发企业房屋施工面积 424195 万平方米，超过 1 ~ 6 月房屋施工面积 18457 万平方米，累计同比增幅为 30.8%；1 ~ 8 月份房屋施工面积 442616 万平方米，超过 2011 年 1 ~ 7 月份累计施工面积 18421 万平方米，累计同比增幅 30.5%，比去年同

表 3 – 24　**2011 年第三季度我国房屋施工、新开工、竣工累计面积变化**

单位：万平方米；%

时　　间	施工面积	同比增长	新开工面积	同比增长	房屋竣工面积	同比增长	住宅竣工面积	同比增长
2011 年 1 ~ 2 月	291473	39.0	19083	27.9	6952	13.90	5366	12.10
2011 年 1 ~ 3 月	327402	35.2	39842	23.4	12832	15.4	10229	14.8
2011 年 1 ~ 4 月	352472	33.2	56841	24.4	17127	14.0	13685	13.8
2011 年 1 ~ 5 月	377516	32.4	76118	23.8	21621	12.9	17238	12.7
2011 年 1 ~ 6 月	405738	31.6	99443	23.6	27558	12.8	22059	12.3
2011 年 1 ~ 7 月	424195	30.8	115169	24.9	32445	13.4	26017	12.7
2011 年 1 ~ 8 月	442616	30.5	131881	25.8	37095	14.7	29742	13.6
2011 年 1 ~ 9 月	460786	29.7	147775	23.7	43456	17.8	34845	16.6

资料来源：根据国家统计局公布数据整理。

期上升 1.4%；1 ~ 9 月份房屋施工面积 460786 万平方米，超过 2011 年 1 ~ 8 月份累计施工面积 18170 万平方米；累计同比增幅 29.7%，是今年以来我国房屋施工面积累计同比增幅最低水平。第三季度房屋施工面积累计同比增幅呈明显的下降趋势。1 ~ 7 月份全国房地产新开工面积 115169 万平方米，累计同比增幅 24.9%；1 ~ 8 月份新开工面积 131881 万平方米，累计同比增幅 25.8%，比 1 ~ 7 月份累计同比增幅上升 0.9%；1 ~ 9 月份新开工面积 147775 万平方米，累计同比增幅 23.7%，比 1 ~ 7 月份累计同比增幅下降 2.1%；从 2011 年上半年以来新开工面积变化情况来看，第三季度各月累计同比增幅有细微的回升，但还是呈现出下降的趋势。

从房屋施工和新开工面积总体变化来看，在量上比上半年年同期增加明显，但同比增长幅度却呈现出下降趋势。施工面积累计同比增幅在 9 月达到 2011 年以来最低水平。新开工面积累计同比增幅在第三季度初期出现了短暂的波动，但还是保持了下降的趋势。

从房屋竣工面积来看，1 ~ 7 月份、1 ~ 8 月份、1 ~ 9 月份竣工面积分别为 32445、37095 和 43456 万平方米，累计同比增幅分别为 13.4%、14.7% 和 17.8%。从房屋竣工面积累计变化来看，1 ~ 7 月份比 1 ~ 6 月份累计房屋竣工面积增加 4887 万平方米，比同比增幅高出 0.6 个百分点；1 ~ 8 月份比 1 ~ 7 月份累计房屋竣工面积增加 4650 万平方米，比同比增幅高出 1.3 个百分点；1 ~ 9 月份比 1 ~ 8 月份累计房屋竣工面积增加 6361 万平方米，比同比增幅高出 3.1 个百分点。2011 年第三季度房屋竣工面积呈上升趋势，而且在 9 月份同比增幅达到了 2011 年以来最高水平。

从住宅竣工面积来看，1~7 月份、1~8 月份、1~9 月份竣工面积分别为 26017、29742 和 34845 万平方米，累计同比增幅分别为 12.7%、13.6% 和 16.6%。从住宅竣工面积累计变化来看，1~7 月份比 1~6 月份累计房屋竣工面积增加 3958 万平方米，比同比增幅高出 0.4 个百分点；1~8 月份比 1~7 月份累计房屋竣工面积增加 3725 万平方米，比同比增幅高出 0.9 个百分点；1~9 月份比 1~8 月份累计房屋竣工面积增加 5103 万平方米，比同比增幅高出 3 个百分点。住宅竣工面积同房屋竣工面积一样也呈上升趋势，并在 9 月份同比增幅达到了今年的最高水平。

从房屋竣工和住宅竣工面积变化来看，在量上与上半年相比有了明显增加，累计同比增幅明显高于上半年。2011 年第三季度以来房屋竣工和住宅竣工面积累计同比增幅呈现出明显的逐步提高趋势，9 月份来房屋竣工和住宅竣工面积累计同比增幅达到了 2011 年以来的最高水平。

（三）商品房销售量和销售额增幅均有所下降

第三季度我国商品房和住宅销售面积较去年同期稳步增长，同比增幅波动明显，但呈现下降的趋势；商品房和住宅销售额总量逐步提升，但同比增幅波动明显。

表 3－25　2011 年第三季度我国商品房和住宅销售面积变化情况

单位：万平方米；%

时　　间	商品房销售面积	同比增长	住　　宅	同比增长
1~7 月	52037	13.6	46559	12.9
1~8 月	59854	13.6	53540	13.1
1~9 月	71289	12.9	63604	12.1

资料来源：根据国家统计局公布数据整理。

从销售面积变化情况可以看出，1~7 月份、1~8 月份、1~9 月份我国商品房销售面积分别为 52037 万平方米、59854 万平方米和 71289 万平方米，累计同比增幅分别为 13.6%、13.6% 和 12.9%；销售面积比 2010 年同期分别增加 6218 万平方米、7150 万平方米和 8139 万平方米；累计同比增幅分别比 2010 年同期高 3.9%、6.9%、4.7%。住宅销售面积 2011 年

1~7月份、1~8月份、1~9月份分别为46559万平方米、53540万平方米和63604万平方米，分别占同期商品房销售面积的89.5%、89.5%、89.2%，同比增幅分别达到了12.9%、13.1%、12.1%。1~9月份商品房销售面积和住宅销售面积的累计同比增幅均开始下降，与1~8月份比，分别下降了0.7、1个百分点。

表3-26　2010年三季度我国商品房和住宅销售面积变化情况

单位：万平方米；%；亿元

时　　间	销售面积	同比增幅	销售额	同比增幅
2010年1~7月	45819	9.7	22886	16.8
2010年1~8月	52704	6.7	26418	12.6
2010年1~9月	63150	8.2	31917	15.9

资料来源：根据国家统计局公布数据整理。

从销售额的变化情况来看，1~7月份、1~8月份、1~9月份我国商品房销售额分别为28852亿元、33264亿元、39312亿元，比2010年同期分别增加5966亿元、6846亿元、7395亿元；累计同比增幅分别为26.1%、25.9%、23.2%，比2010年同期分别上升了9.3%、13.3%、7.3。住宅销售额1~7月份、1~8月份、1~9月份分别为24144亿元、27755亿元、32694亿元，分别占同期商品房销售额的83.7%、83.4%、83.2%，同比增幅分别达到了24.5%、24.4%、21.2%。2011年第三阶段1~9、1~8月份商品房销售额和住宅销售额的累计同比增幅较之前都有不同程度的下降。1~8月份比1~7月份分别下降0.2、0.1个百分点；1~9月份比1~8月份分别下降2.7、3.2个百分点。

表3-27　2011年第一季度我国商品房和住宅销售额变化情况

单位：亿元；%

时　　间	销售额	同比增长	住宅	同比增长
2011年1~7月	28852	26.1	24144	24.5
2011年1~8月	33264	25.9	27755	24.4
2011年1~9月	39312	23.2	32694	21.2

资料来源：根据国家统计局公布数据整理。

综合 2011 年第三季度我国商品房和住宅销售面积、销售额的变化情况来看，虽然在总量上均实现了不同程度地增加，但是从各月累计增幅变化情况来看，2011 年第三季度我国商品房和住宅销售面积累计增幅呈现下降态势。商品房和住宅销售额表现出逐步下降的态势，说明商品房销售面积与价格之间的上涨幅度出现明显差异，预示着价格过快的涨势有所收敛。

（四）景气指数持续回落

另外，从国房景气指数变化情况来看，我国第三季度房地产景气指数虽然没有跌破 100 点，但却持续回落，四季度很可能跌破不景气区间。

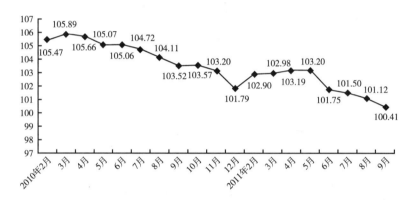

图 3 - 12　2010 年以来我国国房景气指数变化情况

资料来源：根据国家统计局公布数据整理。

从图 3 - 12 可以看出，2011 年 7 月份，全国房地产开发景气指数为 101.5，比 6 月份回落 0.6 点，比去年同期回落 3.22 点；8 月份，全国房地产开发景气指数为 101.12，比 7 月份回落 0.38 点，比去年同期回落 2.99 点；9 月份，全国房地产开发景气指数为 100.41，比 8 月份回落 0.71 点，比去年同期回落 3.11 点。从总体变化趋势来看，第三季度国房景气指数延续了 2011 年 5 月份以来的下降趋势。

另外，统计显示，9 月份，全国 70 个大中城市中，新建商品住宅环比价格下降的有 17 个城市，持平的有 29 个城市，上涨的有 24 个城市。与 8 月份相比，环比价格下降的城市增加 1 个，价格上涨的城市不变。环比价格上涨的城市中，涨幅均未超过 0.3%。与去年同月相比，70 个大中城市中，仅温州 1 个城市价格下降。

二、影响我国房地产投资变化的因素分析

第三季度房地产市场变化的主要表现为更为严厉的限购较为明显地影响到房地产的投资、投机需求，信贷政策的调整使得我国房地产市场进入了新一轮政策调控期。影响房地产投资变化的因素也逐渐具备多元型、综合性等特点。综合来看，多重因素导致我国房地产投资在第三季度出现了较大波动。

（一）限购政策考扩大到二三线城市

在上半年限购的背景下，投机资金开始转战三四线城市房地产市场。一时间，这些城市的房价一路看涨。在基础设施尚不完善的情况下，其房价却已向一二线城市看齐。

为了更好地达到房地产市场的调控效果，8月份住建部公布了对各地列入新增限购城市名单的5项建议标准。具体包括：6月国家统计局新建住房价格指数同比增幅或1至6月新建住房价格指数月环比增幅较高、排名靠前；6月新建商品住房均价比去年年底涨幅超过或者接近全年房价控制目标；1至6月新建商品住房成交量同比增幅较高；位于已限购区域中心城市周边，外地购房比例较高；存在房价上涨过快、调控政策执行不严格等突出问题，社会反映强烈。住建部建议符合两项以上标准的就列入新增限购城市名单，要求各地可根据实际情况对具体标准进行适当修改。各省（区、市）对上半年辖区内各城市房地产市场调控工作情况进行总结，对调控政策落实不到位、房价上涨过快的城市进行约谈。已实施限购措施的城市要继续严格执行相关政策；限购范围仅限于城市局部区域、部分房屋类型等的要尽快调整，从严执行。

8月25日浙江台州随即出台了《关于进一步落实房地产市场调控工作的通知》，出台了具体的限购措施和实施细则。台州成为首个限购的三线城市，拉开了二三线城市限购的序幕。

这5项标准不但指向房价，还把成交量、外地人购买比例以及群众意见都纳入考量范围，由此可见政府调控房地产市场紧迫感和决心。限购政策的升级稳定了房地产市场的供需关系，比较有效地抑制了投机性需求，一定程度上控制了房价的快速增长。

（二）信贷持续紧缩有效抑制了购房需求

进入2011年以来，存款准备金率和存贷款利率一直处于上调状态。央行频繁上调存款准备金率，使商业银行的资金面趋于紧张，信贷投放能力

大幅下降。近期保证金存款纳入存款准备金缴存范围的举措，进一步加剧了银行体系的流动性。许多银行特别是中小银行的存贷比接近或超过监管要求。另外，据金融时报报道，多家银行已经上调了首套房贷利率。广州地区部分银行房贷利率出现"一周一个价"的现象，银行方面均将首次置业房贷利率上浮 20% 至 30% 不等，并表示短期内不可能下调。在北京，建行部分支行已经将首套房贷利率上调至 1.05 倍。除利率上调之外，目前申请贷款的难度也在加大。这些措施大幅度地增加了房地产投资商的投资成本，同时也增加了购房者的购房成本。

表 3 - 28　2011 年上半年住房公积金存贷款利率及贷款利率调整情况

单位：%

调整时间	个人住房公积金存款		个人住房公积金贷款		贷款利率		
	当年缴存	上年结转	五年以下（含五年）	五年以上	一至三年（含）	三至五年（含）	五年以上
2011.02.09	0.40	2.60	4.00	4.50	6.10	6.45	6.60
2011.04.06	0.50	2.85	4.20	4.70	6.40	6.65	6.80
2011.07.07	0.50	3.10	4.45	4.90	6.65	6.90	7.05

资料来源：根据中国人民银行公布数据整理。

如表 3 - 28 中所示，从 2011 年 7 月 7 日起，上年结转的个人住房公积金存款利率上调 0.25 个百分点，由 2.85% 上调至 3.10%；五年期以上个人住房公积金贷款利率上调 0.20 个百分点，由 4.70% 上调至 4.90%；五年期以下（含五年）个人住房公积金贷款利率上调 0.25 个百分点，由 4.20% 上调至 4.45%；一至三年贷款利率提至 6.65%，5 年期贷款利率更是达到了 7.05%。若不考虑存量房贷利率 7 折的情况，房贷利率已升至最近 10 年来的最高水平。

紧缩的信贷政策和利率的不断攀升，增加了房地产投资商的投资成本，进而影响了其投资收益，降低了房地产投资商的投资热情。同时，这些举措还增加了购房者的还贷成本，使一些潜在的购房者望而却步。这又导致房屋交易量的下降，较大地影响了房地产市场投资。

（三）外资增幅明显，一定程度上减弱了调控效果

当前国内房地产市场正经历着历史上最严厉的宏观调控。限购政策不断升级之后，限制了房地产开发企业资金量。随着外资不断进入房地产市场，它在一定程度上又影响了房地产市场的调控效果。

表 3 - 29　2011 年前 9 个月房地产开发资金来源变动情况

单位：亿元；%

2011 年	资金来源总额	国内贷款	利用外资	企业自筹	其他资金	其他资金中定金及预收款	其他资金中个人按揭
1~2 月	12173	2679	86	4184	5223	3154	1280
增长率	16.3	7.7	61.5	21.4	16.6	28.9	11.3
1~3 月	19268	3837	144	7126	8161	4825	2076
增长率	18.6	4.4	45.2	27.2	18.7	28.7	-5.3
1~4 月	25362	4800	222	9486	10853	6449	2753
增长率	17.4	5.4	62.3	27.2	14.8	23.1	-6.8
1~5 月	32340	5803	266	12486	13785	8259	3443
增长率	18.5	4.6	57.3	30.9	14.6	23.3	-8.0
1~6 月	40991	7023	438	16463	17067	10236	4181
增长率	21.6	6.8	75.5	32.7	17.8	26.9	-7.9
1~7 月	47852	8018	500	19293	20040	12080	4869
增长率	23.1	6.4	65.8	34.0	20.4	29.1	-5.1
1~8 月	54738	8889	633	22253	22963	13921	5506
增长率	23.4	5.1	71.5	33.8	21.5	30.9	-4.2
1~9 月	61947	9749	679	25535	25985	15761	6186
增长率	22.7	3.7	50.1	33.5	20.7	29.3	-3.2

资料来源：根据国家统计局公布数据整理。

从表 3-29 和图 3-13 中可以看出，2011 年全年我国房地产开发资金来源中外资利用波动十分明显，最低的增长率都达到了 45.2%，最高的增长率达到了 75.5%。虽然外资利用在房地产企业资金来源总额当中只占了很小的一部分，但这反映了一个趋势。国内贷款、企业自筹资金和其他资金增幅变化波动较小。在第三季度，各类型的资金来源都出现了下降趋势，其中以国内贷款和利用外资最为明显。房地产开发资金中，1~7 月份、1~8 月份、1~9 月份累计利用外资增长率分别为 65.8%、71.5%、50.1%。

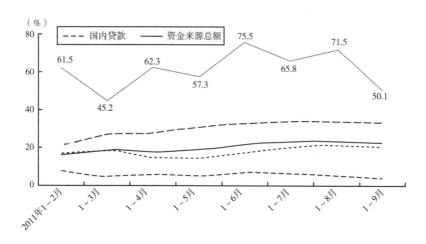

图 3－13　2011 年前 9 个月房地产开发资金来源变动情况

资料来源：根据国家统计局公布数据整理。

三、房地产投资及市场展望

综合第三季度房地产投资市场的变化情况，以及近几个月市场的一些新措施、新变化，预计未来一段时间，房地产投资增幅会继续下降，但不会大幅下降；房价下降幅度会逐步加快；政府对调控措施效果的检查也会更深入、更全面。

（一）短期内房地产投资不会大幅度下降

根据历年房地产调控的措施效力和影响时间，预计短期内房地产投资力度不会大幅下降。主要有以下原因。

一是目前房地产投资增速仍在高位运行，短期内不可能出现大幅突然下滑，而且在建项目也不会在短期内立即取消。唯一可能的是，市场消化投资的速度会逐步放缓。比如说，在未来销售预期不明的情况下，房地产开发企业往往会放慢投资开发速度，延缓竣工开盘时间或缩小投资规模。

二是民间资本对房地产投资始终高度关注，短期内不会大规模从房地产市场撤出。经过几十年的积累，我国的民间资本已经十分雄厚。高利润行业是民间资本追逐的焦点。其中，资本市场、房地产和资源类产业都是民间资本关注的重要领域。近几年，由于房价的持续上涨，房地产业成为民间资本投资的主要选择之一。调控后，民间资本的投资方向有所改变。部分民间资本转向商业地产和有升值潜力的非限购区域住宅。由于民间资本对房地产投资始终高度关注，短期来看它们不会大规模从房地产市场撤出。

三是三四线城市还存在很大的开发空间，很可能成为房地产投资商下一个投资热点。目前限购政策使得房地产投资在一、二线城市受挫。住建部第三季度公布的有关二三线城市纳入限购名单的五项标准，使得二三线城市的房地产投资冒出吃紧的势头。限购扩大至二三线城市，可能给地方经济的发展带来压力，促使一些房企和资金进一步向三四线城市和商业地产转移。以湖北省为例，省内地市县的开发已经成为武汉中小房企争夺的目标，也是应对楼市调控、避开武汉市场的房地产巨头的主要手段。

（二）持续信贷紧缩政策会使资金压力继续增大

资料显示，进入第三季度，我国房地产开发资金来源中，除利用外资情况呈现增长态势，其余各类资金来源情况均表现出下降趋势，如表3-30所示。

表 3-30 2010 年第三季度房地产开发资金来源变动情况

单位：亿元；%

2011 年	资金来源总额	国内贷款	利用外资	企业自筹	其他资金	其他资金中定金及预收款	其他资金中个人按揭
1~7 月	47852	8018	500	19293	20040	12080	4869
增长率	23.1	6.4	65.8	34.0	20.4	29.1	-5.1
1~8 月	54738	8889	633	22253	22963	13921	5506
增长率	23.4	5.1	71.5	33.8	21.5	30.9	-4.2
1~9 月	61947	9749	679	25535	25985	15761	6186
增长率	22.7	3.7	50.1	33.5	20.7	29.3	-3.2

资料来源：根据国家统计局公布数据整理。

表 3-30 显示，从 1~7 月到 1~9 月累计变化情况来看，资金来源总额累计增长率从 23.1% 经过 1~8 月份的波动下降至 22.7%；国内贷款累计增长率从 6.4% 逐步下降到 3.7%。利用外资的增幅超过了 50%。企业自筹资金增长率也在不断下降，由 1~7 月的 34% 下降到 1~8 月的 33.8%，再下降到 1~9 月的 33.5%。个人按揭贷款在第三季度一直处在负增长状态。自今年 6 月以来，个人按揭贷款连续 4 个月减少，国内贷款增幅也持续维持低位。这充分说明目前房地产上国内资金来源已经受限。

　　未来一段时间，贷款利率的不断提高使得投向房地产开发的贷款规模大幅减少。无论是从银行监管要求还是从商业银行自身控制信贷风险的需要来看，当前背景下继续扩大商业性房地产信贷投入的可能性已不复存在。特别是在信贷规模总体受限的背景下，商业银行"以价补量"的经营决策将抬高房地产开发企业的银行融资成本。房地产开发企业的自筹资金也将面临多重约束。

　　综合来看，房地产开发商的资金链条正在渐缩渐紧。因此，在政策和市场的双重压力下，未来一段时间我国房地产开发商必然迫于资金压力，会加大房屋销售力度，增加市场供给。

　　（三）未来房价下降趋势明显，楼市或将出现拐点

　　进入 2011 年下半年，经过持续的宏观调控，中国房价开始出现涨停。除了限购政策导致楼市销售低迷之外，全面紧缩的金融政策是导致开发商紧绷资金链而不得不降价销售，以回笼资金的根本原因。央行年内六次上调存款准备金率，执行银根缩紧的货币政策，使商业银行被迫收紧房贷信贷额度。

　　9 月份，中国 70 个大中城市中，有 59 个城市房价涨幅同比回落。与上个月相比，10 月北京、上海、广州、深圳等 46 个城市的房价出现停涨或下降。中海、龙湖、保利、万科等众多一线房企或降价或猛推特价房，试图在销售低迷、资金绷紧的当口抢得先机，以挽回销售业绩。

　　无论从经济形势来看，还是从房地产市场形势来看，预计当前房地产调控政策都不会放松，也不应放松。房价回调的压力还将进一步增大，近期部分城市已经开始出现价格松动。随着房地产企业资金压力的进一步加大，预计商品住宅价格调整的拐点可能会在第四季度到来。

　　四、未来房地产政策趋向

　　（一）限购政策不会放松

　　在北京、上海、深圳等一线城市被纳入限购范围后，随着二三线城市的房价看涨，限购令升级版也即将启动。根据住房和城乡建设部下发的通知，各省要根据 5 条准则上报辖区内各城市上半年房地产市场调控的工作情况。这份报表将给备受关注的限购令扩容提供直接数据支持。随着"限购"落地的预期增强，部分先知先觉的开发商已经转战三四线城市。这些城市不断成为承接资金的新地段。

　　三四线城市房价的上涨必然来带地价的上涨，并进而给地方政府带来

大量的土地收入。而房地产税收也依赖于交易量的支撑。对于地方政府来说，限购肯定不是一个好消息。但是，二三线城市房价上涨过快，如果对此不予以抑制，必将来带更大的危害。地方政府必须认真负责地权衡利弊。对于限购，中央也有规划，不会纵容地方政府一味追求短期利益。浙江台州作为第一个出台限购政策的二三线城市，为新一轮限购拉开了帷幕。限购令向三四线城市扩大的可能性越来越明显。通过更为严厉的限购，可以在限制购房需求的同时，积极控制剩余资本在城市流窜，从根本上消除剩余资本对市场的影响。通过严厉、广范围的限购措施，可以为政府调控房地产市场争取更多机会，还促使房地产开发商增加市场供应、平抑市场供需，为房价下降创造市场条件。

（二）保障房建设与监管将进一步加强

据新华网报道，以覆盖城市中低收入家庭的需求测算，保障房存量供给缺口在 5500 万 ~ 6200 万套之间。考虑到"十二五"期末中国城市化率将达到 51.5%，未来五年的新增增量缺口约计 500 万套。以目前的建设目标与竣工速度核算，未来五年平均每年竣工保障房要超过 700 万套。在市场新增住房中，保障房市场增量占比保持在 50% 左右。截至"十二五"期末，保障房存量占比将达 30%，从而在较大程度上解决城市低收入家庭及迁移人口的"住有所居"问题。"十二五"期间保障房建设资金投入达 4.8 万亿元。3600 万套保障房在未来五年的资金需求分别为 1.37 万亿、1.08 万亿、0.8 万亿、0.79 万亿、0.79 万亿。五年累计需投入资金 4.8 万亿，超过金融危机期间 4 万亿的资金刺激计划。其中，2011 年和 2012 年为投资高峰期，开工、在建、竣工的保障房数量均为五年中最高。

据住建部估算，完成今年 1000 万套保障性住房建设的目标所需资金至少 1.3 万亿元。为了支持地方多渠道筹集建设资金，保证顺利完成今年保障房建设任务，同时也为建立保障性住房长期、稳定的融资机制考虑，今后中央政府将会在保障性安居工程融资机制上出台相关政策。地方政府也会积极创新融资模式，在保证效率、降低成本、长效运行的原则下，研究出科学、合理的融资模式。

除此之外，国务院办公厅在 2011 年 9 月 28 日颁发了相关文件，进一步规范、完善了保障性住房建设的支持、监管政策。具体包括：重点发展公共租赁住房，根据实际情况继续安排经济适用住房和限价商品住房建设，加快实施各类棚户区改造，加大农村危房改造力度，确保保障性住房建设用地供应，增加政府对保障性住房建设的投入，规范利用企业债券融资，加大信贷支持、落实税费减免政策；从机制上规范准入审核、严格租售管理，加强使用管理，健全退出机制；建立目标责任制，统筹安排年度建设任务，建立考核问责机制。这一系列的制度安排意味着保障性住房建设的支持和监管力度只会进一步加强，而不会有丝毫减弱。

（三）信贷紧缩政策或将继续

进入 2011 年以来，存款准备金率和存贷款利率一直处于上调状态。央行频繁上调存款准备金率使商业银行的资金面趋于紧张，信贷投放能力大幅下降。近期保证金存款纳入存款准备金缴存范围进一步加剧了银行体系的流动性。另外，据金融时报报道，多家银行已经上调了上调首套房贷利率。中国建设银行北京分行上调首套房贷利率的消息传出后引起广泛关注，上海、广州等地多家银行也已经上调了首套房利率。广州地区银行均将首次置业房贷利率上浮 20% 至 30%，并表示短期内不可能下调。国务院总理温家宝在 9 月份《求是》杂志发表文章谈及房地产调控的时候，明确表示"调控决心不能动摇、政策方向不能改变、力度不能放松"。种种迹象表明信贷紧缩可能还将持续。

第八部分　宏观管理与政策要点

前三季度，面对复杂多变的国际形势和国内经济运行出现的新情况新问题，中国政府坚持实施积极的财政政策和稳健的货币政策，不断加强和改善宏观调控，宏观政策在保持主基调稳定的前提下更多地体现出灵活性。同时，在节能减排、安全生产等方面出台了相关规划或综合方案，进一步推进发展方式转变和经济结构调整。

一、国家出台支持小型和微型企业发展的金融财税政策措施

国务院总理温家宝 10 月 12 日主持召开国务院常务会议，研究确定支持小型和微型企业发展的金融、财税政策措施。金融支持小型微型企业发展的政策措施有：（一）加大对小型微型企业的信贷支持。银行业金融机构对小型微型企业贷款的增速不低于全部贷款平均增速，增量高于上年同期水平。对达到要求的小金融机构继续执行较低的存款准备金率。商业银

行重点加大对单户授信500万元以下小型微型企业的信贷支持。加强贷款监管和最终用户监测，确保用于小型微型企业正常的生产经营。（二）清理纠正金融服务不合理收费，切实降低企业融资的实际成本。除银团贷款外，禁止商业银行对小型微型企业贷款收取承诺费、资金管理费。严格限制商业银行向小型微型企业收取财务顾问费、咨询费等费用。（三）拓宽小型微型企业融资渠道。逐步扩大小型微型企业集合票据、集合债券、短期融资券发行规模，积极稳妥发展私募股权投资和创业投资等融资工具。进一步推动交易所市场和场外市场建设，改善小型微型企业股权质押融资环境。积极发展小型微型企业贷款保证保险和信用保险。（四）细化对小型微型企业金融服务的差异化监管政策。对小型微型企业贷款余额和客户数量超过一定比例的商业银行放宽机构准入限制，允许其批量筹建同城支行和专营机构网点。对商业银行发行金融债所对应的单户500万元以下的小型微型企业贷款，在计算存贷比时可不纳入考核范围。允许商业银行将单户授信500万元以下的小型微型企业贷款视同零售贷款计算风险权重，降低资本占用。适当提高对小型微型企业贷款不良率的容忍度。（五）促进小金融机构改革与发展。强化小金融机构重点服务小型微型企业、社区、居民和"三农"的市场定位。在审慎监管的基础上促进农村新型金融机构组建工作，引导小金融机构增加服务网点，向辖内县域和乡镇地区延伸机构。（六）在规范管理、防范风险的基础上促进民间借贷健康发展。有效遏制民间借贷高利贷化倾向，依法打击非法集资、金融传销等违法活动。严格监管，禁止金融从业人员参与民间借贷。对小型微型企业的金融支持，要按照市场原则进行，减少行政干预，防范信用风险和道德风险。

财税支持小型微型企业发展的政策措施有：（一）加大对小型微型企业税收扶持力度。提高小型微型企业增值税和营业税起征点。将小型微利企业减半征收企业所得税政策，延长至2015年底并扩大范围。将符合条件的国家中小企业公共技术服务示范平台纳入科技开发用品进口税收优惠政策范围。（二）支持金融机构加强对小型微型企业的金融服务。对金融机构向小型微型企业贷款合同三年内免征印花税。将金融企业中小企业贷款损失准备金税前扣除政策延长至2013年底。将符合条件的农村金融机构金融保险收入减按3%征收营业税的政策，延长至2015年底。（三）扩大中小企业专项资金规模，更多运用间接方式扶持小型微型企业。进一步清理取消和减免部分涉企收费。

小型和微型企业在促进经济增长、增加就业、科技创新与社会和谐稳定等方面具有不可替代的作用。当前一些小型微型企业经营困难、融资难和税费负担偏重等问题突出，对此必须引起高度重视。从会议精神来看，今后国家将加强金融服务和财税扶持，主要加大对符合国家产业和环保政策、能够吸纳就业的科技、服务和加工业等实体经济的支持力度，引导和帮助小型微型企业稳健经营、增强盈利能力和发展后劲。

二、国务院批准《安全生产"十二五"规划》，对"十二五"安全生产提出了六项主要任务

9月份召开的国务院常务会议讨论通过《安全生产"十二五"规划》（以下简称《规划》），明确了"十二五"时期安全生产的六项主要任务：（一）完善企业安全保障体系。将煤矿和非煤矿山、交通、危险化学品、建筑施工、职业健康等作为安全生产的重点行业领域，全面排查和消除安全隐患，落实和完善安全生产制度，严格安全生产标准，提高企业安全水平和事故防范能力。（二）完善政府安全监管和社会监督体系。加强监管监察队伍和信息化等能力建设，创新监管监察方式，加强社会舆论监督。（三）完善安全科技支撑体系。加强安全生产科学技术研究，培养专业人才，推广应用先进适用技术与装备，提高安全保障能力。（四）完善法律法规和政策标准体系。加快修订安全生产法，完善技术标准，推进企业安全生产标准化建设。（五）完善应急救援体系。健全应急预警和联合处置机制，加强应急救援队伍建设，强化应急实训演练，提高事故救援和应急处置能力。（六）完善宣传教育培训体系。强化高危行业和中小企业一线操作人员安全培训，提高从业人员安全素质和社会公众自救互救能力，提升全民安全防范意识，构建安全发展社会环境。会议要求各地区、各有关部门加强组织领导，强化考核评估，加大政策支持和投入，落实重点工程项目，确保规划顺利实施。

当前我国仍处于工业化、城镇化快速发展进程中生产安全事故易发多发的特殊时期，安全事故总量依然较大，职业病发病率居高不下，部分高危行业产业布局和结构不合理，监管监察及应急救援能力亟待提升。安全生产工作既要解决长期积累的深层次、结构性和区域性问题，又要应对新情况、新挑战，任务十分艰巨和繁重。《规划》提出，力争到2015年，企业安全保障能力和政府监管能力明显提升，各行业领域安全生产状况全面改善，全国安全生产保持持续稳定好转态势，为实现根本好转奠定坚实基础。这对石油石化企业进一步强化安全生产工作既提出了要求，又提供了动力。

三、《"十二五"节能减排综合性工作方案》公布，对节能减排工作做出系统部署

国务院印发的《"十二五"节能减排综合性工作方案》（以下简称《方案》）提出，"十二五"期间，中国要通过调整优化产业结构、实施节能减排重点工程、完善节能减排经济政策等多种手段，确保"十二五"节能减排目标实现。方案提出，到2015年，要实现全国万元国内生产总值能耗下降到0.869吨标准煤（按2005年价格计算）的目标，比2010年的1.034吨标准煤下降16%。"十二五"期间，实现节约能源6.7亿吨标准煤。2015年，全国化学需氧量和二氧化硫排放总量分别控制在2347.6万吨、2086.4万吨，比2010年的2551.7万吨、2267.8万吨分别下降8%；全国氨氮和氮氧化物排放总量分别控制在238.0万吨、2046.2万吨，比2010年的264.4万吨、2273.6万吨分别下降10%。

为实现"十二五"节能减排目标，我国将进一步完善有利于节能减排的经济政策。财政政策方面，将加大中央预算内投资和中央财政节能减排专项资金的投入力度，加快节能减排重点工程实施和能力建设。深化"以奖代补"、"以奖促治"以及采用财政补贴方式推广高效节能家用电器、照明产品、节能汽车、高效电机产品等支持机制，强化财政资金的引导作用。税收政策方面，将落实国家支持节能减排所得税、增值税等优惠政策，积极推进资源税费改革，将原油、天然气和煤炭资源税计征办法由从量征收改为从价征收并适当提高税负水平，依法清理取消涉及矿产资源的不合理收费基金项目。金融政策方面，将加大各类金融机构对节能减排项目的信贷支持力度，鼓励金融机构创新适合节能减排项目特点的信贷管理模式。引导各类创业投资企业、股权投资企业、社会捐赠资金和国际援助资金增加对节能减排领域的投入。提高高耗能、高排放行业贷款门槛，将企业环境违法信息纳入人民银行企业征信系统和银监会信息披露系统，与企业信用等级评定、贷款及证券融资联动。推行环境污染责任保险，重点区域涉重金属企业应当购买环境污染责任保险。

该《方案》还提出，要进一步推进价格和环保收费改革。深化资源性产品价格改革，理顺煤、电、油、气、水、矿产等资源性产品价格关系。推行居民用电、用水阶梯价格。完善电力峰谷分时电价政策。深化供热体制改革，全面推行供热计量收费。对能源消耗超过国家和地区规定的单位产品能耗（电耗）限额标准的企业和产品，实行惩罚性电价。要严格落实

脱硫电价，研究制定燃煤电厂烟气脱硝电价政策。进一步完善污水处理费政策，研究将污泥处理费用逐步纳入污水处理成本问题。改革垃圾处理收费方式，加大征收力度，降低征收成本。

《方案》还强化了节能减排目标责任，将节能减排目标完成情况和政策措施落实情况作为领导综合考核评价的重要内容，纳入政府绩效和国有企业业绩管理，实行问责制和"一票否决"制。这将有助于自上而下推动节能减排工作的开展。

四、国务院修改资源税暂行条例，资源税从价定率全国启动

9月21日，国务院总理温家宝主持召开国务院常务会议，在总结原油、天然气资源税改革试点经验的基础上，决定对《中华人民共和国资源税暂行条例》作出修改，在现有资源税从量定额计征基础上增加从价定率的计征办法，调整原油、天然气等品目资源税税率。随后国务院正式发布《国务院关于修改〈中华人民共和国资源税暂行条例〉的决定》，将原油、天然气税率分别按照销售额的5%到10%征收，并于2011年11月1日执行。

我国原油、天然气资源税改革试点始于去年6月1日。新疆率先在全国进行石油、天然气资源税改革，由过去的从量定额征收改为从价定率征收，并将原油、天然气税率均确定为5%。截至2010年12月1日，原油天然气资源税改革已扩大至西部12个省区，改革试点运行平稳，成效明显。西部地区油气资源税收入有较大幅度增长，增加了地方财政收入，增强了地方保障和改善民生及治理环境等方面的经济实力。因此，采取"从价定率"的方式将资源税改革推广向全国顺理成章。同时，受油气定价机制的制约，这项改革不会对油气产品价格产生影响，也有利于促进油气资源开采企业努力挖掘内部潜力，降低生产经营成本。由于资源税属于地方税，按照修改后的资源税暂行条例规定的油气资源税的计征办法和税率，地方财政收入将会增加，对增强地方保障和改善民生以及治理环境等方面的能力很有利。此外，油气资源税提高后，静态计算，油气开发企业的利润会相应减少，缴纳的企业所得税也会有所减少。油气开发企业中的中央企业缴纳的所得税属于中央财政收入，而我国油气开发企业大多是中央企业，中央财政收入将会减少。此次改革增加了地方财政收入，减少了中央财政收入，是对中央与地方利益的调整。但资源税改革也会增加油气企业的负担，相关企业不可能无限度地承受税负，将会对下游产品价格产生影响。因此，资源税改革还应该和以资源、能源价格形成机制为重点的价格改革联动。

五、国家下调成品油最高零售价格

国家发展和改革委员会 10 月 8 日宣布，从 10 月 9 日零时起下调成品油最高零售价格，汽柴油均下调 300 元/吨，大约每升分别降 0.22 元、0.26 元。

下调成品油价本身是一个好的讯号。成品油价格机制一直以来都是政府宏观调控的工具，还并不能完全反映市场的需求。同时，全球经济正步入温和的"二次探底"，高油价对中国经济也会造成不良影响。由于三季度通货膨胀问题仍然存在，这次下调成品油价格对处于高位的物价水平会有一定影响，但作用有限。国家发改委表示，成品油改革新机制的出台正处于最后的审理程序中届时改革方案将包括缩短调价周期、改革挂靠油种等。未来国际油价的趋势主要取决经济环境导致的需求变化。成品油最理想的状态是实行即时价格，但操作极有难度，因此在可操作前提下周期越短越好。

六、国务院要求央企强化管理和风险管控

国务院总理温家宝 8 月 31 日主持召开国务院常务会议，听取了国有企业监事会对中央企业监督检查情况的汇报。从检查情况看，中央企业努力开拓市场，推进结构调整，深化体制机制改革，加强自主创新，积极履行社会责任，企业经济效益继续提升，活力进一步增强，科研水平不断提高，并在贯彻落实国家宏观调控政策、保障市场供应、承担国家重大工程项目建设、参与社会公益事业等方面发挥了重要作用。

2010 年，中央企业实现营业总收入 16.8 万亿元，比上年增长 33%；上交税金 1.5 万亿元，增长 31.9%；净利润 8522.7 亿元，增长 42.1%。2011 年 1 至 7 月，实现营业总收入 11.4 万亿元，同比增长 24.5%；上交税金 9989 亿元，增长 28.1%；净利润 5432.7 亿元，增长 15.7%。"十一五"时期，中央企业资产总额、营业总收入、上交税金和税后利润等主要经营指标翻了一番，进入世界 500 强的企业由 10 户增加到 38 户。但同时也要看到，部分中央企业的结构调整还存在一些困难，资源环境面临较大压力；有的企业管理水平不高，资源配置效率较低，非主业投资存在不少经营风险，境外资产监管有待加强。会议要求，中央企业要进一步深化改革，加快转变发展方式，加大科技创新力度，强化企业管理和风险管控，加强依法监管和制度建设，为国民经济和社会发展做出更大贡献。

当前，世界经济形势更趋复杂，复苏进程更加艰难，世界经济下行风险

更大；国内物价上涨的压力还较大，以高利贷为重点的金融风险开始显露，宏观政策总体紧缩，央企的经营风险仍然较大，强化风险管理非常必要。

附录一　世界经济形势

2011年前三季度，世界经济继续保持缓慢复苏势头，但复苏基础仍不稳固，复苏进程仍很脆弱。中东、北非局势动荡不定，大宗商品价格上涨引发的全球性通胀压力增大，近期欧美债务危机愈演愈烈。这些都使得未来世界经济增长面临着诸多的不确定性。

一、主要国家和地区经济运行情况

（一）美国经济运行情况

2011年前三季度，美国经济保持复苏态势，但复苏步伐有所放缓。上半年，美国经济增长幅度仅为0.9%。这是美国经济自2009年6月结束本轮衰退以来的最弱增速。美联储在9月份公布的经济褐皮书中指出，美国经济延续缓慢复苏势头，但股市波动和经济前景不确定使得企业和居民对近期经济前景的判断更趋谨慎，很多地区的工业生产扩张势头在减弱。同时，各地厂商的价格压力有所下降，就业市场总体平稳，部分地区的就业市场出现一定程度地改善。

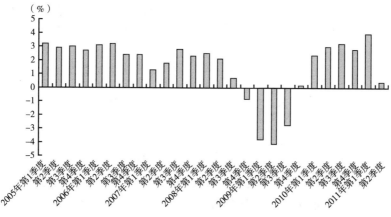

图3-14　美国实际GDP季度增长率变化情况

2011年前三季度，美国实体经济增长呈现如下特征。

1. 工业生产增长势头有所好转，但制造业扩张乏力

一季度，美国工业生产保持良好增长态势。1～3月份，美国工业生产指数分别为92.8、92.5和93.1，环比分别增长0.2%、-0.3%和0.7%。二季度，美国工业生产增速有所放缓。4～6月份，美国工业生产指数分别为92.7、93.0和93.0，环比分别增长0.4%、0.3%和0.1%。三季度，美国工业生产增速有所加快。7、8月份，美国工业生产指数分别为93.9和94.0，环比分别增长0.9%和0.2%。8月份，包括工厂、矿业和公共事业企业在内的美国工业生产环比增长0.2%，其中制造业生产增长0.5%，采矿业生产增长1.2%，公共事业生产则下降3.0%；工业总的设备开工率为77.4%，比去年同期高出1.9个百分点，但仍低于1972年至2010年间美国工业整体设备开工率80.4%的平均值。美国供应管理学会（ISM）发布的制造业指数由1月份的60.8下降至9月份的51.6。分类指数中，9月份产量指数从8月份的48.6升至51.2；就业指数从51.8升至53.8；库存指数从52.3下滑至52.0；出口指数从50.5升至53.5；新订单指数与8月份的49.6持平。

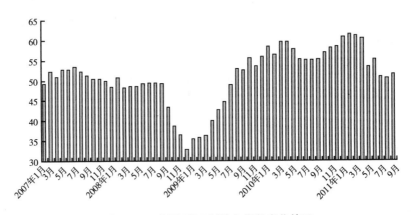

图3－15　美国ISM制造业指数变化情况

2. 消费者支出增长缓慢，消费者信心低迷

1～3月份，美国个人消费支出环比分别增长0.3%、0.7%和0.5%。4～6月份，美国个人消费支出环比分别增长0.4%、0.0%和-0.1%。7月份，美国个人消费支出环比大幅增长0.8%，其中汽车、家电等耐用消费品支出增长1.9%，食品等非耐用消费品支出增长0.7%。8月份，美国个人消费支出环比增长 0.2%，其中汽车销售环比下跌 0.3%，服装销售环比下降 0.7%，汽油销售环比上升 0.3%。9 月份，美国商品零售额同比增长 7.9%，其中汽车销售环比增长 3.6%。同时，年初以来美国消费者信心指数持续低迷。8 月份，由于受到标准普尔公司下调美国主权信用评级事件以及对美国债务问题担忧情绪影响，美国消费者预期指数跌至 2009 年 4 月份以来的最低点 45.7。9 月份，美国消费者信心指数微升至 45.4。

3. 贸易逆差持续扩大

一季度，美国进口总额为 6475.29 亿美元，出口总额为 5075.57 亿美元，贸易逆差 1399.72 亿美元。二季度，美国进口总额为 6687.36 亿美元，出口总额为 5237.42 亿美元，贸易逆差 1449.94 亿美元。7 月份，美国进口总额约为 2228 亿美元，比 6 月份减少 5 亿美元；出口总额约为 1780 亿美元，比 6 月份增加 62 亿美元；贸易逆差约为 448 亿美元。8 月份，美国进口总额约为 2232 亿美元，出口总额约为 1776 亿美元，贸易逆差约为 456.1 亿美元。1~8 月份，美国贸易逆差总计约为 3762 亿美元，比去年同期的 3373 亿美元增长约 12%。

4. 通货膨胀压力有所缓解

2011 年前八个月，美国消费价格指数（CPI）月度环比增幅分别为 0.4%，0.5%，0.5%，0.4%、0.2%、-0.2%、0.5% 和 0.4%。8 月份美国消费价格指数上升的主要原因是能源价格上升。当月能源价格经季节调整后环比上涨 1.2%，食品价格环比上涨 0.5%。8 月份，扣除波动较大的能源和食品的核心消费价格指数上涨 0.2%，涨幅与前一个月持平。在过去 12 个月里，美国核心消费价格指数上涨 2%，为两年来最大涨幅，达到美联储认为的 2% 的警戒线。

5. 失业率高位徘徊，就业形势严峻

2011 年前六个月，美国非农业部门失业率分别为 9.0%、8.9%、8.8%、9.0%、9.1% 和 9.2%。7~9 月份，美国非农业部门失业率一直维持在 9.1%。9 月份，美国共新增就业岗位 10.3 万个，其中大约有 4.5 万个是 8 月份罢工的电信行业员工重新返回工作岗位。

6. 房价指数低位反弹，房地产市场缓慢复苏

2011 年前七个月，美国住房价格指数分别为 184.40、181.48、180.77、181.46、181.99、183.26 和 184.72，呈现出先抑后扬的反弹态势。由标准普尔发布的 Case-Shiller 房价指数显示，7 月份未经调整的美国 10 个大城市房价指数和 20 个大城市房价指数分别较上年同期下降 3.7% 和

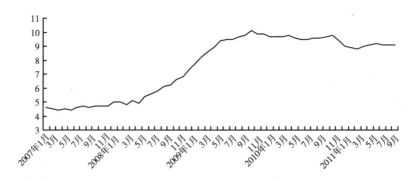

图 3-16　美国失业率变化情况

4.1%。从环比数据来看，20 个城市中有 17 个城市的房价较 6 月份上涨，其中底特律的房价涨幅高达 3.8%，而拉斯维加斯和菲尼克斯的房价分别下跌 0.2% 和 0.1%。8 月份，美国新房销售量连续第四个月下跌，新房销售量经季节调整按年率计算为 29.5 万套，比 7 月份下降 2.3%，但比 2010 年 8 月份的交易量增加了 6.1%。

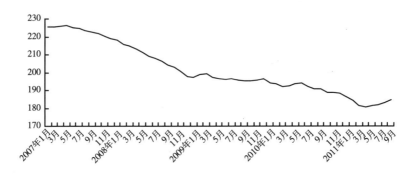

图 3-17　美国住房价格指数

（二）欧元区经济运行情况

2011 年前三季度，欧元区经济保持缓慢复苏态势。由于法德等主要经济体经济增长放缓，欧元区二季度经济环比仅增长 0.2%，大大低于一季度的 0.8%。9 月份，体现欧元区 17 国生产者和消费者对经济前景乐观程度的经济敏感指数较 8 月份下降 3.4 点，至 95.0 点，连续第七个月下滑。欧元区各行业信心指数均出现下滑，其中服务业和工业行业下滑幅度最大，分别下降 3.7 点和 3.2 点。

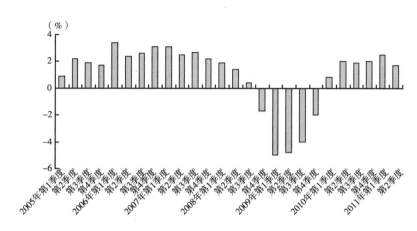

图 3 – 18　欧盟实际 GDP 季度增长率变化情况

2011 年前三季度，欧元区经济增长呈现如下特征。

1. 工业生产保持持续回升势头

2011 年 1 ~ 3 月，欧元区工业生产环比分别增长 0.1%、0.6% 和 0.0%，同比分别增长 6.2%、7.8% 和 5.7%。4 ~ 6 月，欧元区工业生产环比分别增长 0.4%、0.2% 和 – 0.6%，同比分别增长 5.4%、4.3% 和 2.8%。7 月份，欧元区工业生产环比增长 1.1%，同比上升 4.4%。8 月份，欧元区工业生产继续 7 月份的回升势头，环比增长 1.2%，同比增长 5.3%；资本货物生产环比增长 2.1%，非耐用消费品生产增长 1.1%，中间产品生产增长 1.7%，耐用消费品和能源生产与上月持平。

2. 消费支出继续保持疲弱状态

2011 年前八个月，欧元区零售贸易总额环比分别增长 0.8%、0.5%、– 0.6%、0.7%、– 0.9%、0.6%、0.3% 和 – 0.2%，同比分别增长 2.4%、3.2%、0.8%、3.4%、0.5%、1.3%、1.6% 和 1.3%。8 月份，欧元区和欧盟零售贸易额环比分别下降 0.3% 和 0.2%，同比分别下降 1% 和 0.8%。其中，欧元区和欧盟的食品、饮料和烟草部门零售贸易额环比分别上涨 0.1% 和 0.3%；非食品部门零售贸易额则均下跌 0.6%。分国别看，罗马尼亚、德国和芬兰当月零售贸易额降幅位居前三位，分别下跌 3.1%、2.9% 和 2.2%；斯洛文尼亚则位居涨幅首位，上涨 3.1%。

3. 贸易逆差显著增加

2011 年前八个月，欧元区累计出口总额为 11309 亿欧元，同比增长

15%；累计进口总额为 1434 亿欧元，同比增长 16%；贸易逆差总额为 239 亿欧元，而上年同期逆差总额为 153 亿欧元。8 月份，欧元区进口总额为 1412 亿欧元，同比增长 11%，环比增长 2.7%；出口总额约为 1378 亿欧元，同比增长 14%，环比增长 4.7%；贸易逆差为 34 亿欧元，逆差额低于上年同期的 63 亿欧元。

4. 通胀压力持续加大

2011 年前九个月，欧盟消费者调和物价指数（HICP）分别为 110.56、111.02、112.53、113.16、113.17、113.16、112.47、112.68 和 113.54，同比分别增长 2.3%、2.4%、2.7%、2.8%、2.7%、2.7%、2.5%、2.5% 和 3.0%。8 月份，欧元区按年率计算的通货膨胀率为 2.5%，其中交通运输价格上涨 5.6%，住房价格上涨 4.9%，烟酒价格上涨 3.1%，但服装和通用费用分别下降 2.8% 和 1.8%。9 月份，欧元区按年率计算的通货膨胀率为 3.0%，与 7 月份和 8 月份的 2.5% 相比明显大幅上升，其中交通运输、住房、烟酒价格涨幅分别为 5.9%、5.0% 和 3.7%；通信、文化娱乐与家用电器价格有所回落。分国别看，9 月份德国物价指数同比上升 2.9%，西班牙上升 3.0%，法国上升 2.4%，意大利上升 3.6%，希腊上升 2.9%。

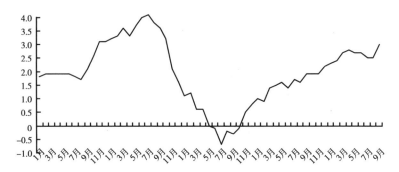

图 3－19　欧盟综合消费价格指数同比增速变化情况

5. 失业率仍在高位徘徊

2011 年 1、2 月份，欧元区失业率均为 10.0%，3～5 月份则略有下降，均保持在 9.9% 的水平，5～8 月份则又回升到 10.0% 的水平。8 月份，欧元区失业率与前三个月持平，仍高达 10%，但与去年同期的 10.2% 相比有所下降，欧元区失业人口总数为 1573 万，与 7 月份相比下降 3.8 万。分国别看，失业率最低的是奥地利和荷兰，分别为 3.7% 和 4.4%；失业率最高的是西班牙，达 21.2%。

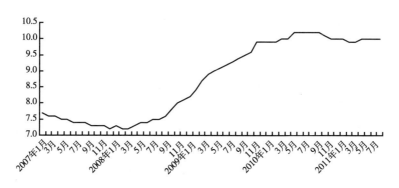

图 3 - 20　欧盟失业率变化情况

（三）日本经济运行情况

2011 年前三季度，受 3 月份地震的影响，日本经济保持弱势复苏态势。一季度，日本实际国内生产总值同比下降 1.1%，环比下降 0.9%。二季度，实际国内生产总值同比下降 2.1%，环比下降 0.5%。一季度，大型制造业景气判断指数为 6，高于 2010 年四季度的 5；非制造业景气指数为 3，高于 2010 年四季度的 1。二季度，大型制造业对企业状况的看法自全球金融危机以来首次转为悲观，大型制造业景气判断指数为 - 9，这也是 2010 年 3 月以来首次出现悲观者人数超过乐观者。三季度，在工业生产迅速回升的激励下，日本大型制造业对企业状况的看法转为乐观，短观大型制造业景气判断指数为 2.0，同时大型制造商预期未来三个月状况将略有改善。

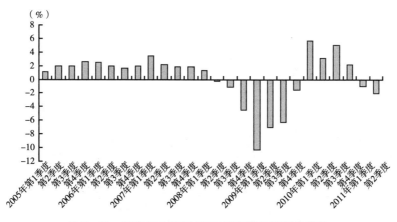

图 3 - 21　近期日本实际 GDP 季度增长率变化情况

2011年前三季度，日本经济增长呈现如下特征。

1. 工业生产保持稳步回升势头

2011年1、2月份，日本工业生产指数环比分别上升2.4%和0.4%。3月份，受地震影响日本工业生产指数环比下降15.5%。4、5、6月份，日本工业生产指数显著回升，环比分别上升1.6%、6.2%和3.8%。7月份，日本工业生产指数为93.2，环比上升0.6%；日本工矿业出货指数为94.7，环比上涨0.3%，连续4个月上升。8月份，日本工矿业生产指数为93.7，环比上涨0.8%，连续第5个月增长，显示出日本大地震后的生产复苏势头仍在持续。当月产能利用指数环比增长2.4%，库存率上升2.1%，装船率上升0.2%。

2. 消费者信心逐步恢复

2011年1、2月份，日本消费者信心指数保持上升态势。3月份，受大地震影响日本消费者信心指数下降2.6点至38.6。4月份，日本消费者信心指数又大幅下降5.5点至33.1，为2009年6月以来的最低水平。5、6月份，日本消费者信心指数分别回升至34.2和35.3。7、8月份，日本消费者信心指数均为37.0。9月份，日本消费者信心指数进一步回升至38.6。

3. 贸易形势趋于恶化

2011年上半年，日本出口额为15.74万亿日元，进口额为15.71万亿日元，实现贸易收支顺差5692亿日元。7月份，日本出口总额为57819亿日元，同比下降3.3%，连续第五个月同比下降；进口总额为57094亿日元，同比增长9.9%；贸易顺差额为725亿日元，同比减少90.8%。8月份，日本出口总额为51063亿日元，同比增加4%；进口总额为58011亿日元，同比增加22.4%，为连续第20个月同比增长；贸易逆差额为6947亿日元，是自1985年1月有统计以来第三大贸易逆差额。

4. 通货紧缩压力有所缓解

2011年前八个月，日本综合消费者物价指数分别为99.5、99.5、99.8、99.9、99.9、99.7、99.7和99.9。8月份，包括生鲜食品在内的日本综合消费价格指数为99.9，同比上升0.2%；去除生鲜食品后的核心消费价格指数为99.9，同比上升0.2%，连续第二个月同比上升。9月份，日本首都东京核心消费物价指数为99.7，同比下降0.1%。

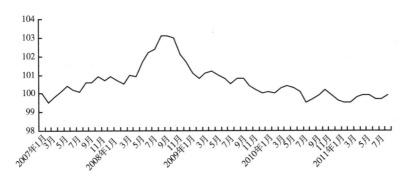

图 3 - 22　日本 CPI 指数变化情况（2005 = 100）

5. 就业形势持续改善

2011 年前八个月，日本失业率分别为 4.8%、4.6%、4.9%、4.9%、4.6%、4.7%、4.7% 和 4.3%。8 月份，日本经季节调整后的失业率为 4.3%，环比下降 0.4 个百分点，是三个月来首次出现改善；失业者总数为 276 万人，同比减少 45 万人，为连续 15 个月减少；体现劳动力供需状况的有效求人倍率为 0.66，环比上升 0.02，连续三个月出现改善。分性别看，8 月份日本男性失业率为 4.5%，环比下降 0.4 个百分点；女性失业率为 4.1%，环比下降 0.4 个百分点。

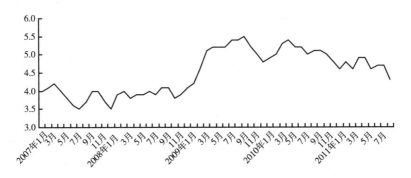

图 3 - 23　日本失业率变化情况

（四）主要新兴市场经济运行情况

1. 俄罗斯经济保持快速增长

2011 年前 8 个月，俄罗斯 GDP 同比增长 4%。其中，8 月份 GDP 同比增长 5%，环比增长 0.4%。1～6 月份，俄罗斯消费物价指数环比增幅分别为 2.4%、0.8%、0.6%、0.4%、0.5% 和 0.2%。7 月份和 9 月份，俄罗斯实现零通胀，而 8 月份消费物价指数为下降 0.2%。

2. 韩国经济保持快速增长

2011 年一、二季度，韩国 GDP 同比分别增长 4.2% 和 3.4%。8 月份，韩国出口总额为 459.4 亿美元，同比增长 25.9%；进口总额为 454.6 亿美元，同比增加 28.9%；贸易顺差规模约 4.9 亿美元，连续 19 个月保持顺差。9 月份，韩国消费者价格指数同比上涨 4.3%，与 8 月份所创的三年新高 5.3% 相比有所回落，但也已连续 9 个月超出韩国政府设定的 2%～4% 的目标区间。

3. 新加坡经济继续快速增长

2011 年一季度，新加坡经济环比增长 27.2%，同比增长 8.3%。二季度，新加坡经济环比萎缩 7.8%，同比仅增长 0.5%。二季度新加坡经济增速大幅放缓的主要原因是制造业产值同比萎缩 5.5%。8 月份，新加坡消费物价指数按年率上升 5.7%。

4. 印度经济保持快速增长势头

2011 年一、二季度，印度经济增长率分别为 7.8% 和 7.7%。分部门看，二季度印度农业部门产值同比增长 3.9%，采矿业、制造业、公用事业部门以及建筑业产值分别增长 1.8%、7.2%、7.9% 和 1.2%，贸易、旅店与交通运输业部门增长 12.8%，金融、保险及其他服务部门增长 9.1%。7 月份，印度的通货膨胀率高达 9.22%。

5. 越南经济增速有所回落

2011 年前三季度，越南国内生产总值同比增长 5.7%，而上年同期增速为 6.5%。8 月份，越南居民消费物价指数同比涨幅高达 23%，连续 12 个月上涨，创下近三年新高。9 月份，越南工业生产指数环比增长 2.1%，同比增长 12%。前三季度，越南工业生产指数同比增长 7.8%，其中采矿业增长 0.8%，加工工业增长 10.7%，电、气、水的生产和分销增长 9.6%。

6. 巴西经济保持良好增长态势

2011 年一季度，巴西国内生产总值同比增长 4.2%，环比增长 1.2%。二季度，巴西国内生产总值同比增长 3.1%，环比增长 0.8%。其中，服务业和工业环比分别上涨 0.8% 和 0.2%，农牧业呈现 0.1% 的负增长；服务业和工业同比分别增长 3.4% 和 1.7%，农牧业与去年同期持平。9 月份，巴西综合消费价格指数同比上涨 7.31%，创 2005 年 5 月以来的新高。

二、主要发达经济体货币政策

2011年前三季度，主要发达经济体的货币政策趋于宽松，美国、日本继续维持宽松的货币政策，而欧元区在两次加息后货币政策趋于稳定。与此同时，新兴经济体国家纷纷加息以抑制通货膨胀风险。

（一）美联储出台多项举措刺激经济复苏

2011年前三季度，美联储公开市场委员会（FOMC）分别于1月27日、3月16日、4月27日、6月22日、8月10日、9月22日六次召开会议，均决定维持联邦基金利率于0%~0.25%的水平不变。为了进一步刺激经济复苏，美联储联邦公开市场委员会于9月21日决定对所持国债作出以"卖短买长"来置换国债期限，即计划到2012年6月出售剩余期限为3年及以下的4000亿美元中短期国债，同时购买相同数量的剩余期限为6年至30年的中长期国债。这一举措实际上相当于延长了其持有的4000亿美元国债的期限，旨在压低长期利率。此外，美联储还决定延长与加拿大银行、英格兰银行、欧洲中央银行以及瑞士国民银行等四家西方主要中央银行的临时性美元流动性互换协议至2012年8月1日，旨在向海外金融机构提供所需的美元资金，以缓解欧洲债务危机带来的压力。

（二）欧洲央行紧缩性货币政策有所松动

欧洲央行分别于1月13日、2月3日和3月3日三次召开货币政策会议。会议均决定维持主要再融资利率于1%的水平不变，同时维持隔夜贷款利率和隔夜存款利率分别于1.75%和0.25%不变。此后，欧洲央行两次加息。4月7日，欧洲央行宣布将欧元区主导利率由1%提高0.25个百分点至1.25%，这是欧洲央行自2008年7月以来首次加息，同时也是对在2009年5月降至历史最低点并维持至今的1%的主导利率首次向上调整。7月7日，欧洲央行宣布将欧元区主导利率由1.25%提高至1.50%，增加0.25个百分点。随着欧洲债务危机愈演愈烈，欧洲央行于9月8日宣布维持欧元区现行1.5%的主导利率水平不变，同时维持隔夜存款利率0.75%不变。在10月6日的最近一次议息会议上，欧洲央行再次维持1.5%的利率水平。此外，为了防止债务危机蔓延，欧洲央行还采取了一系列扩大银行流动性的措施，包括从11月开始在一级和二级市场购买400亿欧元有担保债券，以及再次向银行提供12个月期和13个月期贷款等。鉴于欧洲债务危机仍在加深，未来欧元央行可能会维系目前利率水平。

（三）日本银行继续实施宽松货币政策

2011年前两个月，由于外部经济复苏的形势有所改善，日本银行预期日本经济将重返温和复苏之路，因而日本银行维持隔夜无担保利率于0%~0.1%的水平不变。"3·11"地震使得投资者心理遭到重创，金融市场急剧动荡。3月14日日本银行提前召开政策会议，决定维持隔夜无担保利率不变，但将资产购买计划金额扩大5万亿日元至40万亿日元。随后，日本银行连续采取公开市场操作，向金融系统注注入大量资金，金融系统逐步趋于稳定。4月7日，日本银行宣布维持基准利率和现有资产收购规模不变，但将提供1万亿日元的灾后支援贷款用于帮助震后重建。为巩固日本经济增长基础、激发中小企业经济活力，日本银行6月14日决定在维持资产购买基金规模10万亿日元和信贷计划30万亿日元不变的基础上，推出一项总额5000亿日元（约合62亿美元）的融资支持计划，以鼓励金融机构向拥有技术的日本中小企业提供无抵押或担保的贷款。日本银行10月7日决定，维持现行零利率政策，不推出新的金融宽松措施，同时决定将针对"3·11"地震灾区金融机构的低息贷款政策延长半年至明年4月底。

三、全球经济增长前景

2011年前三季度，世界经济保持了缓慢复苏态势，但全球金融稳定风险明显加大。国际货币基金组织（IMF）在9月20日发布的《世界经济展望》中预测，今年全球经济增速为4.0%，较6月份预测低0.3个百分点；2012年全球经济将增长4.0%，较6月份的预测下调0.5个百分点。同时，今年发达经济体的经济增长率仅为1.6%，较6月份的预测低0.6个百分点；2012年发达经济体的经济增长率为1.9%，较6月份的预测低0.7个百分点。

从美国的情况来看，2011年美国经济将延续复苏势头，但通货膨胀压力趋于增加。美国联邦储备委员会在10月份货币政策决策例会纪要中表示，在货币政策、信贷增长以及消费者和企业信心从近期低点反弹等因素的支持下，从中期看美国经济将逐步加速增长。在此期间国内生产总值的增长足以使失业率逐步降低，但到2013年底美国失业率仍将保持在高位。国际货币基金组织最新预测，2011年美国经济将增长1.5%，2012年将增长1.8%。

从欧元区的情况来看，2011年欧元区经济复苏步伐有所放缓，且通货膨胀压力日趋增大。欧盟委员会9月15日发布的2011年中期经济预测报告显示，受债务危机及金融市场动荡的影响，2011 年欧洲经济增长出现回落迹象，预计 2011 年欧盟经济增长率为 1.7%，欧元区则为 1.6%。与此同时，国际货币基金组织认为，尽管面临主权债务危机的挑战，欧元区的总体经济复苏势头有所增强，但大宗商品价格上扬和银行业的去杠杆化压力成为经济复苏的拖累，预计 2011 年欧元区的实际国内生产总值将增长 2%，2012 年将增长 1.7%。

从日本的情况来看，2011 年日本经济将维持弱态复苏势头。日本政府在 10 月份月度经济报告中下调日本经济整体景气判断基调，把对出口的景气判断从 9 月份的"出现回升势头"下调为"盘整"，把对生产和整体景气的判断基调从"回升"下调为"回升步伐放缓"。日本政府认为，电力供应紧张、日元升值、海外景气下行仍是日本经济的主要风险，而欧洲主权债务危机的深化和亚洲一些国家货币的大幅贬值，也使得日本经济复苏面临的不确定性大幅增加。国际货币基金组织预计日本经济 2012 年将增长 2.9%。

附录二　附图与附表

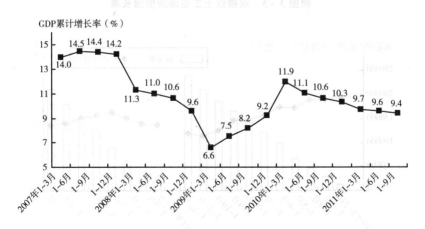

附图 3-1　GDP 累计增长率

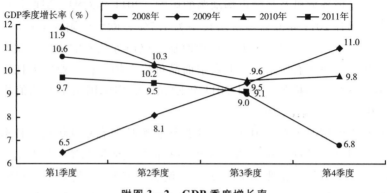

附图 3-2　GDP季度增长率

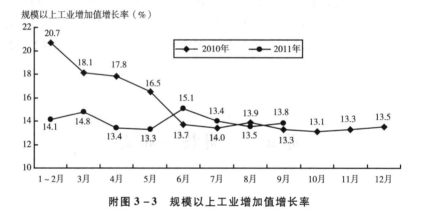

附图 3-3　规模以上工业增加值增长率

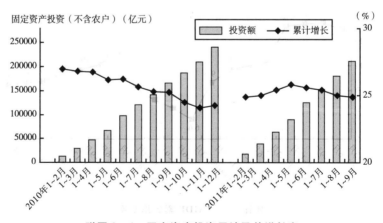

附图 3-4　固定资产投资累计及其增长率

固定资产投资（不含农户）增速（%）

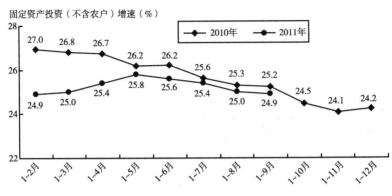

附图 3 - 5　固定资产投资累计增速

房地产投资及其增长率（亿元）

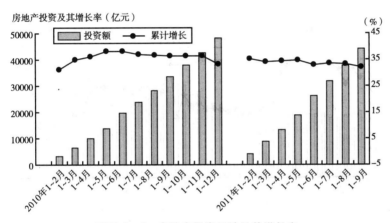

附图 3 - 6　房地产投资累计及其增长率

外商直接投资及其增长率（亿美元）

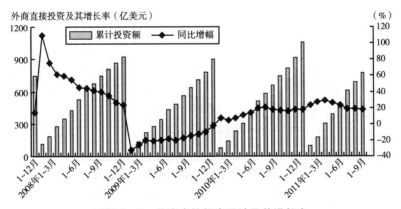

附图 3 - 7　外商直接投资累计及其增长率

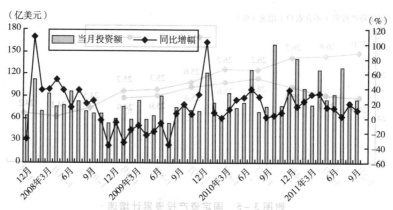

附图 3-8　外商直接投资及其增长率

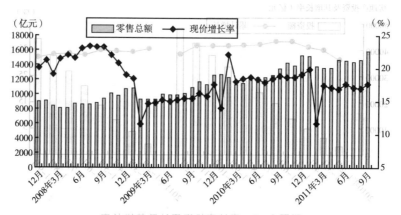

附图 3-9　消费品零售总额及其增长率

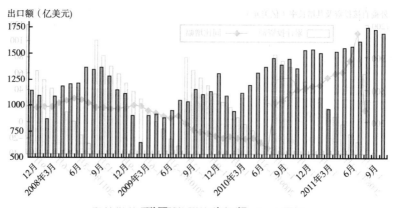

附图 3-10　出口额

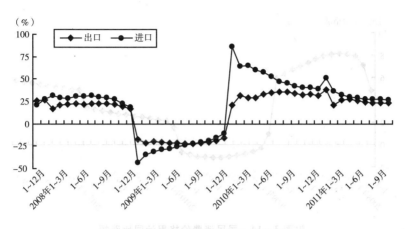

附图 3-11　进出口累计增长率

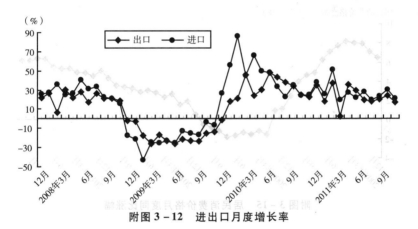

附图 3-12　进出口月度增长率

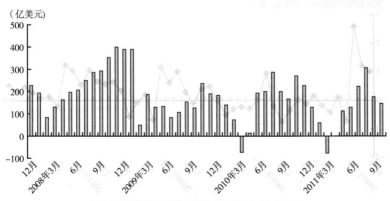

附图 3-13　贸易差额月度额

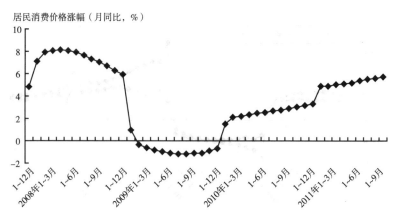

附图 3 – 14　居民消费价格累计同比涨幅

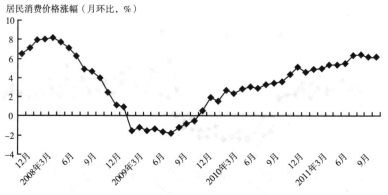

附图 3 – 15　居民消费价格月度同比涨幅

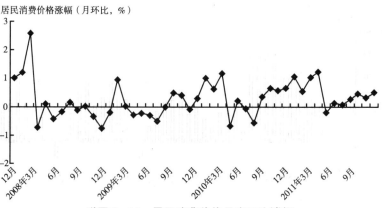

附图 3 – 16　居民消费价格月度环比涨幅

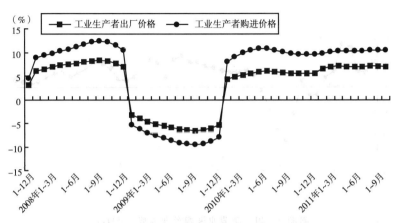

附图 3 – 17　工业生产者价格累计同比涨幅

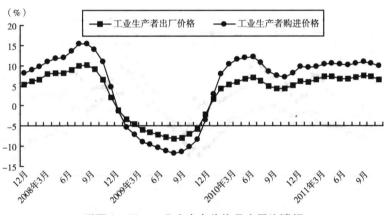

附图 3 – 18　工业生产者价格月度同比涨幅

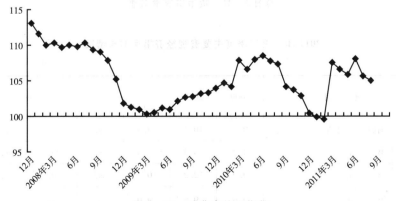

图 3 – 19　消费者信心指数

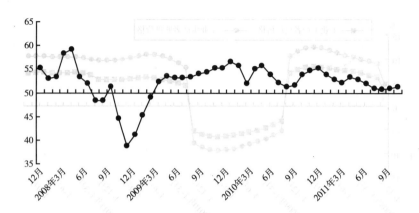

附图 3-20 制造业采购经理指数（PMI）

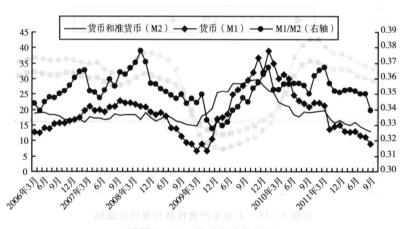

附图 3-21 货币供应量增速

2011年一至三季度主要宏观经济指标增长情况

单位：%

项	目	2009	2010	2011		
				1~9月	7月	8月	9月
经济增长	国内生产总值	9.2	10.3	9.4	na.	na.	na.
	第一产业	4.2	4.3	3.8	na.	na.	na.
	第二产业	9.9	12.2	10.8	na.	na.	na.
	第三产业	9.6	9.5	9.0	na.	na.	na.

续表

项目		2009	2010	2011			
				1~9月	7月	8月	9月
工业	工业增加值	11.0	15.7	14.2	14.0	13.5	13.8
	其中:国有及国有控股企业	6.9	13.7	10.4	9.5	9.4	9.9
	集体企业	10.2	9.4	9.6	9.2	8.7	7.2
	股份制企业	13.3	16.8	16.1	15.8	15.5	16.0
	外商及港澳台投资企业	6.2	14.5	10.9	10.6	10.0	10.1
	发电量	6.3	13.2	12.7	13.2	10.0	11.5
价格	消费价格(CPI)	1.9	3.3	5.7	6.5	6.2	6.1
	工业品出厂价格	1.7	5.5	7.0	7.5	7.3	6.5
投资	固定资产投资	30.5	24.5	23.4	25.4	25.0	23.4
	其中:制造业	26.8	27.0	31.5	31.8	32.2	31.5
	房地产开发投资	16.1	33.2	32.0	33.6	33.2	32.0
消费	社会商品零售总额	155.0	18.4	17.0	17.2	17.0	17.7
	其中:城市	15.5	18.8	17.1	17.3	17.1	17.8
外贸	进出口总额	-13.9	34.7	24.6	21.9	27.1	18.9
	出口	-16.0	31.3	22.7	20.4	24.5	17.1
	进口	-11.2	38.7	26.7	23.7	30.2	20.9
	贸易差额(亿美元)	1956.9	1824.8	1071.0	305.3	177.6	145.1
外资	外商直接投资	-2.6	17.4		19.8	11.1	
金融	M2	27.68	19.72	13.04	14.65	13.55	13.04
	M1	32.35	21.19	8.85	11.56	11.16	8.85
	M0	11.77	16.69	12.68	14.30	14.69	12.68
	金融机构贷款	33.0	19.7	16.00	16.7	16.5	16.0
	金融机构存款	27.7	19.8	13.90	16.1	15.3	13.9
	拆借平均利率	n.a	n.a	n.a	4.44	3.30	3.74
	回购平均利率	n.a	n.a	n.a	4.61	3.38	3.75

注：1.固定资产投资为固定资产投资（不含农户）的累计数；工业增速2月为1~2月累计数，金融当月值为月末数，存贷款为金融机构本外币项余额。2.从2011年1月起提高工业、固定资产投资统计起点标准，其中纳入规模以上工业统计范围的工业企业起点标准从年主营业务收入500万元提高到2000万元；固定资产投资项目统计的起点标准，从计划总投资额50万元提高到500万元。3.2011年起，城镇固定资产投资指标改为"固定资产投资（不含农户）"，等于原口径的城镇固定资产投资加上农村企事业组织项目投资。

补充报告　我国区域经济形势分析

前三季度，面对复杂多变的国内外经济形势，各地区经济仍然保持平稳增长势头，工业生产积极有序，固定资产投资快速增长，财政收入大幅提高，区域经济总体运行良好。但各地仍面临着物价上涨尤其食品价格上涨超出预期，工业增长速度持续回落，居民消费增速放缓、贸易顺差规模继续收窄等现实压力，需加以密切关注。

一、2011 年前三季度我国区域经济运行

前三季度，四大区经济总体保持平稳运行态势，固定资产投资增速依然较快，社会消费品零售总额稳定增长，财政收入大幅提高。

（一）经济平稳较快增长，西部增速居首

从增长速度来看，各地区经济保持平稳增长势头。受宏观调控政策的影响，四大区同比增速普遍回落。前三季度，四大区地区生产总值（GDP）增速依次为：西部增长 14.0%，东北增长 12.9%，中部增长 12.8%，东部增长 10.6%。与去年同期相比，四大区增速均有不同程度的放缓。其中，东部地区降幅最大，同比回落 2.0 个百分点；中部和东北同比均回落 1.3 个百分点；西部降幅最小，同比回落 0.1 个百分点（详见表 3 – 31）。

表 3 – 31　2011 年前三季度全国及各地区经济增长

地　　区	地区生产总值 （亿元）		同比增长速度 （％）	同比变动 百分点	与上半年相比 变动百分点
	2011.1～3	2011.1～2	2011.1～3	2011.1～3	2011.1～3
全　　国	320692.4	204459.2	9.4	－1.3	－0.2
东部地区	191530.9	123811.9	10.6	－2.0	－0.1
北　京	11404.3	7418.1	8.0	－2.1	0.0
天　津	8006.3	5098.7	16.5	－1.4	－0.1
河　北	17821.9	10992.4	11.3	－1.8	0.2
上　海	13725.6	9164.1	8.3	－3.2	－0.1
江　苏	35113.1	22918.3	11.2	－1.8	－0.2

续表

地　区	地区生产总值（亿元）		同比增长速度（％）	同比变动百分点	与上半年相比变动百分点
	2011. 1 ～ 3	2011. 1 ～ 2	2011. 1 ～ 3	2011. 1 ～ 3	2011. 1 ～ 3
浙　江	22627. 4	14653. 6	9. 5	－ 3. 0	－ 0. 4
福　建	11030. 1	7042. 5	12. 3	－ 2. 2	－ 0. 7
山　东	33031. 0	21880. 8	11. 1	－ 1. 8	0. 0
广　东	36953. 2	23421. 1	10. 1	－ 1. 5	－ 0. 1
海　南	1818. 2	1222. 3	10. 6	－ 7. 0	0. 2
中部地区	**74645. 5**	**46688. 7**	**12. 8**	**－ 1. 3**	**0. 0**
山　西	7906. 5	5134. 3	13. 2	－ 2. 5	－ 0. 1
安　徽	11078. 1	6883. 3	13. 8	－ 0. 9	0. 4
江　西	8086. 8	4932. 3	12. 8	－ 1. 5	－ 0. 1
河　南	20370. 4	12404. 7	11. 4	－ 0. 9	0. 2
湖　北	13578. 4	8571. 5	14. 0	－ 0. 9	－ 0. 1
湖　南	13625. 3	8762. 7	12. 9	－ 1. 9	－ 0. 5
西部地区	**67995. 3**	**41324. 0**	**14. 0**	**－ 0. 1**	**－ 0. 2**
内 蒙 古	9571. 9	5804. 8	14. 8	0. 0	0. 0
广　西	7438. 0	4720. 1	12. 3	－ 1. 6	0. 0
重　庆	7003. 7	4450. 4	16. 5	－ 0. 6	0. 0
四　川	15468. 3	9370. 6	14. 7	－ 0. 5	－ 0. 1
贵　州	3633. 0	2278. 1	15. 0	3. 5	－ 0. 3
云　南	5772. 7	3603. 1	13. 4	1. 8	0. 3
西　藏	435. 4	250. 8	12. 8	0. 6	－ 3. 7
陕　西	8234. 1	5217. 3	13. 7	－ 1. 2	0. 0
甘　肃	3471. 4	1940. 7	12. 8	1. 8	－ 0. 5
青　海	1130. 6	689. 1	13. 6	－ 1. 7	0. 3
宁　夏	1442. 1	811. 5	11. 4	－ 4. 1	－ 0. 1
新　疆	4394. 1	2187. 5	11. 1	0. 5	－ 0. 6
东北地区	**30072. 1**	**18905. 9**	**12. 9**	**－ 1. 3**	**－ 0. 1**
辽　宁	15709. 2	9948. 5	12. 5	－ 1. 9	－ 0. 5
吉　林	6526. 7	3890. 4	14. 4	－ 0. 3	0. 3
黑 龙 江	7836. 3	5067. 0	12. 4	－ 1. 0	0. 3

　　注：地区生产总值按现价计算，增长速度按不变价计算。

　　资料来源：国家统计局中国经济景气监测中心、《中国经济景气月报》。

　　从增长趋势来看，除东部地区增速持续回落外，其他三个区域呈现出先上升后下降的态势，东部、西部和东北地区增速较上半年分别回落了0. 1、0. 2 和 0. 1 个百分点，中部持平。与一季度相比，东部和中部地区增速分别回落 0.4 和 0.1 个百分点，西部和东北地区则加快了 0.2 和 0.3 个百分点。总体而言，增速波动较小，经济呈现平稳增长态势。

从经济总量构成来看，前三季度，东部、中部、西部和东北地区 GDP 占四大区合计比重分别为 52.6%、20.5%、18.7% 和 8.3%。东部地区所占比重比去年同期减少 1.0 个百分点，中部和西部则各增加 0.5 和 0.4 个百分点，东北与上年同期基本持平。区域经济比重的变化反映了区域发展战略的积极效果。而东部以外区域的经济重要性进一步提高，有利于实现区域间的均衡发展。

1. 西部地区增速居首

前三季度，西部地区实现地区生产总值 67995.3 亿元，增长 14.0%。与去年同期相比，增速小幅回落 0.1 个百分点，是四大区中增速最快且同比降幅最小的区域。西部地区增速分别比东北、中部和东部地区高出 1.1、1.2 和 3.3 个百分点。近年来，西部地区经济增长速度始终居前列，一方面要得益于西部大开发战略优先和产业转移政策支持；另一方面，西部内陆受金融危机影响较小，经济发展潜力逐步显现。分省来看，重庆以 16.5% 的增速居西部和全国首位，贵州、内蒙古和四川分别以 15.0%、14.8% 和 14.7% 的增速居全国第 3、4、5 位，其中贵州同比加快了 3.5 个百分点，增幅居全国之首。云南增长 13.4%，增速同比加快 1.8 个百分点，增幅居全国第 2 位。与上半年相比，其增幅进一步扩大 0.3 个百分点，是除青海外西部地区又一个增幅近一步扩大的区域。增速较慢的西部省份是新疆，以 11.1% 的增速居全国第 25 位，但与去年同期相比，增速加快了 0.5 个百分点。

2. 东北地区保持较快增长

前三季度，东北地区实现地区生产总值（GDP）30072.1 亿元，增长 12.9%，在四大区中仅低于西部地区，增速同比减缓 1.3 个百分点。其中，辽宁、吉林和黑龙江分别增长 12.5%、14.4% 和 12.4%，同比分别回落 1.9、0.3 和 1.0 个百分点。与上半年相比，吉林和黑龙江增速均加快 0.3 个百分点，辽宁则回落 0.5 个百分点。

3. 中部地区增势平稳

前三季度，中部地区 GDP 累计达到 74645.5 亿元，增长 12.8%，同比减缓 1.3 个百分点。与上半年和一季度相比，增速基本持平。其中，增长最快的湖北以 14.0% 的增速继续居中部之首和全国第 7 位；增长较慢的是河南，增长 11.4%，增速虽同比回落 0.9 个百分点，但逐季加快，较上半年进一步加快 0.2 个百分点。其余省份的增速介于河南和湖北之间，位次都较为靠前，中部地区发展势头强劲。

4. 东部地区增速放缓

前三季度，东部地区累计实现地区生产总值 191530.9 亿元，增长 10.6%，增速同比回落 2.0 个百分点，降幅居四大区之首。与上半年和一季度相比，增速分别放缓 0.1 和 0.4 个百分点，增速逐季回落。分省市看，东部各省市经济运行平稳，增长速度同比均有所回落。其中，天津增长 16.5%，居全国首位，增速同比回落 1.4 个百分点。北京增长 8.0%，增速居全国末位，同比回落 2.1 个百分点。其余省份的增速大都在 11% 左右，增速位次均在第 19 位之后。

（二）固定资产投资快速增长，房地产市场活跃

1. 固定资产投资保持较快增长，投资重点仍是建安工程

前三季度，全国累计完成城镇固定资产投资（不含农户）[①] 总额为 212274.0 亿元，增长 24.9%，增速较上半年回落 0.7 个百分点。四大区投资增速的位次依次为东北、中部、西部和东部地区。东北地区完成投资 23434.5 亿元，增长 31.0%，增速较上半年加快 0.5 个百分点。其中，辽宁、吉林和黑龙江分别增长 30.7%、30.5% 和 33.0%，增速分别居全国第 9、10 和 6 位。与上半年相比，辽宁小幅回落 0.3 个百分点，吉林加快 0.5 个百分点，黑龙江大幅提高 3.7 个百分点。中部完成投资总额 47100.5 亿元，增长 29.5%，增速较上半年减缓 1.8 个百分点。六省中，山西以 31.2% 的增速居中部之首。西部共完成投资 49741.9 亿元，增长 29.5%，增速较上半年提高 0.3 个百分点。西部各省份增长差异较大，青海、甘肃和贵州以超过 40% 的增速居全国前三位，而四川、云南和陕西增速较低，分别居全国第 24、22、20 位。东部地区共完成投资 89572.4 亿元，增长 21.3%，较上半年减缓 0.4 个百分点，增速仍低于其他三个区域。各省市中，海南持续快速增长，以 36.7% 的增速居全国第 4 位，增速较上半年加快 3.1 个百分点。东部增长较慢的北京仅增长 8.1%，居全国第 30 位。上海则同比下降 1.8%，是全国唯一一个投资下滑的省份，但与上半年相比，降幅继续收窄了 3.7 个百分点（详见表 3-32）。

---

① 自 2011 年起，国家统计局对月度固定资产投资统计制度进行了完善，即将月度投资统计的范围从城镇扩大到农村企事业组织，并将这一统计范围定义为"固定资产投资（不含农户）"。投资项目统计起点标准由原来的 50 万元调整为 500 万元。"固定资产投资（不含农户）"等于原口径的城镇固定资产投资加上农村企事业组织项目投资。

表2 2011年前三季度全国及各地区城镇固定资产投资（不含农户）完成额

地 区	固定资产投资（不含农户）完成额（亿元）		同比增长速度（％）	与上半年相比变动百分点
	2011.1～3	2011.1～2	2011.1～3	2011.1～3
全 国	212274.0	124566.7	24.9	−0.7
东部地区	89572.4	54222.3	21.3	−0.4
北 京	3814.8	2201.2	8.1	0.8
天 津	5190.3	3319.4	30.0	−0.4
河 北	11500.1	6491.7	25.4	−1.6
上 海	3124.0	1909.8	−1.8	3.7
江 苏	18619.4	11831.3	22.3	−1.6
浙 江	9629.3	5986.8	22.0	−1.0
福 建	6716.0	4223.6	28.9	−3.0
山 东	18958.0	10858.9	22.2	0.3
广 东	10934.3	6731.4	17.5	0.8
海 南	1086.3	668.2	36.7	3.1
中部地区	47100.5	28390.0	29.5	−1.8
山 西	4239.5	2040.4	31.2	3.0
安 徽	8791.7	5537.5	30.5	−4.9
江 西	6172.0	3612.8	27.9	−3.9
河 南	11649.7	7111.0	28.9	−1.1
湖 北	8588.8	5614.8	30.5	−1.5
湖 南	7658.8	4474.2	28.8	−0.4
西部地区	49741.9	29195.4	29.5	0.3
内 蒙 古	7948.3	4083.6	28.5	0.9
广 西	5092.7	3474.9	29.0	−0.9
重 庆	4929.4	2928.5	30.5	2.0
四 川	10135.0	6505.1	23.2	−0.3
贵 州	2476.0	1458.1	41.0	−5.8
云 南	4189.6	2558.0	27.0	1.7
西 藏	371.0	171.4	21.2	−22.0
陕 西	6450.8	3801.4	28.2	−0.8
甘 肃	3004.4	1764.6	41.3	−5.6
青 海	1092.0	530.5	49.8	7.6
宁 夏	1139.7	566.5	32.8	8.6
新 疆	2913.0	1353.0	34.1	4.5
东北地区	23434.5	11132.0	31.0	0.5
辽 宁	13700.5	7209.5	30.7	−0.3
吉 林	5820.2	2294.3	30.5	0.5
黑 龙 江	3913.8	1628.3	33.0	3.7

资料来源：国家统计局中国经济景气监测中心、《中国经济景气月报》。

从投资的区域构成来看，前三季度，东部、中部、西部和东北地区投资额占地区合计的比重分别为 42.7%、22.4%、23.7% 和 11.2%。与上年同期相比，东部比重下降 1.6 个百分点，中部、西部和东北地区分别上升 0.6、0.6 和 0.4 个百分点。投资区域结构逐季优化，东部以外区域的重要性逐渐上升，有利于促进区域均衡发展。

从固定资产投资构成来看，四大区的建安工程投资增速均不同程度的快于设备投资增速。前三季度，东部、中部、西部和东北地区设备工器具购置投资分别增长 19.4%、30.7%、20.8% 和 21.1%，建筑安装工程投资分别增长 26.6%、30.9%、37.9% 和 33.6%。建筑安装工程投资的较快增长反映目前投资取向主要是基础设施建设。

2. 房地产投资高位运行，部分地区商品房销售较快增长

前三季度，东部、中部、西部和东北地区房地产投资完成额分别增长 28.8%、32.2%、38.8% 和 33.7%，继续保持高位运行。与上年同期相比，中部增速持平，西部和东北地区分别加快 3.0 和 0.8 个百分点，东部减缓 4.9 个百分点。四大区中东部增速最低而降幅最大，房地产投资高速增长的势头有所缓解。其中，北京和上海仅增长 11.7% 和 7.1%，增速居全国第 29 和 30 位。与上半年相比，北京增速加快 8.0 个百分点，上海则回落 2.3 个百分点。

从商品房销售市场来看，部分地区的商品房市场仍十分活跃。与上年同期相比，东部和西部地区的商品房销售出现了量价齐升的局面。东部商品房销售面积和销售额分别增长 8.1% 和 14.0%，同比分别加快 10.1 和 8.0 个百分点。东部各省市中，北京、上海、浙江和海南商品房销售面积和销售额持续双降，河北、福建、山东和天津增长较快。西部地区商品房销售面积和销售额分别增长 13.9% 和 35.1%，同比加快 0.2 和 5.3 个百分点，由此可见房地产调控不容松懈。中部和东北地区商品房销售面积分别增长 15.7% 和 25.2%，增速同比分别回落 3.0 和 0.5 个百分点，商品房销售额分别增长 36.4% 和 39.6%，增速同比回落 0.8 和 0.2 个百分点。

（三）消费市场运行平稳，物价影响较大

1~9 月，除甘肃、西藏和新疆以外，各地区社会消费品零售总额增速普遍出现回落。分区域来看，东部各省市中，除北京、上海和广东增速较低外，其他省份增速大致在 17.2%~18.7% 之间。但东部省份增速降幅普遍较大，上海、北京和浙江增速同比分别回落 6.0、4.8 和 2.2 个百分点，降幅列全国前三位。中部六省增速差异不大，均在 18% 左右。西部各省除

青海增长 16.3% 外，其余各省增速均超过全国 17.0% 的平均水平。东北三省增速在 17.3% ~ 17.5% 之间，差异很小。消费名义增长率快速增长的背后，物价上涨起了重要的推动作用。自年初以来，东部、中部、西部和东北地区居民消费价格指数累计分别上涨 5.6、5.8、6.0 和 5.7 个百分点，涨幅呈逐季扩大趋势。消费需求刺激政策的弱化，前三季度，大部分省份的社会消费品零售总额实际增速仅在 11% 左右，消费需求增长缓慢（详见表 3 - 33）。

表 3 - 33　2011 年前三季度全国及各地区社会消费品零售情况

地　　区	同比增长速度（%）		实际增长速度（%）	同比变动百分点	与上半年相比变动百分点
	2011.1 ~ 3	2011.1 ~ 2	2011.1 ~ 3	2011.1 ~ 3	2011.1 ~ 3
全　　国	**17.0**	**16.8**	**11.3**	**- 1.3**	**0.2**
东部地区					
北　京	11.5	11.3	8.0	- 4.8	0.2
天　津	18.7	18.5	13.5	- 0.6	0.2
河　北	17.5	17.0	11.8	- 0.7	0.5
上　海	11.6	11.5	7.1	- 6.0	0.1
江　苏	17.4	17.2	12.0	- 1.0	0.2
浙　江	17.2	16.9	10.9	- 2.2	0.3
福　建	18.1	18.0	12.5	- 0.9	0.1
山　东	17.3	17.0	12.0	- 1.3	0.3
广　东	16.1	15.9	10.3	- 1.0	0.2
海　南	18.7	18.6	12.1	- 0.8	0.1
中部地区					
山　西	17.7	17.5	12.1	- 0.3	0.2
安　徽	18.0	17.8	11.8	- 1.2	0.2
江　西	17.7	17.2	12.1	- 1.5	0.5
河　南	18.0	17.7	11.1	- 0.7	0.3
湖　北	17.8	17.7	11.3	- 1.0	0.1
湖　南	17.7	17.4	11.2	- 1.1	0.3
西部地区					
内蒙古	17.9	17.5	12.3	- 0.8	0.4
广　西	17.8	17.7	10.5	- 1.2	0.1
重　庆	18.5	18.3	13.2	- 0.2	0.2

续表

地　区	同比增长速度（％）		实际增长速度（％）	同比变动百分点	与上半年相比变动百分点
	2011.1～3	2011.1～2	2011.1～3	2011.1～3	2011.1～3
四　川	17.9	18.0	12.2	-0.5	-0.1
贵　州	18.1	18.1	11.9	-1.1	0.0
云　南	18.2	18.1	12.9	-0.3	0.1
西　藏	18.9	17.9	14.8	0.5	1.0
陕　西	18.3	17.7	12.8	-0.3	0.6
甘　肃	18.3	18.0	11.7	0.7	0.3
青　海	16.3	16.6	9.4	-0.3	-0.3
宁　夏	18.3	18.4	11.5	-0.5	-0.1
新　疆	17.3	16.6	11.5	0.4	0.7
东北地区					
辽　宁	17.3	17.1	11.3	-1.0	0.2
吉　林	17.3	17.0	11.7	-0.9	0.3
黑 龙 江	17.5	17.1	12.2	-1.4	0.4

资料来源：国家统计局中国经济景气监测中心、《中国经济景气月报》。

（四）出口增速减缓，东部贸易顺差进一步减少

前三季度，各地区进出口总额均实现了大幅增加。东部、中部、西部和东北分别累计实现进出口总额 23158.0 亿美元、1145.6 亿美元、1295.9 亿美元和 1175.0 亿美元，同比分别增长 22.8%、39.6%、43.1% 和 30.0%。受去年同期基数较大的影响，四大区进出口增速均有不同程度地回落。其中，东部地区降幅最大，达到 14.1 个百分点。与上半年相比，除东部地区增速回落1.8 个百分点外，其他三个区域均有不同程度地加快（详见表 3 – 34）。鉴于东部地区在对外贸易中的重要地位，未来仍需密切关注外贸走向。

1. 出口增速放缓

前三季度，东部、中部、西部和东北地区出口总额依次为 11974.4 亿美元、634.4 亿美元、739.2 亿美元和 574.6 亿美元，分别增长 20.6%、43.9%、46.5% 和 22.5%。与去年同期相比，除西部加快 1.8 个百分点外，其他三个区域出口增速均有不同程度回落。占全国出口总额 86.0% 的东部地区出口增速同比回落 11.9 个百分点，降幅较大，且增速较上半年减缓 2.3 个百分点，较一季度减缓 5.1 个百分点。从出口大省来看，占出口比重较大的广东、江苏和浙江增速同比分别减缓 5.6、20.8 和 16.3 个百分点，

表 3 - 34   2011 年前三季度全国及各地区进出口总额

地　区	进出口总额（亿美元）		同比增长速度（％）	同比变动百分点	与上半年相比变动百分点
	2011. 1 ~ 3	2011. 1 ~ 2	2011. 1 ~ 3	2011. 1 ~ 3	2011. 1 ~ 3
全　国	26774. 4	17036. 7	24. 6	- 13. 3	- 1. 2
东部地区	23158. 0	14821. 7	22. 8	- 14. 1	- 1. 8
北　京	2853. 4	1856. 3	28. 6	- 18. 0	- 0. 1
天　津	748. 9	467. 6	25. 9	- 5. 0	2. 4
河　北	394. 4	255. 0	28. 8	- 13. 3	- 5. 2
上　海	3243. 3	2079. 2	20. 7	- 16. 2	- 0. 3
江　苏	4009. 7	2573. 9	18. 5	- 23. 3	- 1. 5
浙　江	2308. 0	1446. 4	23. 8	- 12. 9	0. 7
福　建	1020. 8	628. 7	29. 4	- 8. 5	3. 2
山　东	1743. 7	1106. 1	27. 6	- 9. 1	- 0. 9
广　东	6743. 1	4350. 9	20. 5	- 10. 5	- 5. 5
海　南	92. 6	57. 6	67. 6	17. 0	- 13. 0
中部地区	1145. 6	711. 2	39. 6	- 10. 1	1. 0
山　西	108. 7	71. 4	19. 6	- 31. 4	- 3. 2
安　徽	230. 4	143. 5	33. 4	- 21. 5	1. 2
江　西	211. 0	136. 4	45. 3	- 21. 6	- 11. 8
河　南	207. 3	117. 4	66. 9	38. 9	14. 6
湖　北	248. 3	152. 2	33. 5	- 17. 9	5. 3
湖　南	139. 8	90. 3	36. 3	- 2. 4	- 7. 6
西部地区	1295. 9	764. 0	43. 1	- 1. 6	8. 3
内 蒙 古	88. 2	56. 5	45. 2	14. 7	- 1. 8
广　西	169. 7	102. 7	38. 9	6. 5	6. 2
重　庆	183. 7	91. 5	124. 2	73. 0	45. 8
四　川	336. 3	194. 4	41. 0	- 3. 4	15. 6
贵　州	33. 9	19. 0	53. 0	27. 4	6. 8
云　南	120. 1	70. 9	19. 0	- 73. 6	2. 9
西　藏	8. 4	3. 8	67. 5	- 6. 4	54. 0
陕　西	107. 1	70. 3	25. 6	- 17. 3	- 4. 5
甘　肃	69. 5	48. 8	23. 9	- 97. 8	- 11. 9
青　海	6. 8	5. 0	24. 0	- 20. 5	- 5. 5
宁　夏	17. 2	11. 2	20. 2	- 48. 3	- 10. 2
新　疆	154. 2	90. 0	36. 6	21. 3	- 3. 9
东北地区	1175. 0	739. 8	30. 0	- 12. 5	1. 6
辽　宁	717. 1	459. 4	19. 9	- 17. 4	2. 2
吉　林	164. 1	105. 8	34. 5	- 18. 2	- 0. 1
黑 龙 江	293. 8	174. 6	59. 4	5. 5	- 2. 7

注：各地区按经营单位所在地分货物进出口总额。

资料来源：国家统计局中国经济景气监测中心、《中国经济景气月报》。

且有逐季回落趋势，出口形势不乐观。

2. 进口总额大幅增加

前三季度，东部、中部、西部和东北地区分别实现进口总额 11183.6 亿美元、511.1 亿美元、556.6 亿美元和 600.4 亿美元，增长 25.3%、34.7%、38.9% 和 38.1%，增速同比分别回落 17.0、13.4、6.0 和 4.5 个百分点。其中，占比 87.0% 的东部地区增速较上半年回落 1.3 个百分点，较一季度回落 6.9 个百分点，其他三个区域增速逐季加快。

从贸易差额来看，前三季度，除东北地区实现逆差 25.8 亿美元外，其他三个地区均实现贸易顺差。但与去年同期相比，中部和西部贸易顺差略有增加，东部地区顺差减少了 215.3 亿美元，其中仅三季度东部地区的贸易顺差就减少了 105.4 亿美元。分省来看，贸易逆差主要来自北京，高达 2000.1 亿美元，仅三季度就增加了 684.2 亿美元。贸易顺差主要来自广东、浙江和江苏，分别实现顺差 1095.0 亿美元、930.4 亿美元和 619.2 亿美元。

（五）工业经济运行平稳，财政收入大幅提高

1～9 月，四大区工业经济增速平稳，东部、中部、西部和东北地区规模以上工业企业工业增加值分别增长 13.7%、19.8%、19.5% 和 16.0%[①]，增速比去年同期分别回落 3.7、2.6、0.9 和 2.1 个百分点。但与上半年相比，除东部地区小幅减缓 0.2 个百分点外，其他地区均稍有加快。分区域看，东部地区的天津增长最快，以 21.2% 的增速居全国第 3 位；其余东部省份增速均在 17 名之后，且与去年同期相比，增速均有不同程度地回落。中部六省增速仍旧保持在 20% 左右，增势平稳。西部各省中，重庆和四川分别以 22.7% 和 22.4% 的增速居全国前两位，增长较快。与去年同期相比，内蒙古、贵州、云南和西藏同比增速有所加快，其他各省份同比增速均有所放缓。东北三省的辽宁、吉林和黑龙江分别增长 15.1%、20.0% 和 13.6%，增速同比分别回落 2.8、0.8 和 1.9 个百分点。

从工业经济运行质量来看，前三季度，东部、中部、西部和东北地区规模以上工业企业分别实现利润 20763.2 亿元、6929.7 亿元、6226.8 亿元和 2914.4 亿元，分别增长 21.0%、37.7%、37.2% 和 28.1%，企业效益

---

① 国家统计局只公布各省（市、区）工业增加值同比增长率，不发布绝对数；因此报告中四大区的工业增加值增长率数据是用各地区工业企业主营业务收入占主营业务收入总计的比重作为权数计算所得。

进一步提高。但同时，受国内外诸多不利因素影响，东部、中部、西部和东北地区亏损企业亏损额也均有所扩大，同比分别增长41.9%、34.6%、67.9%和98.3%。

前三季度，各地财政收入总额大幅增加，保持高速增长。四大区财政收入增速由高到低依次为西部（44.5%）、东北（37.0%）、中部（34.1%）和东部（28.8%），增速分别比去年同期提高16.7、11.6、8.6和6.2个百分点。分省来看，除江西和海南增速同比回落2.8和33.6个百分点外，其他省份财政收入同比增速均有不同程度地加快。与上半年相比，四大区增速均有所放缓。其中，陕西、甘肃和湖北减缓幅度较为明显。值得一提的是，西部省份财政收入增速介于32.0%~78.3%之间，内部差异较大，但其增幅明显，整体位次都十分靠前（详见表3-35）。财政收入水平的提高，有利于增强政府调节经济的能力，更好地落实西部大开发优先战略。

表3-35 2011年前三季度全国及各地区地方财政收入

地　区	财政收入（亿元）		同比增长速度（%）	同比变动百分点	与上半年相比变动百分点
	2011.1~3	2011.1~2	2011.1~3	2011.1~3	2011.1~3
全　国	**81663.3**	**44435.1**	**29.5**	**7.1**	**-1.9**
东部地区	**22053.8**	**15489.5**	**28.8**	**6.2**	**-1.7**
北　京	2303.5	1654.0	25.6	4.9	-2.3
天　津	1055.3	700.9	38.5	5.4	-1.5
河　北	1362.1	976.0	34.2	8.8	-9.0
上　海	2809.8	2021.1	25.1	9.3	-4.1
江　苏	3774.2	2636.4	30.9	5.8	-0.2
浙　江	2602.5	1874.9	26.5	4.3	-1.1
福　建	1111.4	765.1	32.4	10.3	-2.5
山　东	2683.5	1919.9	31.6	7.1	-1.6
广　东	4091.7	2756.2	26.5	5.6	0.5
海　南	259.9	185.6	26.6	-33.6	2.9
中部地区	**6289.9**	**4393.7**	**34.1**	**8.6**	**-2.9**
山　西	983.5	677.4	33.1	15.9	3.5
安　徽	1100.5	752.6	35.5	7.0	-0.3
江　西	778.7	559.4	35.1	-2.8	-6.1
河　南	1307.2	913.5	24.7	2.9	-2.8

续表

地 区	财政收入 （亿元）		同比增长速度 （％）	同比变动 百分点	与上半年相比 变动百分点
	2011.1~3	2011.1~2	2011.1~3	2011.1~3	2011.1~3
湖 北	1074.5	758.9	45.6	19.3	-12.3
湖 南	1045.4	731.9	34.9	7.5	-1.7
西部地区	8008.1	5705.3	44.5	16.7	-5.0
内 蒙 古	1047.3	700.6	32.0	11.9	0.2
广 西	689.5	494.7	26.7	0.0	-4.9
重 庆	1024.2	697.5	56.6	8.1	-1.2
四 川	1522.8	1098.8	37.2	7.4	-2.6
贵 州	562.1	391.4	50.9	22.6	0.0
云 南	805.4	553.9	35.2	14.7	0.4
西 藏	38.1	23.3	54.9	33.3	2.1
陕 西	1181.4	959.7	78.3	52.4	-28.9
甘 肃	341.8	260.1	41.5	22.6	-11.5
青 海	118.4	79.0	44.6	16.5	5.7
宁 夏	170.5	115.1	49.4	18.8	3.2
新 疆	506.6	331.2	45.8	15.1	-0.9
东北地区	3373.8	2368.7	37.0	11.6	-3.0
辽 宁	1959.9	1384.1	33.4	3.5	-3.6
吉 林	659.1	442.5	48.7	21.4	-1.2
黑 龙 江	754.8	542.1	37.5	23.8	-2.9

注：全国数据为中央财政收入和地方财政收入的合计，并非地方财政收入合计。

资料来源：国家统计局中国经济景气监测中心、《中国经济景气月报》。

二、相关政策建议

前三季度，区域经济总体运行平稳，发展态势良好，但同时仍然存在着物价上涨压力大、消费需求增长缓慢等诸多不利因素。为了实现全年经济的平稳较快发展，下一季度应着力做好几项工作。

（一）密切关注价格变动，减少物价大幅上涨的不利影响

前三季度，四大区居民消费物价指数逐季攀升，东部、中部、西部和东部地区物价累计上涨 5.6、5.8、6.0 和 5.7 个百分点，涨幅明显。食品价格上涨仍然是推动物价上涨的主要因素。从环比数据来看，9 月份各地食品价格仍有小幅上涨。面对持续攀升的物价，下一季度各地区要密切关

注价格走向尤其是肉禽价格走向，完善价格监测预警系统，继续加强价格调控，把稳定物价作为保障民生的重要问题来抓。要建立粮油和肉禽类的平价供应体系，增加对收购和运输过程以及平价销售摊位的补贴，确保主要农产品的市场供应，稳定价格。要进一步加大对市场的价格检查力度，严厉打击恶意涨价行为，规范市场秩序。

（二）保持工业经济平稳运行态势，确保实现全年目标

虽然各地区规模以上企业工业增加值总体保持了平稳增长，但受国家多次上调存款准备金率和存贷款利率、原材料和劳动力价格上涨等诸多因素的影响，工业企业的经营成本不断升高，利润空间进一步缩小。前三季度，大部分省份规模以上企业的主营业务成本上升速度逼近或已超过利润总额的上升速度。除海南外，各地规模以上亏损企业亏损额同比均有所增加，中部和东北地区省份尤为明显。针对工业经济运行的现实困难，下一季度，各地区要加大对企业的资金扶持力度，发挥政府的积极作用，完善企业的信用担保体系；合理安排生产，避免为完成全年节能减排任务而进行的限电停电行为，影响工业经济平稳运行；继续优化产业结构，加快对资源利用率低、污染排放多且技术改造难度大的企业的升级和淘汰步伐，大力发展战略新兴产业，提高工业经济运行质量。

（三）切实提高居民消费能力，保证全年经济较快增长

剔除物价上涨因素后，前三季度各地区社会消费品零售总额的实际增长率仅为 11% 左右，且实际增长率呈现逐季下滑趋势。为巩固消费需求增长拉动经济发展的积极效果，下一季度，各地区要继续坚持各项刺激消费需求的措施，并不断推出新举措，尽可能避免政策弱化对消费需求的不利影响；要提高工资性收入增长速度及其在总收入中所占的比例，从根本上提高广大中产阶级的消费能力；改善农民工待遇，提高农民工报酬，加强农产品流通，切实提高农民收入，挖掘农民和农村消费市场的巨大潜力。

（四）应对不利国际环境，保持出口平稳增长

尽管今年前三季度我国外贸取得稳定增长，但在欧美经济需求疲弱，人民币汇率波动抑制外贸出口增长空间，中小企业经营困难日益增加等多种因素的影响下，预计今年四季度和明年一季度我国外贸将进入一个低潮期。短期来看，除努力稳定对欧美出口外，作为主要出口基地的东部地区应依托自身优势，加快与日、韩、东盟的相关产业互补整合，提高双边贸易的人民币结算比重，有效扩大双边贸易规模；继续扩大对新兴经济体和发展中国家市场开拓力度；加大对周边资源性国家的投资力度，以对外投

资带动国内出口。西部地区应努力扩大边境贸易规模。长期来看，要继续推进外贸出口转型升级，进一步放宽进口限制，降低一部分商品过高的进口税率，加快转变外贸发展方式，促进外贸更协调和可持续增长。此外，应该稳定和完善有利于外贸发展的政策措施，积极探索延长出口产业国内增值链条，鼓励企业提高国际化经营水平，扩大服务市场开放，增强服务贸易国际竞争力。

2011 年四季度

我国经济形势
分析与预测

第一部分 国民经济运行情况

今年以来，面对复杂多变的国际国内经济环境，中国经济仍继续保持平稳较快增长，农业生产形势良好，工业、投资、消费、外贸等主要指标均平稳增长，市场物价过快上涨的势头已经初步得到遏制，但当前我国经济发展中不平衡、不协调、不可持续的矛盾和问题仍很突出，经济增长下行压力和物价上涨压力并存，部分企业生产经营困难，经济金融等领域也存在一些不容忽视的潜在风险。展望明年，世界经济形势总体上仍将十分严峻复杂，世界经济复苏的不稳定性和不确定性上升，2012 年中国经济发展面临的挑战较多。

一、2011 年国民经济运行情况

初步测算，全年国内生产总值471564 亿元，按可比价格计算，比上年增长 9.2%。分季度看，一季度同比增长 9.7%，二季度增长 9.5%，三季度增长 9.1%，四季度增长 8.9%。分产业看，第一产业增加值 47712 亿元，比上年增长 4.5%；第二产业增加值 220592 亿元，增长 10.6%；第三产业增加值 203260 亿元，增长 8.9%。从环比看，四季度国内生产总值增长 2.0%。

表 4 - 1　国内生产总值增长情况

	2011 年	
	绝对量	同比增长（%）
国内生产总值（亿元）	471564	9.2
第一产业	47712	4.5
第二产业	220592	10.6
第三产业	203260	8.9

（一）农业生产稳定增长，粮食连续八年增产

全年粮食总产量达到 57121 万吨，比上年增产 2473 万吨，增长 4.5%，连续八年增产。其中，夏粮产量 12627 万吨，比上年增长 2.5%；早稻产量 3276 万吨，增长 4.5%；秋粮产量 41218 万吨，增长 5.1%。全年棉花产量 660 万吨，比上年增长 10.7%；油料产量 3279 万吨，增长 1.5%；糖料产量 12520 万吨，增长 4.3%。全年猪牛羊禽肉产量 7803 万吨，比上年增长 0.3%，其中猪肉产量 5053 万吨，比上年下降 0.4%。生猪存栏 46767 万头，比上年增长 0.7%；生猪出栏 66170 万头，比上年下降 0.8%。全年禽蛋产量 2811 万吨，比上年增长 1.8%；牛奶 3656 万吨，增长 2.2%。

（二）工业生产平稳较快增长，企业利润继续增加

2011 年，规模以上工业增加值按可比价格计算比上年增长 13.9%。分登记注册类型看，国有及国有控股企业增加值比上年增长 9.9%，集体企业增长 9.3%，股份制企业增长 15.8%，外商及港澳台商投资企业增长 10.4%。分轻重工业看，重工业增加值比上年增长 14.3%，轻工业增长 13.0%。分行业看，39 个大类行业增加值全部实现比上年增长。其中，化学原料及化学制品制造业增长 14.7%，非金属矿物制品业增长 18.4%，通用设备制造业增长 17.4%，电气机械及器材制造业增长 14.5%，通信设备计算机及其他电子设备制造业增长 15.9%。分地区看，东部地区增加值比上年增长 11.7%，中部地区增长 18.2%，西部地区增长 16.8%。分产品看，全年 468 种产品中有 417 种产品比上年增长。其中，发电量增长 12.0%，钢材增长 12.3%，水泥增长 16.1%，十种有色金属增长 10.6%，乙烯增长 7.4%，汽车增长 3.0%。全年规模以上工业企业产销率达到 98.0%，比上年下降 0.1 个百分点。规模以上工业企业实现出口交货值 101946 亿元，比上年增长 16.6%。12 月份，规模以上工业增加值同比增长 12.8%，环比增长 1.1%。分季度看，一季度增长同比增长 14.4%，二季度增长 14.0%，三季度增长 13.8%，四季度增长 12.8%。

1~11 月份，规模以上工业企业实现利润 46638 亿元，同比增长 24.4%。在 39 个大类行业中，36 个行业利润同比增长，3 个行业利润同比下降。在 39 个工业大类行业中，36 个行业利润同比增长，3 个行业同比下降。主要行业利润增长情况如下：石油和天然气开采业利润同比增长 35.4%，黑色金属矿采选业增长 59.1%，化学原料及化学制品制造业增长 35%，化学纤维制造业增长 2.5%，黑色金属冶炼及压延加工业增长 15.4%，

表 4 - 2　主要行业工业增加值（规模以上）增长情况

主　要　行　业	2011 年 1～12 月	主　要　行　业	2011 年 1～12 月
规模以上工业增加值	13.9	通用设备制造业	17.4
主要行业增加值		交通运输设备制造业	12
纺织业	8.3	电气机械及器材制造业	14.5
化学原料及化学制品制造业	14.7	通信设备计算机及其他电子设备制造业	15.9
非金属矿物制品业	18.4	电力、热力的生产和供应业	10.1
黑色金属冶炼及压延加工业	9.7		

表 4 - 3　主要工业产品增长情况

主要工业产品	2011 年 1～12 月	主要工业产品	2011 年 1～12 月
发电量（亿千瓦时）	12	十种有色金属（万吨）	10.6
钢材（万吨）	12.3	乙烯（万吨）	7.4
水泥（万吨）	16.1	汽车（万辆）	3
原油加工量（万吨）	4.9	其中：轿车（万辆）	5.9

有色金属冶炼及压延加工业增长 53.1%，交通运输设备制造业增长 14.2%，石油加工、炼焦及核燃料加工业下降 97.8%，通信设备、计算机及其他电子设备制造业下降 1.5%，电力、热力的生产和供应业下降 8.3%。1～11 月份，规模以上工业企业主营业务成本占主营业务收入的比重为 84.98%，比前三季度微降 0.09 个百分点。11 月份，规模以上工业企业主营业务收入利润率为 7%。

（三）固定资产投资保持较快增长，投资结构继续改善

全年固定资产投资（不含农户）301933 亿元，比上年名义增长 23.8%（扣除价格因素实际增长 16.1%）。其中，国有及国有控股投资 107486 亿元，增长 11.1%。分产业看，第一产业投资 6792 亿元，比上年增长 25.0%；第二产业投资 132263 亿元，增长 27.3%；第三产业投资 162877 亿元，增长 21.1%。在第二产业投资中，工业投资 129011 亿元，比上年增长 26.9%；其中，采矿业投资 11810 亿元，增长 21.4%；制造业投资 102594 亿元，增长 31.8%；电力、燃气及水的生产和供应业投资 14607 亿元，增长 3.8%。全年基础设施（不包括电力、燃气及水的生产与供应）投资 51060 亿元，比上年增长 5.9%，增速比上年回落 14.3 个百分点。分地区看，东部地区投资比上年增长 21.3%，中部地区增长 28.8%，西部地区增长 29.2%。从到位资金情况看，全年到位资金 334219 亿元，比上年增长 20.3%。其中，国家预算内资金增长 10.8%，国内贷款增长 3.5%，自筹资金增长 28.6%，利用外资增长 8.2%，其他资金增长 9.0%。全年新开工项目计划总投资 240344 亿元，比上年增长 22.5%；新开工项目 332931 个，比上年增加 431 个。从环比看，12 月份固定资产投资（不含农户）下降 0.14%。

表 4 - 4　主要行业固定资产投资（不含农户）增长情况

单位：亿元；%

主　要　行　业	2011 年 1～12 月	
	绝对量	同比增长
固定资产投资(不含农户)	301933	23.8
分行业		
农林牧渔业	6792	25.0
采矿业	11810	21.4
其中:煤炭开采和洗选业	4897	25.9
石油和天然气开采业	3057	12.5
黑色金属矿采选业	1251	18.4
有色金属矿采选业	1275	24.2
非金属矿采选业	1284	28.7
制造业	102594	31.8
其中:非金属矿物制品业	10448	31.8
黑色金属冶炼及压延加工业	3860	14.6
有色金属冶炼及压延加工业	3861	36.4
通用设备制造业	7702	30.6
交通运输设备制造业	8406	27.2
电气机械及器材制造业	7851	44.6
通信设备、计算机及其他电子设备制造业	5266	34.2
电力、燃气及水的生产和供应业	14607	3.8
建筑业	3253	42.9
其中:铁路运输业	5767	-22.5
道路运输业	13475	9.8
水利、环境和公共设施管理业	24537	14.2
其中:水利管理业	3412	16.3
公共设施管理业	19529	14.8
教育业	3882	13.7
卫生、社会保障和社会福利业	2331	28.1
其中:卫生业	1910	23.0
文化、体育和娱乐业	3148	21.3

房地产开发呈回落态势，商品房销售增速回落。全年房地产开发投资 61740 亿元，比上年名义增长 27.9%（扣除价格因素实际增长 20.0%）。增速比前三季度回落 4.1 个百分点，比上年回落 5.3 个百分点。其中，住宅投资增长 30.2%，分别回落 5.0 和 2.6 个百分点。房屋新开工面积 190083 万平方米，比上年增长 16.2%；增速比前三季度回落 7.5 个百分点，比上年回落 24.4 个百分点。其中，住宅新开工面积增长 12.9%，分别回落 8.4 和 25.8 个百分点。商品房销售面积 109946 万平方米，增长 4.9%；增速比前三季度回落 8.0 个百分点，比上年回落 5.7 个百分点。其中，住宅销售面积增长 3.9%，分别回落 8.2 和 4.4 个百分点。商品房销售额 59119 亿元，增长 12.1%；增速比前三季度回落 11.1 个百分点，比上年回落 6.8 个百分点。其中，住宅销售额增长 10.2%，分别回落 11.0 和 4.6 个百分点。全年房地产开发企业土地购置面积 40973 万平方米，比上年增长 2.6%；增速比上年回落 22.6 个百分点。商品房待售面积 27194 万平方米，增长 26.1%；增速比上年加快 18.0 个百分点。全年房地产开发企业本年资金来源 83246 亿元，比上年增长 14.1%；增速比前三季度回落 8.6 个百分点，比上年回落 12.1 个百分点。其中，国内贷款增长与上年持平，自筹资金增长 28.0%，利用外资增长 2.9%，其他资金增长 8.6%。

（四）市场销售平稳增长，汽车销售回落幅度较大

全年社会消费品零售总额 181226 亿元，比上年名义增长 17.1%（扣除价格因素实际增长 11.6%）。其中，限额以上企业（单位）消费品零售额 84609 亿元，比上年增长 22.9%。按经营单位所在地分，城镇消费品零售额 156908 亿元，比上年增长 17.2%；乡村消费品零售额 24318 亿元，增长 16.7%。按消费形态分，餐饮收入 20543 亿元，比上年增长 16.9%；商品零售 160683 亿元，增长 17.2%。在商品零售中，限额以上企业（单位）商品零售额 78164 亿元，增长 23.2%。其中，汽车类增长 14.6%，增速比上年回落 20.2 个百分点；家具类增长 32.8%，回落 4.4 个百分点；家用电器和音像器材类增长 21.6%，回落 6.1 个百分点。12 月份，社会消费品零售总额同比名义增长 18.1%（扣除价格因素实际增长 13.8%），环比增长 1.41%。

（五）进出口保持较快增长，外贸顺差继续收窄

2011 年，我国外贸进出口总值 36420.6 亿美元，同比增长 22.5%，外贸进出口总值刷新年度历史纪录。其中，出口 18986 亿美元，增长 20.3%；进口 17434.6 亿美元，增长 24.9%。贸易顺差 1551.4 亿美元，比

表4-5　限额以上企业（单位）商品零售情况

单位：亿元；%

	2011 年 1～12 月	
	绝对量	同比增长
限额以上企业(单位)商品零售	78164	23.2
其中:粮油食品、饮料烟酒	10323	25.3
服装鞋帽、针纺织品	7955	24.2
化妆品	1103	18.7
金银珠宝	1837	42.1
日用品	2767	24.1
体育、娱乐用品	367	13.0
家用电器和音像器材	5375	21.6
中西药品	3718	21.5
文化办公用品	1629	27.6
家　具	1181	32.8
通讯器材	1070	27.5
石油及制品	14437	37.4
汽　车	20838	14.6
建筑及装潢材料	1400	30.1

上年净减少263.7亿美元，收窄14.5%。贸易方式继续改善。进出口总额中，一般贸易进出口19246亿美元，增长29.2%，占进出口总额的52.8%，比上年提高2.7个百分点；加工贸易进出口13052亿美元，增长12.7%。出口额中，一般贸易出口9171亿美元，增长27.3%；加工贸易出口8354亿美元，增长12.9%。一般贸易项下出现逆差903.5亿美元，扩大85.8%。进口额中，一般贸易进口10075亿美元，增长31%；加工贸易进口4698亿美元，增长12.5%。加工贸易项下的顺差为3656.3亿美元，扩大13.4%。对欧美日传统市场贸易增长平稳，对新兴市场国家贸易增长强劲。中欧双边贸易总值5672.1亿美元，增长18.3%，较同期我国进出口总体增速低4.2个百分点。中美双边贸易总值为4466.5亿美元，增长15.9%，较同期我国进出口总体增速低6.6个百分点。中日双边贸易总值为3428.9亿美元，增长15.1%，较同期我国进出口总体增速低7.4个百分点。而2011年，我与东盟双边贸易总值为3628.5亿美元，增长23.9%，高出同期我国进出口总体增速1.4个百分点。对巴西、俄罗斯和南非等国

家双边贸易进出口总值分别为 842 亿美元、792.5 亿美元和 454.3 亿美元，分别增长 34.5%、42.7%和 76.7%，均高于同期我国总体进出口增速。这表明我对新兴市场国家贸易增长强劲。外商投资企业继续占据外贸主导地位，民营企业所占比重提升较快。外商投资企业进出口 18601.6 亿美元，增长 16.2%，占同期我国进出口总值的 51.1%，所占比重下降 2.8 个百分点。民营企业（包括集体、私营企业及其他企业）进出口 10212.8 亿美元，增长 36%。2011 年，我国进口初级产品 6043.8 亿美元，增长 39.3%。其中，进口铁矿砂 6.9 亿吨，增长 10.9%，进口均价为每吨 163.8 美元，上涨 27.1%。同期，进口大豆 5264 万吨，下降 3.9%，进口均价为每吨 566.8 美元，上涨 23.7%。此外，进口机电产品 7532.9 亿美元，增长 14.1%；其中进口汽车 103.6 万辆，增长 27.8%。

（六）货币供应量平稳回落，新增贷款有所减少

12 月末，广义货币（M2）85.2 万亿元，比上年末增长 13.6%，增速比上年末回落 6.1 个百分点；狭义货币（M1）29.0 万亿元，增长 7.9%，回落 13.3 个百分点；流通中现金（M0）5.1 万亿元，增长 13.8%，回落 2.9 个百分点。全年金融机构人民币各项贷款余额 54.8 万亿元，新增人民币各项贷款 7.5 万亿元，比上年少增 3901 亿元。人民币各项存款余额 80.9 万亿元，各项存款增加 9.6 万亿元，比上年少增 2.3 万亿元。

（七）市场物价同比上涨，7 月份后同比涨幅连续回落

全年居民消费价格比上年上涨 5.4%。其中，城市上涨 5.3%，农村上涨 5.8%。分类别看，食品上涨 11.8%，烟酒及用品上涨 2.8%，衣着上涨 2.1%，家庭设备用品及维修服务上涨 2.4%，医疗保健和个人用品上涨 3.4%，交通和通信上涨 0.5%，娱乐教育文化用品及服务上涨 0.4%，居住上涨 5.3%。39 个中类中，有 37 个中类价格上涨，2 个中类价格下降（2010 年 39 个中类中有 32 个中类价格上涨，7 个中类价格下降）。分月度看，7 月份居民消费价格同比涨幅达到高点 6.5%后，涨幅连续回落。12 月份，居民消费价格同比上涨 4.1%，环比上涨 0.3%。在 2011 年全国 5.4%的居民消费价格总水平涨幅中，2010 年价格上涨的翘尾因素约为 2.5 个百分点，2011 年新涨价因素约为 2.9 个百分点。

全年工业生产者出厂价格比上年上涨 6.0%。生产资料出厂价格同比上涨 6.6%。其中，采掘工业价格上涨 15.4%，原料工业价格上涨 9.2%，加工工业价格上涨 4.6%。生活资料出厂价格同比上涨 4.2%，其中，食品价格上涨 7.4%，衣着价格上涨 4.2%，一般日用品价格上涨 4.0%，耐用消费品价格下降 0.6%。全年工业生产者购进价格比上年上涨 9.1%。有色金属材料类价格上涨 12.1%，燃料动力类价格上涨 10.8%，黑色金属材料类价格上涨 9.4%，化工原料类价格上涨 10.4%。

表 4-6　居民消费价格上涨情况

单位：%

	12月		1~12月
	环比涨跌幅	同比涨跌幅	同比涨跌幅
居民消费价格	0.3	4.1	5.4
其中:城　市	0.3	4.1	5.3
农　村	0.3	4.1	5.8
其中:食　品	1.2	9.1	11.8
非食品	-0.1	1.9	2.6
其中:消费品	0.5	4.9	6.2
服务项目	-0.2	2.0	3.5
分类别			
食　品	1.2	9.1	11.8
烟酒及用品	0.3	3.9	2.8
衣　着	0.4	3.8	2.1
家庭设备用品及维修服务	0.0	2.5	2.4
医疗保健和个人用品	-0.1	2.8	3.4
交通和通信	-0.1	0.3	0.5
娱乐教育文化用品及服务	-0.3	0.1	0.4
居　住	-0.2	2.1	5.3

（八）就业稳定增长

2011 年，全国城镇新增就业 1221 万人，完成全年 900 万人目标的 136%。城镇失业人员再就业 553 万人，完成全年 500 万人目标的 111%。就业困难人员实现就业 180 万人，完成全年 100 万人目标的 180%。截至 2011 年底，城镇登记失业率为 4.1%。

（九）城乡居民收入稳定增长，农村居民收入增速快于城镇

全年城镇居民人均总收入 23979 元。其中，城镇居民人均可支配收入 21810 元，比上年名义增长 14.1%；扣除价格因素，实际增长 8.4%。在城镇居民人均总收入中，工资性收入比上年名义增长 12.4%，转移性收入增长 12.1%，经营净收入增长 29.0%，财产性收入增长 24.7%。农村居

民人均纯收入6977元，比上年名义增长17.9%；扣除价格因素，实际增长11.4%。其中，工资性收入比上年名义增长21.9%，家庭经营收入增长13.7%，财产性收入增长13.0%，转移性收入增长24.4%。全年城乡居民收入比为3.13∶1（以农村居民人均纯收入为1，上年该比值为3.23∶1）。全年农民工总量25278万人，比上年增加1055万人，增长4.4%；其中，本地农民工9415万人，外出农民工15863万人。外出农民工月均收入2049元，比上年增长21.2%。

（十）财政收入保持快速增长，住房保障等出大幅增加

1~11月累计，全国财政收入97309亿元，比去年同期增加20568.49亿元，增长26.8%。其中，中央财政收入49752.2亿元，同比增长23.6%；地方本级收入47556.8亿元，同比增长30.3%。财政收入中的税收收入85216.4亿元，同比增长24.7%；非税收入12092.6亿元，同比增长43.8%。

1~11月累计，全国财政支出88955.78亿元，比去年同期增加17362.88亿元，增长24.3%。其中，教育支出12332.4亿元，增长25.8%，完成预算的86.5%；社会保障和就业支出9583.67亿元，增长26%，完成预算的92.4%；农林水事务支出7637.64亿元，增长28.7%（其中水利支出1953亿元，增长36.8%），完成预算的81.9%；城乡社区事务支出6479.02亿元，增长35.9%，完成预算的98.2%；医疗卫生支出5034.9亿元，增长41.5%，完成预算的93.9%；住房保障支出3157.78亿元，增长73.7%（其中保障性安居工程支出2110亿元，增长1.3倍）。

二、当前经济运行中的突出矛盾和问题

当前国际形势仍存在下行的风险，国内面临着通胀预期较高但经济增长放缓的压力，宏观调控两难问题突出。

1. 全球经济下滑风险加大，外部环境堪忧

2012年世界经济形势总体上仍将十分严峻复杂，国际市场需求增长可能继续放缓。世界银行1月17日发布最新一期《全球经济展望》报告认为全球经济已进入非常困难的阶段，将今明两年全球经济增长预测大幅下调至2.5%和3.1%，比6月预测分别下调了1.1个百分点和0.5个百分点。2012年发达国家经济将增长1.4%，增速比去年6月份预测的2.7%下调了1.3个百分点。深陷主权债务危机的欧元区经济已于2011年第四季度步入衰退，预计今年全年将萎缩0.3%。今明两年发展中国家经济将分别增长5.4%和6%，比6月份的预测值分别下调了0.8和0.3个百分点。

几个大的新兴经济体增速因国内政策收紧而放缓。发达国家处于衰退的边缘，主权债务危机、银行部门脆弱、总需求疲软以及政治僵局和体制缺陷造成的政策瘫痪。这四大因素已经形成恶性循环，很可能引发严重的金融风暴和经济下滑。

2. 国内经济增速可能进一步回调，各种快速增长中被掩盖的矛盾将不断凸显

首先是经济增长的动力转换难度加大。外贸、投资增长拉动力将明显减缓，消费又因收入增长和社会保障薄弱难以大幅增长。其次，企业将面临国内外市场需求双双疲软、劳动力成本节节攀升、原材料价格持续上涨、土地供应日趋紧张、人民币不断升值、环保成本进一步加大等诸多挑战，特别是中小企业发展困难仍很突出。当前，中小企业既面临发展能力弱、结构层次偏低、竞争力不足、市场进入障碍多，企业负担较重、正规融资难、对中小企业服务体系很不完善等长期问题，也面临用工成本上升、环境保护压力大和国际市场不确定性增加等新挑战。在多方面因素的共同作用下，目前一些局部地区、局部企业存在企业生产经营环境趋紧等一系列问题。第三，地方政府融资平台的规范和清理一定程度上影响地方政府的融资能力，进而会制约地方政府的投资扩张能力。稳健的货币政策会使银行贷款不会快速增长，这也影响了投资资金的供给。资金循环不畅和债务清偿之间可能面临着很大的矛盾，需要防范和及时化解潜在的金融风险。

第二部分　经济增长趋势分析与预测

2011 年，在国外经济形势复杂多变、国内物价上涨压力较大的背景下，国内生产总值同比增长 9.2%，仍然运行在平稳较快增长区间。本部分将结合当前国内外宏观经济运行状况及相关历史数据资料，对 2012 年我国宏观经济增长趋势及其特点进行分析判断。

一、2012 年经济运行环境分析

（一）发达经济体陷入中长期低迷的可能性增加

受欧美债务危机冲击，金融市场持续大幅波动，大宗商品价格明显下

跌，全球制造业活动将进一步收缩，国际经济环境有所恶化。2012 年，欧洲主权债务危机持续恶化，从希腊、爱尔兰和葡萄牙等边缘国家，向核心国家传染。标准普尔公司于 2012 年 1 月 13 日宣布下调法国等 9 个欧元区国家的长期信用评级，表明欧元区所出台的政策仍不足以遏制主权债务危机的进一步蔓延。欧债危机的发展态势仍是决定 2012 年国际经济形势的关键因素。从短期看，2012 年 2 月至 4 月间"欧猪五国"迎来再融资高峰，金融市场将面临新的考验；从中期来看，各国需要通过财政紧缩和结构调整来重建竞争力；从长期来看，需要通过建立财政联盟来解决统一货币与分散财政之间的矛盾。欧债危机的进展将直接左右今年世界经济的表现。受欧债危机发酵影响，总体上发达经济体陷入中长期低迷的可能性增加。一是欧债危机的外溢效应明显。以欧元区在世界经济中的地位，危机影响将不会局限于欧洲范围，会对世界金融市场和全球经济产生剧烈冲击，甚至引发世界经济"二次探底"。二是政策刺激空间有限。受债务规模高企、削减财政赤字压力增加和政治因素的影响，发达经济体财政政策实际上处于紧缩状态。基准利率基本上处于历史最低水平，市场流动性充裕，即使实施宽松货币政策，在信心缺失和具有增长潜力的投资领域明显不足的情况下，效果十分有限。三是实体经济很难有所新发展。主要发达国家面临着失业率高企、房地产市场低迷等困境，新能源和低碳、信息技术、生物等新兴产业发展缓慢，发达经济体重启新一轮增长的动力依然不足，可能陷入低位徘徊之中。

（二）国内经济体增长速度适度放缓

从 1995 年以来经济波动情况看，我国两次经济大幅下滑都是由外部冲击造成外需剧烈收缩引起。根据当前的国际经济形势，2012 年我国出口形势十分严峻，外需增长将放缓，对我国经济增长将构成严峻挑战。与此同时，经济运行中还需要妥善化解房地产市场、地方财政系统、金融行业等领域存在的各类风险，沉着应对外部干扰因素明显增多和国际压力不断加大的不利局面，高度警惕物价回落中再次反弹。经济保持平稳增长面临诸多难题，经济增长将适度放缓。但是，国民经济实现稳增长也存在不少有利条件。在 2012 年中央经济工作会议确定的"稳中求进"的总体要求指导下，结构性减税力度和财政赤字规模预计加大，特别是物价涨幅回落为货币政策提供了更大的施展空间。货币政策在保持稳健的同时，将更多地进行结构性微调。信贷投放定向宽松的特征更为明显，不断加大对小企业、水利、战略性新兴产业、文化产业、生产性服务业等支持力度，这有利于国民经济的平稳增长。2012 年，我国出口、投资需求面临下行压力，潜在风险不断增加，需要在防范和化解风险中把握机遇，积极推动结构调整，保持国民经济平稳较快发展。

二、主要经济景气指数对经济增长的预判

经济景气指数及经济增长预期的变化反映了经济增长的基本趋势，对分析经济周期变化具有很好的帮助作用。根据对最新的企业家信心指数、企业景气指数、消费者信心指数、制造业经理采购指数等能反映未来我国经济发展的基本走势①。从这几个经济景气指数可以看出，我国经济增长将进一步趋缓，但经济增长的内生动力依然充足，国民经济运行仍处于预期的合理区间。

一是制造业采购经理指数重回临界点以上。2011 年 12 月，中国制造业采购经理指数（PMI）为 50.3%，比 11 月回升 1.3 个百分点，略高于扩张与收缩的临界点 50% 的水平，是 2009 年 3 月以来的次低点，并低于历史同期均值 2.0 个百分点。其中，大型企业 PMI 为 51.1%，比 11 月提高 2.5 个百分点，是制造业 PMI 重回扩张区间的主要因素。中小型企业 PMI 继续回落，分别为 49.3% 和 48.7%，均位于临界点以下，尤其是小型企业 PMI 连续 8 个月低于临界点。分项指数来看，生产指数为 53.4%，比上月提高 2.5 个百分点，连续 35 个月位于临界点以上，表明制造业生产量继续保持增长。主要原材料库存指数为 48.3%，比上月提高 1.6 个百分点，连续 8 个月位于临界点以下，表明制造业主要原材料库存继续减少，降幅有所收窄。出口订单指数为 48.6%，连续 3 个月位于临界点以下，表明制造业新出口订单量持续减少。新订单指数为 49.8%，比上月回升 2.0 个百分点，连续 2 个月位于临界点以下，显示制造业市场需求继续减弱，实体经济依然面临严峻挑战。数据表明，在消费旺季临近的带动下，企业生产增长，制造业经济总体略有回升，在总需求持续放缓的情况下，制造业经济发展趋势仍有待进一步观察，经济将会进一步小幅下降。

二是企业景气指数显示经济仍在景气区间运行。全国企业景气调查结果显示，2011 年四季度，企业景气指数为 128.2，比三季度回落 5.2 点，指数持续位于景气区间。数据表明，当前经营状况"良好"的企业比重比"不佳"的多 28.2 个百分点，企业经营"不佳"的比重仅为 12.0%。分行业看，信息传输计算机服务和软件业、批发和零售业企业景气指数高位运

---

① 本部分实证分析的数据来源国家统计局网站。

行，指数分别为 164.9 和 148.5，与三季度持平。社会服务业、建筑业、住宿和餐饮业、工业、交通运输仓储和邮政业、房地产业企业景气指数分别为 135.7、135.5、129.9、123.3、118.5 和 107.2，比三季度回落 4.3、4.3、5.7、5.5、12.3 和 12.2 点。房地产业、交通运输仓储和邮政业企业景气回落明显，表明房地产调控的效果初步显现。

表 4 - 7　2011 年我国企业景气指数

部门分类	第一季度	第二季度	第三季度	第四季度
总　　体	133.8	135.6	133.4	128.2
工　　业	130.9	132.2	128.8	123.3
建筑业	135.3	143.7	139.8	135.5
交通运输、仓储和邮政业	127.8	125.8	130.8	118.5
批发和零售业	153.2	149.0	148.6	148.5
房地产业	125.8	122.6	119.4	107.2
社会服务业	135.6	136.7	140.0	135.7
信息传输、计算机服务和软件业	150.4	165.1	164.2	164.9
住宿和餐饮业	124.1	129.8	135.6	129.9

　　三是企业家信心指数持续低迷。调查结果显示，2011 年四季度，企业家信心指数为 122.0，比三季度回落 7.4 点。指数虽有回落，但自 2009 年以来已连续 12 个季度位于景气区间。数据表明，认为宏观形势"乐观"的企业家比重比认为"不乐观"的多 22 个百分点，对宏观形势判断"不乐观"的企业家比重只占 13.8%。分行业来看，社会服务业、住宿和餐饮业、信息传输计算机服务和软件业的企业家信心稳定，指数值都在 130%以上，位于较高的景气区间。四季度，信息传输计算机服务和软件业、批发和零售业、住宿和餐饮业、社会服务业、建筑业、交通运输仓储和邮政业、工业、房地产业企业家信心指数分别为 158.3、135.8、134.0、131.7、127.2、121.9、117.8 和 81.5，分别比三季度回落 1.5、7.2、5.5、6.4、4.6、7.0、8.0 和 18.4 点。房地产业企业家信心指数连续 7 个季度位于行业最低，在三季度跌破临界值后，四季度继续下降。由于受国际经济形势波动等因素影响，企业景气状况有所回落，但仍处于景气状态。这表明目前的景气回落还是温和的，并不代表经济出现明显下滑。这种温和的回落在一定程度上符合宏观调控的预期。

表4-8 2011年我国企业家信心指数

部门分类	第一季度	第二季度	第三季度	第四季度
总　体	137.4	132.4	129.4	122.0
工　业	135.4	128.9	125.8	117.8
建筑业	145.6	139.0	131.8	127.2
交通运输、仓储和邮政业	131.2	128.5	128.9	121.9
批发和零售业	148.0	144.2	143.0	135.8
房地产业	112.3	107.5	99.9	81.5
社会服务业	136.8	139.5	138.1	131.7
信息传输、计算机服务和软件业	155.6	163.5	159.8	158.3
住宿和餐饮业	131.3	135.3	139.5	134.0

　　四是居民消费者信心总指数止跌回升。由中央财经大学统计学院、首都经济贸易大学统计学院和中国人民大学中国调查与数据中心联合调查的我国消费者信心情况显示，2011年第四季度，居民消费者信心总指数为90.4，同比微降2.2，结束了前三季度的下行趋势，而环比略有上升。其中，消费者就业信心指数延续了平稳态势，维持在100以上，比三季度微落0.8，同比小幅上涨0.7个点。消费者物价信心指数为70.1，环比上升2.4，时隔6个季度后再次超过70，显示宏观调控已显成效。消费者生活信心分指数回升至111.7，环比上升0.1。消费者购房信心指数为75.1，环比和同比分别上升5.0和4.1。这表明在楼市调控的持续作用之下，居民对购房持矛盾心态，居民购房信心仍处于较消极的水平。虽然消费者对消费现状有诸多不满，但对未来的消费信心还是比较高，反映消费者仍然对经济增长充满信心。

三、2012年经济增长预测结果[①]

（一）权威机构对2012年中国经济增长的预测

　　2011年四季度以来，国内外权威机构对中国2012年经济增长进行预测。结果表明，2012年中国经济将继续小幅放缓。以下是国内外10家机构对2012年度中国经济增长预测，请见表4-9。

---

　　① 本部分数据来源于北京师范大学经济与资源管理研究院宏观形势分析季度数据库，由我院与国家统计局国民经济核算司等单位共同开发。

表4-9　国内外研究机构对2012年中国经济增长预测

序号	预测机构	最新预测结果	序号	预测机构	最新预测结果
1	世界银行	8.4	7	中国社科院	8.9
2	花旗银行	8.4	8	穆　迪	8.7
3	渣打银行	8.1	9	OECD	8.5
4	摩根大通	8.2	10	瑞　银	8.0
5	德意志银行	8.3	均　值		8.4
6	国家信息中心	8.7			

资料来源附后。

从上表可以看出，10家机构对中国经济增长的最新预测是比较审慎和务实的，预测区间在8.0%～8.9%之间，均值为8.4%。国内外机构对2012年经济增长的预测有着一致看法。与2011年相比，经济增长速度预测小幅下调了0.8个百分点，但仍符合"十二五"规划的预期目标。

各机构下调2012年经济增长速度的原因包括如下三个方面：一是出口增长将继续下降。目前，发达经济体结构调整无力。受主权债务危机拖累，财政刺激空间有限，基准利率处于最低水平，经济增长的动力依然不足。即使不发生深度危机，发达经济体的增长率也将处于2%以下。新兴经济体的经济增长虽然快于发达国家，但受外部环境影响，出口条件恶化，资本流动的冲击正在加大，增长速度有所放缓。在外需疲弱的大背景下，2012年出口将会继续放缓。二是固定资产投资增速将有所回落。由于制造业和房地产业投资占固定资产投资的60%以上，这两个行业的投资几乎决定了固定资产投资的增长速度。一方面，受出口增速回落的影响，制造业投资扩张将在一定程度上受到抑制；另一方面，受房地产调控的影响，2012年调控政策没有放松的迹象。房地产开发企业资金链仍将趋紧，融资难度加大，对商品房投资进度将会放缓。同时，保障房投资新开工面积有较大下降，公租房和廉租房融资难题尚未根本解决，投资增速可能平稳回落。三是资本流出可能加剧。由于随着欧洲主权债务危机逐步向金融系统传导，欧美主要商业银行正承受越来越大的流动性压力，迫使其不得不从已经获利的新兴市场中撤资以补充资本金，从而导致新兴市场大多都呈现出资本流出的态势。2011年10月份以来，我国外汇占款连续三个月出现了负增长。考虑到未来外需不振，贸易顺差可能继续减少，贬值预期短期难以逆转，热钱流出的趋势仍将持续。这对中国经济会产生不利影响。2012 年，我国经济仍将朝着宏观调控和结构调整的预期方向发展，增长速度将继续下行，但仍在合理的增长范围之内。

（二）我院对 2012 年经济增长的预测结果

我院 2008 年预测结果基于以下两种计量模型，一种是完全基于时间序列的 ARIMA 模型法（自回归移动协整模型），另一种是基于 GDP 与宏观经济政策变量相关分析的向量自回归模型（VAR 模型）。现运用上述两种方法对 2012 年经济增长趋势进行预测。[①]

1. ARIMA 模型预测结果

根据模型预测的要求，选取 1998 年一季度至 2011 年四季度数据，使用 ARIMA 模型对主要经济变量进行预测，结果表明 2012 年经济预测增长率为 8.4%。预测结果如表 4 – 10 所示。

表 4 – 10　2012 年主要指标预测表

单位：%

主要指标	预测值	主要指标	预测值
GDP	8.4	社会消费品零售额	18.5
第一产业	4.2	全社会固定资产投资	22.1
第二产业	10.0	进　　口	18.5
第三产业	8.7	出　　口	15.1

从表 4 – 10 的预测结果可以看出，2012 年我国国民经济增长速度较 2011 年将有所放缓。预计其比 2011 年经济增长率低 0.8 个百分点，降至 8.4%。从三次产业增长速度来看，与 2011 年相比都有所下降。三次产业将分别下降 0.3、0.6 和 0.2 个百分点。受基础设施投资有望加快和制造业投资不会明显下滑影响，投资增速仍能保持较高水平。预计固定资产投资增长率预测为 22.1%，略低于 2011 年 23.8% 的水平。受 2011 年以来各地最低工资继续上调、消费热点逐步显现以及通胀回落影响，消费仍能保持稳健增长态势。预计社会消费品零售总额增长幅度为 18.5%，高于 2011 年 17.1% 的水平。国际收支顺差将进一步缩小，进口增长率为 18.5%，出口预计增长 15.1%，贸易顺差 1200 亿美元左右。

2. VAR 模型预测结果

选择 1998 年一季度至 2011 年四季度数据作为样本数据，根据计量模

---

① 本部分数据来源于北京师范大学经济与资源管理研究院宏观形势分析季度数据库。

型要求，先对数据进行季节调整后，再进行单位根与协整检验，结果显示数据均为一阶单整序列。运用 Johansen 方法进行协整检验，结果表明 GDP、全社会固定资产投资（I）、社会消费品零售总额（ETC）、财政支出（FE）、金融机构贷款余额（LOAN）之间存在协整关系。运用格兰杰因果检验，检验结论表明，95% 的置信水平下可以认为全社会固定资产投资、社会消费品零售总额、财政支出、金融机构贷款余额是 GDP 的格兰杰成因。根据样本数据估计 VAR 模型，并将滞后期取为 4 期。采用向量自回归模型估计的 GDP 增长率如表 4 – 11 所示。

表 4 – 11　2012 年度 GDP 累计增长率预测表

单位：%

时　　间	1 季度	1 ~ 2 季度	1 ~ 3 季度	全年
季度 GDP 累计预测增长率	8.6	8.3	8.5	8.6

从上述预测结果来看，2012 年经济增长速度呈现中间低两头高的特征。根据上述模型预测，全年 GDP 增长预计 8.6%。从时间序列预测来分析，上半年 GDP 增长速度递减，但下半年有所提高，经济增长速度超过 8.6%。

3. 计量模型预测结果分析

从上述两个计量模型的预测结果，2012 年我国 GDP 增长速度预计在 8.4% ~ 8.6% 之间，平均值为 8.5%。虽然比 2011 年有所下降，但我国经济增长内在动力没有发生根本性变化，国民经济在未来一段时间将仍保持合理的水平。当前，我国仍处于工业化、城市化加速阶段，人均收入水平不断提高，居民消费结构由满足温饱需求的"吃、穿、用"阶段向满足小康需求的"住、行"阶段升级。消费结构的升级和相应产业结构的升级，推动着城镇化快速发展。基础设施建设投资和保障房投资，成为我国经济增长的重要推动力。

在经济持续快速发展的同时，也面临经济增长速度偏快、发展方式粗放、资源和环境代价过大、物价上涨压力增加、体制机制性障碍还没有根本消除等问题。为促进经济稳健持续发展，政府将会在 2012 年继续实行紧缩宏观政策，运用多种手段对经济发展进行宏观调控。下一阶段，将继续实行稳健的货币政策，保持政策的连续性和稳定性，增强灵活性、针对性和有效性，加强利率、汇率等本外币政策的协调配合和银行体系流动性管理，保持货币信贷合理增长，切实让金融有效支持实体经济发展。加快经济发展方式转变，根本上要依靠深化改革，依靠市场体制机制的保障。深化经济体制重点领域和关键环节的改革，健全和完善市场优化资源配置机制，提高资源配置效率和效益，大力推进能源节约和环境保护，把节约能源、减少污染物排放作为转变经济发展方式的重要措施。这都迫切地需要把过快的速度适当降下来。受上述因素的影响，我国2012年及未来经济增长的速度会持续小幅回落，并稳定在"十二五"规划确定的合理目标之内。

（三）经济增长预测的不确定性分析

2012年经济增长的不确定因素仍然不少，导致预测模型的结果存在误差。这种偏差的原因主要来自经济运行中还存在一些潜在风险。这些风险不容忽视，主要体现在以下几个方面：一是目前房地产调控的效果已经初步显现，不少城市房价出现松动迹象。只要房地产调控的方向不变，如果房价较大幅度下降，银行、地方政府都面临巨大资金压力，房地产市场风险加大，势必影响经济平稳发展。二是今年投融资平台将迎来集中还款高峰，局部地区可能面临一定偿付压力。三是不规范的民间借贷和泡沫经济一旦结合，容易出现资金链断裂，可能引发较大经济冲击和社会群体事件。由于国际经济形势存在诸多不确定性，房地产和基础设施投资增长都存在较大的不确定性，风险积累和引发的可能性增大。因此，需要高度关注以上几个领域的现实或潜在风险，处理好经济稳定增长、结构持续优化和物价总水平稳定之间的协调关系。

资料来源：

1.《世界银行：预计中国2012年GDP增速降至8.4%》，2011年11月25日，http://bank. hexun. com/2011－11－25/135699426. html

2.《花旗下调2012年中国经济增长预期至8.4%》，2011年11月29日，http:// stock. jrj. com. cn/2011/11/29150911675683. shtml

3.《渣打银行预测2012年中国GDP增8.1%》，2011年12月22日，http:// roll. sohu. com/20111222/n329904958. shtml

4.《摩根大通：人民币在中期将继续升值》，2011年12月13日，http://news. chinaventure. com. cn/14/20111213/71700. shtml

5.《德意志银行：2012年中国GDP增速将放缓至8.3%》，2011年12月12日，http://stock. sohu. com/20111212/n328759518. shtml

6.《中国国家信息中心经济学家：中国明年经济料同比增长8.7%》，2011年12月26日，

http://www.cnforex.com/news/html/2011/12/26/74421b177fcad351d18966b17fdf41f9.html

7.《社科院：预计 2012 年中国 GDP 增长 8.9%》，2011 年 12 月 08 日，http://finance.jrj.com.cn/2011/12/08091811780685.shtml

8.《穆迪：中国 2012 年 GDP 增速或为 8.7%》，2011 年 12 月 22 日，http://finance.qq.com/a/20111222/005568.htm

9.《OECD：中国 2012 年 GDP 增速或放缓至 8.5%》，2011 年 11 月 29 日，http://www.fx678.com/union/zjol/zjolContent.asp?newsid=201111282312421363

10.《瑞银下调中国 2012 年 GDP 增速预期至 8%》，2011 年 11 月 29 日，http://finance.sina.com.cn/money/forex/20111129/111410900091.shtml

第三部分　贸易形势分析

一、国内贸易形势分析

2011 年全年，国内市场销售继续保持较快增长。全年社会消费品零售总额 181226 亿元，比上年增长 17.1%；扣除价格因素，实际增长 11.6%，实际增速比上年同期减慢 3.2 个百分点。居民消费价格和生产价格全年上涨，呈前高后低走势，全年居民消费价格比上年上涨 5.4%。

（一）国内市场运行的基本情况

1. 市场销售平稳较快增长

全年社会消费品零售总额 181226 亿元，比上年增长 17.1%；扣除价格因素，实际增长 11.6%。按经营单位所在地分，城镇消费品零售额 156908 亿元，增长 17.2%；乡村消费品零售额 24318 亿元，增长 16.7%。按消费形态分，餐饮收入 20543 亿元，增长 16.9%；商品零售 160683 亿元，增长 17.2%。其中，限额以上企业（单位）商品零售额 78164 亿元，增长 23.2%。热点消费增速回落。其中，金银珠宝类增长 42.1%，家具类增长 32.8%，汽车类增长 14.6%，家用电器和音像器材类增长 21.6%。据商务部监测，全国 3000 家重点零售企业销售额同比增长 15.9%，增速比 2010 年放缓 2.2 个百分点；但从历史数据看，它仍处于较快增长区间。

表4-12　社会消费品零售总额

单位：亿元；%

	总　　额		城　　市		县及县以下	
	绝对值	同比增长	绝对值	同比增长	绝对值	同比增长
10月	16546	17.2	14355	17.2	2191	17.4
11月	16129	17.3	13969	17.3	2160	17.2
12月	17740	18.1	15320	18.2	2420	17.8

资料来源：国家统计局。

2. 居民消费价格全年上涨

全年居民消费价格同比上涨5.4%。其中，城市上涨5.3%，农村上涨5.8%。市场物价同比上涨，食品价格涨幅较大。分类别看，食品上涨11.8%，烟酒及用品上涨2.8%，医疗保健和个人用品上涨3.4%，娱乐教育文化用品及服务上涨0.4%，居住上涨5.3%，衣着上涨2.1%，交通和通信上涨0.5%，家庭设备用品及维修服务上涨2.4%。12月份居民消费价格同比上涨4.1%，环比上涨0.3%。

表4-13　居民消费价格指数

	当月（上年同月=100）			累计（上年同期=100）		
	全　国	城　市	农　村	全　国	城　市	农　村
10月	105.5	105.4	105.9	105.6	105.5	106.2
11月	104.2	104.2	104.3	105.5	105.4	106.0
12月	104.1	104.1	104.1	105.4	105.3	105.8

资料来源：国家统计局。

3. 生产价格全年上涨

全年工业品出厂价格同比上涨6.0%，12月份上涨1.7%，环比下降0.3%。全年原材料、燃料、动力购进价格同比上涨9.1%，12月份上涨3.5%，环比下降0.4%。70个大中城市中，房屋销售价格下降的城市有52个，持平的城市有16个。与上年同月相比，价格下降的城市有9个，比11月份增加5个，涨幅回落的城市有55个。

（二）需要注意的问题

1. 居民消费增速回落

全年社会消费品零售总额增长较快，这是多方面因素共同作用的结果：一是居民收入稳步增长；二是社会保障体系进一步完善；三是家电下乡、以旧换新等系列促进消费政策。由于全年价格指数较高，若扣除价格因素，社会消费品零售总额实际增长 11.6%，实际增速比上年同期减慢 3.2 个百分点。商务部监测千家重点零售企业中，家用电器、通讯器材销售额增长，分别比上年回落 6.1 和 2.6 个百分点。在房地产、汽车市场调控作用下，住、行类商品销售增速回落。据中国汽车工业协会统计，全国汽车销售涨幅比上年回落 29.9 个百分点，为 13 年来最低。12 月制造业采购经理指数（PMI）为 50.3%，显示出当前市场需求增速回落的态势趋于稳定，但增长动能仍相对较弱。因此，在新的一年，继续搞活流通，扩大消费需求应成为首要任务。

2. 居民消费价格涨势回落

2011 年，居民消费价格总水平同比上涨 5.4%，比上年加快 2.1 个百分点。从全年走势看，物价总体呈前高后低走势。12 月居民消费价格上涨 4.1%，比 7 月份下降 2.4 个百分点。7 月份居民消费价格同比涨幅达到高点 6.5% 后，涨幅连续回落。12 月份，居民消费价格同比上涨 4.1%，环比上涨 0.3%。预计 2012 年抑制价格上涨的积极因素继续存在，同时导致物价中长期上涨的压力也存在。这就需要合理把握宏观调控政策，在保持价格上涨速度得到有效控制的好势头，也要保持商品市场平稳较快发展，将价格控制在一个比较合理的水平上。

3. 食用农产品价格小幅上涨

2012 年 1 月 9 日至 15 日，商务部重点监测的食用农产品价格小幅上涨。18 种蔬菜批发价格比前一周上涨 4.9%。受节前市场需求增加影响，肉类价格上涨，其中猪肉、羊肉和牛肉价格分别上涨 0.8%、0.6% 和 0.5%；8 种水产品平均批发价格上涨 0.3%。粮油零售价格稳中有涨，其中大米、面粉均上涨 0.2%；豆油、花生油均上涨 0.1%；菜籽油价格与前一周持平。鸡蛋价格比前一周下降 0.3%。

4. 部分原料价格上涨

1 月 9 日至 15 日，商务部重点监测的生产资料价格与前一周持平。主要生产资料中，钢材、建材、化工产品价格下跌，矿产品、轻工原料价格持平，农资、有色金属、能源、橡胶价格上涨。农资价格上涨 0.1%，有色金属价格上涨 0.2%，能源价格上涨 0.3%，原油、焦炭价格分别上涨 1.9% 和 1.2%，原煤价格持平。橡胶价格上涨 0.4%，连降四周后小幅回升，原料成本增加，推动合成橡胶价格涨幅居前。

（三）国内商品市场走势分析

2011 年，我国城乡居民消费继续保持平稳较快增长。全年社会消费品零售总额比上年增长 17.1%，市场物价 7 月份后同比涨幅连续回落，市场监测和调控能力不断增强。2012 年，我国商品市场面临内外部的环境比较复杂，影响经济增长的不确定和不稳定因素较多。总体看，由于国民经济平稳较快增长、农业连年丰收、工业生产稳定、居民收入稳步增加、社保体系逐步完善，我国消费市场仍将保持稳步增长的态势。

2012 年，应继续把扩大消费作为工作重点，增强居民消费能力，积极培育消费热点，大力优化消费环境，促进消费需求持续增长，深入实施和完善消费政策。一是总结家电下乡和以旧换新经验，及时研究制定替代接续政策。二是完善城乡流通网络，组织开展"名品进名店"、"特色商品大集"等活动，鼓励各地设立品牌产品展示中心，支持品牌企业建立营销网络。三是继续完善城乡流通体系，扩大居民服务消费，加快实现农村商业服务连锁化、网络化、信息化、规模化、品牌化。四是推动发展现代流通方式，促进网络购物等新型消费业态发展。

2012 年，要继续保持物价总水平基本稳定，进一步完善价格调控政策，把保障市场供应和降低流通成本放在突出位置，综合运用信息引导、储备调节、产销衔接、进出口调剂、加强监管等手段，平抑市场波动。一是加强监测，合理引导，强化对生猪、食糖、食用油、蔬菜等生活必需品、重要生产资料以及重点行业的市场监测和信息发布，正确引导生产消费和社会预期。二是强化调控，保障供给，加强重要商品特别是生活必需品的产销衔接和跨区调运，加强应急商品投放网络和调运机制建设。三是积极推进农超对接、农批对接、农校对接等多种形式的产销衔接，扩大对接规模。适度发展周末蔬菜直销市场、流动售菜车和早晚市。四是加强监管，规范秩序，推进肉类蔬菜流通追溯体系建设，开展酒类流通电子追溯体系建设试点，依法开展经营者集中反垄断审查，维护公平的市场竞争秩序。

二、国际贸易形势分析

2011 年是国际形势十分复杂的一年，也是我国外贸"稳增长、调结构、促平衡"取得积极成效的一年。外贸发展势头良好，进出口规模保持平稳较快增长，贸易结构继续优化，贸易平衡状况逐步改善，质量效益进一步提高。

（一）全年外贸进出口运行基本情况

1. 出口增速呈现回落态势，月度顺差规模收窄

据海关统计，1~12月，我国进出口总值36420.6亿美元，比去年同期（下同）增长22.5%。其中，出口18986.0亿美元，增长20.3%；进口17434.6亿美元，增长24.9%。12月当月，我国进出口总值为3329.2亿美元，增长12.6%。其中，出口1747.2亿美元，增长13.4%；进口1582.0亿美元，增长11.8%。自2011年三月份以来，外贸增速总体回落，反映外需不稳定，复苏基础还不巩固。外贸不平衡状况有所改善，累计顺差1551.4亿美元，收窄14.5%（如表4-14所示）。

表4-14　2011年1~12月外贸进出口金额情况

单位：亿美元；%

	进出口	同比	出口	同比	进口	同比	顺差	同比
1月	2954.7	44.1	1506.8	37.6	1447.9	51.6	58.9	-57.8
2月	2011.4	10.8	966.8	2.4	1044.5	19.9	-77.7	-205.9
3月	3044.7	31.5	1521.5	35.8	1523.2	27.5	-1.7	-97.7
4月	2999.5	25.9	1556.1	29.9	1443.4	21.9	112.7	699.3
5月	3011.8	23.5	1570.9	19.3	1440.9	28.4	130.0	-33.2
6月	3016.5	18.5	1619.4	17.9	1397.1	19.3	222.2	10.1
7月	3198.1	21.9	1751.7	20.4	1446.4	23.7	305.3	7.0
8月	3288.7	27.1	1733.2	24.5	1555.6	30.2	177.6	-10.1
9月	3248.3	18.9	1696.7	17.1	1551.6	20.9	145.1	-12.4
10月	2979.5	21.6	1574.6	15.9	1404.6	28.7	170.3	-36.5
11月	3344.0	17.6	1744.6	13.8	1599.4	22.1	145.3	-34.8
12月	3329.2	12.6	1747.2	13.4	1582.0	11.8	165.2	31.0
合计	36420.6	22.5	18986.0	20.3	17434.6	24.9	1551.4	-14.5

＊表格数据均来自海关统计或根据海关统计计算。

资料来源：海关统计。

2. 一般贸易进出口增速高于加工贸易，边境贸易发展快速增长

1～12月，我国一般贸易进出口19245.9亿美元，增长29.2%。其中，出口9171.2亿美元，增长27.3%；进口10074.6亿美元，增长31.0%。一般贸易项下出现贸易逆差903.4亿美元。同期，我国加工贸易进出口13052.1亿美元，增长12.7%。其中，出口8354.16亿美元，增长12.9%；进口4697.96亿美元，增长12.5%。加工贸易项下顺差3656.2亿美元。一般贸易增速快于加工贸易的主要原因如下：一是价格因素。一般贸易以原材料和劳动密集型产品为主，价格增长拉动效应明显。二是需求因素。加工贸易以发达国家市场为主，全球经济"双速"复苏，导致对发达国家出口增长缓慢。边境贸易进出口346.51亿美元，增长33.0%，增幅高于整体（如表4－15所示）。

表4－15　2011年1～12月分贸易方式进出口情况

单位：亿美元；%

	总　值		一般贸易		加工贸易		边境贸易	
	金　额	增　幅	金　额	增　幅	金　额	增　幅	金　额	增　幅
进出口	36420.6	22.5	19245.9	29.2	13052.1	12.7	346.51	33.0
出　口	18986.0	20.3	9171.2	27.3	8354.16	12.9	202.03	23.1
进　口	17434.6	24.9	10074.6	31.0	4697.96	12.5	144.48	49.9
差　额	1551.4	－14.5	－903.4		3656.2		48.3	

3. 机电产品和高新技术产品增速略低于全国平均水平，顺差有所扩大

1～12月，我国机电产品出口10855.89亿美元，增长16.3%；进口金额7532.89亿美元，增长14.1%。机电产品顺差3323亿美元，增长23.1%。高新技术产品出口金额5487.9亿美元，增长11.5%；进口金额4629.9亿美元，增12.2%。高新技术产品顺差858亿美元，增长19.8%。机电和高新技术产品进出口增速低于全国进出口平均增速，主要受发达国家经济复苏缓慢和产品价格基本保持稳定等因素的影响（如表4－16所示）。

4. 轻纺商品出口稳定增长，主要大宗商品进口量价齐升

1～12月，传统大宗商品出口平稳增长，其中服装出口1532.2亿美元，增长18.3%；纺织品946.69亿美元，增长22.9%；鞋类417.2亿美元，增长17.1%；家具379.4亿美元，增长15.0%；箱包出口239.4亿美元，增长32.9%。值得注意的是，我国劳动密集型产品出口增长价格拉动效应明显，出

表 4 - 16　2011 年 1 ~ 12 月机电产品和高新技术产品进出口情况

单位：亿美元；%

	总　值		机电产品		高新技术	
	金　额	增　幅	金　额	增　幅	金　额	增　幅
进出口	36420.6	22.5	18388.78	17.4	10117.8	14.1
出　口	18986.0	20.3	10855.89	16.3	5487.9	11.5
进　口	17434.6	24.9	7532.89	14.1	4629.9	12.2
差　额	1551.4	-14.5	3323	23.1	858	19.8

口数量增长缓慢。其中纺织服装、鞋、玩具等劳动密集型产品的议价能力普遍得到提升。一方面，这表明我国劳动密集型产品在成本上升倒逼机制作用下，更多依赖提高价格、加快结构调整等方式消化成本压力；另一方面，这表明我国劳动密集型产品价格优势逐渐削弱，出口数量增长乏力（如表 4 - 17 所示）。

表 4 - 17　2011 年 1 ~ 12 月主要劳动密集型出口商品统计

单位：亿美元；%

商　　品	箱　包	鞋　类	玩　具	家　具	纺织品	服　装
出口金额	239.4	417.2	108.3	379.4	946.69	1532.2
同比增长	32.9	17.1	7.3	15.0	22.9	18.3

在进口商品中，主要大宗商品进口量保持增长，进口均价普遍出现明显回升。据海关统计，我国进口原油 2.5 亿吨，同比增长 6%；铁矿砂 6.9 亿吨，增长 10.9%。能源和资源性产品的稳步增长，满足了国内经济又好又快发展的需求（如表 4 - 18 所示）。

表 4 - 18　2011 年 1 ~ 12 月商品进口商品统计

单位：亿美元；万吨；美元/吨

商品名称	累计进口			同比增减 ± %		
	数　量	金　额	单　价	数　量	金　额	单　价
原　油	25378	1966.7	775	6.0	45.3	37
铁矿砂	68606	1124	163.8	10.9	40.9	27
大　豆	5264	298.3	566.7	-3.9	18.9	23.8
成品油	4060	327	805.4	10.1	45.5	32.2
钢　材	1558	215.8	1385.1	-5.2	7.3	13.2

5. 民营企业进出口增势强劲，外商投资企业进出口占主导

1～12月，民营企业为主体的其他企业进出口额10212.77亿美元，增长36.0%。其中，出口6360.48亿美元，增长32.2%；进口3852.29亿美元，增长42.9%。国有企业进出口、出口和进口总额为7606.26亿美元、2672.22亿美元和4934.03亿美元，分别增长22.2%、14.1%和27.1%。外商投资企业进出口、出口和进口总额为18601.56亿美元、9953.3亿美元和8648.26亿美元，分别增长16.2%、15.4%和17.1%（如表4－19所示）。

表4－19　2011年1～12月分企业性质进出口情况

单位：亿美元

企业性质	2011年1～12月				占总值的比例%		
	进出口	出　口	进　口	差额	进出口	出　口	进　口
总　　值	36420.6	18986	17434.6	1551.4	100	100	100
增幅%	22.5	20.3	24.9				
国有企业	7606.26	2672.22	4934.03	－2261.8	20.9	14.1	28.3
增幅%	22.2	14.1	27.1				
外商投资企业	18601.56	9953.3	8648.26	1305.04	51.1	52.4	49.6
增幅%	16.2	15.4	17.1				
其它企业	10212.77	6360.48	3852.29	2508.19	28	33.5	22.1
增幅%	36.0	32.2	42.9				

6. 与发达国家贸易增速放缓，与发展中国家贸易增速强劲

2011年全年，我与欧盟双边贸易总值5672.1亿美元，增长18.3%。中美双边贸易总值为4466.47亿美元，增长15.9%。我与东盟双边贸易总值为3628.54亿美元，增长23.9%。受日本大地震及引发的核泄漏事件影响，我对日贸易增速相对较缓。1～12月中日双边贸易总值为3428.89亿美元，增长15.1%。东盟已经取代日本，成为我国第三大贸易伙伴。同时，我与金砖国家贸易增速较快，与巴西、印度、南非、俄罗斯的贸易额分别增长37.3%、19.7%、76.7%和42.7%。除印度外，我国与金砖国家都处于逆差状态，且进口增速大于出口增速，逆差有进一步扩大的趋势（如表4－20所示）。

表4-20　2011年1~12月分国别（地区）进出口情况

单位：亿美元；%

国家（地区）	金　额				同比增减 ±			
	进出口	出　口	进　口	差　额	进出口	出　口	进　口	差　额
总　　值	36420.6	18986	17434.6	1551.4	22.5	20.3	24.9	-14.5
欧　　盟	5672.10	3560.2	2111.9	1448.3	18.3	14.1	25.4	1.4
美　　国	4466.47	3244.93	1221.54	2023.39	15.9	14.5	19.6	11.7
东　　盟	3628.54	1700.83	1927.7	-226.87	23.9	23.1	24.6	37.2
日　　本	3428.89	1428.98	1945.91	-516.93	15.1	25.5	10.1	-7.2
香　　港	2835.24	2680.25	154.99	2008.36	23.0	22.8	26.4	-2.5
韩　　国	2456.33	829.24	1627.09	-797.85	18.6	20.6	17.6	14.67
台　　湾	1600.32	351.12	1249.20	-898.08	10.1	18.3	7.9	4.3
澳大利亚	1166.33	339.10	827.23	-488.13	32	24.6	35.3	43.98
巴　　西	824.02	318.43	523.59	-205.16	34.5	30.2	37.3	50.2
印　　度	739.18	505.43	233.75	217.68	19.7	23.5	12.1	8.4
南　　非	454.28	133.63	320.65	-187.02	76.7	23.7	115.2	406.8
俄罗斯联邦	792.49	389.04	403.45	-14.41	42.7	31.4	55.6	-139

（二）2012年外贸发展面临的主要问题

2012中央经济工作会议指出：世界经济形势总体上仍十分复杂严峻，世界经济复苏的不稳定性和不确定性上升，国内经济发展中不平衡、不协调、不可持续的矛盾和问题仍很突出。今年外贸形势更加严峻复杂，任务更加繁重艰巨，做好外贸工作更具挑战性。

从外部看，主要问题有：一是发达经济体面临失业率高企、债务危机、选举周期等多种不利因素，发展中国家陷入反通胀与保增长的两难选择，地区局势动荡。世界银行1月17日下调2012年全球经济增长率至2.5%，贸易出口增长率至4.7%。外部需求低迷，使得我国贸易发展面临巨大风险。二是随着我国高新产品竞争力的上升，来自发达国家的限制日益增加，而传统产品则面临新兴国家强有力的竞争，优势有所削弱，市场份额呈下降态势。三是贸易摩擦更加频繁，所涉产品由纺织服装等传统领域扩展到光电、通讯等新兴领域，发起国家由欧美等发达国家扩大到巴西、印度等新兴国家，手段更加多样化。

从内部看，主要问题有：一是我国外贸结构中存在的不平衡、不协调、不可持续的问题较为突出，亟需进行结构调整。二是受原材料涨价、劳动力成本上升、人民币升值等因素影响，企业生产经营压力加大。三是支持外贸发展的财税、金融、保险政策有待进一步完善。

（三）2012 年外贸工作的重点

2012 年，外贸工作以科学发展为主题，以转方式为主线，以调结构为重点，把握稳中求进的工作总基调，围绕"稳增长、调结构、促平衡"三大任务，重点推进完善政策、优化环境、调整结构三项工作。[①]

在完善政策方面：要保持外贸政策的稳定性和连续性，推动出台新的促进措施。保持出口退税稳定，加快退税进度；拓宽外贸企业融资渠道，改善对中小企业金融服务。扩大出口信用保险渗透率，适当降低保费费率。清理不合理收费。

在优化环境方面：要优化外部环境，完善贸易摩擦应对机制，积极推进自贸区建设；要优化内部环境，完善纵向联动、横向合作、高效协调的工作机制，提高贸易便利化水平；要加强宣传引导，构建和谐宽松的舆论环境；要改善企业特别是中小企业经营环境，增强企业活力。

在调整外贸结构方面：加快外贸结构调整，既是完成今年任务的当务之急，也是我国外贸可持续发展的长期任务。2012 年要优化外贸"两个布局"，即外贸国际市场布局、外贸国内区域布局；推动外贸"三项建设"，即外贸生产基地、贸易平台和国际营销网络，在"十二五"时期建设一批高水平的外贸生产基地、贸易平台和营销网络。

第四部分 财政政策分析

2011 年，我国财政政策执行情况和财政收支运行状况良好，反映了国民经济总体平稳较快增长的态势。值得注意的是国内外环境仍十分复杂，还存在一些突出问题值得关注。

一、财政政策执行情况

（一）财政收入较快增长

2011 年全年累计，全国公共财政收入 103740 亿元，比上年同期增加

---

① 参见商务部副部长钟山在 2012 年 1 月 9 日全国贸促工作会议上的讲话，http://zhongshan. mofcom. gov. cn/aarticle/ldjianghua/201201/20120107921962. html.

20639亿元，增长24.8%。分税种看，主体税种收入实现较快增长。国内增值税同比增长15%，国内消费税增长14.2%，营业税增长22.6%，企业所得税增长30.5%，个人所得税增长25.2%，进口货物增值税、消费税增长29.3%，关税增长26.2%。另外，出口退税同比增长25.6%，相应减少财政收入。分级次看，中央和地方财政都实现较快增长。中央本级收入51306亿元，增长20.8%；地方本级收入52434亿元，增长29.1%。分税收和非税收入看，税收收入保持较快增长。税收收入89720亿元，增长22.6%；非税收入14020亿元，增长41.7%。分季度看，一季度财政收入增长33.1%，二季度增长29.6%，三季度增长25.9%，四季度增长10%，反映了经济增速放缓的趋势。财政收入增长较快，主要原因有：经济较快增长，价格涨幅较高，企业效益较好，将原预算外资金纳入预算管理，2010年推进资源税改革试点、统一内外资企业和个人城市建设维护税与教育费附加等政策调整带来的翘尾影响。财政收入超经济高速增长，对控制通货膨胀起到了紧缩效果。

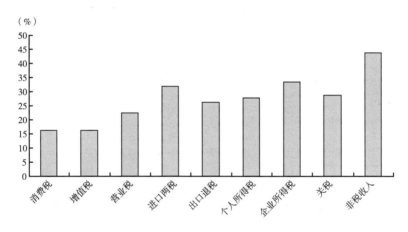

（%）

图4-1　2011年1~11月财政收入主要项目增长情况

（二）实施结构性减税政策

一是对小型微利企业实施税收优惠政策。对小型微利企业所得减按50%计入应纳税所得额，按20%的税率缴纳企业所得税。提高增值税、营业税起征点，对员工制家政服务免征营业税，对软件产品实行增值税优惠等。二是调整房产税政策。完善个人住房转让营业税政策，即个人将购买不足5年的住房对外销售的，全额征收营业税；超过5年的非普通住房对外销售的，差额征收营业税；超过 5 年的普通住房对外销售的，免征营业税，抑制投机性住房交易。在上海、重庆进行个人住房房产税改革试点，引导居民合理住房消费。三是推进个人所得税改革。自 9 月 1 日起，工资薪金所得减除费用标准由 2000 元/月提高至 3500 元/月，9 级超额累进税率改为 7 级，最低档税率由 5% 降为 3%，同时适当扩大低档税率和最高档税率的适用范围。四是加快资源税改革。自 4 月 1 日起，统一提高稀土矿原矿资源税税额标准。自 11 月 1 日起，在全国范围内实施原油天然气资源税从价计征，并提高焦煤、稀土矿的税额标准，对外合作开采海洋和陆上油气资源统一依法缴纳资源税，同时将石油特别收益金起征点提高至 55 美元/桶。五是开展海南离岛旅客免税购物政策试点。从 4 月 20 日起，将免税购物适用对象由离境旅客扩大为包括内地居民在内的离岛旅客。六是对600 多种资源性、基础原材料和关键零部件实施较低的年度进口暂定税率，在全国统一取消 20 项社会团体收费项目和 31 项涉企行政事业性收费，并开展公路收费专项治理工作。

（三）努力扩大内需

一是保持适度的政府投资规模。及时下达中央财政基建投资预算，优先保证重点在建、续建项目的资金需求，主要用于支持保障性安居工程、以水利为重点的农业基础设施、教育卫生基础设施建设，支持节能减排和生态环保、自主创新和战略性新兴产业发展。发行 2000 亿元地方政府债券，保障公益性建设项目的资金需要。二是进一步增加对农民的补贴和农业的支持。2011 年，中央财政"三农"的实际投入将首次突破万亿元大关，达到 10408.6 亿元，增长 21.3%。用于粮食生产相关的投入达到 4985 亿元，比上年同口径增加 540.2 亿元。其中，用于保护种粮农民和主产区利益的投入达到 2871 亿元，占 57.6%；用于支持提高粮食综合生产能力的投入达到 2114 亿元，占 42.4%。全年粮食直补、农资综合补贴、农作物良种补贴、农机购置补贴这"四项补贴"达 1406 亿元。同时，加大对生猪生产的扶持力度，加强储备物资市场调控，促进价格稳定。三是加大社会保障投入。对全国城乡低保对象、农村五保户等 8600 多万困难群众发放一次性生活补贴。新型农村社会养老保险覆盖范围扩大到 60% 以上地区。连续 7 年提高企业退休人员基本养老金，月人均达到 1500 多元。全年中央共下达保障性安居工程补助资金 1709 亿元，全国保障性住房基本建成400 万套以上，新开工 1000 万套的目标任务已经完成。四是完善家电下乡和以旧换新政策。全年家电下乡产品销售超过 1.03 亿台，实现销售额

2641 亿元；家电以旧换新政策在全国范围实施，共销售五大类新家电 9248 万台，拉动直接消费 3420 亿元。

（四）保障和改善民生

调整财政支出结构，严格控制一般性支出，重点加大对"三农"、教育、就业、住房、医疗卫生、社会保障等民生领域投入力度。加快教育改革发展，支持学前教育发展，提高农村义务教育经费保障水平，在集中连片特殊困难地区开展农村义务教育学生营养改善计划试点，加强职业教育基础能力建设，全年全国财政教育支出比上年增长 28.4%。推进医药卫生体制改革。新型农村合作医疗和城镇居民基本医疗保险的财政补助标准提高到年人均不低于 200 元，国家基本药物制度在政府举办的基层医疗卫生机构全面实施，人均基本公共卫生服务经费标准提高到 25 元。积极推进公立医院体制机制改革创新，医疗卫生支出增长 32.5%。完善社会保障体系，提高社会保障标准，支持实施积极的就业政策，社会保障和就业支出增长 22%。推动文化事业发展，保障公益性文化设施免费开放，支持实施各项重点文化惠民工程，加强文化遗产保护和文化精品创作，文化体育与传媒支出增长 22.5%。此外，全国财政农林水支出增长 21.7%，住房保障支出增长 60.8%，交通运输支出增长 36.1%，科学技术支出增长 17.1%，社区事务支出增长 27.8%。财政支出增幅较高，表明积极财政政策继续落实，既保障了各项重点支出的需要，也有利于推动结构调整，有效地促进了经济社会平稳较快发展。

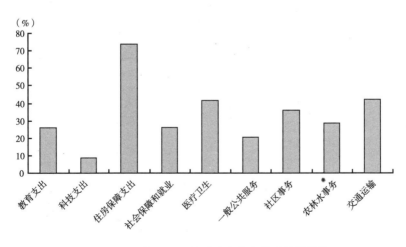

图 4-2　2011 年 1~11 月财政支出主要项目增长情况

二、当前财政调控面临的突出问题

虽然当前我国经济运行态势总体良好，但国内外环境仍十分复杂，还存在一些突出问题值得关注。

（一）外部环境比较严峻复杂

一是全球经济趋于放缓。主要发达国家失业率居高不下，房地产市场总体低迷，消费投资需求疲弱。金融危机逐步向财政危机转化，货币政策持续扩张的空间和效应有限，财政刺激政策也难以为继，经济增长动力明显减弱，全球经济下行风险加大。1月18日，世界银行将2012年和2013年全球经济增长预期分别下调至2.5%和3.1%。二是欧债危机仍有恶化可能。1月13日，标普下调法国、奥地利、意大利、西班牙、葡萄牙等9个欧元区国家的主权信用评级。今年欧元区将有1.1万亿欧元的债务到期，仅一季度就要偿还2500~3000亿欧元，融资压力较大。欧洲现有救助机制难以解决政府债务问题，救助政策效果有待观察。特别是由于欧元区成员国货币主权与财政主权的矛盾、财政改革与经济增长的矛盾以及中心国家与边缘国家的结构性矛盾尚未有效缓解，欧债危机发展仍具有高度的不确定性。三是全球金融市场趋于动荡。三是全球资本出现无序流动。随着欧美债务危机升级，美元流动性趋紧，国际金融市场避险需求迅速攀升，全球资产价格走势出现逆转，跨境资本从新兴经济体回撤的迹象越来越明显，短期资本大规模流出对全球金融稳定带来风险。这些都将不利于我国经济稳定增长。

（二）经济增长下行和物价涨幅反弹压力并存

当前我国经济增长下行压力比较明显。从外需看，由于全球经济处于衰退边缘，贸易保护主义加剧，我国保持出口稳定增长的难度加大。从内需看，房地产市场调控正处于关键时期，住房销售量和销售价格的下降对房地产投资的影响正逐步显现，房地产投资趋于降温。成本上升、企业利润增幅趋降、民间投资障碍依然较多，则使企业投资增长乏力。地方投融资平台治理，也使地方政府投资可能趋缓。投资需求增幅有下滑风险，已有两个月出现环比下降。居民收入增加的支撑因素仍然较弱，住房、汽车等消费热点趋于降温，消费需求增长可能稳中趋缓。最近世界银行将2012年和2013年我国经济增速预期下调至8.4%和8.3%。同时，通胀压力依然存在，虽然近期物价胀势有所减弱，但CPI回落的基础还不稳固，推动物价反弹的因素依然较多，如土地和劳动力成本等要素价格、能源资源价格和环境保护成本、国际市场输入性通胀因素，以及疏导价格突出矛盾应付出的改革成本等。价格体制改革依然滞后，农产品供求依然偏紧，全球流动性总体仍较宽松。这些使大宗商品价格可能高位波动，在一定条件下都将引发物价反弹。

（三）一些领域存在较大风险

一是房地产市场处于敏感时期。房地产开发投资增速高位回落，房地产开发企业资金趋紧，土地交易市场量价齐跌，房地产贷款增速回落，房地产价格下降出现端倪。但不少城市"成交量持续走低"与"大幅降价便引发抢购"并存的现象表明，市场观望气氛仍然浓厚，市场预期尚未完全调整到位，房地产市场调控的任务仍十分艰巨。与此同时，非居住类商品房领域的风险和泡沫存在积聚现象。保障性安居工程也存在融资难以及质量、分配、配套和退出机制不健全等问题。二是中小企业经营困难。受多重因素挤压影响，实体经济面临的困难增大，特别是由于融资难、融资成本奇高，一批小微企业经营困难。许多小微企业不得不选择成本高、风险大的民间借贷，经营风险很大。而部分地区民间金融无序发展，借贷利率急剧攀升，风险不断暴露。三是地方政府债务存在较大风险。今明两年是地方政府融资平台债务的偿债高峰期。一些借贷修建的收费公路由于融资成本上升甚至无法融资而面临庞大的短期债务偿还压力，一些以土地收入为还款资金来源的债务因土地出让收入下降面临还债资金不足的风险。这些局部风险值得高度关注。

（四）经济结构性问题仍较突出

虽然节能减排和结构调整取得一定进展，但一些体制性结构性的矛盾还没有得到根本的解决，经济发展方式依然比较粗放，产业结构仍不尽合理，资源环境约束进一步强化，经济结构调整压力加大。2011年，扣除价格因素，固定资产投资实际增长20%，仍大大高于社会消费品零售总额实际增长11.6%的速度，投资消费比例关系仍然失衡。全年最终消费、固定资本形成和净出口分别拉动GDP增长4.7个、5个和-0.5个百分点，经济增长还是主要依靠投资拉动。重工业增速继续高于轻工业，第三产业比重和增速仍未有明显提高。高耗能产业增长势头依然旺盛，产业转型升级、发展服务业、淘汰落后产能、促进研发创新仍面临很多制约，一些地方新兴产业发展存在集中于产业链低端且一哄而上现象。节能减排形势不容乐观。前三季度氨氮排放量仅下降0.9%，氮氧化物排放量不降反升7.2%，难以完成二者全年都下降1.5%的目标。前三季度单位GDP能耗同比仅下降1.6%，预计全年下降3%左右，与全年降低3.5%的目标相差较大。

三、2012 年经济展望及政策措施建议

展望 2012 年，从出口看，由于全球经济放缓，受外需下降影响，预计出口增速将下降。从投资看，2011 年房地产投资增长较快，但随着调控措施效果逐步显现，房地产投资会进一步回落，基础设施建设投资增长不会太大，全年投资总体上不会比去年更好。从消费看，刺激消费政策基本到期，消费将基本保持平稳增长的态势。综合来看，预计全年经济增速将在 8.5% 左右。从财政收入看，随着国内经济、居民消费价格和企业实现利润增幅可能有所变小，财政收入难以维持高速增长。考虑到提高个人所得税工薪所得减除费用标准和调整税率结构，提高增值税、营业税起征点，调整增值税和营业税征收范围，调减石油特别收益金，继续对小型微利企业实施所得税优惠政策等减税因素，以及去年将预算外收入纳入预算管理带来一次性财政增收的因素也不复存在，预计今年财政收入增幅将可能有所降低。同时，财政刚性支出压力较大，各方面都需要加大财政投入力度，财政收支矛盾仍较突出。2012 年，要按照稳中求进的工作总基调，深入贯彻落实科学发展观，继续实施积极的财政政策和稳健的货币政策，保持政策的连续性和稳定性，增强调控的针对性、灵活性、前瞻性，要根据经济运行情况，适时适度进行预调微调，继续处理好保持经济平稳较快发展、调整经济结构、管理通胀预期的关系，促进经济平稳较快发展、物价总水平基本稳定以及社会和谐稳定。

（一）保持经济平稳较快增长

一是完善结构性减税政策，落实好对小微企业的所得税优惠政策，在上海市的交通运输业和部分现代服务业开展营业税改征增值税试点。二是努力扩大消费需求，继续实施更加积极的就业政策，支持落实最低工资制度，促进增加农民收入，实现新型农村社会养老保险和城镇居民社会养老保险制度全覆盖，支持商贸流通体系建设。三是着力优化投资结构，保持合理的中央基建投资规模，主要用于支持保障性安居工程、以水利为重点的农业农村基础设施、教育文化卫生基础设施建设、节能减排和生态建设、自主创新能力建设和战略性新兴产业发展等方面。同时，加强地方政府性债务管理，积极推进地方政府自行发债试点工作，加快构建地方政府债务规模控制和风险预警机制。三是促进外贸稳定发展，稳定出口退税政策，支持劳动密集型和高技术含量、高附加值产品出口，并完善进口贴息、进口关税等政策措施，积极扩大进口，继续改善国际收支平衡状况。

（二）加大强农惠农和稳定物价政策力度

一是努力保障实现粮食稳产增产。切实增强农业综合生产能力，全面落实加快水利改革发展的财政政策，增加农业综合开发投入。继续实施产粮大县、产粮大省奖励政策，积极推进财政支农资金整合，健全新型农业社会化服务体系，研究扩大农业林业保险保费补贴区域，支持农业产业化发展。完善涉农补贴政策，健全粮、棉、油、糖等主要农产品补贴和收储制度。二是着力稳定市场价格。加强重要商品物资储备和投放，支持现代农产品流通体系建设。增加财政投入，研究通过投资入股、产权回购回租、公建配套等方式，以及减免租金、摊位费、管理费等手段，引导社会资金投资农产品流通领域。加快推进公路收费改革和专项整治，大力支持商贸流通业发展，减轻物流企业税费负担，有效降低物流成本。三是继续落实好房地产调控的有关政策措施，有针对性地抑制二、三线城市房价过快上涨，加快完善符合国情的住房体制机制和政策体系，规范发展住房租赁市场，增加住房有效供应，稳步推进房产税改革试点，促进房价合理调整。四是全面建立完善社会救助和保障标准与物价上涨挂钩的联动机制，保障低收入群体的基本生活。

（三）大力推进经济结构调整和发展方式转变

一是提高科技创新能力。加大科技投入力度，保障科技重大专项实施，大力支持基础研究、前沿技术、社会公益和重大共性关键技术研究开发，支持国家创新体系建设。启动国家科技成果转化引导基金，促进科技成果转化。深化科技经费管理改革，探索科技经费绩效评价制度，促进科技资源合理规划布局、综合集成利用和共建共享共用。二是加快推进节能减排和生态建设。继续加强重点节能工程建设，大力推进重点领域节能，坚决淘汰落后产能。支持回收处理废弃电器电子产品，加快发展新能源、可再生能源和清洁能源，加大"以奖代补"政策实施力度，推进能源清洁化利用。研究建立资源型企业可持续发展准备金制度，调整完善资源综合利用增值税政策。健全生态环境补偿机制，支持实施重点生态保护和水土保持工程。积极推进环境保护税费改革，研究选择防治任务重、技术标准成熟的税目开征环境税，并逐步扩大征收范围。三是大力支持中小企业发展。整合现有各项支持中小企业发展的专项资金，扩大资金规模，设立国家中小企业发展基金，向小型微型企业、创业早期中小企业和中西部地区适当倾斜。支持中小企业信用担保体系建设，改善中小企业融资环境。四是推动产业结构优化升级。进一步落实和完善财税扶持政策，加快推进物联网、海洋生物等战略性新兴产业创新发展。积极推进企业兼并重组和技术改造。发展先进装备制造业，改造提升传统制造业。整合完善财政支持政策，继续推进现代服务业综合试点。支持实施重大文化产业项目带动战略，培育文化产业集群和产业链，加快传统文化产业高新技术改造和文化企业兼并重组。

（四）着力保障和改善民生

继续优化财政支出结构，进一步加大对"三农"、教育、社会保障和就业、医疗卫生、文化、保障性安居工程等方面的支持力度，更大力度地保障和改善民生。一是加大教育投入力度，努力实现国家财政性教育经费支出占GDP4%的目标。二是支持实施更加积极的就业政策，扩大社会就业。三是充分发挥财政调节收入分配的作用，提高城乡居民特别是低收入者的收入水平，促进形成合理有序的收入分配格局。四是完善社会保障体系，继续提高企业退休人员基本养老金水平，实现新型农村社会养老保险和城镇居民养老保险制度全覆盖。五是深化医药卫生体制改革，适当提高新型农村合作医疗和城镇居民医疗保险补助标准，积极稳妥推进公立医院改革，全面推进基层医疗卫生机构综合改革。六是大力支持保障性安居工程建设，加大财政投入力度，完善税费优惠政策，并完善准入分配机制，加强使用退出管理。七是积极落实党的十七届六中全会决定，创新财政投入方式，支持加快文化体制机制创新，加强公共文化服务体系建设，推动文化事业和文化产业大发展大繁荣。

第五部分 货币金融形势分析

2011年我国金融运行状况总体平稳，各项货币政策执行较为顺利。从国家明确的政策基调和目前经济金融形势看，下一阶段货币政策调控方向的基本不会改变，但政策的针对性、灵活性和前瞻性将进一步加强，以确保"稳中求进"，促进经济平稳健康发展。

一、2011年金融运行情况

（一）货币供应量增速继续回落

2011年末，广义货币（M2）余额85.16万亿元，同比增长13.6%，比上月末高 0.9 个百分点，比上年末低 6.7 个百分点；狭义货币（M1）余额 28.98 万亿元，同比增长 7.9%，比上月末高 0.1 个百分点，比上年末低 12.3 个百分点；流通中货币（M0）余额 5.07 万亿元，同比增长 13.8%。全年净投放现金 6161 亿元，同比少投放 214 亿元（如图 4 - 3 所示）。

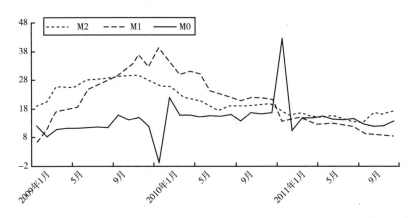

图 4 - 3 2009 年 1 月至 2011 年 12 月我国货币供应量变化情况

四季度，货币供应量增速略高于三季度，全年增幅位于调控目标 16% 以内。12 月份，货币增长较上月小幅回升，这表明货币政策在总体保持稳健基础上进行的预调和微调已经发挥一定效果，市场上流动性有所回升。

（二）社会融资规模增量较上年下降

2011 年全年社会融资规模为 12.83 万亿元，比上年同期少 1.11 万亿元。其中，人民币贷款增加 7.47 万亿元，同比少增 3901 亿元；外币贷款折合人民币增加 5712 亿元，同比多增 857 亿元；委托贷款增加 1.30 万亿元，同比多增 4205 亿元；信托贷款增加 2013 亿元，同比少增 1852 亿元；未贴现的银行承兑汇票增加 1.03 万亿元，同比少增 1.31 万亿元；企业债券净融资 1.37 万亿元，同比多增 2595 亿元；非金融企业境内股票融资 4377 亿元，同比少增 1409 亿元。

从结构看，2011 年人民币贷款占社会融资规模的 58.3%，同比高 1.6 个百分点；外币贷款占比 4.5%，同比高 1.0 个百分点；委托贷款占比 10.1%，同比高 3.9 个百分点；信托贷款占比 1.6%，同比低 1.2 个百分点；未贴现的银行承兑汇票占比 8.0%，同比低 8.7 个百分点；企业债占比 10.6%，同比高 2.7 个百分点；非金融企业境内股票融资占比 3.4%，同比低 0.7 个百分点。

2011 年末，本外币贷款余额 58.19 万亿元，同比增长 15.7%。人民币贷款余额 54.79 万亿元，同比增长 15.8%，比 11 月末高 0.2 个百分点，比上年末低 4.1 个百分点。全年人民币贷款增加 7.47 万亿元，同比少增 3901 亿元。分部门看，住户贷款增加 2.42 万亿元，其中，短期贷款增加 9519 亿元，中长期贷款增加 1.46 万亿元；非金融企业及其他部门贷款增加 5.04 万亿元，其中，短期贷款增加 2.78 万亿元，中长期贷款增加 2.10 万亿元，票据融资增加 112 亿元。12 月份，人民币贷款增加 6405 亿元，同比多增 1823 亿元。年末外币贷款余额 5387 亿美元，同比增长 19.6%，全年外币贷款增加 882 亿美元。鉴于 12 月份通常是新增贷款数据比较低的月份，6405 亿元的新增贷款规模实际上已经相对较大，反映出自 10 月中旬政策微调开始以来信贷供应规模已经大大改善，而信贷需求在市场担心经济降温的背景下依然保持弹性。

四季度社会融资规模为 3.03 万亿元，较三季度增加 9900 亿元，环比增幅达 48%，显示出资金对实体经济的支持力度大增。从结构上看，四季度社会融资规模骤增主要是因为人民币贷款、债券融资、信托贷款和承兑汇票较三季度增加较多。其中，人民币贷款和债券融资规模扩大与国家鼓励银行适度加快信贷投放和鼓励企业发债融资有关；而信托贷款和承兑汇票由三季度的负增长转为正增长则可能是因为在经历监管规范后进入了平稳运行的正常增长轨道（如图 4-4 所示）。

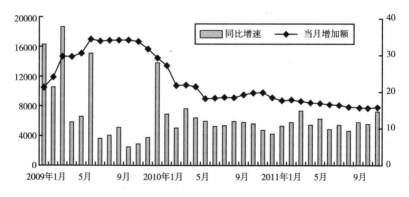

图 4-4 2009 年 1 月至 2011 年 12 月新增贷款和增长速度情况

（三）新增人民币存款

2011 年末，本外币存款余额 82.67 万亿元，同比增长 13.5%。人民币存款余额 80.94 万亿元，同比增长 13.5%，比 11 月末高 0.4 个百分点，比上年末低 6.7 个百分点。全年人民币存款增加 9.63 万亿元，同比少增 2.29 万亿元。其中，住户存款增加 4.72 万亿元，非金融企业存款增加 2.56 万亿元，财政性存款减少 300 亿元。

与前三季度人民币新增存款下降趋势相比，12 月份人民币存款增加 1.43 万亿元，同比多增 4462 亿元。年末外币存款余额 2751 亿美元，同比增长 19.0%，全年外币存款增加 494 亿美元。

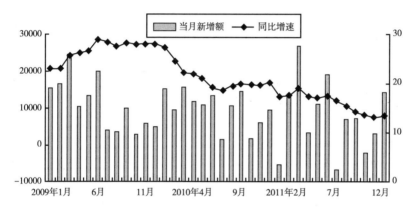

图 4-5　2009 年 1 月至 2011 年 12 月新增存款和增长速度情况

（四）银行间市场利率有所回落

2011 年全年银行间市场人民币交易累计成交 196.54 万亿元，日均成交 7861 亿元，日均成交同比增长 9.5%。12 月份银行间市场同业拆借月加权平均利率为 3.33%，比 11 月份低 0.16 个百分点，比上年同期高 0.41 个百分点；质押式债券回购月加权平均利率为 3.37%，比 11 月份低 0.15 个百分点，比上年同期高 0.25 个百分点。

（五）人民币兑美元实际有效汇率升值

2011 年 12 月，人民币对美元保持升值态势。这是当月人民币实际有效汇率升值的主要原因。当月美元指数走势仍较强劲，上涨 2.4%，收于 80.22。当月人民币对美元保持波动中升值的态势，人民币对美元中间价由月初的 6.3353 升至月末的 6.3009。当月欧元对美元贬值 3.67%，人民币对欧元升值 3.55% 。国际清算银行公布的数据显示，2011 年 12 月人民币实际有效汇率指数为 107.97，环比上升 1.3% 。去年全年人民币实际有效汇率上升 6.12% 。

全年人民币兑美元累计升值 4.8% ，进入 10 月以后升值速度明显放缓。与此相对应，离岸人民币市场在 9 月下旬出现了自金融危机以来的首次贬值预期。在贬值预期下，市场结售汇意愿发生变化，部分外资可能撤离中国流回本国救急。2011 年 12 月末，金融机构外汇占款余额为 253587.01 亿元，比 11 月末减少 1003.3 亿元。这是自 2011 年 10 月金融机构外汇占款出现近 4 年来首次负增长以来的持续第三个月负增长。

2011 年 10 月，外汇占款余额减少 248.92 亿元，11 月则减少 279 亿元。值得注意的是，12 月外汇占款余额减少数额已超过 10 月和 11 月的总和。此外，2011 年 12 月末，外汇储备余额为 31811.48 亿美元，比 11 月末减少 397.59 亿美元。

二、四季度主要货币政策措施

四季度内，主要货币政策工具调整不大。11 月 30 日，央行宣布从 2011 年 12 月 5 日起，下调存款类金融机构人民币存款准备金率 0.5 个百分点。此前存款准备金率经过 2011 年初以来的 6 次调整，大型金融机构存款准备金率达到 21.5% 的历史高位，大幅减少了银行的可贷资金，在一定程度上起到抑制通胀的效果，同时也令市场资金紧张。根据央行此前公布的存款数据估算，此次下调存款准备金率 0.5 个百分点，预计可以释放资金约 4000 亿元。这对于缓解资金紧张、提高银行放贷能力将起到积极作用。此次调整后，我国大型金融机构存款准备金率为 21% ，中小型金融机构存款准备金率为 17.5% 。

三、需要关注的几个因素

（一）国际经济金融形势依然不容乐观

从四季度末情况看，全球经济金融形势仍不乐观，各大经济体的经济状况处于起伏之中。在美国方面，据美国劳工部数据，2011 年 12 月份美国非农业部门失业率较前月微降 0.2 个百分点，降至 8.5% ，为连续第四个月下降，显示美国就业市场有改善迹象。美元指数持续走强，强势美元重新回归。逐利资本涌回美国，支撑美元资产走高。11 月美国财政部资产报告显示，外国持有美国资产大幅攀升。11 月份美国消费信贷总额比上个月增加 204 亿美元，按年率计算为增长 10%，为 2001 年 11 月以来最大单月增幅，表明消费者对经济前景的信心增强。

在欧洲方面，欧债危机继续反复，欧洲银行业在新兴经济体中的资金开始回流。欧元屡创新低则反应出市场信心依旧不足。国际信用评级机构下调了 8 个欧洲国家信用评级，但对德国的评级未变，显示欧洲经济增长火车头未出现大问题。

展望未来，世界经济仍难以走出衰退。世界银行发布的《2012 年全球经济展望》预计，世界经济已进入危险期。欧洲金融动荡已部分扩散到有关发展中国家和其他高收入国家。与此同时，主要发展中国家的增长率比复苏初期明显减速。因此，尽管美国和日本的经济活动正在趋强，但全球增长与世界贸易已大幅减速。在此背景下，世行调低了对 2012 年的增长率预测，把对发展中国家和高收入国家的增长率预测分别从去年 6 月份的 6.2% 和 2.7% 调低至 5.4% 和 1.4%。世行对全球的增长率预测为 2012 年是 2.5%，2013 年是 3.1%。世行指出，经济增长放缓的迹象已从全球贸易和大宗商品价格趋弱上显现出来。全球货物和服务出口估计 2011 年增长 6.6%，2012 年预计增长 4.7%。与此同时，全球能源、金属矿产和农产品价格从 2011 年初达到巅峰后分别下跌 10%、25% 和 19%。

全球经济的疲软给我国 2012 年的经济发展带来了挑战。在目前形势下，包括我国在内的发展中国家可以采取的财政政策和货币政策空间均小于金融危机爆发初期，一旦出现全球状况急剧恶化，我国经济金融方面的应对和发展将会受到较大制约。

（二）银行信贷资产质量需要密切关注

目前，我国银行业的信贷资产质量存在一定隐患。近年来，在国家加强流动性控制，信贷资源稀缺的形势下，银行业一改前几年需要求助企业的状况，凭借自己手中的信贷资源不断上浮利率，并利用多种渠道获取表外资产收益。这一方面影响了包括中小企业在内的实体经济产业发展，另一方面也导致了自己的盲目自信和资产扩张。一旦信贷资源不再过于紧缺，银行业的经营将出现一些问题。其中理财产品高收益的情况根本无法持续，隐患颇多，值得关注。

一是关注平台贷款后期的债务续接工作。近年来对地方政府融资平台贷款的管理和重组已得到国家和地方政府的高度重视，但由于地方政府债务资金筹措、管理和使用不够规范，公司治理不健全，代偿性风险较为突出，埋下了严重隐患。据初步统计，地方债务在 2012～2013 年陆续开始集中偿还，现有地方财政收入模式可能会造成坏账再次频出。

二是关注房地产贷款因经济放缓带来的对银行信贷资产质量的影响。目前我国房地产宏观调控仍处于关键时期，房地产价格已经开始出现拐点，部分中小房地产开发企业可能面临贷款到期的压力。一旦发生较大面积的偿债能力不足，银行业的信贷资产质量将受到严重影响。

三是关注影子银行和非法高利贷等风险向银行体系的传染。当前，一些准金融机构（如担保公司、小额贷款公司）通过与商业银行的不当往来规避金融监管，并且与高利贷、非法集资等问题交织在一起，进一步向银行蔓延、传染。银行资金流入民间借贷市场的情况时有发生，滋生了潜在风险。

四是银行理财产品业务潜存的风险。公开数据显示，有 65.25% 的银行理财产品缺少收益资料。在全部公开收益资料的产品中，实际收益率小于预期的比例仅为 0.04%。但理财业务的风险关键不在高息揽存，而是将表内流动性转移到表外，影响宏观调控。目前，银行"双重表外化"现象非常明显。存款"出逃"到理财，是负债方的表外化。银行大量代销融资性信托理财产品，委托贷款急剧放量，是资产方的"表外化"。"双重表外"业务的扩张，脱离了监管者的监管范围，且没有有效的风险对冲机制。一旦表外贷款无法偿还，银行为避免声誉上的损失，必将动用表内贷款偿还理财资金，让表外风险转嫁表内。在此方面，中小银行风险更加明显。中小银行在理财产品业务发展上势头最猛，规模占比较高，但这与其风险承受能力大不匹配。与此同时，中小银行理财产品的预期收益率也普遍高于大银行。一旦贷款企业还款能力出现问题，中小银行将成为首个波及对象。

大量的银行理财产品，事实上将银行的贷款从表内移至表外。目前，我国对大多数银行理财产品的监管仍处于空白，只有商业银行的银信理财合作业务被要求在 2011 年底前由表外资产转入表内，大量理财产品仍属于表外业务且规避了银监会等部门的监管。大量由理财产品而形成的表外资产对商业银行的资产质量和稳定性等造成了一定的影响，甚至可能引发系统性风险。

四、当前金融形势和金融政策展望

12 月召开的中央经济工作会议和 2012 年 1 月初召开的第四次全国金融工作会议对近阶段金融宏观调控政策指明了方向，要求继续实施稳健的货币政策，保持政策的连续性和稳定性，增强调控的针对性、灵活性和前瞻性，适时适度进行预调微调，继续处理好保持经济平稳较快增长、调整经济结构和管理通胀预期的关系，调节好货币信贷供给，保持合理的社会融资规模，优化信贷结构，加强系统性风险防范，促进经济平稳较快发展和物价总水平基本稳定。

从上述会议精神看，稳健货币政策重心明显偏向支持实体经济发展和防范系统性风险这两项任务上。从本质上看，短期内支持实体经济发展和防范系统性风险存在一定的政策抵消。如果未来宏观经济政策徘徊在保增长、防通胀、防范系统性风险和调结构之间，则政策放松的力度和方向会受到限制明显受限，政策的弹性也将显著下降。预计，货币政策实施目标难以同时确保支持实体经济发展和防范系统性风险，主要着力点应侧重于支持实体经济发展。

对于未来货币政策工具的选择和运用，结合当前经济形势和政策基调，预计仍将以数量工具为主。现在一年期定存利率为 3.5%，结合未来通胀走势来看，预计在负利率情况未有明显改善的情况下，下调利率的概率较小。历史数据显示，春节前资金的需求量较大。1 月 6 日，央行发布公告，暂停央票的发行，根据实际情况实行逆回购操作。从近期央行公开市场操作数据来看，资金投放量较小，难以满足市场对资金的需求。此外，12 月物价水平的下行加大了央行的操作空间，未来偏紧的货币政策可能会逐步缓和，存款准备金率可能还会进行下调。

在汇率方面，近期人民币汇率升值进入平台期，国际收支趋向平衡，但并不意味着人民币升值就此停滞，也不意味着国际资金流动发生趋势性转向。2012 年全年人民币仍将保持升值趋势，升幅约为 3%，同时汇率水平的波动幅度可能会加大，汇率弹性会继续提高。

第六部分　资本市场分析

今年股票市场呈现"前高后低"的熊市走势，第一季度震荡整理，后三个季度单边下滑。上证综指从上年末的 2808.08 点降至本年末的 2199.42 点，全年跌幅达 21.68%，超过 2010 年跌幅 8 个百分点，位居全球股市最大跌幅前列。跌幅甚至超过部分欧债危机国家，仅次于希腊、阿根廷、奥地利、朝鲜和印度等股市。其中，四季度上证综指跌幅达 7%，超过二季度 5.7% 的跌幅，低于三季度 14.6% 的跌幅。全年沪深两市成交量也表现出"前高后低"的特点,日均成交额从2月和3月的超过2500亿元持续降至12月的1000亿元左右,降幅超过50%。债券市场前9个月走势与股市齐涨齐跌,呈现较为罕见的"股债双熊"走势。四季度回归传统的"跷跷板"行情,股市单边下行而债市单边上行。以中债固定利率国债净价指数为例,该指数全年上涨2.93%,其中四季度上涨3.13%。全年包括银行间和交易所现券成交额达62.7万亿元,略低于2010年的63.5万亿元,但较大幅度高于2009年的47万亿元的成交规模。其中除一季度成交额只有12.5万亿元外,其他三个季度成交额均较高,都在15万亿~18万亿元之间(如图4-6所示)。

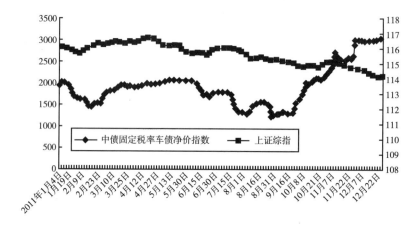

图4-6 2011年我国股市和债市走势图

一、股票市场分析

(一)四季度股票市场运行

2011年股票市场在经济增速逐季下滑、市场流动性持续趋紧、通胀压力前高后低、欧债危机愈演愈烈、新股发行规模居高不下等多重因素影响下,创2008年以来的最大跌幅。第四季度股市走势,除受上述因素影响外,又受到"股市新政"、年末机构行情等特殊因素的影响。

1. 外部环境不确定性加大,欧债危机愈演愈烈,带动股市下行

2009年下半年,希腊政府预计其财政赤字和政府债务占GDP比重可能分别达12.7%和113%,引致当年12月标普、穆迪和惠誉三大评级机构下调其评级,欧债危机率先在希腊爆发。2010年救助机制效果不明显,三

大机构再次下调其评级。2011年4月以来，虽然救助力度加大，但希腊财政状况不仅没有改善，反而进一步恶化，引致自身评级连续被调降。特别是20117月以来西班牙、意大利、葡萄牙和爱尔兰等国家债务问题进一步凸显，主权债务评级连续被降级，呈现出欧洲五国债务日益恶化而德国、法国以及相关国际机构救援措施乏力的格局。这致使2011年7月以来，欧债危机愈演愈烈，在延缓全球经济复苏进程的同时，促使欧洲股市快速下降。其中希腊以全年卜跌52%列全球跌幅第二，德国、法国和意大利股市跌幅均超过14%。欧债危机的恶化和欧洲股市的加快下行，不仅加大了国内经济走势不确定性，打击了国内投资者的信心，而且也带动国内股市随之快速下行。

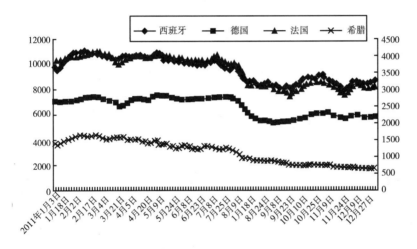

图4-7　2011年德国（左轴）、法国（右轴）、西班牙（左轴）和
希腊（右轴）股指

2. 经济增速逐季下滑，非金融上市公司业绩同比增速趋降，打击投资者信心

2011年以来，受国际经济动荡、国内周期性因素、流动性紧缩以及房地产调控等影响，我国经济增速持续下滑。当季GDP增速由一季度的9.7%逐步下滑至二季度和三季度的9.4%和9.1%，四季度进一步下滑到8.9%。从三季度以来，欧债危机日益加剧，国际黄金、石油和大宗商品价格波动频繁，国际经济复苏前景更加不明朗，打击了投资者信心。

与此同时，与股市持续单边下滑相反的是，上市公司业绩在2010年出现较快增长的基础上继续向好。前三季度按照整体法计算的全部上市公司摊薄后每股收益达 0.4154 元，较上年同期增长 10.63%，但总体增幅下降。非金融上市公司业绩增幅放缓，加大了投资者对上市公司业绩的悲观预期，促使股市不断创出新低。从总体增幅方面，全部上市公司每股收益同比增幅下降了 12.85 个百分点。从主要板块看，金融保险业特别是银行业业绩上升较快，加之其市值较大，利润贡献度较高（近50%），对全部上市公司业绩提升起到了重要作用。而剔除金融保险业后的上市公司每股收益只有 0.3669 元，与上年同期的 0.3531 元基本持平。中小企业板和创业板业绩出现不同幅度下滑。前者在 2010 年前三季度创0.3832 元的历史最好水平后，在 2011 年前三季度小幅下降 3.72% 至0.3832 元。创业板每股收益在 2010 年前三季度同比下降 25.6% 的基础上，又在 2011 年前三季度继续大幅下降了 15.28%，创历史最低水平。与之相适应，在银行股基本保持稳定的情况下，创业板、中小板和非银行板块成为本轮行情下降的主力军。三者全年跌幅分别达 35.88%、34.08% 和 31.13%，超过全部 A 股跌幅 11.66、13.46 和 8.71 个百分点（如表 4－21、图 4－8 和图 4－9 所示）。

表 4－21　2011 年末主要板块股指、收益和市盈率比较表

	全部A股	上证A股	深证A股	沪深300	中小企业板	创业板	剔除金融类	金融保险
股指涨跌幅(%)	－22.42	－21.68	－32.88	－25.01	－34.08	－35.88	－31.13	－10.23
每股收益涨跌幅(%)	10.63	12.42	5.59	NA	－3.72	－15.28	3.91	18.97
市盈率(倍)	12.89	11.06	23.20	10.45	26.82	36.07	17.43	7.82

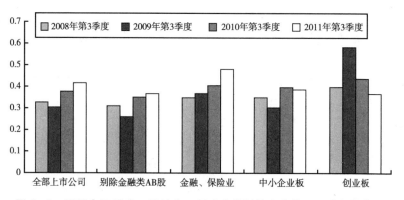

图 4－8　2008 年三季度～2011 年三季度各类板块上市公司平均每股收益

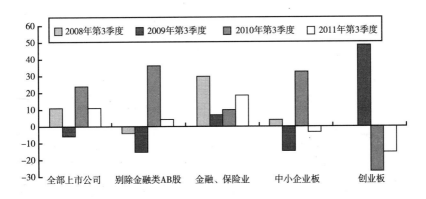

图4-9 2008年三季度~2011年三季度各类板块上市公司平均每股收益同比增速图

3. 通胀压力居高不下，市场资金面趋紧，对股市形成重压

受输入性通胀压力较大、国内农产品价格走高、劳动力成本持续提升等多方面因素影响，全年通胀"前高后低"。为有效应对通胀挑战，今年2月、4月和7月连续三次加息，将一年期基准利率提高75BP至3.5%。上半年连续6次提高存款准备金率，在6月末大型金融机构存款准备金率提高到21.5%的历史最高水平。虽然11月末调降1次存款准备金率50BP，但幅度较小，资金面仍然偏紧，对股市形成的压力逐步增大。从M2增速变化看，由1月的17.7%持续降至11月的12.7%。从存贷款变化看，各项存款余额和贷款余额同比增速分别从1月的17.3%和18.5%逐步降至11月的13.1%和15.6%。前11个月的新增存款和新增贷款分别从上年同期的11.1万亿元和7.4万亿元降至7.4万亿元和6.84万亿元，降幅分别达26%和8%。2008年末以来存款增速降幅大都超过贷款增速，存款与贷款同比增速差快速下将并持续在底部徘徊（如图4-10所示）。从理财产品发行看，今年发行规模达2.35万只，较上年的1.2万只增加了95%。2011年末理财产品余额[①]3万多亿元，超过当年40%的新增存款，均创历史新高，在一定程度上吸纳并分流了股市资金。从公开市场操作看，全年净回笼资金力度加大，从去年的6825亿元提高至今年的1.9万亿元，增加了1.79倍。从同业拆借利率变化看，6个月和12个月的SHIBOR由年初

——————————

① 由于理财产品基本为1年期以下产品，余额与新增规模较为接近。

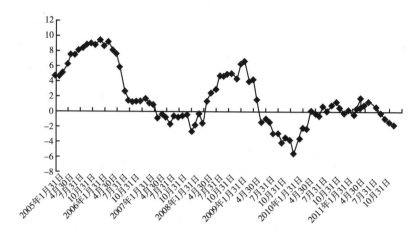

图 4 – 10　2005 年 ~ 2011 年存款同比增速与贷款同比增速差变化图

的 3.56% 和 3.64% 持续升至 11 月末的 5.52% 和 5.25%，年末伴随存款准备金率的下调小幅回落（如图 4 – 11 所示）。从投资者开户数看，今年 A 股账户新增开户数只有 1008 万户，较 2008 年和 2010 年股市分别大幅下滑 65.39% 和 14.3% 的熊市时期开户数下降了 40% 强。从机构资金变化看，2011 年前三季度普通股票型基金算术平均净赎回率分别为 - 2.9%、- 0.18% 和 - 0.71%，混合型基金中偏股性基金算术平均净赎回率分别为 - 2.5%、3.7% 和 - 0.3%。这说明股票型基金并未因股市大幅下滑面临过多的净赎回压力，存量资金规模保持稳定。但股票型增量仍出现了较大幅度的下降，全年新增份额为 1120 亿份，比 2010 年和 2009 年的 1646 亿份和

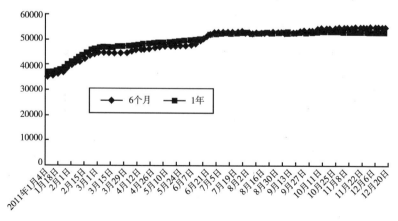

图 4 – 11　2011 年 6 个月和 1 年 SHIBOR 变化图

2667 亿份降低了 32% 和 58%。从大小非减持情况看，在股市 2010 年下降 14% 和 2011 年下降 22% 的情况下，净减持规模分别达 742 亿元和 790 亿元，减持规模进一步加大（如图 4-12 所示）。此外，股市缺乏赚钱效应。《财商》调查显示，2011 年 73% 的投资者亏损幅度超过 30%，也抑制了新增资金的流入。

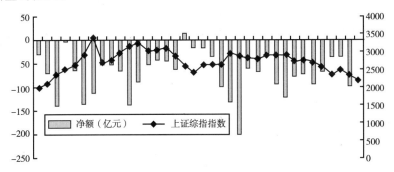

图 4-12　2009 年~2011 年上证综指和大小非减持净额对比图

4. 股市持续下行而扩容力度不减，拉低价值中枢

2011 年股市呈现非常典型的"政策平淡"、"表现很差"而"融资很高"的特点，对股市运行产生了非常不利的影响。一方面，与自身历史运行特点相比较，2010 年和 2011 年股市运行都具有一个共同的特点，即伴随股市持续下跌而扩容规模却丝毫不减。以上证综指为例，股市经过 2008 年高达 65.39% 的大幅下跌后，在 2009 年反弹了 80%，达 3277 点。全部 A 股平均市盈率达 27.3 倍。该年沪深两市实际募集资金规模仅为 5091 亿元。而进入 2010 年和 2011 年，伴随股指分别震荡下跌 14.3% 和 22%，年末全部 A 股市盈率分别降至 18.57 倍和 12.89 倍的较低水平。沪深两市实际募集资金规模却分别高达 1.02 万亿元和 7291 亿元，前者创有史以来年度最大募集资金规模，后者位居第三，仅次于 2010 年和 2007 年大牛市期间的 8211 亿元。2009~2011 年间年募集资金规模总和高达 2.2 万亿元。近三年募集资金规模与 1990 年股市设立到 2008 年 19 年间募集资金规模基本相当，扩容力度之大前所未有，"圈钱"意图十分明显。特别是这一扩容行为出现在股市低迷、市盈率跌至 10 余倍的价值低估时期，较为沉重地打击了投资者信心（如图 4-13 所示）。另一方面与国际市场运行特点相比较，在今年内地和香港股市跌幅位居全球前列的同时，两个市场 IPO 融资总额却位列全球第一，超过 719 亿美元，几乎是小幅上涨且全球表现较

好的纽交所和纳斯达克两大市场 IPO 融资额的两倍。股市在巨大的扩容压力之下只有选择持续下跌。

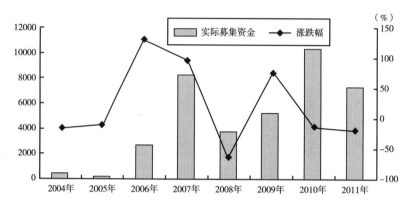

图 4-13　2004~2011 年实际募集资金（亿元）与年度涨跌幅对比图

5. "股市新政"推出和机构年末考核压力增大，加剧股市下跌动能

2011 年 10 月末，伴随中国证监会"掌门人"的更替，一些全新的监管政策密集出台。它在推进股市长期健康发展的同时，短期加快了部分投机资金撤出，进一步增加股市做空动能。这主要表现在以下四个方面：一是在创业板探索退市制度改革，提高 ST 公司重组门槛至首发上市基本相同的水平，遏制"壳资源"炒作和绩差公司炒作，特别是不得用政府补贴抵补上市公司亏损保壳。这些措施极大打击了部分没有实质性重组支撑的绩差公司和 ST 公司，致使这类板块大幅下跌。2011 年小盘股指数①一改过去几年与大盘指数和中盘指数相比涨幅最大而跌幅最小的局面，出现了高达 32% 的跌幅，超过同期上证综指跌幅 10 个百分点。而这一下跌主要发生在新政出台后的第四季度（如表 4-22 所示）。二是打击内幕交易行为。对容易引发内幕交易的上市公司并购重组，不断完善"异动即调查、涉嫌即暂停、违规即终止"等规则措施，减少违法者的可乘之机。进一步加大了 ST 板块和绩差板块炒作难度和投机成本，促使部分资金选择快速离场。三是深交所发布《关于完善创业板退市制度的方案》征求意见稿，与已颁布的相关制度相比更加严格。如不允许借壳，第一年净资产为负暂停上市，第二年净资产为负终止上市。连续 120 个交易日累计

---

①　小盘指数在一定程度上可以代表 ST 板块和绩差板块。

成交低于 100 万股终止上市、较之前缩短一半时间。连续 20 个交易日每日收盘价低于每股面值退市。最近 36 个月内累计收到交易所公开谴责三次终止上市。这些措施使投资者由此及彼推测下一阶段主板市场退市制度必将日趋严格，促使部分投资者选择退出。四是考虑到中国经济硬着陆风险、股市政策风险和投资风险，出现了部分海外资金集中撤出现象。此外，以基金为代表的机构投资者年末面临较大的考核压力。为防止出现过度非理性下跌并根据监管新政和国家政策导向重新布局，它们存在一定的不计成本出货现象。

表 4 - 22　2008 ~ 2011 年间申万大盘、中盘和小盘指数与上证综指涨跌幅对比表

单位：%

年　份	大盘指数	中盘指数	小盘指数	上证综指
2008	- 64	- 62	- 53	- 65
2009	93	132	130	80
2010	- 16	12	29	- 14
2011	- 24	- 35	- 32	- 22

（二）2012 年一季度股票市场预测

2012 年在外部环境、宏观经济、通货膨胀、资金结构、整体估值、大小非减持和"股市新政"等因素的综合作用下，股市有望实现筑底回升、理性回归的行情，但大幅上涨概率较低。

1. 国际经济运行在不确定中走向复苏，加大国内股市震荡

尽管明年上半年欧债危机存在继续恶化的可能，但明年国际经济走势主要取决于美国。美国经济好，则欧洲经济好，全球经济好。这主要是由美国 GDP 占全球 GDP 的 23%，而欧债危机五国的[①] GDP 只占全球 GDP 的 6% 所决定的。

美国经济方面，美国经济将继续缓慢复苏。一方面，欧债危机对美国经济影响有限。欧债危机五国债券持有者绝大部分集中在欧元区，美国持有比重较低，只有 17% 左右。美国发放给上述五个国家的贷款很少[②]，仅占美国所有对外贷款和金融衍生品的 5.4%，发放给整个欧洲的贷款总额

---

①　中国 GDP 占全球的 10%，接近欧债危机五国 GDP 的 2 倍。
②　据美林银行估算，2010 年该贷款仅有 166 亿美元。

只占美国银行资产的 10%。美国持有欧洲股票和债券余额仅占美国共同基金的 8.5%。美国对欧洲出口仅占美国 GDP 的 3%，远低于其对亚洲 27% 的出口占比。因此，欧债危机对美国影响较小。另一方面，美国金融危机影响日渐减弱，标准普尔/CS 房价指数自 2009 年末以来一直保持平稳。次贷违约率和止赎率分别从危机时期 27.21% 和 15.6% 的最高值降至 2011 年 9 月末的 22.78% 和 14.8%，与危机前正常的 14% 和 5% 的差距日渐收窄。2011 年 9 月 CPI 和 PPI 升至危机全面爆发以来的最高水平，分别达 3.9% 和 7%。失业率从 2011 年 5 ~ 9 月的 9.1% ~ 9.2% 降至 9%。银行信贷同比增速由 2009 年 10 月的 -5.4% 回升至 2010 年 10 月和 2011 年 10 月的 3% 和 1.3%。小企业信贷持续快速走高，私人净储蓄率开始下降，消费稳定增长。2010 ~ 2011 年三季度实际消费环比保持在历史较高水平，全部工业部门产能利用率回升至危机前水平。因此，未来一段时期，美国经济将在波折中缓慢复苏，明年超过 2% 的增长是可期的。

欧元区方面，由于欧洲债务总规模虽然较大，但仍不到美国的一半，且欧洲债务的债权人主要是德国和法国银行，所持债务规模约占总债务规模的 70% 左右。一方面，欧债危机影响具有较强的地域性和内源性，更多地会影响欧洲内部经济复苏，对全球经济增长影响是间接的。另一方面，德国和法国经济增长依然较好，其必然会施以援手。虽然出台的救援方案可能会有反复，但欧债危机有望逐步缓解的趋势是可以预期的。同时，美国经济复苏，会非常有利于带动欧元区经济走出泥潭。这是因为欧盟对美国和中国出口占比分别达到 23% 和 26%[①]，二者合计占一半。美国经济好，中国经济也会好，则欧盟出口有望恢复增长，筑底回升[②]。

总体看，明年前期伴随欧债危机恶化，全球股市特别是欧洲股市可能再创新低，在拉低全球经济增速的同时，对中国股市产生不利影响。但伴随欧债危机解决方案的最终出台和逐步实施，这一最大的不确定因素将有所减缓，降低国内股市运行的不确定性。

2. 我国宏观经济走势趋稳，国内股市继续下调空间有限

周期分析表明，国内经济运行回调动能日渐减弱，正处于探底回升的转折阶段。伴随经济结构的不断调整、过剩产能的适时淘汰、房地产调控政策的深入实施和保障房建设的继续推进，我国投资增速可能略有下降。

---

① 对欧盟内部出口占比达 33%。

② 欧盟从美国进口规模占其总进口规模 40%，对美国贸易逆差占其总贸易逆差的 80%。

伴随城乡居民收入和最低收入水平不断提高，国家结构性减税政策的推行，政府多措并举扩大中等收入群体占比，消费需求可能稳步回升。伴随国际经济前低后高，我国出口增速可能继续回调，但幅度有限。因此，2012年GDP增速不会快速下滑，稳定在9%左右的可能性较大。上市公司业绩增速保持平稳，有利于股市触底回升。同时，根据2011年末中央经济工作会议精神，稳中求进是2012年全年经济发展主基调，扩大内需是经济工作的重中之重。股市理性回归合理区间，有利于财富性收入增长和内需扩大，因此股市上升空间高于回调空间。

3. 通货膨胀压力不容忽视，增加股市上行压力

虽然2011年10~12月当月CPI和PPI同比均出现了较大幅度回落，预示2012年通胀压力可能有所缓解。但不容忽视的是，市场资金面仍会较紧，并增加股市上行压力。这主要是由以下三方面决定的：一是输入性通胀压力不容忽视。这是由于美国经济复苏没有达到预期，则不排除推出QE3。若美国经济复苏较好，需求拉动通胀压力也是较大的。同时，欧洲为解决欧债危机，欧央行可能加大量化宽松力度。随着欧债危机救援措施逐步到位，黄金价格趋于下跌，大宗商品价格上升概率高于下降概率，我国输入性通胀压力依然较大。二是国内成本推动和需求拉动型通胀压力不容忽视。未来较长一段时期内国内劳动力成本仍将呈上涨趋势，粮食和农副产品价格在国家多方面稳定物价措施出台后有望企稳，消费稳步扩大加大物价上涨动能，人民币汇率升值速度减慢会减弱对输入性通胀压力的冲抵作用，我国内在通胀压力依然较大。三是货币增发引致的通胀压力不容忽视。我国增发基础货币占同期基础货币余额比重大都在20%左右，远超过美国2007年金融危机爆发前不到5%的水平。我国M2/GDP超过200%，不仅远高于美国危机前2007年末56%的水平，而且远高于美国危机后2011年11月66%的水平。加之我国利率较欧美接近零利率水平高出较多，货币增发以及热钱流入带来的通胀压力居高不下。

4. 市场结构性估值创历史最低，存在结构性上涨动能

从整体市场估值看，2011年末，按照动态市盈率法计算的全部A股市盈率已降至12.89倍的有史以来最低点，与2005年末20倍的历史次低点相差近40%。市净率降至1.92倍的历史次低点，仅小幅低于2005年末1.7倍的的历史最低点，已经进入低估区间。从行业估值看，通过对比2011年末与2005年末的市净率，可以看出2011年末金融服务、仓储运

输、采掘行业、房地产、公用事业、建筑行业、木材家具和其他制造业这8个行业的市净率水平均低于或接近于2005年末的历史最低点，综合行业和造纸印刷等10个行业的市净率水平高于2005年末历史最低点不到1，信息技术、电子行业、医药行业和农林牧渔四个行业高于2005年的1至2，只有食品饮料行业市净率超过2005年3以上。而截至2011年末，市净率与2005年末差值最小的前8个行业中有6个行业的流通市值占总流通市值的54%，存在一定程度的结构性低估。未来上涨动能较足，除食品饮料行业外的其他14个行业市净率处于历史较低水平，有利于股市走好（如图4-14所示）。

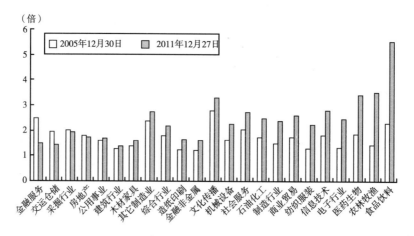

图4-14 2005年末与2011年末各行业市净率对比图

5. 大小非解禁规模较大，不利于股市大幅走高

2012~2017年是我国大小非最后的解禁时期。按照2011年末市值估算，解禁总规模达4.27万亿元。其中，2012年和2013年解禁规模将分别达到1.2万亿元和1.9万亿元，占这一期间解禁总规模的74%，对股市上行构成一定压力（如图4-15所示）。分板块看，2012年四季度创业板和中小板解禁规模集中放大。且这类板块市盈率偏高，股东高位减持意愿较强，减持压力较大，不利于该板块走好。此外，股权分置改革以来，同样按2011年末市值估算，截至2011年末已解禁的股票市值高达72.65万亿元，大部分仍未抛售。若股市上涨幅度过大，会出现较大抛压，抑制股市大幅走高。

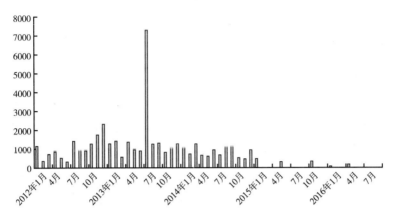

图 4 – 15　2012 年 ~ 2016 年大小非接近市值（亿元）对比图

6.“股市新政”继续出台，将对市场产生重要影响

根据监管规律推测，股市监管新政不会仅仅局限于挤出股市结构性泡沫、打击非法投机和内幕交易等“罚”和“惩”的措施，必然还会出台一些“疏”与“导”的措施。2011 年末出台并将在 2012 年全面实施的措施主要有四项：一是人民币境外合格机构投资者（RQFII）政策，包括华夏基金和嘉实基金等九家公司香港子公司首批拿到 RQFII 资格，有望拓宽股市资金来源渠道。二是《关于创业板拟上市公司分红要求》明确要求企业在公司章程（草案）中明确如何制定各期利润分配的具体规划和计划安排。虽未作出强制性比例要求，但迈出了实质性一步，有利于增强股市投资的稳定性。三是就 IPO 发布了《关于调整预先披露时间等问题的通知》，提前了预披露时间，有利于投资者更加充分了解企业并审慎做出投资决策。四是拟出台鼓励大股东增持方案。通过修订规则的方式，将持股 30% 以上的股东每年 2% 自由增持股份的锁定期从 12 个月降至 6 个月，以进一步鼓励产业资本在合理价位增持股份，有利于降低股市波动性。同时，2012 年初召开的证券期货监管会议精神，我国股票市场有望在深化新股发行制度改革，完善发行、退市和分红制度，加强股市监管，促进一级市场和二级市场协调健康发展，提振股市信心等方面出台具体举措。资本市场资源动员能力、创新能力和实体经济服务与支持能力有望取得突破性进展，也将有力推进资本市场向市场化、规范化、稳健化方向迈出坚实步伐。

二、债券市场分析

(一) 四季度债券市场运行

2011 年债券市场总体呈现前低后高的走势。以中债固定利率国债净价指数为例,前三季度小幅下跌 0.5%,第四季度快速涨升 3.13%,全年上涨 2.93%。全年包括银行间和交易所现券成交量达 62.86 亿元,与 2010 年基本相当,分别是 2009 年和 2008 年成交额的 1.47 倍和 1.7 倍,处于历史最高成交水平。影响全年特别是第四季度债券市场的因素主要有以下四个方面。

1. 通胀压力 "前高后低",促使债券二级市场 "前低后高"

2011 年我国通胀压力始终较大,呈现 "前高后低" 的特点。针对持续加大的通货膨胀压力,中央果断提出,要把保持物价总水平基本稳定作为宏观调控的首要任务,为此出台了控制货币、发展生产、保障供应和改善民生等一系列有针对性的措施。一方面,通过前 7 个月连续 3 次加息使一年期基准利率提高 0.75 个百分点,通过上半年连续 6 次提高存款准备金率使大型金融机构存款准备金率达 21.5% 的历史最高水平,货币市场利率持续上行,市场流动性日趋紧缩。另一方面,通过增加供给、改进流通、降低不合理收费等措施,促使影响物价的最重要因素食品价格高位回落。当月同比增幅从 7 月 14.8% 的年内高点快速降至 11 月 8.8% 的年内低点,物价过快上涨的势头得到有效抑制。同时,中小企业融资难和地方债务负担日益沉重等问题日益凸显。11 月末央行年内第一次下调存款准备金率 0.5 个百分点,有力提振了债券市场信心,在四季度迎来了较有力度的反弹。

2. 债券市场供需两旺,推动债市高位保持活跃

一级市场发行方面,市场融资需求与认购需求均较上年有所提升。发行规模上,全年发行包括国债、金融债、企业债和票据在内的发行规模达 5.8 万亿元,超过上年 30%。其中,发行规模占比较高的国债、政策性银行债和中期票据,年度发行额较上年同期分别增长 21%、68% 和 47%。从债券中标利率变化幅度与基准利率变动幅度比较,年末与年初相比,除 1 年期固定利率国债和固定利率金融债发行利率分别上升 100BP 和 110BP,超过同期银行基准利率 75BP 的涨幅外,其他年期固定利率国债和金融债发行利率均出现一定程度下跌。如 3 年期固定利率国债发行利率提高不到 20BP,较大幅度低于银行基准利率涨幅。5 年期、7 年期和 10 年期等中长期固定利率国债和金融债发行利率略有下降或基本持平。在认购需求上,

以债券一级市场发行为例，5 年期国债认购倍数由年中的 1.4 倍提高到年末的 1.7 倍，3 年期国开行和农发行债券认购倍数分别从年初的 1.24 和 1.8 倍上升到年末的 2.37 倍和 2.7 倍。二级市场交易方面，全年债市二级市场交易额居历史最高水平，仅略低于 2010 年，较 2009 年增长 34%。

3. 债券短端收益率降幅超过长端收益率降幅，债券收益率曲线平移向下且逐步陡峭化

与 2010 年末相比，虽然今年连续 3 次加息，但受银行信贷紧缩、股市融资渠道不畅和非银行借贷成本过高等影响，债券融资需求特别是短期债券资金需求较为旺盛，债券收益率曲线整体下移并呈现陡峭化变动趋势。以中债固定利率收益率曲线为例，1 年期收益率降幅最高，达到 72BP。随着年期增加，收益率降幅逐步收窄，如 18 年收益率降幅仅为 2.55BP；19～30 年期收益率均有提升，升幅逐步走高；24 年收益率升幅最高达 8.76BP（如图 4 - 16 所示）。

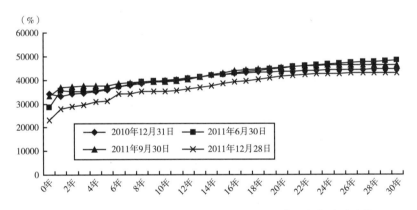

图 4 - 16　2010 年末～2011 年末中债固定利率收益率曲线对比图

4. 四季度债券市场反弹力度过大，在一定程度上透支了未来的流动性放松空间

2011 年前三季度债券市场基本处于缓步下跌走势。四季度以来，伴随物价调控效果逐步显现，中央政府多次表态要对货币政策进行预调微调，特别是 12 月初实施年内首次下调存款准备金率，释放出较为明显的货币政策趋宽的信号。这促使 2009 年以来持续承压的债券市场快速反弹。中债固定利率指数在四季度反弹幅度超过 3%，超过全年该指数 2.93% 的涨幅。而与其他历史时期相比，2011 年加息 3 次，净提高存款

准备金率5次，紧缩程度高于2010年和未作任何调整的2009年，但中债固定利率指数涨幅却远超过这两年1.88%和5.85%的跌幅。这说明市场存在一定的投机成分，且在一定程度上透支了未来货币政策进一步放宽的空间（如表4-23所示）。

表4-23　2007～2011年间债券市场涨跌与市场流动性关系表

年 份	中债固定利率 指数跌幅(%)	提高一年期基准利率情况	提高大型金融机构 存款准备金率情况
2007年	-5.77	加息6次，从上年末2.52%提升 至本年末4.14%	从上年末的9%提升至本年末的 14.5，调高10次
2008年	12.96	降息4次，至2.25%	调高7次，调降2次，年末达15.5%
2009年	-5.85	未调整	未调整
2010年	-1.88	加息2次，至2.75%	调高6次，至18.5%
2011年	2.93	加息3次，至3.5%	调高6次，调降1次，至21%

（二）2012年一季度债券市场预测

在国内经济日渐趋稳、通胀压力紧中有松、更多采用数量型货币政策而非价格型货币政策的宏观调控手段，以及债券市场改革进程加快等多方面因素作用下，2012年债券市场将呈现交易更加活跃、市场需求更加旺盛、市场规模更加扩大、市场管理更加规范的发展格局，二级市场有望高位窄幅震荡。

1. 债券市场改革进程可能加快，促进债券市场步入新的发展时期

2011年颁布的《国民经济与社会发展第十二个五年规划》指出，要"加快多层次资本市场体系建设，显著提高直接融资比重。积极发展债券市场，稳步发展场外交易市场和期货市场"。2011年末召开的中央经济工作会议指出，提出"要完善多层次资本市场，要发挥好资本市场的积极作用"。分析表明，2011年末我国股票市场总市值达21.48万亿元，占估算的年化GDP比重接近50%。若按照2007年末股市高点计算，这一比例超过120%。2010年末美国股票市值占GDP比重超过70%，最高超过100。因此，中国股票市场市值占GDP比重与发达国家已经较为接近。但与发达国家比较，中国债券市场较不发达。自1981年恢复发行国库券以来，经过30年的发展，我国已累计发行了12大类、存量面值约20万亿元的债券。2011年末债券存量票面金额占估算年化GDP比重为45%，且这一比重变化较为稳定。若剔除央票、短期融资券和国债，这一比例只有20%左右，与发达国家差距较大。因此，"十二五"时期要显著提高直接融资比重，股票市场可提升空间要远小于债券市场可提升空间，债券市场有望成为提高直接融资的最重要途径，有利于债券市场步入快速发展轨道。

为此，2011年末中国证监会成立了首个债券办公室，专门负责债券市场的统筹规划和整体建设，同时针对国内债券市场多头审批、多头交易和多头监管的低效格局，提出债券市场建设的"六个统一"的基本思路，即统一准入条件、统一信息披露标准、统一资信评估要求、统一安排投资者适当性制度、统一债券市场投资者保护制度，从而减少交易市场分割，增强统一互联。可以预期，2012年我国债券市场可能迎来新的历史转折，逐步向品种多元化、规模扩大化、交易一体化、管理规范化、发行广泛化转型。

2. 利率下行空间有限而数量型货币政策调控空间较大，债市高位震荡的概率较高

考虑到中小企业融资难、企业资金链断裂引发系统性金融风险日渐加大，而房地产调控短期内尚不能放松，因此货币政策可能紧中有松，在利率基本保持稳定或小幅下降的基础上，更多会使用数量型货币政策调控市场流动性。2011年四季度债券市场过度反弹，透支了未来流动性缓解的空间。未来一段时期债券市场再度大幅走高的可能性较小，高位震荡、小幅上行的概率较大。

3. 债券市场融资需求加大和交易需求略减，对债券市场活跃程度带来一定影响

2012年我国债券市场融资需求可能稳中有升。一是我国将继续实施积极的财政政策，国债需求量不会较2011年出现太大变化。二是2011年末中央经济工作会议关于金融工作的重点是要求更多支持实体经济发展。2012年发展债券市场，扩大债券市场容量，增加企业融资渠道成为必然选择，不排除国家出台鼓励债券市场建设政策，各类机构债券融资需求将得到有效激发。三是市场流动性可能略有放宽，但总体从紧。银行理财产品热度不减和利率市场化持续推进，信贷市场资金依然较紧，金融机构和非金融机构可能更多转向债券市场融资。与债券融资需求持续上升相对比的是，债券市场资金面可能呈现"松中趋紧"的态势。这不仅是由于股市处于历史低位。外部经济形势渐趋明朗，美国经济稳定复苏，股市恢复性上涨概率较大，而且银行理财产品、基金产品和证券理财产品可能趋于活跃，从而在一定程度上分流部分债市资金，将提升债券一级市场发行成本，降低二级市场活跃程度。

第七部分　房地产市场分析

2011 年，在"调结构、稳物价"大背景下，国家继续加强房地产调控力度。年初"国八条"、房产税试点改革先后出台，然后"限购"、"限价"、"限贷"等政策全面升级，下半年 1000 万套保障房建设计划提前实现。可以说，2011 年中国房地产市场逐步进入了寒冬。

一、四季度房地产投资的主要特点

2011 年四季度，我国房地产投资增速持续稳步回落，且回落幅度明显。房屋施工、新开工增幅持续萎缩，房屋、住宅竣工增幅波动中下降。商品房销量和销售额同比增幅迅速下降，房地产市场出现低迷。房价在北京、上海等大城市出现了拐点，国房景气指数持续下降，且跌破了景气空间。

（一）房地产投资增速回落，全年呈现快速下降态势

四季度，房地产投资规模继续保持下降势头，且下降幅度较前三季度更加明显。11 月份房地产投资额和商品住宅投资同比增幅比 10 月份分别下降了 4.9 个百分点和 7 个百分点；12 月份房地产投资额和商品住宅投资同比增幅比 11 月份分别下降了 7.8 个百分点和 9.8 个百分点，下降幅度明显增快。

表 4 - 24　2011 年第四季度各月房地产开发企业完成投资情况

单位：亿元；%

时　间	房地产投资额	同比增幅	商品住宅投资	同比增幅
10 月	5698	25.0	4044	27.5
11 月	5560	20.1	4025	20.6
12 月	6257	12.3	4451	10.8

资料来源：根据国家统计局公布数据整理。

全年全国房地产开发投资 61740 亿元，比 2010 年增长 27.9%。其

中，商品住宅投资 44308 亿元，同比增长 30.2%，占房地产开发投资的比重为 71.8%。从全年累计投资变化情况来看，房地产开发企业投资增幅与商品住宅投资增幅，总体呈现先波动、中缓慢下降、后快速下降的趋势。请参见表 4 – 25。

表 4 – 25　2011 年房地产开发企业完成投资情况

单位：亿元；%

时　间	房地产投资额	同比增幅	商品住宅投资	同比增幅
1 ~ 2 月	4250	35.2	3014	34.9
1 ~ 3 月	8846	34.1	6253	37.4
1 ~ 4 月	13340	34.3	9497	38.6
1 ~ 5 月	18737	34.6	13290	37.8
1 ~ 6 月	26250	32.9	18641	36.1
1 ~ 7 月	31873	33.6	22789	36.4
1 ~ 8 月	37781	33.2	27118	36.4
1 ~ 9 月	44225	32.0	31788	35.2
1 ~ 10 月	49923	31.1	35832	34.3
1 ~ 11 月	55483	29.9	39857	32.8
1 ~ 12 月	61740	27.9	44308	30.2

资料来源：根据国家统计局公布数据整理。

从全年投资额来看，前三季度稳步增加，第四季度出现了回落。资料显示，全国房地产投资额从第一季度的 8846 亿元增加到第四季度的 17515 亿元，商品住宅投资从第一季度的 6253 亿元增加到第四季度的 12520 亿元。从各季度投资变化同比增幅来看，全国房地产投资与商品住宅投资同比增幅呈现持续下降的态势。房地产投资额和商品住宅投资额同比增幅由第一季度的 34.15% 和 37.37% 下降到第四季度的 18.70% 和 18.94%。但各季度下降的幅度存在明显的差异，第二季度房地产投资额和商品住宅投资额同比增幅比第一季度均下降了 1.83 个百分点；第三季度房地产投资额和商品住宅投资额同比增幅比第二季度分别下降了 1.73 和 1.66 个百分点；第四季度房地产投资额和商品住宅投资额同比增幅比第三季度分别下降了 11.9 和 14.94 个百分点，四季度下降幅度最大。

表 4 - 26 2011 年各季度房地产开发企业和商品住宅投资完成情况

单位：亿元；%

2011 年	房地产投资额	同比增长	商品住宅投资额	同比增长
一季度	8846	34.15	6253	37.37
二季度	17404	32.32	12388	35.54
三季度	17975	30.59	13147	33.88
四季度	17515	18.70	12520	18.94

资料来源：根据国家统计局公布数据整理。

全年房地产累计投资额、商品住宅累计投资额或各季度投资额同比增幅，总体表现出先缓慢下降后快速下降的趋势。第四季度各类同比增幅已经低于30%，可以说房地产投资开始降温。

（二）施工和新开工增幅持续回落，房屋住宅竣工增幅下降

四季度我国房地产开发企业房屋施工面积、新开工面积下降明显。资料显示，1~11月施工面积和新开工面积累计同比增幅比1~10月分别下降了0.5和1.2个百分点，1~12月施工面积和新开工面积累计同比增幅比1~11月分别下降了2.6和4.3个百分点，下降幅度有增大的趋势。而房屋竣工面积和其中的住宅竣工面积则在1~11月累计增幅有所回升，但在1~12月累计增幅却大幅下降。

表 4 - 27 2011 年第四季度我国房屋施工、新开工、竣工累计面积变化

单位：万平方米；%

时　间	施工面积	同比增长	新开工面积	同比增长	房屋竣工面积	同比增长	住宅竣工面积	同比增长
1~10 月	474786	28.4	160362	21.7	49721	18.5	39953	17.6
1~11 月	491311	27.9	174952	20.5	59326	22.3	47767	21.5
1~12 月	507959	25.3	190083	16.2	89244	13.3	71692	13.0

资料来源：根据国家统计局公布数据整理。

全年各月施工面积和新开工面积累计同比增幅均明显回落，全国施工面积累计增幅从1~2月的39.0%下降到1~12月的25.3%；全国新开工面积累计增幅从1~2月的29.7%下降到1~12月的16.2%。而房屋竣工面积和住宅竣工面积则呈现出波动状况：上半年表现为先增后降的特征，1~3月为拐点；下半年表现同样是先增后降的特征，11月到达峰值，然

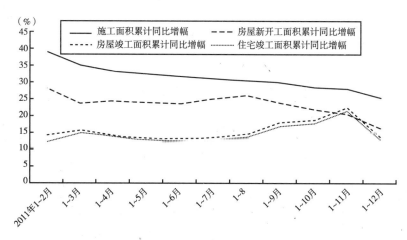

图 4 - 17　2011 年房屋施工、新开工、竣工累计面积增幅变化

后直转而下，下降幅度均超过 5 个百分点。

　　从房屋新开工面积、房屋、住宅竣工累计面积同比变化幅度来看，四季度是全年变化幅度最大的一个季度。如房屋新开工累计面积同比增幅从 1～10 月的 21.7% 逐步下降到 1～12 月的 16.2%，降幅为 5.5 个百分点；房屋竣工累计面积同比增幅从 1～10 月的 18.5% 逐步下降到 1～12 月的 13.3%，降幅为 5.2 个百分点；住宅竣工累计面积同比增幅从 1～10 月的 17.6% 逐步下降到 1～12 月的 13%，降幅为 4.6 个百分点。

表 4 - 28　2011 年我国房屋施工、新开工、竣工累计面积变化

单位：万平方米；%

时　　间	施工面积	同比增长	新开工面积	同比增长	房屋竣工面积	同比增长	住宅竣工面积	同比增长
2010 年 1～12 月	20.97	29.3	1.49	37.5	0.61	8.2	0.48	5.8
2011 年 1～2 月	291473	39.0	19083	27.9	6952	13.90	5366	12.10
1～3 月	327402	35.2	39842	23.4	12832	15.4	10229	14.8
1～4 月	352472	33.2	56841	24.4	17127	14.0	13685	13.8
1～5 月	377516	32.4	76118	23.8	21621	12.9	17238	12.7
1～6 月	405738	31.6	99443	23.6	27558	12.8	22059	12.3
1～7 月	424195	30.8	115169	24.9	32445	13.4	26017	12.7
1～8 月	442616	30.5	131881	25.8	37095	14.7	29742	13.6
1～9 月	460786	29.7	147775	23.7	43456	17.8	34845	16.6

续表

时 间	施工面积	同比增长	新开工面积	同比增长	房屋竣工面积	同比增长	住宅竣工面积	同比增长
1~10月	474786	28.4	160362	21.7	49721	18.5	39953	17.6
1~11月	491311	27.9	174952	20.5	59326	22.3	47767	21.5
1~12月	507959	25.3	190083	16.2	89244	13.3	71692	13.0

资料来源：根据国家统计局公布数据整理。

从以上数据来看，2011年房屋施工、新开工面积、房屋、住宅竣工面积总体呈现出下滑的趋势，房屋、住宅竣工面积在某些月份有些波动。房屋的施工面积、新开工面积以及竣工面积都反映了房地产投资逐渐趋紧的状况。

（三）商品房销售走低，市场低迷

与三季度相比，四季度商品房销售面积和销售额同比增幅有了明显回落。从表4-29可以看出，商品房累计销售面积从1~10月的10%下降到1~11月8.5%；商品房累计销售面积从1~11月的8.5%下降到1~12月4.9%；1~12月相对1~3月14.9%的全年最高同比增幅有了明显回落。商品房累计销售额从1~10月的18.5%下降到1~11月16%；商品房累计销售额从1~11月的16%上升到1~12月12.1%；相对1~2月27.3%的

表4-29　2011年我国商品房销售情况

单位：万平方米；亿元

时 间	销售面积	同比增幅	销售额	同比增幅	时 间	销售面积	同比增幅	销售额	同比增幅
1~2月	8143	13.8	5242	27.4	1~2月	8143	13.81	5242	27.36
1~3月	17643	14.9	10152	27.3	3月	9500	15.77	4910	27.17
1~4月	24898	6.3	14078	13.3	4月	7255	-9.89	3926	-11.74
1~5月	32932	9.1	18620	18.1	5月	8034	18.55	4542	36.19
1~6月	44419	12.9	24589	24.1	6月	11487	25.35	5969	47.02
1~7月	52037	13.6	28852	26.1	7月	7618	17.82	4263	39.04
1~8月	59854	13.6	33264	25.9	8月	7817	13.52	4412	24.88
1~9月	71289	12.9	39312	23.2	9月	11435	9.47	6048	10.00
1~10月	79653	10.0	43826	18.5	10月	8364	-9.85	4514	-11.07
1~11月	89594	8.5	49047	16.0	11月	9941	-1.70	5221	-1.23
1~12月	109946	4.9	59119	12.1	12月	20352	-6.68	10072	-1.26

资料来源：根据国家统计局公布数据整理。

全年最高同比增幅下降了 15.3 个百分点。四季度商品房累计销售面积和累计销售额同比增幅从 1~10 月到 1~12 月均下降了 5 个百分点以上。

萎缩迹象表现在销售面积和销售额均有明显回落。2011 年四季度我国商品房销售面积为 38657 万平方米，同比增幅为 - 6.17%，相比一季度、二季度和三季度分别下降了 21.03%、18.15% 和 19.08%。商品房销售额四季度为 19807 亿元，同比增长 - 3.67%，相比一季度、二季度和三季度分别下降了 30.94%、25.58% 和 25.38%。这些表明房地产市场在 2011 年经历了持续的降温后，四季度房地产销售更是呈现出迅速下滑的发展态势。参见表 4 - 30。

表 4 - 30　2011 年各季度我国商品房销售情况

单位：万平方米；亿元

2010 年	销售面积	同比增长	销售额	同比增长	2011 年	销售面积	同比增长	销售额	同比增长
一季度	15361	35.83	7977	57.99	一季度	17643	14.86	10152	27.27
二季度	23911.1	4.87	11843	10.26	二季度	26776	11.98	14437	21.90
三季度	23798	- 1.91	12097	3.11	三季度	26870	12.91	14723	21.71
四季度	41199	16.57	20562	24.90	四季度	38657	- 6.17	19807	- 3.67

资料来源：根据国家统计局公布数据整理。

（四）房价进入下行通道

四季度我国房价继续保持下滑势头，相对前三个季度同比增幅回落加速。10 月份与 9 月相比，70 个大中城市中，新建商品住宅价格下降的城市有 34 个，持平的城市有 20 个。与 9 月份相比，10 月份环比价格下降的城市增加了 17 个。环比价格上涨的城市中，涨幅均未超过 0.2%，同比涨幅回落的城市有 59 个。11 月份价格下降的城市有 49 个，持平的城市有 16 个。与 10 月份相比，11 月份环比价格下降的城市增加了 15 个。环比价格上涨的城市中，涨幅均未超过 0.2%，同比涨幅回落的城市有 61 个。12 月份价格下降的城市有 52 个，持平的城市有 16 个。与 11 月份相比，12 月份环比价格下降的城市增加了 3 个。环比价格上涨的 2 个城市中，涨幅均为 0.1%，同比涨幅回落的城市有 55 个。

另外，我国房地产市场国房景气指数（全国房地产开发景气指数）从 5 月份开始持续走低，进入第四季度降幅明显加快，并在 11 月份跌破了景气空间。

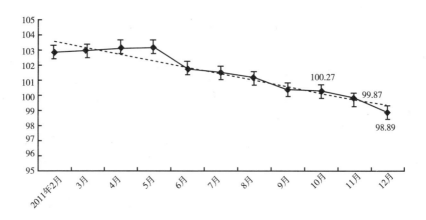

图4-18　2010年全国房地产开发景气指数变化情况

图4-18显示，二季度房地产市场国房景气指数开始逐步下降。其中二季度下降幅度为1.45，三季度下降幅度为1.09，四季度下降幅度为1.38。不论是从各月总体变化情况来看，还是从各季度内国房景气指数下降幅度来看，都充分显示出国房景气指数在加速下降。2011年12月份全国房地产开发景气指数为98.89，比11月份降低0.98个百分点，同比回落2.9个百分点，连续7个月下滑，创下近28个月以来的新低。自去年11月份国房景气指数跌破100以来，已经连续2个月处于100以下的不景气区间。全国房地产行业已经全面入冬。

综合以上数据可以看出，2011年在各项调控措施的压力下，我国房价出现了实质性下降，上涨的趋势有明显改变。国房景气指数持续稳步下降，四季度降幅加快，这也预示着房地产市场寒冬的到来。

二、影响我国房地产投资变化的因素分析

2011年四季度我国房地产投资和市场变化延续了第三季度的特点。这主要是由于我国社会经济发展环境及其政策环境发生了深刻变化。与此同时，一个重要原因还在于中国发展方式转变带来的各种新的要素变化。房地产投资和市场同样如此。

（一）政策调控从未放松

2011年一季度，在各地纷纷出台"限购令"的同时，国家对房贷政策进行了新的调整。"限购令"主要是限制家庭购房数量，并对非本城市居

民购房做了严格规定。抑制投机性购房的差别化的购房信贷政策，严格限制了购房过度需求。全国主要城市限购政策的实施，直指房地产市场的住宅需求。其"限购"政策的实施，稳定了房地产市场的供求关系，有效地抑制了投机性需求，使房价过快增长得以控制。为了更好的达到房地产市场的调控效果，8月住建部公布了对各地列入新增限购城市名单的5项建议标准，部分二三线城市被纳入其中，并采取限购、限价双行线。与此同时，国务院要求个地方政府拟定房价调控目标，并对全国70个人中城市进行房价监管。

另外，住建部与各省、自治区、直辖市以及计划单列市签订《保障性住房目标责任书》，完成1000万套保障性住房的任务。其目的在于调整房地产供应结构，增加供应种类，满足不同层次的需求，使房地产行业进入一个较健康的发展道路。资金方面，今年中央财政共安排1030亿元用于保障性安居工程建设，同比增长34.7%。同时明确要求确保住房公积金增值收益、土地出让收益按规定用于保障房建设。地方政府也不断加大资金投入力度。除了财政投入以外，还通过保障房融资平台、引入社会资本等方式融资。土地方面，"国八条"要求"在新增建设用地年度计划中，单列保障性住房用地"。5月国土资源部《2011年全国住房用地供应计划公告》提出，对落实国家1000万套保障性安居工程建设用地也实行责任制，可见政策严厉程度明显提升。

（二）信贷紧缩利率整体上调

2011年，CPI涨幅呈扩大趋势，存款准备金率和利率不断上调。自今年3月起，CPI涨幅均在5%以上的高位，3月、4月分别为5.4%和5.3%，7月更是达到6.5%，创近两年新高。虽然从7月开始出现转折点，但是CPI却一直处于较高位。面对经济运行平稳降速和通胀居高不下的两难，央行将继续实施好稳健的货币政策，把稳定物价总水平作为宏观调控的首要任务，增强调控的针对性、有效性和前瞻性，注意把握好政策的节奏和力度。同时，综合运用多种货币政策工具，健全宏观审慎政策框架，有效管理流动性，保持合理的社会融资规模和货币总量。

为抑制通货膨胀，2011年上半年，央行每月上调一次存款准备金率，共计6次，每次0.5个百分点，使大型金融机构存准率达到历史高点21.5%。央行还分别在2月和4月加息0.25个基点。7月7日起，上年结转的个人住房公积金存款利率上调0.25个百分点，由2.85%上调至

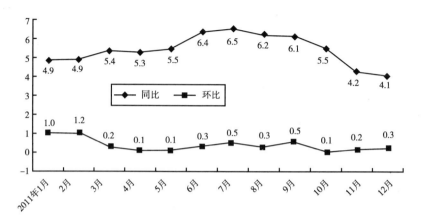

图 4 - 19　2011 年各月 CPI 同比、环比变化

3.10%。五年期以上个人住房公积金贷款利率上调 0.20 个百分点，由 4.70% 上调至 4.90%。五年期以下（含五年）个人住房公积金贷款利率上调 0.25 个百分点，由 4.20% 上调至 4.45%。一至三年贷款利率提至 6.65%，5 年期贷款利率更是达到了 7.05%。若不考虑存量房贷利率 7 折的情况，房贷利率已升至最近 10 年来的最高水平。

　　紧缩的信贷政策和利率的不断攀升，增加了房地产投资商的投资成本，进而影响了其投资收益，打压了房地产投资商的投资热情。同时，还增加了购房者的还贷成本，使一些潜在的购房者望而却步。这又导致了房屋交易量的下降，再一次影响了房地产投资商的投资热情，大大地影响了房地产市场投资。

（三）　资金推动力逐渐衰减

　　强有力的资金支持一直是我国房地产业蓬勃发展的动力，也成为近几年来房地产业快速发展的重要原因之一。但是自从进入 2011 年以来，房地产业的资金优势出现了问题。2011 年上半年房地产商销售业绩并不是非常乐观。一系列调控政策相当严厉，不仅导致需求减少，也使资金使用成本不断提升，极大地提高了房地产商资金压力。

　　2011 年上半年的两个季度，中国人民银行分别 36 次连续提高金融机构存款准备金率，减少了金融机构的房贷能力，在限制购房者贷款需求的同时，也限制了房地产开发商的资金来源。另外，贷款利率的不断提高，也增加了房地产开发商使用资金的成本。

表 4 - 31   2011 年上半年存款准备金率调整情况

公布时间	生效日期	大型金融机构			中小金融机构		
		调整前	调整后	调整幅度	调整前	调整后	调整幅度
2011 年 6 月 14 日	2011 年 6 月 20 日	21.00	21.50	0.50	17.50	18.0	0.50
2011 年 05 月 12 日	2011 年 05 月 18 日	20.50	21.00	0.50	17.0	17.50	0.50
2011 年 04 月 17 日	2011 年 04 月 21 日	20.00	20.50	0.50	16.50	17.00	0.50
2011 年 03 月 18 日	2011 年 03 月 25 日	19.50	20.00	0.50	16.00	16.50	0.50
2011 年 02 月 18 日	2011 年 02 月 24 日	19.00	19.50	0.50	15.50	16.00	0.50
2011 年 01 月 14 日	2011 年 01 月 20 日	18.50	19.00	0.50	15.00	15.50	0.50

资料来源：中国人民银行。

表 4 - 32   2011 年四季度房地产开发企业资金来源情况

单位：亿元；%

2011 年	资金来源总额	国内贷款	利用外资	企业自筹	其他资金	其他资金中定金及预收款	其他资金中个人按揭
1～2 月	12173	2679	86	4184	5223	3154	1280
增长率	16.3	7.7	61.5	21.4	16.6	28.9	11.3
1～3 月	19268	3837	144	7126	8161	4825	2076
增长率	18.6	4.4	45.2	27.2	18.7	28.7	- 5.3
1～4 月	25362	4800	222	9486	10853	6449	2753
增长率	17.4	5.4	62.3	27.2	14.8	23.1	- 6.8
1～5 月	32340	5803	266	12486	13785	8259	3443
增长率	18.5	4.6	57.3	30.9	14.6	23.3	- 8.0
1～6 月	40991	7023	438	16463	17067	10236	4181
增长率	21.6	6.8	75.5	32.7	17.8	26.9	- 7.9
1～7 月	47852	8018	500	19293	20040	12080	4869
增长率	23.1	6.4	65.8	34.0	20.4	29.1	- 5.1
1～8 月	54738	8889	633	22253	22963	13921	5506
增长率	23.4	5.1	71.5	33.8	21.5	30.9	- 4.2
1～9 月	61947	9749	679	25535	25985	15761	6186
增长率	22.7	3.7	50.1	33.5	20.7	29.3	- 3.2
1～10 月	68429	10552	714	28201	28961	17520	6755
增长率	20.2	1.0	32.4	30.8	18.8	25.6	- 4.9
1～11 月	75208	11376	764	31092	31976	19228	7499
增长率	19.0	1.2	16.6	30.6	16.2	20.7	- 5.5
1～12 月	83246	12564	814	34093	35775	21610	8360
增长率	14.1	0.0	2.9	28.0	8.6	12.1	- 12.2

资料来源：国家统计局。

同时，根据国家统计局公布数据，房地产开发企业资金来源中，个人按揭贷款累计增幅一直维持负增长。个人按揭贷款与定金及预收款总额为开发商资金的主要组成部分，个人按揭贷款只有在 1～2 月份累计增幅是正值，为 11.3%，之后一直处在负增长状态。国内贷款增幅减缓，12 月份的累计增幅为 0。从此可以看出，房地产开发商资金来源范围、资金量已经非常吃紧。

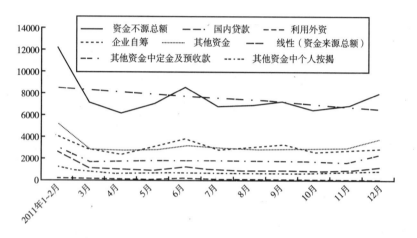

图 4 - 20　2011 年月度房地产开发企业资金来源变化情况

所以，随着房地产企业贷款难度不断加大，通过资本市场和信托渠道融资也被严格管控，限购、限贷，购房首付比例提高、贷款利率高位运行等措施的实施，将进一步限制房地产开发企业可用的资金来源。如果这些政策有效地执行下去，在下半年就会对房地产开发企业的融资环境产生致命影响，各房地产公司的资金压力将不断上升。

三、房地产投资及市场展望

综合前面所述的因素，2012 年我国房地产市场将更加理性，各种市场行为将更加规范；住房的供需矛盾将会逐步有所缓解；房价将会快速跨入合理区间。

（一）房地产市场会更理性

2012 年最核心的是"稳"，即保障稳定。房地产业作为与民生息息相关的重要行业，将服从我国经济社会"稳"中求"进"的总基调。政府将会坚定不移地执行现行各项调控政策，包括继续扎实推进保障性安居工程建设，继续落实地方政府对调控房价和完成保障房建设任务的责任；继续实施差别化的住房信贷、税收政策和住房限购措施。在遏制投机投资性购房需求的同时，支持首次购房者的贷款需求；增加普通商品房建设，扩大有效供给；继续加强市场监管，规范市场行为。通过这些措施，最终促进房价的合理回归。

（二）供需矛盾将逐步缓解

2012年，国家和地方政府将继续加大保障性住房建设力度。从"十二五"期间保障房建设资金将投入达4.8万亿元来看，3600万套保障房在未来五年的资金需求分别为1.37万亿、1.08万亿、0.8万亿、0.79万亿、0.79万亿。其中，2011年和2012年为投资高峰期，开工、在建、竣工的保障房均是五年中最高年份。

2011年以来多项措施的实施已经有效地抑制了投资投机性购房需求，各级政府对保障性住房的投资建设力度大幅提升，完善保障性住房建设制度的各项措施也在加速完善，较好地保障了保障性住房建设的顺利进行。随着2011年各项措施调控效果的逐步显现，以及各类保障性住房逐步投向市场，预计将会有效缓解房地产市场供需矛盾。

（三）房价将快速跨入合理目标空间

展望2012年的房价走向，我们认为，房价将快速跨入合理目标空间。原因有三：一是从市场供求来看，由于2011年和2012年我国保障性住房建设速度加快，大量保障性住房将会在2012年集中投放市场，供给量增加。另外，随着对外资监管力度加大，外资在房地产市场的存量将会有所减少，房地产开发商的资金压力迫使其必须采取加快销售房屋。这样，住房供给将会增加，供需矛盾将会缓解，从而迫使房价逐步下降。二是从政策环境来看，2012年信贷政策将会收紧房地产开发企业的银根，土地政策限制了开发商拿地、屯地权限。在企业融资、土地开发、商品房交易等环节将加强管理，规范房地产企业及相关人员行为。房地产调控的主要目标就是房价回归到合理区域，只要房价不降，调控措施就不会放松，这也是本届政府直到房主要目标之一。2012年是实现这一目标的关键年。三是从房价变动趋势来看，国家统计局公布数据显示，2011年12月份，全国房价继续延续前几个月跌势。这就是证明。从70个大中城市房价变动资料显示，到2011年12月份，新建商品住宅价格环比下降的城市已经达到了52个，比上月又多出3个，持平城市继续保持在16个。综合各种因素，2012我国住房价将快速跨入合理区间。

四、未来房地产政策取向

综观 2012 年，我国房地产调控的大方针不会改变和任何动摇，限购、限贷措施还将继续。当然，扩大房产税征收改革试点，也将成为影响未来房地产价格变化的重要因素。

（一）调控方针不会改变，限购政策不会放松

就今年的调控政策而言，中央坚持调控的方针不会变，地方政府或许会根据其"保"增长和"保"民生之间的权衡，可能会出现稍稍偏离，但调控大方针不会变。住房限购不会放松，但限购内容力度或许有所调整。例如，对新建商品住宅进行限购，而对存量房放宽；有的地方可能会对高端住宅实行限购，而对普通住宅依然实行限购。

（二）限贷政策将不会放松

限贷政策是受制于宏观经济变化。预计 2012 年，贷款规模、货币发行量都将会继续受到一定控制，不仅是房地产企业如此，其他行业企业也如此。尽管在 2011 年四季度，国家的贷款政策开始出现新变化，但主要针对的是国家基础建设设施重点项目及小微企业。对房企来说，信贷政策将不会放松。

（三）扩大征收房产税试点城市的可能性增大

我们认为，2011 年的房地产税试点将会扩大，因为通过房地产税来调整房地产市场是最有效的手段。根据房地产市场的运行状况，不断扩大税基和调整税率，再对居民已购存量房开征房产税，从而实现双税并轨，促进房地产开发流转环节税收为主向房地产保有环节税收为主的房地产税制转型，是房地产市场健康发展的治本之策，符合房地产税制改革方向，预计 2012 年国家将会适时扩大征收房产税试点城市范围。

第八部分　宏观管理与政策要点

2011 年四季度中国的宏观经济政策格外引人关注，尤其是在世界经济不景气、欧债危机加剧的情况下，越来越多的国家把目光转向中国。可以说，四季度的宏观经济政策实际上预示着 2012 年全年的政策基调，对中国

乃至世界经济都将产生重要影响。事实也如此，四季度的宏观经济政策可圈可点，归纳起来主要表现在以下方面。

一、中央经济工作会议确定了"稳中求进"的政策总基调

备受关注的中央经济工作会议于 12 月 12 日至 14 日在北京召开。会议提出推动 2012 年经济社会发展，关键在于把握好稳中求进的工作总基调。特别是强调了"四个牢牢把握"，即牢牢把握扩大内需这一战略基点，把扩大内需的重点更多放在保障和改善民生、加快发展服务业、提高中等收入者比重上来；牢牢把握发展实体经济这一坚实基础，努力营造鼓励脚踏实地、勤劳创业、实业致富的社会氛围；牢牢把握加快改革创新这一强大动力，抓住时机尽快在一些重点领域和关键环节取得突破，着力提高原始创新能力，不断增强集成创新、引进消化吸收再创新能力；牢牢把握保障和改善民生这一根本目的，加大财政投入力度，切实办好涉及民生的大事要事，注重提高发展的包容性。为此，会议确定了五大重点任务。

一是继续加强和改善宏观调控，促进经济平稳较快发展。统筹处理速度、结构、物价三者关系，特别是要把解决经济社会发展中的突出矛盾和问题、有效防范经济运行中的潜在风险放在宏观调控的重要位置。财政政策要继续完善结构性减税政策，加大民生领域投入，积极促进经济结构调整，严格财政收支管理，加强地方政府债务管理。货币政策要根据经济运行情况，适时适度进行预调微调，综合运用多种货币政策工具，保持货币信贷总量合理增长，优化信贷结构，发挥好资本市场的积极作用，有效防范和及时化解潜在金融风险。财政政策和信贷政策都要注重加强与产业政策的协调和配合，充分体现分类指导、有扶有控，继续加大对"三农"、保障性住房、社会事业等领域的投入，继续支持欠发达地区、科技创新、节能环保、战略性新兴产业、国家重大基础设施在建和续建项目、企业技术改造等。要加强预算管理，严格控制"三公"等一般性财政支出。

二是坚持不懈抓好"三农"工作，增强农产品供给保障能力。毫不放松抓好粮食生产，稳步提高粮食最低收购价，增加粮食生产直接补贴，加大粮食主产区利益补偿力度。落实好"米袋子"省长负责制和"菜篮子"市长负责制。强化农产品全程质量安全管理，完善储运和市场体系，规范流通秩序，降低农产品流通成本。抓好水利基础设施建设，坚持科教兴农战略，深入推进社会主义新农村建设。

三是加快经济结构调整，促进经济自主协调发展。着力扩大内需特别

是消费需求。合理增加城乡居民特别是低收入群众收入，拓宽和开发消费领域，促进居民文化、旅游、健身、养老、家政等服务消费；加强城乡市场流通体系建设，提高流通效率，降低物流成本；强化监管和服务，坚决打击商业欺诈、制假售假行为，让广大群众放心消费、安全消费。保持适度投资规模，优化投资结构，重点抓好在建和续建工程，确保国家已经批准开工的在建水利、铁路、重大装备等项目资金需求。着力推进产业结构优化升级。坚持创新驱动，培育发展战略性新兴产业，改造提升传统产业，进一步淘汰落后产能，加快重点能源生产基地和输送通道建设，积极有序发展新能源。着力加强节能减排工作。要严格目标责任和管理，完善评价考核机制和奖惩制度，强化节能减排政策引导，加快建立节能减排市场机制。加强环境保护，重点抓好大气、水体、重金属、农业面源污染防治。

四是深化重点领域和关键环节改革，提高对外开放水平。调整财政转移支付结构，加强县级基本财力保障。推进营业税改征增值税和房产税改革试点，合理调整消费税范围和税率结构，全面改革资源税制度，研究推进环境保护税改革。深化利率市场化改革和汇率形成机制改革，保持人民币汇率基本稳定。深化农村信用社改革，积极培育面向小型微型企业和"三农"的金融机构。完善多层次资本市场。要完善原油成品油价格形成机制，逐步理顺煤电价格关系。继续深化国有企业、行政管理体制、文化体制等改革和事业单位分类改革。加快落实促进非公有制经济健康发展的政策措施。保持外贸政策连续性和稳定性，保持出口平稳增长，推动出口结构升级，加强和改进进口工作，积极扩大进口，促进贸易平衡。引导外资到中西部地区投资，扩大服务开放，扩大境外投资合作，积极防范境外投资风险。

五是大力保障和改善民生，加强和创新社会管理。增加教育投入，坚持更加积极的就业政策，完善社会保障体系，扩大养老等各类社会保险覆盖范围，提高统筹层次和保障水平。重视农民工在城镇的工作生活问题，帮助他们逐步解决在就业、居住、医疗、子女入学等方面遇到的困难，有序引导符合条件的农民工进城落户。继续做好医药卫生体制改革工作，抓好保障性住房投融资、建设、运营、管理工作。坚持房地产调控政策不动摇，促进房价合理回归，加快普通商品住房建设，扩大有效供给，促进房地产市场健康发展。

二、中央农村工作会议突出强调了要保障农民的土地财产权

12月27日，中央农村工作会议在北京举行。会议系统回顾总结了党的十六大以来农业农村发展取得的巨大成就，阐述了在推进工业化城镇化进程中继续做好"三农"工作需要把握好的若干重大问题，对做好2012年农业农村工作提出了要求。这几年，中国能够成功应对国际金融危机的冲击，保持国民经济平稳较快发展，很重要的一点是农业农村形势比较好。2012年宏观调控面临的形势复杂严峻，特别是经济增长下行压力和物价上涨压力并存，做好农业农村工作具有特殊重要的意义。因此，会议要求各地做到思想不麻痹、政策不减弱、工作不松懈、投入有增加，确保2012年农业再夺丰收。

尤其值得关注的是，温家宝总理特别强调了保障农民的土地财产权问题。他指出，30多年来数亿农民进城，既改变了亿万农民的命运，更为经济发展注入了强大动力。要使进城农民工真正成为城镇居民，绝不是改变一下户籍那么简单。我国人口规模巨大，只靠几个城市圈和少数经济发达地区不可能完成人口的城镇化。要合理引导人口流向，既要采取措施让具备条件的农民工在就业所在地逐步安家落户，又要引导产业向内地、向中小城市和小城镇转移，让更多农民就地就近转移就业。土地承包经营权、宅基地使用权、集体收益分配权等，是法律赋予农民的合法财产权利。无论他们是否还需要以此来作基本保障，也无论他们是留在农村还是进入城镇，任何人都无权剥夺。推进集体土地征收制度改革，关键在于保障农民的土地财产权，分配好土地非农化和城镇化产生的增值收益。应该看到，我国经济发展水平有了很大提高，不能再靠牺牲农民土地财产权利降低工业化城镇化成本，有必要、也有条件大幅度提高农民在土地增值收益中的分配比例。要精心设计征地制度改革方案，加快开展相关工作，2012年一定要出台相应法规。

面对新形势，对做好"三农"工作提出了许多新的挑战。这就要求必须善于把握农业农村发展规律，不断提高做好"三农"工作的能力和水平。始终尊重农民意愿，即使是为农民办好事，也要允许农民有一个认识和接受的过程，不要追求整齐划一、一步到位。在农村开展各项工作，不仅要体现多数人的意愿，也要充分考虑少数人的特殊情况和合理要求。要更加重视维护农民在土地、财产、就业、社会保障和公共服务等方面的权益，更加重视扩大村民自治范围，完善与农民政治参与意识不断提高相适应的乡镇治理机制。要在吃透民情上下功夫，了解农村的真实情况和群众的真实想法，使决策和工作更加切合实际。在农村做任何事情，都必须坚守政策和法律底线，了解农村改革的历程、农村体制和政策的沿革，出台的政策措施要符合农村的实际情况和发展方向。

三、全国发展和改革工作会议全面部署 2012 年工作

全国发展和改革工作会议于 2011 年 12 月 16 日在北京召开。会议的主要任务就贯彻中央经济工作会议精神，全面部署 2012 年的改革发展工作。强调要积极会同有关部门，继续实施积极的财政政策和稳健的货币政策，保持宏观经济政策的连续性和稳定性，增强调控的针对性、灵活性、前瞻性，保持经济平稳较快发展，保持物价总水平基本稳定，保持社会和谐稳定，在转变经济发展方式上取得新进展，在深化改革开放上取得新突破，在改善民生上取得新成效。会议确定了八个方面的目标任务。

一是保持经济平稳较快增长。进一步落实完善政策，增强居民消费能力，积极培育消费热点，大力优化消费环境，促进消费需求持续增长。着力优化投资结构，继续保持合理的投资规模。中央投资要优先保障国家重点续建项目尤其是收尾工程，确保按时竣工投产，有序推进"十二五"规划确定的重大项目开工建设，加大对保障性安居工程、教育、卫生、水利、新疆西藏和四省藏区发展等方面的投入力度，重点支持"三农"、节能减排、社会事业和社会管理等领域的基础设施建设。要在引导经济结构调整中，重视发展和保护实体经济，严控"两高"和产能过剩行业盲目扩张，严格执行项目建设标准，强化稽察监管。抓紧完善配套措施和实施细则，支持民间投资进入铁路、市政、金融、能源、社会事业等领域。加强煤电油气运的运行调节，为扩大国内需求提供有力支撑。

二是保持物价总水平基本稳定。继续把稳定物价总水平作为宏观调控的重要任务，进一步完善价格调控政策。加强重要商品特别是生活必需品的产运销衔接，充实粮油库存，合理安排收储投放，保障市场供应。抓紧制定降低流通费用综合性工作方案，支持蔬菜流通体系和农产品仓储物流设施建设。完善应对市场价格异常波动的预案，合理把握政府管理价格调整的时机、节奏和力度。深入开展价格和收费检查，严肃查处各类价格违法行为，加强反价格垄断执法。

三是坚持不懈地抓好"三农"工作。坚持把解决好"三农"问题作为各项工作的重中之重，扎实推进农业基础设施建设，重点推进大江大湖治理，加快实施一批重大水利工程，加强中小河流治理、病险水库除险加固、山洪地质灾害防治和小型农田水利设施建设。加快农村饮水安全工程、农村电网改造和农村公路建设步伐，大力发展农村可再生能源，积极

推进农村危房改造和游牧民定居工程，改善农村生产生活条件。组织实施好全国新增千亿斤粮食生产能力规划，大力发展现代农业，增强农产品供给保障能力。完善强农惠农富农政策，进一步提高主要粮食品种最低收购价，大力发展农村二三产业特别是农产品加工业，努力促进农民持续增收。

四是大力推进经济结构战略性调整。充分发挥市场配置资源的基础性作用，发挥科技创新的支撑作用，发挥规划计划、产业政策、政府投资的引导作用。全面实施国家自主创新能力建设规划，加快培育发展战略性新兴产业和高技术产业。继续实施重点产业振兴和技术改造投资专项，推进传统行业跨区域、跨行业、跨所有制兼并重组，制定分解淘汰落后产能目标任务，促进传统产业优化升级。发布实施"十二五"服务业发展规划，研究进一步推进服务业综合改革试点的支持政策，推动服务业加快发展。实施好区域发展总体战略和主体功能区战略。全面实施西部大开发"十二五"规划，研究制定新十年东北振兴的政策措施，出台进一步实施促进中部地区崛起战略的若干意见，积极支持东部地区转型发展。全面落实全国主体功能区规划，抓紧出台配套政策。积极支持西藏、新疆等地区跨越式发展，加强对口支援工作的协调与指导，加大对革命老区、边疆民族地区、库区和移民安置区、集中连片特殊困难地区发展的支持力度。加大扶贫开发投入，增加以工代赈、易地扶贫搬迁规模。

五是下更大力气抓好节能减排。强化政策引导，抓紧出台能源消费总量控制实施方案，加大差别电价、惩罚性电价实施力度，适当提高氮氧化物等污染物排放收费标准，严格实施固定资产投资项目节能评估和审查制度，抑制高耗能行业过快增长。认真落实"十二五"节能减排综合性工作方案，推进节能减排绩效管理。继续深入开展节能减排全民行动，启动万家企业节能低碳行动，开展重点用能单位能源消耗在线监测体系建设试点。加快实施节能改造、节能技术产业化示范、节能产品惠民、合同能源管理推广和节能能力建设等重点工程，继续实施重点生态保护工程，加强重点区域生态治理。积极促进循环经济发展，加大清洁生产推行力度。扎实做好应对气候变化工作，全面推进低碳发展试验试点，积极参与国际谈判。

六是深化重点领域和关键环节改革。更加重视改革的顶层设计和总体规划，围绕消除制约科学发展的体制机制障碍，加大攻坚克难力度。积极稳妥地推进资源性产品价格改革，试行居民用电阶梯价格制度，择机推出成品油价格改革方案，出台天然气价格改革试点方案，推进水资源等收费改革，建立主要污染物排放权交易制度。制定实施"十二五"医药卫生体制改革规划，完善全民基本医保制度，巩固扩大覆盖面，提高补助标准。巩固基层医疗卫生机构综合改革成果，推进以县级医院为重点的公立医院改革，鼓励引导社会资本开办医疗机构。加快全科医生制度建设。进一步完善基层医疗和公共卫生服务体系。深化行政审批制度改革。加强改革的总体指导和统筹协调，继续推进各类综合配套改革试点。

七是努力促进对外经济稳步发展。实施好更加积极主动的开放战略，不断拓展新的领域和空间。深入实施科技兴贸、以质取胜和市场多元化战略，稳定和完善出口退税、加工贸易等政策，进一步扩大进口，保持对外贸易稳定增长。落实新修订的外商投资产业指导目录和中西部地区外商投资优势产业目录，完善外商投资项目管理制度，提高利用外资的质量和水平。统筹做好境外投资的战略布局，加强与重点国家和地区的投资合作。

八是加强以改善民生为重点的各项社会事业建设。认真落实就业优先战略，推进基层就业服务设施、创业服务设施和公共培训基地建设。提升社会保险统筹层次和待遇水平，提高社会保障公共服务能力，努力实现新农保和城镇居民社会养老保险的全覆盖。建立健全保障性安居工程投资、建设、营运、分配和管理机制，扎实推进保障性安居工程建设。巩固和扩大房地产市场调控成果，促进房地产市场健康发展。积极支持各类教育发展，完善教育收费政策。实施重点文化惠民工程，发展壮大传统文化产业，积极培育新兴文化业态，推动社会主义文化大发展大繁荣。加强旅游基础设施建设，大力发展红色旅游。组织实施国家基本公共服务体系规划，不断加强和创新社会管理。

四、全国财政工作会议部署 2012 年财政工作

2011 年 12 月 25 日，全国财政工作会议在北京召开。根据中央经济工作会议的总体部署和原则要求，2012 年财政工作将紧紧围绕科学发展主题和加快转变经济发展方式主线，实施积极的财政政策，深化财税制度改革，完善结构性减税政策，推动国民收入分配格局调整，进一步优化财政支出结构，加大对"三农"、教育、医疗卫生、社会保障和就业、保障性安居工程、节能环保、文化以及欠发达地区的支持力度，严格控制一般性支出，切实保障和改善民生，坚持依法理财、统筹兼顾和增收节支的方针，加强财政科学管理，提高财政资金使用效益，促进经济结构调整和地区协调发展，保持经济平稳较快发展和物价总水平基本稳定，保持社会和谐稳定。具体说来，要着力做好以下几项工作。

一是保持经济平稳较快发展和物价基本稳定。完善结构性减税政策，努力扩大消费需求，着力优化投资结构，促进外贸稳定发展，发挥好财税政策稳定物价的作用。

二是加快转变经济发展方式。支持提高科技创新能力，加快推进节能减排和生态建设，大力支持中小企业发展，落实好小微企业的企业所得税优惠以及提高增值税、营业税起征点等税费减免政策，推动产业结构优化升级，促进区域协调发展。

三是加大强农惠农富农政策力度。切实增强农业综合生产能力，多渠道促进农民增收，深化农村综合改革。

四是着力保障和改善民生。支持教育优先发展，确保实现国家财政性教育经费支出占国内生产总值 4% 的目标，促进医疗卫生事业加快发展，加强社会保障和就业工作，大力支持保障性安居工程建设，促进文化大发展大繁荣，支持加强和创新社会管理。

五是深化财税体制改革。完善财政体制，深化预算管理制度改革，推进税收制度改革，支持深化其他改革，力争在一些重点领域和关键环节取得明显进展。

六是强化财政科学化精细化管理。加强财政法制建设，狠抓预算管理，强化管理基础工作和基层建设，切实加强债务管理，积极推进财政预决算公开，加快财政管理信息化建设，抓好增收节支，严格财政监督，全面提高财政管理绩效。

七是拓展财经对外交流与合作，切实增强我国在全球财金事务中的话语权和影响力。

附录一　世界经济形势

2011 年，世界经济继续保持缓慢复苏势头，但复苏基础仍不稳固，复苏进程仍很脆弱，且各国复苏势头存在差异显著。发达经济体经济在保持缓慢增长的同时面临着失业率高企、消费低迷等困境。发展中国家和新兴经济体经济在保持快速增长的同时，通货膨胀压也显著加大。2012 年，世界经济形势依然严峻，复苏仍将呈现出不稳定性和不确定性等特点。

一、主要国家和地区经济运行情况

(一) 美国经济运行情况

2011 年，美国经济保持复苏态势，但复苏步伐有所放缓。上半年，美国经济增长幅度仅为 0.9%，这是美国经济自 2009 年 6 月结束本轮衰退以来的最低增速。下半年，美国经济增长显著提速。受油价回落、汽车等行业供应链恢复、消费者信心提振等因素影响，三季度经济增长幅度达到 1.8%。四季度美国经济在假日商品销售强劲的带动下继续保持强劲增长。美国联邦储备委员会在 2012 年 1 月份公布的最新一期经济褐皮书报告指出，美国经济从 2011 年底开始呈现加速复苏态势，但经济复苏面临的内外挑战依旧存在，房地产市场仍然是复苏的最大瓶颈。

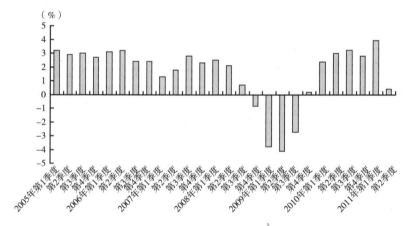

图 4 - 21　美国实际 GDP 季度增长率变化情况

2011 年，美国实体经济增长呈现如下特征。

1. 工业生产增长势头有所好转，但制造业扩张乏力

一季度，美国工业生产保持良好增长态势。1~3 月份，美国工业生产指数分别为 92.8、92.5 和 93.1，环比分别增长 0.2%、−0.3% 和 0.7%。二季度，美国工业生产增速有所放缓。4~6 月份，美国工业生产指数分别为 92.7、93.0 和 93.0，环比分别增长 0.4%、0.3% 和 0.1%。三季度，美国工业生产增速有所加快。7~9 月份，美国工业生产指数分别为 94.1、94.4 和 94.6，环比分别增长 1.1%、0.2% 和 0.2%。四季度，美国工业生产按年率计算增长 3.1%，为连续第 10 个季度上升。10~12 月份，美国工

业生产指数分别为 95.1、94.9 和 95.3，环比分别增长 0.6%、-0.3% 和 0.4%。12 月份，美国制造业生产环比增长 0.9%，采矿业生产环比增长 0.3%，公共事业生产环比下降 2.7%；当月美国工业总设备开工率为 78.1%，比 11 月份的开工率高 0.3 个百分点，但低于 1972 年至 2010 年间美国工业整体设备开工率 80.4% 的平均值。美国供应管理学会（ISM）发布的制造业指数先是由 1 月份的 60.8 下降至 8 月份的 50.6，后回升至 12 月份的 53.9。分类指数中，12 月份 ISM 新订单指数为 57.6，11 月为 56.7；就业指数为 55.1，11 月为 51.8；库存指数为 47.1，11 月为 48.3；产出指数为 59.9，11 月为 56.6；物价支付指数为 47.5，11 月为 45.0。

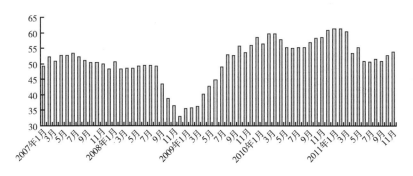

图 4 - 22　美国 ISM 制造业指数变化情况

2. 消费者支出呈现良好增长势头

2011 年一至三季度，美国个人消费支出指数分别为 106.51、106.69 和 107.16，同比分别增长 2.8%、2.2% 和 2.0%，环比分别增长 0.5%、0.2% 和 0.4%。10 月份，美国个人消费开支总额为 10.86 万亿美元，环比增长 0.1%。11 月份，美国消费者支出环比增长 0.1%，连续第二个月上涨；消费信贷总额为 2.4777 万亿美元，比 10 月份增加 204 亿美元，为 2001 年 11 月以来最大单月增幅，同比强劲增长 10%，为连续第三个月上涨。12 月份，美国零售销售额为 4006.1 亿美元，环比增长 0.1%，同比增长 6.5%，其中汽车销售额环比增长 1.5%，同比增长 8.8%。

3. 贸易逆差持续扩大

一季度，美国进口总额为 6475.29 亿美元，出口总额为 5075.57 亿美元，贸易逆差达到 1399.72 亿美元。二季度，美国进口总额为 6687.36 亿美元，出口总额为 5237.42 亿美元，贸易逆差达到 1449.94 亿美元。三季度，美国进口总额为 6720.53 亿美元，出口总额为 5364.73 亿美元，贸易逆差达到 1355.8 亿美元。10 月份，由于进口下降幅度超过出口下降，美国贸易逆差回落至 435 亿美元，其中进口总额约为 2226 亿美元，出口总额约为 1792 亿美元。1~10 月份，美国出口总额约为 17470 亿美元，进口总额约为 22122 亿美元；贸易逆差总额为 4652 亿美元，同比增长约 10.1%。11 月份，美国商品和服务贸易逆差扩大至 477.5 亿美元，上升 10.4%，为 2011 年 5 月以来的最大升幅。

4. 通货膨胀压力趋于缓解

2011 年 1~11 月份，美国消费价格指数（CPI）月度环比增幅分别为 0.4%、0.5%、0.5%、0.4%、0.2%、-0.2%、0.5%、0.4%、0.3%、-0.1% 和 0。12 月份，美国消费价格指数与前一个月持平，其中经季节调整后的能源价格环比下降 1.3%，食品价格环比微涨 0.2%；扣除波动性较大的能源和食品后的核心消费价格指数上涨 0.1%。2011 年全年，美国消费价格指数未经季节调整的涨幅为 3%，核心消费价格指数的涨幅为 2.2%。

5. 就业形势持续好转

2011 年前六个月，美国非农业部门失业率分别为 9.0%、8.9%、8.8%、9.0%、9.1% 和 9.2%。7~9 月份，美国非农业部门失业率分别为 9.1%、9.1% 和 9.0%。四季度，美国失业率呈现快速下降势头。10~12 月份，美国非农业部门失业率分别为 8.9%、8.7% 和 8.5%。12 月份，美国失业率连续第四个月下降，创近 2009 年 2 月份以来的新低。12 月份，美国非农部门共新增就业岗位 20 万个，为自 2011 年 9 月份以来的最好表现。分部门看，当月私营部门新增就业岗位 21.2 万个，零售业新增就业岗位 2.8 万个，政府部门减少就业岗位 1.2 万个。2011 年全年美国非农部门

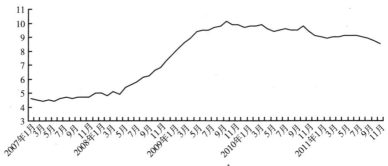

图 4-23 美国失业率变化情况

共新增就业岗位 160 万个，其中私营部门新增就业岗位 190 万个，政府部门减少就业岗位近 30 万个。

6. 房价指数低位反弹，房地产市场有所回暖

2011 年前十个月，美国住房价格指数分别为 184.36、181.56、180.86、181.53、181.93、183.04、183.05、182.70、183.37 和 182.99，依然在低位徘徊。由标准普尔发布的 Case-Shiller 房价指数显示，10 月份未经调整的美国房价环比下跌 1.2%，同比下跌 3.4%，较 2006 年的高点大跌了 32.1%。20 个大城市中有 19 个下降。11 月份，美国新房销售量经季节调整按年率计算为 31.5 万套，环比增长 1.6%，同比增长 9.8%；新房销售中间价为 21.41 万美元，低于 10 月份的 22.26 万美元。

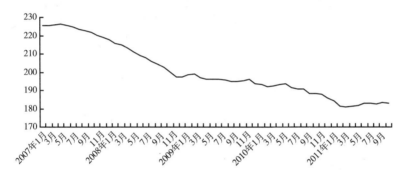

图 4 - 24　美国住房价格指数

（二）欧元区经济运行情况

2011 年，欧元区经济保持缓慢复苏态势。受到债务危机的拖累，欧元区三季度经济环比增长仅 0.2%，增速与第二季度持平，低于一季度的 0.8%；同比增长 1.4%，低于二季度的 1.7% 和一季度的 2.5%。分类别看，三季度欧元区居民消费支出环比上涨 0.3%，固定资产投资微增 0.1%，出口增长 1.5%，进口增长 1.1%。分国别看，德国的经济增速从二季度的 0.3% 上升至 0.5%，但仍远低于一季度的 1.3%；法国三季度经济增长改善较为明显，从二季度的环比下降 0.1% 上升至环比增长 0.4%；西班牙经济三季度继续保持下滑趋势，环比零增长。鉴于欧债危机持续蔓延，欧元区经济景气程度趋于恶化。12 月份，欧元区经济敏感指数较 11 月份下降 0.5 点至 93.3 点，欧盟 27 国经济敏感指数则下降 0.8 点至 92.0 点，均为连续第 10 个月下滑。当月欧元区各行业信心指数均出现下滑，其

中金融业下滑幅度高达4.9点。分国别看，德国、荷兰与法国则出现轻微回升，意大利下降4.6点，波兰信心指数下降5.0点。

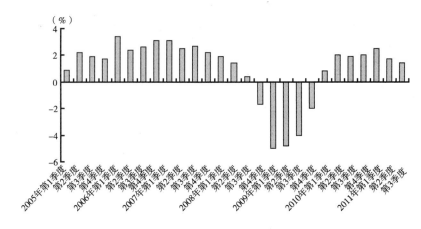

图4-25 欧盟实际GDP季度增长率变化情况

2011年，欧元区经济增长呈现如下特征。

1. 工业生产呈现疲弱态势

2011年1~3月，欧元区工业生产环比分别增长0.1%、0.6%和0.0%，同比分别增长6.2%、7.8%和5.7%。4~6月，欧元区工业生产环比分别增长0.4%、0.2%和-0.7%，同比分别增长5.4%、4.3%和2.8%。7~9月，欧元区工业生产环比分别增长0.8%、1.2%和-2.1%，同比分别增长4.3%、6.0%和2.2%。10月份，欧元区工业生产环比下降0.3%，同比上升1.0%。11月份，欧元区工业生产环比下降0.1%，连续第三个月下滑；同比下降0.3%，为2009年12月以来首次出现同比下降。

2. 消费支出持续低迷

2011年前十个月，欧元区零售贸易总额环比分别增长0.8%、0.5%、-0.6%、0.7%、-0.9%、0.5%、0.2%、0、-0.6%和0.1%。11月份，欧元区和欧盟零售贸易额环比分别下降0.8%和0.6%，同比分别下降2.5%和1.3%。其中，欧元区和欧盟的食品、饮料和烟草部门零售贸易额环比分别下降0.8%和0.7%；非食品部门零售贸易额均下跌0.7%。分国别看，德国当月零售贸易额环比下跌0.9%，西班牙下降0.7%，法国下降0.4%。

3. 贸易形势有所好转，逆差逐季减少

2011年一至三季度，欧盟27国经常账户贸易逆差分别为339亿欧元、

427 亿欧元和 214 亿欧元，商品贸易逆差分别为 339 亿欧元、427 亿欧元和 214 亿欧元。欧元区 17 国经常账户贸易逆差分别为 302 亿欧元、210 亿欧元和 12 亿欧元区，商品贸易差额分别为逆差 130 亿欧元、逆差 30 亿欧元和顺差 31 亿欧元。10 月份，欧元区进口总额为 1466 亿欧元，同比增长 7%；出口总额为 1477 亿欧元，同比增长 6%；贸易顺差为 11 亿欧元。11 月份，欧盟 27 国贸易逆差由 10 月份的 112 亿欧元缩小到 72 亿欧元；欧元区的贸易顺差则由 10 月份的 11 亿欧元增加到 69 亿欧元。

4. 通货膨胀压力持续加大

2011 年前十个月，欧盟消费者调和物价指数（HICP）分别为 110.50、110.96、112.47、113.10、113.11、113.10、112.41、112.62、113.48 和 113.87，同比分别增长 2.3%、2.4%、2.7%、2.8%、2.7%、2.7%、2.5%、2.5%、3.0% 和 3.0%。12 月份，欧盟和欧元区通货膨胀年率分别为 3% 和 2.7%，分别比 2011 年 11 月份回落 0.4 和 0.3 个百分点，分别比 2010 年 12 月上升 0.3 和 0.5 个百分点。分部门看，12 月份欧元区房屋、交通、烟酒行业通货膨胀率较高，分别为 4.9%、4.3% 和 3.8%。分国别看，斯洛伐克、波兰和塞浦路斯通货膨胀率较高，分别为 4.6%、4.5% 和 4.2%；瑞典最低，仅为 0.4%。

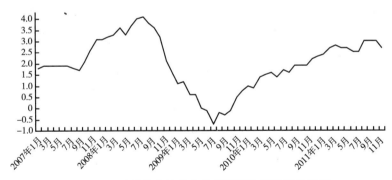

图 4-26　欧盟综合消费价格指数同比增速变化情况

5. 失业率持续上扬，就业形势严峻

2011 年 1、2 月份，欧元区失业率均为 10.0%，3~5 月份略有下降，均保持在 9.9% 的水平，5~6 月份则又回升到 10.0% 的水平。从 7 月份开始，欧元区失业率逐步上扬，到 11 月份已高达 10.3%，创 1998 年 6 月以来最高水平。11 月份，欧元区失业人口为 1637.2 万人，创历史新高。分国别看，11月份德国的失业率为5.5%，法国为9.8%，意大利为8.6%，西班牙则高达22.9%。

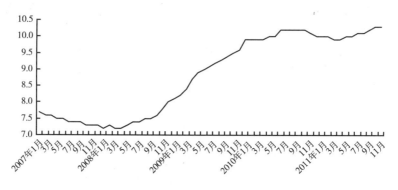

图4-27 欧盟失业率变化情况

（三）日本经济运行情况

2011年，日本经济保持弱势复苏态势。一季度，日本实际国内生产总值同比下降1.1%，环比下降0.9%。二季度，日本实际国内生产总值同比下降2.1%，环比下降0.5%。三季度，日本实际国内生产总值与上年同期基本持平，环比增长1.5%，摆脱了连续三个季度环比负增长局面。前三季度累计，日本实际国内生产总值同比则下降0.7%。在欧债危机深化、日元走强等多种因素的影响下，日本商业景气程度趋于恶化。四季度日本大型制造业景气判断指数为-4，低于三季度的+2。

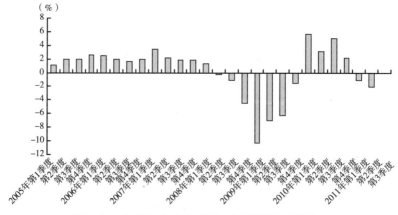

图4-28 近期日本实际GDP季度增长率变化情况

2011 年，日本经济增长呈现如下特征。

1. 工业生产呈现低迷状态

2011 年前十个月，日本工业生产指数分别为 86.8、91.8、88.7、78.9、82.8、96.5、95.4、90.5、98.4 和 95.6。10 月份，日本制造业的产能利用率指数为 89.3，环比下降 4.1%；工矿业生产指数为 92.5，环比增长 2.2%；出货指数环比增长 0.2%；库存指数增长 0.9%；库存率指数下降 0.9%；核心机械订单环比下滑 6.9%。11 月份，日本制造业的产能利用率指数为 86.7，环比下降 2.9%；工矿业生产指数为 90.0，环比下降 2.7%；出货指数环比下降 1.6%；库存指数下降 0.6%；库存率指数下降 1.6%；核心机械订单环比上升 14.8%，为三个月来首次增长。

2. 消费依然低迷，但消费者信心逐步恢复

2011 年一至三季度，日本家庭消费支出指数逐季下降，分别为 95.9、96.5 和 95.5，显著低于 2010 年一至三季度的 98.9、97.6 和 99.0。11 月份，日本家庭户均消费支出为 27.3428 万日元，扣除物价因素后同比实际下降 3.2%，为连续 9 个月同比下降。同时，日本消费者信心在大地震后呈现逐步回升态势。3 月份，受大地震影响，日本消费者信心指数下降 2.6 点至 38.6。4 月份，日本消费者信心指数又大幅下降 5.5 点至 33.1，为 2009 年 6 月以来的最低水平。5、6 月份，日本消费者信心指数分别回升至 34.2 和 35.3。7、8 月份，日本消费者信心指数均为 37.0。9、10 月份，日本消费者信心指数进一步回升至 38.6。11 月份，日本消费者信心指数略有下滑，为 38.1。12 月份，日本消费者信心指数有所回升，为 38.9。

3. 贸易形势趋于恶化

2011 年上半年，日本出口额为 15.74 万亿日元，进口额为 15.71 万亿日元，实现贸易收支顺差 5692 亿日元。三季度，日本出口额为 16.34 万亿日元，进口额为 16.54 万亿日元，实现贸易收支逆差 1982 亿日元。10 月份，日本出口总额为 52642 亿日元，进口总额为 54703 亿日元，贸易逆差为 2061 亿日元。11 月份，日本出口总额为 49909 亿日元，同比减少 3.1%；进口总额为 55760 亿日元，同比增长 14%，为连续第 23 个月同比增长；贸易逆差额为 5851 亿日元。

4. 通货紧缩压力依然较大

2011 年前十个月，日本综合消费者物价指数分别为 99.5、99.5、99.8、99.9、99.9、99.7、99.7、99.9、99.9 和 100。10 月份，包括生鲜食品在内的日本综合消费价格指数为 100，同比下降 0.2%；去除生鲜食品

后的核心消费价格指数为99.8，同比下降0.1%，是四个月来首现负增长。11月份，日本综合消费价格指数为99.6，同比下降0.2%，连续两个月出现负增长。

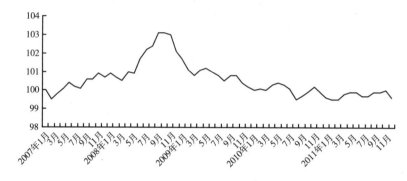

图4-29　日本CPI指数变化情况（2005＝100）

5. 就业形势持续改善

2011年前十个月，日本失业率分别为4.9%、4.6%、4.6%、4.7%、4.5%、4.6%、4.7%、4.3%、4.1%和4.5%。11月份，日本失业率为4.5%，与前一个月持平；体现劳动力供需状况的有效求人倍率为0.69，高于10月份的0.67。11月份，日本失业者总数为280万人，比上年同期下降38万人；就业者总数为6260万人，同比增加8万人。

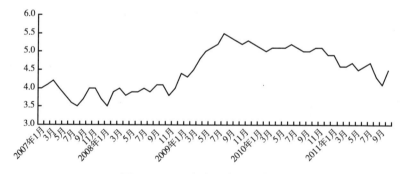

图4-30　日本失业率变化情况

（四）主要新兴市场经济运行情况

1. 俄罗斯经济保持快速增长

2011年三季度，俄罗斯实际国内生产总值同比增长4.8%，增幅比二

季度加快 1.4 个百分点，比一季度加快 0.7 个百分点，比去年同期加快
1.7 个百分点。1~3 季度累计，俄罗斯实际国内生产总值同比增长 4.1%。
12 月份，俄罗斯通货膨胀率为 0.4%，为 1991 年以来的最低水平。

2. 韩国经济保持快速增长

2011 年一至三季度，韩国国内生产总值同比分别增长 4.2%、3.4% 和
3.5%，环比分别增长 1.3%、0.9% 和 0.8%。韩国 12 月份的通货膨胀率
为 4.2%，全年通货膨胀率为 4.0%。2011 年，韩国出口总额 5565.14 亿美
元，同比增长 19.3%；进口总额 5243.75 亿美元，同比增长 23.3%；贸易
顺差为 321.39 亿美元。

3. 新加坡经济继续快速增长

2011 年一季度，新加坡经济环比增长 27.2%，同比增长 8.3%。二季
度，新加坡经济环比萎缩 7.8%，同比仅增长 0.5%。三季度，新加坡经济
环比增长 1.9%，同比增长 6.1%。8 月份，新加坡消费物价指数按年率上
升 5.7%。11 月份，新加坡通货膨胀率维持在 5.7% 的高位，环比上
涨 0.6%。

4. 印度经济强劲势头趋于放缓

2011 年一、二季度，印度经济增长率分别为 7.8% 和 7.7%。三季度，
印度实际国内生产总值同比增长 6.9%，增幅创 2009 年二季度以来的新
低。12 月份，印度主要通胀率指标批发价格指数（WPI）同比增长
7.47%，创近两年来的最低水平。

5. 越南经济增速有所回落

2011 年前三季度，越南国内生产总值同比增长 5.7%，而上年同期增
速为 6.5%。越南四季度国内生产总值同比增长 6.1%，全年增速约为
5.89%。2011 年，越南出口总额 963 亿美元，进口总额 868 亿美元，贸易
逆差为 95 亿美元。

6. 巴西经济增速显著下滑

2011 年一季度，巴西国内生产总值同比增长 4.2%，环比增长 1.2%。
二季度，巴西国内生产总值同比增长 3.1%，环比增长 0.8%。三季度，巴
西国内生产总值同比增长 2.1%、环比萎缩 0.04%，为 2009 年一季度以来
首次出现环比萎缩。

二、主要发达经济体货币政策

2011 年，世界各国货币政策取向出现分化，发达国家的货币政策以宽

松为主，而发展中国家和新兴市场国家的货币政策以加息紧缩为主。

（一）美联储货币政策重心转向促进经济复苏

2011年，美联储公开市场委员会（FOMC）分别于1月25日、3月15日、4月26日、6月21日、8月9日、9月20日、11月1日、12月13日八次召开会议，均决定维持联邦基金利率于0%~0.25%的水平不变。为了进一步刺激经济复苏，美联储联邦公开市场委员会于9月21日决定对所持国债作出以"卖短买长"来置换国债期限，即计划到2012年6月出售剩余期限为3年及以下的4000亿美元中短期国债，同时购买相同数量的剩余期限为6年至30年的中长期国债。这一举措实际上相当于延长了其持有的4000亿美元国债的期限，旨在压低长期利率。在12月份第八次会议上，美联储表示联邦基金利率将在至少至2013年中保持在超低水平，同时委员会将根据未来所得的信息继续评估经济前景，并准备在适当时候使用政策工具，在物价稳定前提下促进经济更强劲复苏。

（二）欧洲央行货币政策由紧缩转向宽松

欧洲央行分别于1月13日、2月3日和3月3日三次召开货币政策会议，会议均决定维持主要再融资利率于1%的水平不变，同时维持隔夜贷款利率和隔夜存款利率分别于1.75%和0.25%不变。此后，欧洲央行两次加息。4月7日，欧洲央行宣布将欧元区主导利率由1%提高0.25个百分点至1.25%，这是欧洲央行自2008年7月以来首次加息，同时也是对在2009年5月降至历史最低点并维持至今的1%的主导利率首次向上调整。7月7日，欧洲央行宣布将欧元区主导利率由1.25%提高至1.50%，增加0.25个百分点。9月8日和10月6日，欧洲央行两次宣布维持欧元区现行1.5%的主导利率水平不变。11月3日和12月8日，欧洲央行两次宣布降息25基点，将主要再融资利率下调至1.0%。此外，为了防止债务危机蔓延，欧洲央行还采取了一系列扩大银行流动性的措施。11月份欧洲央行开始在一级和二级市场购买400亿欧元有担保债券，以及再次向银行提供12个月期和13个月期贷款等。12月份欧洲央行宣布将首次进行3年期的再融资操作，分两次以1%的低利率向欧元区银行注入流动性，并于12月21日向欧元区银行发放了4890亿欧元的贷款，以增强银行的流动性，鼓励银行向实体经济放贷，避免信贷紧缩。

（三）日本银行加大宽松货币政策力度

2011年前两个月，由于外部经济复苏的形势有所改善，日本银行预期日本经济将重返温和复苏之路，因而日本银行维持隔夜无担保利率于

0% ~0.1% 的水平不变。"3·11"地震使得投资者心理遭到重创，金融市场急剧动荡。3 月 14 日日本银行提前召开政策会议，决定维持隔夜无担保利率不变，但将资产购买计划金额扩大 5 万亿日元至 40 万亿日元。4 月 7日，日本银行宣布维持基准利率和现有资产收购规模不变，但将提供 1 万亿日元的灾后支援贷款，用于帮助震后重建。6 月 14 日，日本银行决定在维持资产购买基金规模 10 万亿日元和信贷计划 30 万亿日元不变的基础上，推出一项总额 5000 亿日元（约合 62 亿美元）的融资支持计划，以鼓励金融机构向拥有技术的日本中小企业提供无抵押或担保的贷款。10 月 7 日，日本银行决定维持零利率政策，同时决定将针对"3·11"地震灾区金融机构的低息贷款政策延长半年至 2012 年 4 月。10 月 27 日，日本银行决定将金融资产收购基金规模再增加 5 万亿日元用于购买长期国债。11 月 30 日，日本央行决定与其他发达国家央行联手行动，通过将美元贷款利率下调 0.5% 来缓解全球金融体系融资和流动性紧张的局面。考虑到欧债危机和日元升值给日本经济带来的不确定性，未来日本银行仍将实施较为宽松的货币政策。

三、全球经济增长前景

2011 年，世界经济保持了缓慢复苏态势，但复苏基础不牢固，各国复苏步伐严重分化。联合国在 2012 年 1 月份发布的《2012 年世界经济形势与展望》中预测 2012 年和 2013 年世界生产总值将分别增长 2.6% 和3.2%。世界银行在 2012 年 1 月份发布的最新一期《2012 年全球经济展望》中指出，受欧债危机和新兴经济体增长趋弱的影响，全球经济增长前景黯淡，预计 2012 年全球经济增长率为 2.5%，发展中国家经济增长率为5.4%，高收入国家经济增长率为 1.4%。事实上，全球增长放缓的迹象已从全球贸易和大宗商品价格趋弱上显现出来。2012 年全球货物和服务出口增长率为 4.7%，同比下降近 2 个百分点。此外，全球能源、金属矿产和农产品价格从 2011 年初达到巅峰后分别下跌 10%、25% 和 19%。鉴于当前影响世界经济增长的不确定因素还在增加，不排除世界经济再次陷入衰退的可能。

从美国的情况来看，2012 年美国经济将延续良好复苏势头。目前，美国消费者信心指数持续向好，就业形势大幅好转，加之房地产市场探底回暖，未来一段时间美国经济将保持稳步增长态势。美国联邦储备委员会在12 月份货币政策决策例会纪要中表示，未来几个季度美国经济将缓步增长，通货膨胀率将放缓至符合或低于与委员会目标值。国际货币基金组织最新预测，2012 年美国经济将增长 1.8%。

从欧元区的情况来看，2012 年欧元区经济或将再次陷入衰退。受债务危机的拖累，目前欧元区国家经济发展的不确定性显著增加。欧盟委员会 11 月发布的秋季经济预测报告认为，愈演愈烈的欧债危机正将欧洲一步步带入经济不景气之中，"欧洲经济已停止增长，一个新的不景气时期正在形成"。实际上，欧债危机使得欧元区国家出现了普遍的政治信任危机，由此给投资和消费带来了严重的负面冲击。世界银行对 2012 年欧元区经济增长率的预测值从前期的 1.9% 大幅调降至 0.3%。国际货币基金组织认为，日益紧张的欧元区局势对全球经济复苏构成重大威胁，预计 2012 年欧元区经济将萎缩 0.5%，而 2011 年 9 月份的预测则为增长 1.1%。

从日本的情况来看，2012 年日本经济将维持弱态复苏势头。尽管受欧债危机和日元升值等因素的影响，日本经济面临着较大的下行压力，但日本经济仍处于稳步复苏的态势中。日本内阁府在 2012 年 1 月公布的月度经济报告中，连续三个月维持了对日本经济整体景气判断基调，即"缓慢复苏"。日本政府认为，受欧债危机、日元升值、外围经济增长放缓和泰国洪灾等因素影响，日本出口"出现疲软趋势"，但生产、消费和设备投资等项目和整体经济景气的依然较为乐观。

附录二　附图与附表

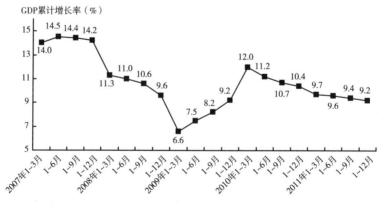

附图 4-1　GDP 累计增长率

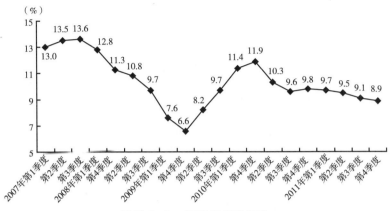

附图 4-2　GDP 季度增长率

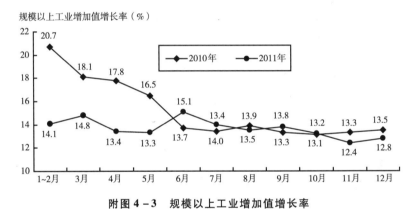

附图 4-3　规模以上工业增加值增长率

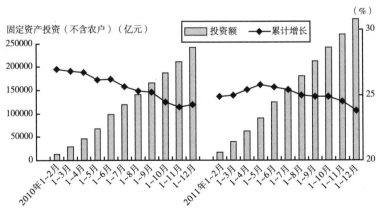

附图 4-4　固定资产投资累计及其增长率

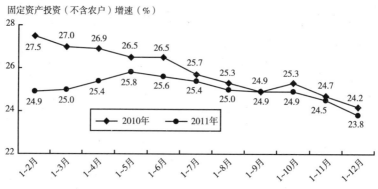

附图 4 - 5　固定资产投资累计增速

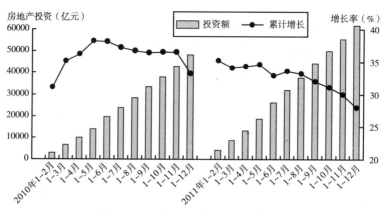

附图 4 - 6　房地产投资累计及其增长率

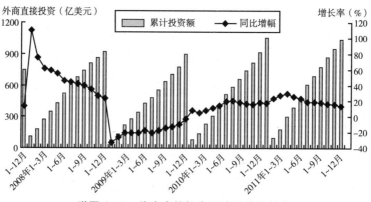

附图 4 - 7　外商直接投资累计及其增长率

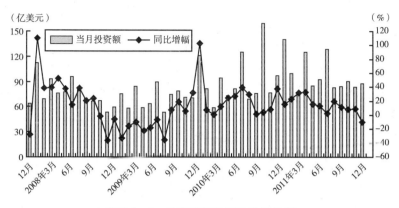

附图 4 - 8　外商直接投资及其增长率

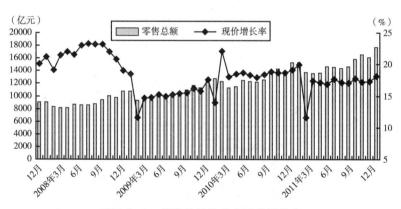

附图 4 - 9　消费品零售总额及其增长率

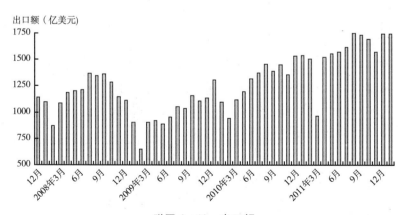

附图 4 - 10　出口额

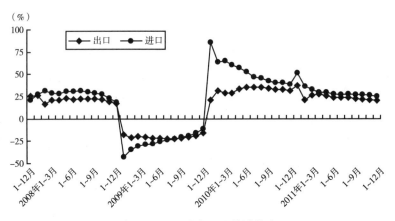

附图 4－11　进出口累计增长率

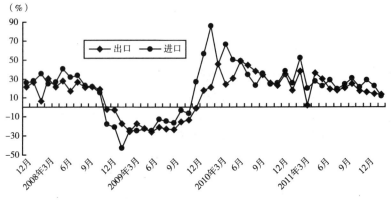

附图 4－12　进出口月度增长率

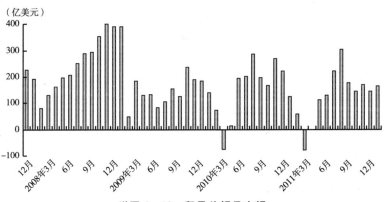

附图 4－13　贸易差额月度额

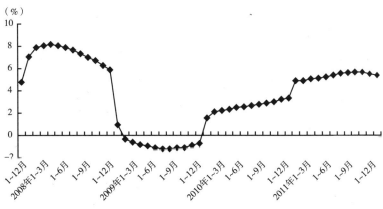

附图 4 – 14　居民消费价格累计同比涨幅

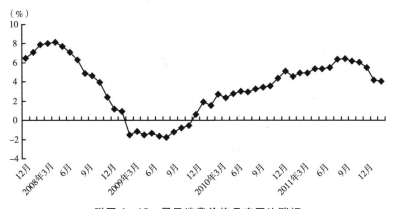

附图 4 – 15　居民消费价格月度同比涨幅

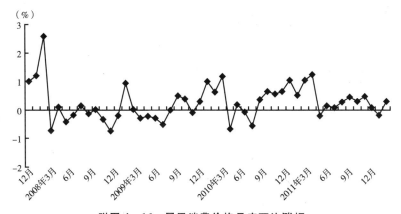

附图 4 – 16　居民消费价格月度环比涨幅

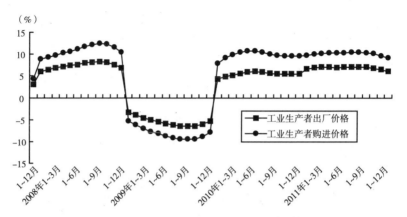

附图 4 – 17 工业生产者价格累计同比涨幅

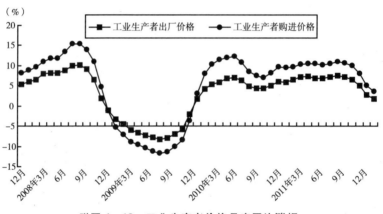

附图 4 – 18 工业生产者价格月度同比涨幅

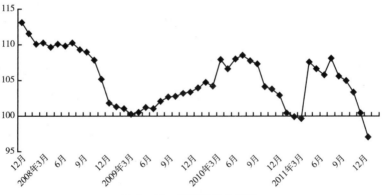

图 4 – 19 消费者信心指数

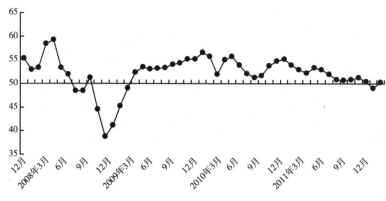

附图 4 - 20　制造业采购经理指数 （PMI）

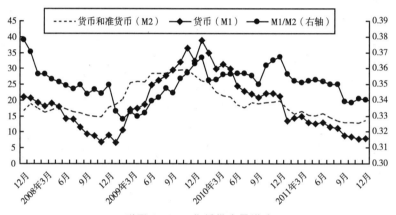

附图 4 - 21　货币供应量增速

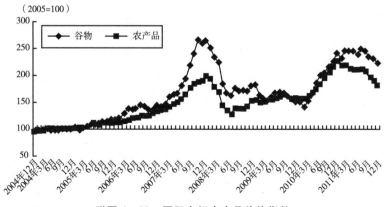

附图 4 - 22　国际市场农产品价格指数

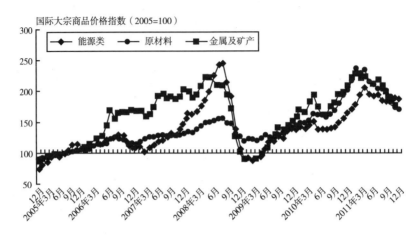

附图 4-23　国际市场能源、原材料及金属和矿产品价格指数

2011 年一至四季度主要宏观经济指标增长情况

单位：%

项　目		2009	2010	2011			
				1～12 月	10 月	11 月	12 月
经济增长	国内生产总值	9.2	10.4	9.2	na.	na.	na.
	第一产业	4.2	4.3	4.5	na.	na.	na.
	第二产业	9.9	12.3	10.6	na.	na.	na.
	第三产业	9.6	9.8	8.9	na.	na.	na.
工业	工业增加值	11.0	15.7	13.9	13.2	12.4	12.8
	其中:国有及国有控股企业	6.9	13.7	9.9	10.1	9.9	9.2
	集体企业	10.2	9.4	9.3	9.1	9.0	11.4
	股份制企业	13.3	16.8	15.8	16.0	16.0	14.7
	外商及港澳台投资企业	6.2	14.5	10.4	10.7	10.6	8.7
	发电量	6.3	13.2	12.0	9.3	8.5	9.7
价格	消费价格(CPI)	1.9	3.3	5.4	5.5	4.2	4.1
	工业品出厂价格	1.7	5.5	6.0	5.0	2.7	1.7
投资	固定资产投资	30.5	24.5	23.8	24.9	24.5	23.8
	其中:制造业	26.8	27.0	31.8	31.6	31.5	31.8
	房地产开发投资	16.1	33.2	27.9	31.1	29.9	27.9
消费	社会商品零售总额	155.0	18.4	18.1	17.2	17.3	18.1
	其中:城市	15.5	18.8	17.1	17.2	17.3	18.2

续表

项 目		2009	2010	2011			
				1～12 月	10 月	11 月	12 月
外贸	进出口总额	-13.9	34.7	22.5	21.6	17.6	12.6
	出口	-16.0	31.3	20.3	15.8	13.8	13.4
	进口	-11.2	38.7	24.9	28.7	22.1	11.8
	贸易差额（亿美元）	1956.9	1824.8	1551.4	170.0	145.3	165.2
外资	外商直接投资	-2.6	17.4		8.7	-9.8	
金融	M2	27.68	19.72	13.61	12.88	12.72	13.61
	M1	32.35	21.19	7.85	8.42	7.77	7.85
	M0	11.77	16.69	13.76	11.88	12.03	13.76
	金融机构贷款	33.0	19.7	15.70	15.9	15.6	15.7
	金融机构存款	27.7	19.8	13.50	13.4	13.0	13.5
	拆借平均利率	n. a	n. a	n. a	3.75	3.49	3.33
	回购平均利率	n. a	n. a	n. a	3.75	3.52	3.37

注：1. 固定资产投资为固定资产投资（不含农户）的累计数，等于原口径的城镇固定资产投资加上农村企事业组织项目投资。2. 金融当月值为月末数，存贷款为金融机构本外币项余额。3. 从2011 年 1 月起，纳入规模以上工业统计范围的工业企业起点标准从年主营业务收入 500 万元提高到 2000 万元；固定资产投资项目统计的起点标准从计划总投资额 50 万元提高到 500 万元。

补充报告 我国区域经济形势分析

2011 年，面对世界经济复苏缓慢和各种不利因素，四大区经济总体保持平稳增长态势，固定资产投资快速增长，消费市场稳中有进，工业增长步伐稳健，物价水平有所回落，"十二五"开局良好。但物价上涨的潜在压力仍然存在，消费增长稍显缓慢，贸易顺差进一步收窄或逆差扩大，区域经济运行的风险和挑战仍然较多，需采取有效措施加以预防和应对。

一、2011 年我国区域经济运行

2011 年，四大区经济始终保持平稳增长态势，固定资产投资增势强劲，社会消费品零售总额稳定增长，物价上涨的不利影响有所减弱。

（一）经济增长平稳，西部增速继续领先

从增长速度来看，四大区经济增速比上年均有所回落。四大区地区生产总值（GDP）全年增速依次为：西部增长 14.0%，中部增长 12.8%，东北增长 12.5%，东部增长 10.5%。与上年相比，东部地区降幅最大，增速比上年回落 1.8 个百分点，中部和东北增速均回落 1.1 个百分点，西部降幅最小，回落 0.1 个百分点（详见表 4 - 33）。

表 4 - 33　2011 年全国及各地区经济增长

地　　区	地区生产总值（亿元）		增长速度（%）	与上年相比增速变动百分点	与前三季度相比变动百分点
	2011.1~4	2011.1~3	2011.1~4	2011.1~4	2011.1~4
全　　国	471563.7	320692.4	9.2	-1.1	-0.2
东部地区	269259.0	191530.9	10.5	-1.8	-0.1
北　京	16011.4	11404.3	8.1	-2.1	0.1
天　津	11191.0	8006.3	16.4	-1.0	-0.1
河　北	24228.2	17821.9	11.3	-0.9	0.0
上　海	19195.7	13725.6	8.2	-1.7	-0.1
江　苏	48604.3	35113.1	11.0	-1.6	-0.2
浙　江	32000.1	22627.4	9.0	-2.8	-0.5
福　建	17410.2	11030.1	12.2	-1.6	-0.1
山　东	45429.2	33031.0	10.9	-1.6	-0.2
广　东	52673.6	36953.2	10.0	-2.2	-0.1
海　南	2515.3	1818.2	12.0	-3.8	1.4
中部地区	104255.7	74645.5	12.8	-1.1	-0.1
山　西	11100.2	7906.5	13.0	-0.9	0.2
安　徽	15110.3	11078.1	13.5	-1.0	-0.3
江　西	11583.8	8086.8	12.5	-1.5	-0.3
河　南	27232.0	20370.4	11.6	-0.6	0.2
湖　北	19594.2	13578.4	13.8	-1.0	-0.2
湖　南	19635.2	13625.3	12.8	-1.7	-0.1
西部地区	99618.7	67995.3	14.0	-0.1	0.0
内　蒙古	14246.1	9571.9	14.3	-0.6	-0.5
广　西	11714.4	7438.0	12.3	-1.9	0.0
重　庆	10011.1	7003.7	16.4	-0.7	-0.1
四　川	21026.7	15468.3	15.0	-0.1	0.3
贵　州	5701.8	3633.0	15.0	2.2	0.0

续表

地　区	地区生产总值 （亿元）		增长速度 （%）	与上年相比增 速变动百分点	与前三季度相比 变动百分点
	2011.1～4	2011.1～3	2011.1～4	2011.1～4	2011.1～4
云　南	8751.0	5772.7	13.7	1.4	0.3
西　藏	605.8	435.4	12.7	0.4	−0.1
陕　西	12391.3	8234.1	13.9	−0.6	0.2
甘　肃	5000.5	3471.4	12.5	0.8	−0.3
青　海	1634.7	1130.6	13.5	−1.8	−0.1
宁　夏	2060.8	1442.1	12.0	−1.4	0.6
新　疆	6474.5	4394.1	12.0	1.4	0.9
东北地区	**45060.5**	**30072.1**	**12.5**	**−1.1**	**−0.4**
辽　宁	22025.9	15709.2	12.1	−2.0	−0.4
吉　林	10530.7	6526.7	13.7	0.0	−0.7
黑龙江	12503.8	7836.3	12.2	−0.4	−0.2

注：地区生产总值按现价计算，增长速度按不变价计算。

资料来源：国家统计局中国经济景气监测中心、《中国经济景气月报》。

从增长趋势来看，四大区呈现出逐渐趋稳的态势，东部、中部和东北地区增速较前三季度分别回落 0.1、0.1 和 0.4 个百分点，西部持平。与上半年相比，东部、中部、西部和东北地区增速分别回落 2.5、2.2、0.9 和 2.1 个百分点。

从经济总量构成来看，东部、中部、西部和东北地区 GDP 占四大区合计的比重分别为 52.0%，20.1%、19.2% 和 8.7%。东部地区所占比重比上年减少 1.0 个百分点，中部、西部和东北则分别增加 0.4、0.5 和 0.1 个百分点。区域经济比重向东部以外的区域扩大，表明产业转移和区域协调发展的政策措施取得了一定的积极效果。

从产业结构看，东部、中部、西部和东北地区一产比重分别为 6.3%、12.3%、12.8 和 10.9%。与上年相比，除西部略有提高 0.1 个百分点外，其他三个区域的一产比重均有所下降。东部、中部、西部和东北地区二产比重依次为 49.1%、54.1%、51.8% 和 53.4%；与上年相比，东部下降 0.6 个百分点，中部、西部和东北则分别上升 1.4、1.7 和 1.1 个百分点。东部、中部、西部和东北地区三产比重分别为 44.6%、

33.5%、35.4%和35.7%；与上年相比，除东部地区提高0.8个百分点外，中部、西部和东北地区分别下降0.6、1.3和1.3个百分点。由于区域间的产业转移，东部地区的产业结构进一步优化，其他区域的产业结构也在不断调整。

1. 西部地区增速领先

西部地区全年实现地区生产总值99618.7亿元，比上年增长14.0%，增速比上年小幅回落0.1个百分点，是四大区中增速最快且同比降幅最小的区域。西部地区增速分别比东部、中部和东北地区高出3.5、1.2和1.5个百分点。近年来，西部地区经济增长速度始终居四大区前列，经济发展潜力日益凸显。分省来看，重庆以16.4%的增速居西部和全国首位，四川、贵州和内蒙古分别以15.0%、15.0%和14.3%的增速居全国第3、3和第5位；其中贵州比上年加快2.2个百分点，增幅居全国之首。云南增长13.7%，增速比上年加快1.4个百分点，增幅居全国第2位；与前三季度相比，增幅进一步提高0.3个百分点。增速较慢的西部省份是宁夏和新疆，均以12.0%的增速居全国第21位。但与上年相比，新疆增速加快1.4个百分点，宁夏则回落1.4个百分点。

2. 中部地区增长较快

中部地区生产总值全年达到104255.7亿元，比上年增长12.8%，比上年回落1.1个百分点，增速与前三季度持平。其中，增长最快的湖北以13.8%的增速继续居中部之首和全国第7位；增长较慢的是河南，增长11.6%。河南的增速虽比上年回落0.6个百分点，但逐季加快，较前三季度进一步加快0.2个百分点。其余省份的增速介于河南和湖北之间，位次都较为靠前，中部地区发展势头强劲。

3. 东北地区运行平稳

东北地区全年累计实现地区生产总值45060.5亿元，比上年增长12.5%，增速比上年回落1.1个百分点；与前三季度相比，增速减缓0.4个百分点。其中，辽宁、吉林和黑龙江分别增长12.1%、13.7%和12.2%。除吉林增速与上年持平外，辽宁和黑龙江分别回落2.0和0.4个百分点。与前三季度相比，辽宁、吉林和黑龙江增速分别减缓0.4、0.7和0.2个百分点。

4. 东部地区增速趋缓

东部地区全年累计实现地区生产总值269259.0亿元，比上年增长10.5%，增速比上年回落1.8个百分点，降幅最大。与前三季度和上半年相比，增速分别放缓 0.1 和 2.5 个百分点，增速逐季回落。分省市看，东部各省市经济增长速度比上年均有所降低。其中，天津增长 16.4%，与重庆并列居全国首位，增速比上年回落 1.0 个百分点。北京增长 8.1%，增速居全国末位，比上年回落 2.1 个百分点。其余省份的增速大都在 11% 左右，位次在第 18 位之后。

（二）固定资产投资增长较快，房地产市场有所降温

1. 固定资产投资保持高位运行，建安工程投资势头强劲

2011 年，全国累计完成城镇固定资产投资（不含农户）① 总额为 301932.8 亿元，比上年增长 23.8%，增速较前三季度回落 1.1 个百分点。四大区投资增速的位次依次为东北、西部、中部和东部地区。东北地区完成投资 31859.4 亿元，增长 31.0%，增速与前三季度持平。其中，辽宁、吉林和黑龙江分别增长 30.2%、30.3% 和 33.7%，增速分别居全国第 11、10 和 6 位。与前三季度相比，辽宁和吉林增速分别回落 0.5 和 0.2 个百分点，黑龙江加快 0.7 个百分点。西部共完成投资 69488.6 亿元，增长 29.2%，增速较前三季度回落 0.3 个百分点。西部各省份增长差异较大，青海、贵州、新疆和甘肃以 40% 左右的增速居全国前四位，而四川和内蒙古增速较低，分别以 22.3% 和 27.0% 居全国第 24 和 21 位。中部完成投资总额 68095.9 亿元，比上年增长 28.2%，增速较前三年季度减缓 1.4 个百分点。中部六省中，湖北以 30.6% 的增速居中部之首和全国第 9 位。东部地区共完成投资 127104.3 亿元，比上年增长 20.2%，增速较前三季度减缓 1.1 个百分点，增速明显低于其他三个区域。东部各省市投资增长存在明显差异。海南持续快速增长，以 36.2% 的增速居全国第 5 位。东部增长较慢的上海、北京和广东分别增长 0.5%、5.7% 和 16.4%，增速列全国后三位。与前三季度相比，除上海增速加快 2.3 个百分点外，其他省市增速均有所回落（详见表 4 - 34）。

从投资的区域构成来看，东部、中部、西部和东北地区投资额占地区合计的比重分别为 42.9%、23.0%、23.4% 和 10.7%。与上年相比，东部比重下降 1.8 个百分点，中部、西部和东北地区分别上升 0.6、0.7 和 0.5 个百分点。投资区域结构逐季优化，东部以外区域的重要性逐渐上升，有

---

① 自 2011 年起，国家统计局对月度固定资产投资统计制度进行了完善，即将月度投资统计的范围从城镇扩大到农村企事业组织，并将这一统计范围定义为"固定资产投资（不含农户）"。投资项目统计起点标准由原来的 50 万元调整为 500 万元。"固定资产投资（不含农户）"等于原口径的城镇固定资产投资加上农村企事业组织项目投资。

表4-34　2011年全国及各地区城镇固定资产投资（不含农户）完成额

地　　区	固定资产投资(不含农户) 完成额(亿元)		增长速度 （％）	与前三季度相比 变动百分点
	2011.1~4	2011.1~3	2011.1~4	2011.1~4
全　　国	301932.8	212274.0	23.8	-1.1
东部地区	127104.3	89572.4	20.2	-1.1
北　　京	5519.9	3814.8	5.7	-2.4
天　　津	7040.5	5190.3	29.4	-0.6
河　　北	15795.2	11500.1	24.1	-1.3
上　　海	4877.0	3124.0	0.5	2.3
江　　苏	26299.4	18619.4	21.5	-0.8
浙　　江	13651.5	9629.3	19.2	-2.8
福　　建	9692.6	6716.0	27.8	-1.1
山　　东	25928.4	18958.0	21.8	-0.4
广　　东	16688.4	10934.3	16.4	-1.1
海　　南	1611.4	1086.3	36.2	-0.5
中部地区	68095.9	47100.5	28.2	-1.4
山　　西	6837.4	4239.5	29.8	-1.4
安　　徽	11986.0	8791.7	27.6	-2.9
江　　西	8756.1	6172.0	27.7	-0.2
河　　南	16932.1	11649.7	26.9	-2.0
湖　　北	12223.7	8588.8	30.6	0.1
湖　　南	11360.5	7658.8	27.6	-1.2
西部地区	69488.6	49741.9	29.2	-0.3
内　蒙　古	10291.7	7948.3	27.0	-1.5
广　　西	7563.9	5092.7	28.8	-0.2
重　　庆	7366.2	4929.4	31.5	1.0
四　　川	13705.3	10135.0	22.3	-0.9
贵　　州	3734.1	2476.0	40.0	-1.0
云　　南	5927.0	4189.6	27.6	0.6
西　　藏	516.3	371.0	18.4	-2.8
陕　　西	9123.7	6450.8	29.1	0.9
甘　　肃	3866.0	3004.4	36.5	-4.8
青　　海	1366.0	1092.0	45.0	-4.8
宁　　夏	1583.5	1139.7	32.3	-0.5
新　　疆	4445.0	2913.0	37.6	3.5
东北地区	31859.4	23434.5	31.0	0.0
辽　　宁	17431.5	13700.5	30.2	-0.5
吉　　林	7221.6	5820.2	30.3	-0.2
黑　龙　江	7206.3	3913.8	33.7	0.7

资料来源：国家统计局中国经济景气监测中心、《中国经济景气月报》。

利于促进区域均衡发展。

从固定资产投资构成来看，四大区的建安工程投资增速均不同程度地快于设备投资增速，表明投资仍主要向基建方向倾斜。其中，东部、中部、西部和东北地区设备工器具购置投资分别比上年增长 19.1%、27.2%、23.5% 和 22.1%，建筑安装工程投资分别增长 26.0%、31.2%、36.8% 和 33.8%。

2. 房地产投资继续快速增长，商品房调控政策效果初现

2011 年，东部、中部、西部和东北地区房地产投资完成额分别比上年增长 26.8%、23.5%、32.8% 和 31.4%，继续保持高位运行。但与上年相比，增速分别回落 6.1、8.7、2.5 和 0.6 个百分点。中部增速最低且降幅最大，东部增速略高于中部，但降幅也较为明显。房地产投资高速增长的势头有所缓解。其中，北京和上海仅增长 4.7% 和 9.6%，增速居全国第 30 和 29 位。与前三季度相比，北京增速减缓了 7.0 个百分点，上海则加快 2.5 个百分点。

从商品房销售市场来看，大部分省份的商品房市场有所降温，但个别地区仍十分活跃。东部商品房销售面积比上年下降 1.2%；销售额增长 3.0%，但增速比上年回落 4.7 个百分点。东部各省市中，北京、上海、江苏和浙江等房地产热点地区均出现销售面积和销售额双双下降的局面，增速居全国后四位。其中，商品房销售面积分别下降 12.2% ~ 20.5%，商品房销售额分别下降 6.4% ~ 16.8%。海南也扭转了商品房销售的火热局面，尽管商品房销售面积和销售额仍分别增长 3.9% 和 5.9%，但增速比上年大幅回落 48.4 和 106.5 个百分点，回落幅度列全国第一。中部、西部和东北地区商品房销售面积分别增长 11.2%、8.3% 和 12.5%，较上年回落分别 7.1、5.1 和 14.2 个百分点。商品房销售额分别增长 30.2%、24.3% 和 21.8%，比上年分别回落 6.9、8.0 和 23.0 个百分点。与前三季度相比，四大区商品房销售面积和销售额增速均有减缓，房地产调控政策的效果初步显现。

（三）消费市场运行平稳

2011 年，除青海和新疆外，各地区社会消费品零售总额增速普遍出现回落。东部各省市中，除北京、上海和广东增速较低外，其他省份增速在 17.3% ~ 18.8% 之间。与上年相比，北京和上海增速分别回落 6.5 和 5.2 个百分点，降幅列全国前两位。中部六省增速差异不大，均在 18% 左右。西部除青海和新疆外，其余省份的增速均超过 18%。东北三省增速差异很小。扣除物价因素后，除北京和上海实际增长 7.3% 和 7.9% 外，其余省份增速在 12% 左右，消费需求增长稍显缓慢（详见表 4 - 35）。一方面，与

表 4 - 35　2011 年全国及各地区社会消费品零售情况

地　区	名义增长速度（%）		实际增长速度（%）	与上年相比增速变动百分点	与前三季度相比变动百分点
	2011.1~4	2011.1~3	2011.1~4	2011.1~4	2011.1~4
全　　国	**17.1**	**17.0**	**11.6**	**-1.3**	**0.1**
东部地区					
北　京	10.8	11.5	7.3	-6.5	-0.7
天　津	18.7	18.7	13.4	-0.7	0.0
河　北	17.7	17.5	12.1	-0.8	0.2
上　海	12.3	11.6	7.9	-5.2	0.7
江　苏	17.5	17.4	12.3	-1.2	0.1
浙　江	17.4	17.2	11.3	-1.6	0.2
福　建	18.2	18.1	12.7	-0.7	0.1
山　东	17.3	17.3	12.1	-1.3	0.0
广　东	16.3	16.1	10.7	-1.0	0.2
海　南	18.8	18.7	12.7	-0.7	0.1
中部地区					
山　西	17.6	17.7	12.1	-0.8	-0.1
安　徽	18.0	18.0	12.1	-1.2	0.0
江　西	17.9	17.7	12.5	-1.3	0.2
河　南	18.1	18.0	11.7	-0.9	0.1
湖　北	18.0	17.8	11.8	-1.0	0.2
湖　南	17.9	17.7	11.7	-1.2	0.2
西部地区					
内 蒙 古	18.0	17.9	12.5	-1.0	0.1
广　西	18.0	17.8	11.3	-1.0	0.2
重　庆	18.7	18.5	13.4	-0.3	0.2
四　川	18.1	17.9	12.9	-0.6	0.2
贵　州	18.1	18.1	12.0	-1.0	0.0
云　南	18.0	18.2	12.3	-0.8	-0.2
西　藏	18.2	18.9	14.0	-0.5	-0.7
陕　西	18.6	18.3	13.2	-0.1	0.3
甘　肃	18.2	18.3	12.1	-0.1	-0.1
青　海	17.0	16.3	11.0	0.1	0.7
宁　夏	18.3	18.3	12.4	-0.7	0.0
新　疆	17.5	17.3	11.8	0.4	0.2
东北地区					
辽　宁	17.5	17.3	11.9	-1.1	0.2
吉　林	17.5	17.3	12.1	-1.0	0.2
黑 龙 江	17.6	17.5	12.5	-1.4	0.1

资料来源：国家统计局中国经济景气监测中心、《中国经济景气月报》。

家电、汽车等住行有关的消费品购买热情下降有关；另一方面，年初以来的物价快速上涨制约了消费需求的提升。

（四）出口增速减缓，东部贸易顺差收窄

2011 年，各地区进出口总额均大幅增加。东部、中部、西部和东北地区全年进出口总额分别为 31387.4 亿美元、1628.1 亿美元、1839.8 亿美元和 1565.2 亿美元，分别比上年增长 20.5%、39.5%、43.4% 和 27.2%。与上年相比，除西部地区外，东部、中部和东北地区进出口增速均有不同程度的回落。其中，东部地区降幅最大，达到 13.3 个百分点。与前三季度相比，除西部地区增速小幅提高 0.3 个百分点外，其他三个区域均有不同程度地减缓（详见表 4 - 36）。由于东部地区在我国的对外贸易中比重较大，未来仍需密切关注其外贸发展走向。

表 4 - 36　2011 年全国及各地区进出口总额

地　区	进出口总额 （亿美元）		增长速度 （%）	与上年相比增 速变动百分点	与前三季度相比 变动百分点
	2011.1～4	2011.1～3	2011.1～4	2011.1～4	2011.1～4
全　　国	**36420.6**	**26774.4**	**22.5**	**-12.2**	**-2.1**
东部地区	**31387.4**	**23158.0**	**20.5**	**-13.3**	**-2.3**
北　京	3894.9	2853.4	29.1	-11.3	0.5
天　津	1033.9	748.9	25.9	-2.9	0.0
河　北	536.0	394.4	27.4	-14.1	-1.4
上　海	4373.1	3243.3	18.5	-14.3	-2.2
江　苏	5397.6	4009.7	15.9	-21.6	-2.6
浙　江	3094.0	2308.0	22.0	-13.0	-1.8
福　建	1435.6	1020.8	32.0	-4.6	2.6
山　东	2359.9	1743.7	24.8	-11.1	-2.8
广　东	9134.8	6743.1	16.4	-12.0	-4.1
海　南	127.6	92.6	47.5	-29.4	-20.1
中部地区	**1628.1**	**1145.6**	**39.5**	**-10.3**	**-0.1**
山　西	147.6	108.7	17.4	-29.4	-2.2
安　徽	313.4	230.4	29.1	-25.7	-4.3
江　西	315.6	211.0	46.0	-22.0	0.7
河　南	326.4	207.3	83.1	51.1	16.2
湖　北	335.2	248.3	29.2	-21.0	-4.3
湖　南	190.0	139.8	29.2	-14.9	-6.7

续表

地 区	进出口总额 （亿美元）		增长速度 （％）	与上年相比增 速变动百分点	与前三季度相比 变动百分点
	2011.1~4	2011.1~3	2011.1~4	2011.1~4	2011.1~4
西部地区	**1839.8**	**1295.9**	**43.4**	**3.5**	**0.3**
内 蒙 古	119.4	88.2	36.8	8.1	-8.4
广 西	233.5	169.7	31.6	7.4	-7.3
重 庆	292.2	183.7	135.1	74.0	10.9
四 川	477.8	336.3	46.2	10.6	5.2
贵 州	48.8	33.9	55.2	18.9	2.2
云 南	160.5	120.1	19.5	-46.6	0.5
西 藏	13.6	8.4	62.5	-45.4	-5.0
陕 西	146.2	107.8	20.8	-22.9	-4.8
甘 肃	87.4	69.5	18.0	-71.6	-5.9
青 海	9.2	6.8	17.1	-17.4	-6.9
宁 夏	22.9	17.2	16.6	-46.5	-3.6
新 疆	228.2	154.2	33.2	10.4	-3.4
东北地区	**1565.2**	**1175.0**	**27.2**	**-8.1**	**-2.8**
辽 宁	959.6	717.1	18.9	-9.3	-1.0
吉 林	220.5	164.1	30.9	-12.6	-3.6
黑 龙 江	385.1	293.8	50.9	-6.2	-8.5

注：各地区按经营单位所在地分货物进出口总额。

资料来源：国家统计局中国经济景气监测中心、《中国经济景气月报》。

1. 主要出口地区增长减缓

东部、中部、西部和东北地区全年出口总额依次为16238.9亿美元、930.7亿美元、1079.3亿美元和737.1亿美元，分别增长17.8%，46.6%、49.9%和15.4%。与上年相比，除西部增速加快11.5个百分点外，其他三个区域出口增速均有不同程度回落。受世界经济复苏缓慢以及人民币升值等因素的影响，占全国出口总额85.5%的东部地区出口增速比上年回落12.1个百分点，降幅较大；增速较前三季度减缓2.8个百分点，较上半年大幅减缓16.1个百分点。从出口大省来看，占出口比重较大的广东、江苏和浙江增速比上年分别回落8.9、20.2和15.8个百分点，降幅明显。

2. 进口总额显著增加

受"扩大进口"政策等因素的影响，四大区进口总额显著增加。东部、中部、西部和东北地区全年分别实现进口总额15148.5亿美元、697.5亿美元、760.5亿美元和828.1亿美元，分别比上年增长23.5%、31.1%、

35.2%和40.0%。与上年相比，除东北提高6.5个百分点外，东部、中部和西部增速分别回落14.9、16.8和6.7个百分点。与前三季度相比，东部、中部和西部增速分别减缓1.8、3.6和3.7个百分点，东北地区则加快1.9个百分点。与上半年相比，东部、中部和西部增速分别回落3.0、3.0和2.7个百分点，东北地区加快5.8个百分点。东北地区进口总额快速增长，但占全国的比重只有4.7%，对总体外贸形势影响不大。

从贸易差额来看，2011年，除东北地区为贸易逆差90.9亿美元外，其他三个地区均实现贸易顺差。与上年相比，中部和西部贸易顺差分别增加130.6和160.9亿美元，东部地区顺差减少432.8亿美元。分省来看，贸易顺差主要来自广东、浙江和江苏，分别为1504.1亿美元、1233.2亿美元和854.9亿美元；而逆差主要来自北京，达到2714.4亿美元。

（五）工业经济运行平稳，企业盈利能力提高

2011年，四大区工业生产平稳增长。东部、中部、西部和东北地区规模以上工业企业工业增加值分别比上年增长13.4%、19.8%、19.7%和15.6%[①]，增速比上年分别回落3.3、2.1、0.6和2.3个百分点。与前三季度相比，东部和东北地区分别回落0.3和0.4个百分点，中部基本持平，西部则加快0.1个百分点。分区域看，东部地区的天津增长最快，以21.3%的增速居全国第3位。与上年相比，东部各省份增速均有不同程度地回落；中部六省除山西略低外，其他省份增速仍旧保持在20%左右，增势平稳；西部各省中，重庆和四川分别以22.7%和22.3%的增速居全国前两位。与上年相比，内蒙古增速持平，贵州、云南、西藏和宁夏增速有所加快，其他各省份增速均不同程度的放缓。东北三省的辽宁、吉林和黑龙江分别增长14.9%、18.8%和13.5%，增速分别比上年回落2.9、1.1和1.7个百分点。

从工业经济运行质量来看，2011年，东部、中部、西部和东北地区规模以上工业企业分别实现利润30471.4亿元、10436.9亿元、9382.3亿元和4253.8亿元，比上年分别增长18.1%、37.8%、36.4%和30.7%，企业效益进一步提高。但同时，受国际市场价格高位波动、劳动力成本上升以及贷款利率提高等诸多不利因素影响，东部、中部、西部和东北地区亏损企业亏损额也有所扩大，比上年分别增长58.3%、42.3%、82.8%和118.6%。

---

① 国家统计局只公布各省（市、区）工业增加值同比增长率，不发布绝对数；因此报告中四大区的工业增加值增长率数据是用各地区工业企业主营业务收入占主营业务收入总计的比重作为权数计算所得。

表 4 - 37　2011 年全国及各地区工业增加值增速

地　区	增长速度（%）		与上年相比增速变动百分点	与前三季度相比变动百分点
	2011.1~4	2011.1~3	2011.1~4	2011.1~4
全　国	**13.9**	**14.2**	**-1.8**	**-0.3**
东部地区				
北　京	7.3	7.2	-7.7	0.1
天　津	21.3	21.2	-2.4	0.1
河　北	16.1	15.9	-0.4	0.2
上　海	7.4	8.6	-11.0	-1.2
江　苏	13.8	14.0	-2.2	-0.2
浙　江	10.9	11.2	-5.3	-0.3
福　建	17.5	17.8	-3.0	-0.3
山　东	14.0	14.4	-1.0	-0.4
广　东	12.6	13.0	-4.2	-0.4
海　南	14.0	15.0	-4.5	-1.0
中部地区				
山　西	17.9	19.3	-5.3	-1.4
安　徽	21.1	20.7	-2.5	0.4
江　西	19.1	19.1	-2.6	0.0
河　南	19.6	19.4	0.6	0.2
湖　北	20.5	20.7	-3.1	-0.2
湖　南	20.1	19.5	-3.3	0.6
西部地区				
内　蒙　古	19.0	19.2	0.0	-0.2
广　西	20.8	20.1	-2.9	0.7
重　庆	22.7	22.7	-1.0	0.0
四　川	22.3	22.4	-1.2	-0.1
贵　州	21.0	20.9	5.2	0.1
云　南	18.0	18.0	3.0	0.0
西　藏	20.0	21.0	6.1	-0.9
陕　西	17.9	17.0	-1.8	0.9
甘　肃	16.2	17.0	-0.4	-0.8
青　海	19.0	19.6	-1.6	-0.6
宁　夏	18.1	17.1	1.3	1.0
新　疆	11.4	11.0	-2.2	0.4
东北地区				
辽　宁	14.9	15.1	-2.9	-0.2
吉　林	18.8	20.0	-1.1	-1.2
黑龙江	13.5	13.6	-1.7	-0.1

资料来源：国家统计局中国经济景气监测中心、《中国经济景气月报》。

二、相关政策建议

为确保"十二五"开局的良好形势，积极应对经济运行中的各项挑战，下一年应着力做好以下几项工作。

（一）加快产业结构升级改造步伐，力争取得经济发展方式转变的实质性进展

从全年的产业运行数据来看，除东部外，其他二个区域的二产比重均有不同程度地提高，而三产比重则有所下降，产业结构优化升级的进程需进一步加快。推进产业结构升级改造步伐，实现产业的合理化布局和发展是加快经济发展方式转变的重要保证。各地区在做好传统优势产业升级改造的过程中，要加快发展高端装备制造、新能源、节能环保、新材料、生物、新能源汽车等战略性新兴产业，加快发展生产性服务业和旅游业。在产业向中西部转移的过程中，要坚决遏制高耗能产业的盲目扩张，实现技术上有所突破，能耗上有所降低。同时，努力增加资金供给，优化信贷结构，缓解中小企业融资难的困境，增强工业经济活力。加大中央预算内投资支持力度，扶持建设一批能实现资源综合利用和接续替代的产业项目，力争在转变经济发展方式上取得实质性进展。

（二）多管齐下，抑制物价过快上涨，防范经济下行风险

东部、中部、西部和东北地区居民消费价格全年分别累计上涨5.4%、5.5%、5.6%和5.4%，虽比前三季度有所回落，但仍属高位。而且，经济运行的内外部环境仍有很多不利因素，如大宗商品价格高位波动，全球性货币宽松政策还在持续，国内能源价格和劳动力成本上升，物价上涨的潜力压力在一段时间内仍然存在等。因此，稳定价格总水平仍是宏观调控工作的重要任务。防止价格过快上涨应充分发挥市场机制调节供求的作用，理顺价格机制。从供给角度来说，要始终坚持调结构、转方式的主线，不断推动技术进步与创新，提高劳动生产率，缓解资源类产品、人工成本上升带来的价格上涨压力，尤其是在开放程度很高的东部地区。从需求角度来说，要通过增加对低收入群体补贴、完善农产品流通机制等方式降低商品的实际价格。

（三）优化投资结构，丰富投资主体

在消费需求增长缓慢的情况下，保持投资的稳定增长有利于增强经济发展的内生动力。要以此为契机，在突出"保增长、调结构、惠民生、增后劲"的思路下，进一步优化投资主体。进一步贯彻落实扩大民间投资指

导意见，创新民间投资渠道，鼓励民间投资范围由竞争性和非公益性领域拓展到准公益性和纯公益性领域，提高投资增长的稳定性和内生性。

（四）继续刺激居民消费需求，提高经济活力

与家电、汽车等住、行有关的消费品购买热情下降，是导致社会消费品零售总额小幅回落的主要原因。食品类消费价格上升，总体消费回落幅度更大。与投资快速增长的势头相比，居民消费需求的增长速度稍显缓慢。剔除物价上涨因素后，各地区全年社会消费品零售总额的实际增长率仅为12%左右。为巩固消费需求增长拉动经济发展的积极效果，一要继续提高居民收入水平，建立增收长效机制，有计划、渐进地向居民收入增长与经济发展同步目标努力；二要继续完善社保制度，挖掘居民消费潜力；三要发展服务性消费，拓宽消费空间；四要培育高端消费，提升质量，满足来自全国乃至全球的高端群体需求，发挥消费带动的重要作用。

（五）转变外贸发展方式，提高对外开放水平

受发达国家经济疲弱、外部需求增长缓慢、人民币汇率波动等因素的影响，今年我国的外贸顺差继续收窄，外贸形势十分严峻。鉴于此，各地区尤其是东部地区要积极转变外贸发展方式，将对外开放水平推上一个新台阶。在保持对外开放政策连续性和稳定性的同时，也要提高政策的灵活性，注意根据市场变化及时出台新措施。不但要巩固欧美等传统出口市场，还要积极发展与日、韩和俄罗斯等新兴出口市场的关系，进一步推动出口国家的多元化，保持出口的稳定增长。同时，要继续坚持扩大进口的政策，提高进口的便利化水平，拓宽进口渠道，尤其增加对能源原材料、先进技术设备、关键零部件和消费品的进口，促进贸易平衡。

后　记

　　本书是我院与国务院研究室、国务院发展研究中心、国家统计局、财政部、商务部、中国人民银行、中国农业银行、中国人寿保险总公司等多家机构的专家们长期合作研究的成果。10 年余来，除个别专家由于工作变动有些调整外，本课题研究团队已基本稳定。这些专家虽然工作很忙，但在及时、准确完成约稿方面，表现出高度的合作精神。本书的高质量正是依靠这批年轻专家自觉的工作来保证的。

　　承担本报告各部分研究任务的作者分工如下：

　　国民经济运行情况：江明清博士；

　　经济增长趋势分析与预测：曾学文博士；

　　贸易形势分析：李文锋博士、汪连海博士；

　　财政政策分析：马拴友博士；

　　货币金融形势分析：余明博士、李果博士；

　　资本市场分析：杨琳博士；

　　房地产市场分析：张琦教授；

　　宏观管理与政策亮点：侯万军博士；

　　世界经济形势分析：王辰华博士；

　　区域经济形势分析：赵军利博士、丛雅静博士

　　每期报告均由张生玲副教授统校和编辑。

　　在本书即将出版之际，我请张生玲、赵军利、何奎三位博士担任副主编。她们为本书的完成做了不少工作，对书稿进行了通读和校正。当然，书稿中如果有什么错误，我要负主要责任。

2012 年 2 月 22 日

责任编辑:郭　倩
特约编辑:何　奎
装帧设计:肖　辉

图书在版编目(CIP)数据

21 世纪中国经济轨迹——分季度经济形势分析报告(2012)/李晓西 主编.
　-北京:人民出版社,2012.9
ISBN 978－7－01－011201－5

Ⅰ.①2…　Ⅱ.①李…　Ⅲ.①中国经济-经济发展-研究报告-2012
　Ⅳ.①F124

中国版本图书馆 CIP 数据核字(2012)第 209256 号

21 世纪中国经济轨迹

21 SHIJI ZHONGGUO JINGJI GUIJI

——分季度经济形势分析报告(2012)

李晓西　主编

人民出版社 出版发行
(100706　北京市东城区隆福寺街 99 号)

北京瑞古冠中印刷厂印刷　新华书店经销

2012 年 9 月第 1 版　2012 年 9 月北京第 1 次印刷
开本:710 毫米×1000 毫米 1/16　印张:28.25
字数:480 千字　印数:0,001-3,000 册

ISBN 978－7－01－011201－5　定价:50.00 元

邮购地址 100706　北京市东城区隆福寺街 99 号
人民东方图书销售中心　电话 (010)65250042　65289539